U0875189

权威机构　品牌图书　每年新版

中国皮书网　www.pishu.cn

2008

GREEN BOOK

权威 · 前沿 · 原创

经济信息绿皮书

GREEN BOOK
OF ECONOMIC INFORMATION

# 中国与世界经济发展报告 (2008)

# ANNUAL REPORT ON CHINA AND THE WORLD ECONOMIC DEVELOPMENT (2008)

主　编／王长胜

副主编／范剑平　阎娟荣　张宇贤　祝宝良

社会科学文献出版社
SOCIAL SCIENCES ACADEMIC PRESS (CHINA)

**图书在版编目（CIP）数据**

中国与世界经济发展报告（2008）/王长胜主编．—北京：社会科学文献出版社，2008.1
（经济信息绿皮书）
ISBN 978-7-80230-926-5

Ⅰ．中…　Ⅱ．王…　Ⅲ．①经济发展-研究报告-中国-2007②经济发展-研究报告-世界-2007③经济预测-研究报告-中国-2008④经济预测-研究报告-世界-2008
Ⅳ．F11

中国版本图书馆CIP数据核字（2007）第198420号

## 法律声明

“皮书系列”（含蓝皮书、绿皮书、黄皮书）为社会科学文献出版社按年份出版的品牌图书。社会科学文献出版社拥有该系列图书的专有出版权和网络传播权，其LOGO（ ）与“经济蓝皮书”、“社会蓝皮书”等皮书名称已在中华人民共和国工商行政管理总局商标局登记注册，社会科学文献出版社合法拥有其商标专用权，任何复制、模仿或以其他方式侵害（ ）和“经济蓝皮书”、“社会蓝皮书”等皮书名称商标专有权及其外观设计的行为均属于侵权行为，社会科学文献出版社将采取法律手段追究其法律责任，维护合法权益。

欢迎社会各界人士对侵犯社会科学文献出版社上述权利的违法行为进行举报。电话：010-65137751。

社会科学文献出版社

法律顾问：北京市建元律师事务所

# 经济信息绿皮书编委会

**主　　编**　王长胜

**副 主 编**　范剑平　阎娟荣　张宇贤　祝宝良

**编 审 组**　王长胜　王远鸿　刘　菊　陈　强

张永军　张宇贤　张亚雄　范剑平

祝宝良　胡少维　阎娟荣

# 主要编撰者简介

**主编**

**王长胜**　男，吉林长春市人，首都经贸大学理学学士；国家信息中心常务副主任、学术委员会主任、博士后管委会主任，教授；中国信息协会副会长，中国科学院预测科学研究中心学术委员会副主任；主要从事宏观经济和信息化发展战略研究，主持过863科研项目《国家发改委投资管理系统试点示范工程》、国家软科学研究项目《走新型工业化道路的科技需求》、自然科学基金项目《SARS对国民经济的影响》、"十一五"规划战略研究课题《充分发挥我国经济潜在增长能力》和《加快推进信息化的思考与对策》等30多个国内外重要研究项目，多次获得国家信息中心、国家发改委和国务院信息办优秀研究成果奖。主编出版主要著作有《经济景气分析预警系统的应用研究》、《中国经济展望》（1994～2003年）、《中国汽车市场展望》（1994～2003年）、《经济信息绿皮书：中国与世界经济发展报告》（2004～2007年）、《中国信息年鉴》（2003～2007年）、《电子政务蓝皮书》（2004～2007年）。

**副主编**

**范剑平**　男，江苏无锡市人，中国人民大学经济学硕士；国家信息中心经济预测部主任，研究员，教授；主要从事宏观经济、消费经济和收入分配研究；《中国中长期粮食供求问题》获国家计委宏观经济研究院优秀科研成果一等奖、国家计委科技进步二等奖，《中国城乡居民消费结构变动趋势》和《居民消费结构变动对国民经济发展的影响》获国家计委宏观经济研究院优秀科研成果二等奖、国家计委科技进步三等奖等。主要著作有《居民消费与中国经济发展》、《中国城乡居民消费结构的变化趋势》、《我国消费需求发展趋势和消费政策研究》等。

**阎娟荣**　女，河北衡水市人，国家信息中心经济预测部副主任，高级工程师，清华大学自动化系本科毕业。从事宏观经济数量方法及应用系统研究，主持并参加《中国多部门宏观经济模型》、《亚洲地区国际投入产出模型》、《中国区域间投入产出模型编制与应用》、《世界主要国家宏观经济跟踪与分析系统》、国家电子政务工程——《宏观经济信息管理系统》等多项国内外研究项目，获国家发展和改革委员会机关、国家信息中心优秀研究成果奖。

**张宇贤** 男，湖南湘阴人，中国人民大学经济学硕士。国家信息中心经济预测部副主任，研究员。主要从事产业经济研究，曾两次获国家发改委宏观经济研究院优秀科研成果一等奖、国家发改委优秀科研成果二等奖。主持或参与重大研究课题三十多项，在国家一级报纸杂志发表论文七十多篇，与他人合作出版译论著十多本。

**祝宝良** 男，山东青岛市人，国家信息中心经济预测部副主任，研究员，华东师范大学硕士。从事宏观经济和数量经济研究，主持20多个国内外研究项目，获国家重大科技成果进步奖一次，发改委科技进步三等奖两次。在《宏观经济研究》、《金融研究》、《国际贸易》、《世界经济研究》、《数量经济与技术经济》、《预测》、《人民日报》、《经济日报》、《中国经济时报》、《中国证券报》等报刊上发表文章150余篇。出版《欧盟经济概况》、《欧盟地区经济政策》、《中国宏观经济运行定量分析》专著三本。

# 中文摘要

《2008 年中国与世界经济发展报告》由国家信息中心组织专家队伍编撰，对 2008 年国内外经济发展环境、宏观经济发展趋势、经济运行中的主要矛盾、产业经济和区域经济热点、宏观调控政策的取向进行了系统的分析与预测，目的是为各级政府部门、企业、科研院校开展经济形势分析与预测和政策分析提供较为系统全面的决策参考资料。

国家信息中心专家认为，科技进步和经济全球化使世界经济在过去的 5 年中表现明显好于此前 30 年的平均水平，构成这一轮世界经济高速增长的基本面因素在 2008 年没有大的变化，预计 2008 年世界经济增长率为 4.8%，与 2007 年大体持平，而美国、欧元区和日本的经济增长速度大约为 1.8%，2.3% 和 1.8%。预计 2008 年印度经济增长率在 8% 以上，俄罗斯经济增速在 7% 左右，新兴市场国家会继续为世界经济增长提供动力。2008 年我国经济发展面临的国际经济环境仍较为有利。

报告强调：国内劳动力供给充分，储蓄率保持高位，科技进步加快。充裕的国家外汇储备增强了我国利用国内国际两种资源的回旋余地，在经济全球化背景下我国资源配置效率不断提升，经济增长的潜在能力有所增强。近 5 年固定资产投资高潮形成的生产能力 2008 年将大量投产达产，这将大大增强我国经济增长的供给保障能力。2008 年我国社会总供给与总需求之间有望继续保持基本平衡状况。在稳中偏紧的宏观调控政策指导下，我国经济增长将高位趋稳、小幅回落，初步预计全年国内生产总值同比增长 10.8% 左右；物价总水平上涨幅度有所放缓，初步预计全年累计居民消费价格上涨 3.5% 左右；就业形势继续好转，外汇储备增速有所回落。

报告认为，宏观调控的重点仍然是防止经济运行由偏快转向过热，专家建议 2008 年实行稳健的财政政策和适度从紧的货币政策，加强宏观调控政策的协调配合。

# Abstract

As an important publication of the State Information Center (SIC), *China and the World Economy Development Report (2008)* thoroughly and systematically analyzed and forecasted the international economic environment, China's macroeconomic development trend, major economic problems, hot issues of industrial and regional economies, and changes of macro-control policies in 2008. This book is devised to be a useful reference for government, enterprises and research institutes in terms of economic forecasting and policy analysis.

Researchers at SIC believe that the development of science and technology, along with economic globalization, has made the performance of the world economy in past five years much better than that of previous thirty years. Since the basic factors that lead to the economic boom would not change much in the near future, it is expected that the world economy may grow 4.8% in 2008, almost as same as the growth rate in 2007. The growth rates of U.S.A., Euro area and Japan will reach 1.8%, 2.3% and 1.8% respectively in 2008. Emerging market and developing countries will continue provide momentum for world economy, and the growth rate of India would be above 8%, and for Russia, it would be about 7%. In general, the international context for China's development is likely to be favorable in 2008.

In the book, it is emphasized that the domestic labor supply is abundant, the saving rate is high, and the advancement of technology is accelerating in China. The huge foreign exchange reserves have strengthened China's ability to utilize both domestic and foreign resources for economic development. The globalization has made China's resource allocation more efficient and increased the potential economic development capability. In 2008, a large amount of producing capacity, which comes from the investment boom in the past five years, will be put into operation, which can strengthen the supply side of China's economy and thus keep a balance between gross supply and gross demand. Under a moderate macroeconomic control, China's GDP growth in 2008 may slow down a little to 10. 8 percent, CPI growth rate will decrease to 3. 5% , the labor market continuously turn better and the accumulation of foreign exchange reserves could be a bit slower.

SIC believes that the key point of macroeconomic control is still to prevent the fast economic growth from overheating. In order to achieve a sustainable economic growth, researchers proposed a prudent fiscal policy, a moderately tight monetary policy, and a better cooperation of the macro-control instruments.

# 目录



## 主 报 告



## 综 合 篇

## 国际环境篇



## 产业发展篇



## 区域经济篇

## 专 题 篇

CONTENTS



## Main Report



## General Reports

## International Economic Environment



## Industrial Development

## Regional Economies



## Special Reports

# 序

自从2003年进入新一轮经济周期上升期以来，中国经济表现出高位平稳快速增长的态势，不断刷新中国经济史上扩张阶段的时间纪录。固定资产投资高潮持续六年之久仍不见疲态，居民消费结构升级步伐明显加快，外贸出口国际竞争力不断提高，国内外需求强劲增长势头在2008年将得以延续。近5年固定资产投资高潮形成的生产能力2008年将大量投产达产，这将大大增强我国经济增长的供给保障能力，煤电油运基础条件进一步改善。国内劳动力供给充分，储蓄率保持高位，科技进步加快。充裕的国家外汇储备增强了我国利用国内国际两种资源的回旋余地，在经济全球化背景下我国资源配置效率不断提升，经济增长的潜在能力有所增强。2008年我国社会总供给与总需求之间有望继续保持基本平衡的状况。

国内外经济环境对我们的发展越有利，经济社会发展越顺利，我们越要保持冷静清醒的头脑，越要正确认识我们面临的矛盾和问题。从近几年来宏观调控的实践看，投资增长过快、货币投放过多、外贸顺差过大“三过”问题已经由短期矛盾演变为中期问题，在“三过”矛盾没有有效解决的同时，经济运行中又出现许多新矛盾、新问题。货币流动性过剩和资产价格上涨的压力2008年继续存在，如何在化解证券市场风险的同时减少虚拟经济对实体经济的不利影响将是宏观调控面临的严峻考验；经济长期在偏快与过热的边缘运行使能耗水平和污染物排放下降缓慢，要完成节能减排预期目标需要付出更大的努力；粮食连续四年丰收增产后进一步增产难度加大。

2008年，为了巩固和发展宏观调控的成果，全面落实科学发展观和构建社会主义和谐社会两大战略思想，实现经济持续快速协调发展，一方面，要在短期调控政策层面上实行稳健的财政政策和适度从紧的货币政策，加强财政政策和货币政策、产业政策、土地政策和社会政策之间的协调配合，防止经济从偏快转向过热；另一方面，要加大制度层面上的改革力度，着力调整经济结构和转变经济发展方式，着力提高经济增长的质量和效益，着力解决民生问题。

国家信息中心组织专家队伍编撰了这本《2008 年中国与世界经济发展报告》，对 2008 年国内外经济发展环境、宏观经济发展趋势、经济运行中的主要矛盾、产业经济和区域经济热点、宏观调控政策的取向进行了系统的分析预测，力求突出定性与定量相结合、预测与对策研究相结合的特点，期望能对各级政府部门、企业和投资机构制定战略决策具有参考价值。由于时间仓促，难免有错漏之处，敬请指正。

王长胜

2007 年 11 月

# 主报告

## 2008年中国经济展望和宏观调控政策取向

王长胜　范剑平*

**摘　要：** 2008年，在世界经济稳中趋缓、国内宏观调控政策稳中偏紧的背景下，我国经济运行将高位趋稳，经济增长率小幅回落，居民消费价格上涨势头放缓，就业形势继续好转，固定资产投资略有降温，消费品市场活跃旺盛，外贸顺差增速有所回落。宏观调控的重点仍然是防止经济运行由偏快转向过热，防范通货膨胀和金融风险，建议2008年实行稳健的财政政策和适度从紧的货币政策，加强宏观调控政策的协调配合，以提高宏观调控政策的有效性。

**关键词：** 经济预测　宏观调控

### 一　2008年中国经济的国内外环境分析

2003~2007年，科技进步和经济全球化使世界经济表现明显好于此前30年的平均水平，中国经济更加活跃，连续5年保持10%以上的年均增长速度。根

* 王长胜，国家信息中心常务副主任，教授，博士后导师，主要研究宏观经济政策、经济波动理论与监测预测方法、信息化战略等问题；范剑平，国家信息中心经济预测部主任，研究员，教授，博士后导师，主要研究宏观经济运行和预测、宏观调控理论和政策选择等问题。

据主要因素变动趋势分析，构成这一轮世界经济和中国经济高速增长的基本面因素2008年没有大的变化，中国经济增长的国内外环境仍然较为有利。

## （一）国际经济环境

2008年国际经济环境存在一些不确定因素。首要因素是美国次级债危机究竟会对美国和世界经济产生多大影响。我们认为，次级债危机的爆发使美国经济的潜在风险加大，但不会严重危及世界经济。从次级债的规模看，据估计，美国的次级浮动利率按揭贷款总值约7500亿～12000亿美元，通过抵押担保证券（MBS）、担保债务凭证（CDO）等方式，大部分次级贷款被证券化，并被美国、欧洲、日本等地区和国家的基金、银行等持有，风险在全球范围内被高度分散。按照目前的次级贷款违约情况，美联储主席伯南克估计贷款损失约为500亿～1000亿美元，穆迪估计损失为1130亿美元。如果全部经济损失由美国承担，会使美国经济降低1个百分点左右。如果经济损失由美国、欧洲、日本等共同承担，会使世界经济降低0.3个百分点左右。次级债危机爆发后，美联储、欧央行和日本银行等迅速向市场注入流动性，已经对稳定市场预期起了一定作用，国际金融市场基本稳定。美国连续降息后，次级按揭贷款的浮动利率也会相应下调，次级贷款违约状况会有所改善。当然，次级债危机的影响会从金融部门向实体部门扩散，房地产价格会继续下跌，房地产财富效应将影响美国消费增长，美国经济难以出现明显好转，欧元区和日本也会受到一定牵连，从而拖累全球经济。经济危机都有一个逐渐传播的过程。历史经验表明，人们在危机之初往往容易低估危机潜伏的风险。如果美国次级债危机对美国和西方主要工业国家经济产生较大影响，那么难免会对我国出口产生较大影响，从而对我国经济增长产生一定影响。其次是国际油价上涨对世界经济的不利影响增大。由于近期国际油价出现较大幅度的上涨，突破每桶90美元后继续走高。如果美国经济在趋于减速的同时，又因高油价的影响而不敢明显放松银根，那么美国经济受到的影响会更大，并有可能波及日本和欧洲国家。虽然俄罗斯等依赖石油输出的国家经济增长会较快，但由于我国对这些国家的出口与美国相比不在一个数量级上，石油价格过快上涨总体上不利于我国经济和出口的增长。此外，全球经济发展失衡的问题依然存在，贸易保护主义依然盛行等问题也会威胁世界经济。

2008年世界经济发展虽然存在诸多不确定因素，但总体上看有利因素仍然较多。首先，支撑新一轮世界经济快速增长的基础性条件没有变化。从 2003 年起始的这一轮世界经济高速增长主要源于支撑增长的基础条件不断改善，以信息通讯技术为核心的技术进步提高了世界经济的增长潜力。经济全球化使传统制造业不断向发展中国家转移，先进科技和管理经验不断向发展中国家扩散，提高了发展中国家的劳动生产率。发达国家已度过了产业转移初期出现的产业空心化艰难阶段，产业结构调整取得突破，信息、生物、新材料、新能源、环保、航天和航空等高附加值产业和金融等高端服务业快速发展，吸纳就业的能力明显增强，失业率纷纷下降到较低水平。发展中国家和发达国家在全球化进程中出现了“双赢”的局面，这是新一轮世界经济强劲增长的根本因素。2008 年这一基本格局不仅不会逆转，反而会进一步加强。其次，2007 年世界粮食有望获得丰收。根据国际粮农组织的初步预测，2007 年世界粮食产量增长 4.8%，2008 年世界粮价进一步上涨的空间不大，有可能出现高位趋稳甚至小幅回落的态势，这将有利于世界各国消费价格的稳定。第三，新兴市场经济体增长强劲，已经成为世界经济增长的重要火车头。2007 年，中国、印度和俄罗斯三国贡献了全球经济增长率的一半。2007 年俄罗斯经济增长率在 7.2% 以上，连续 4 年保持在 7% 左右。印度经济在 2006 财政年度达到了过去 18 年来的最高增速，增长了 9.4%，2007 年增长率将在 8.5% 左右。不同于以往几次金融动荡，新兴市场经济体在次级债危机中没有受到明显波及，经济运行较为稳定。世界经济格局的这一新变化，减少了发展中国家对发达国家的依赖程度，大大增强了世界经济抵御发达国家经济放缓连带影响的能力。第四，全球流动性不会出现匮乏。虽然次级债危机爆发后，市场上出现了暂时的流动性不足，但是各国的宏观调控手段日趋成熟，不论发达国家还是发展中国家，宏观调控政策更加灵活和务实，能够根据经济形势变化积极进行调整。2007 年 8 月份以来，美联储、欧央行和日本银行等迅速向市场注了大量的流动性，美国还降低了贴现率和联邦基准利率。美国的货币政策是全球货币政策的风向标，全球货币政策开始从适度偏紧调整为中性或中性偏松，这有利于稳定金融市场，刺激投资，促进经济增长。在金融市场恐慌情绪消退后，流动性将会逐渐恢复。

总体来看，虽然次级债危机的爆发增大了世界经济前景的不确定性，但 2008 年支撑世界经济增长的有利因素仍将强于不利因素，因此世界经济稳定较快增长的基本因素没有变。预计 2008 年世界经济增长率为 4.8%（见表 1），与

2007年大体持平，而美国、欧元区和日本的经济增长速度大约为1.8%、2.3%和1.8%。预计2008年印度和俄罗斯经济增速在8%和7%左右，新兴市场国家会继续为世界经济增长提供动力。世界贸易组织预测，2007年全球货物贸易量增长率将由2006年的9.2%下降到7%左右，2008年世界贸易增速与2007年基本持平。

**表1　2008年世界经济主要指标预测**

单位：%

| 年　份 | 2006 | 2007 | 2008 |
|---|---|---|---|
| 世界经济增长率 | 5.4 | 5.0 | 4.8 |
| 美　国 | 2.9 | 2.0 | 1.8 |
| 欧元区 | 2.6 | 2.5 | 2.3 |
| 日　本 | 2.2 | 1.9 | 1.8 |
| 俄罗斯 | 6.7 | 7.2 | 7.0 |
| 印　度 | 9.2 | 8.5 | 8.0 |
| 全球贸易额增长率 | 9.2 | 7.0 | 6.8 |

## （二）国内经济环境

2008年国内体制政策环境、生产要素供给条件等因素有利于经济保持平稳较快增长。党的“十七大”将指导我国经济体制进一步朝着科学发展、和谐发展的方向深化改革，经济发展的体制条件进一步优化。2007年出台的宏观调控措施在2008年将显现更加积极的政策效果，有利于缓解国内经济运行中的突出矛盾和消除经济运行中的不稳定因素。连续几年经济和投资增长保持高位将使经济运行保持较快的增长惯性。近5年固定资产投资高潮形成的生产能力2008年将大量投产达产，这将大大增强我国经济增长的供给保障能力。以能源为例，2003~2006年共新增原煤开采能力63908万吨/年，天然原油开采8174万吨/年，天然气开采373亿立方米/年，新增发电机组容量2.5亿千瓦。2007年1~9月发电量增长16.4%，原煤产量增长11%，能源生产总量增长10.4%，煤电油运基础条件进一步改善。2006年基础产业和基础设施施工项目情况如图1所示。国内劳动力供给充分，储蓄率保持高位，科技进步加快。充裕的国家外汇储备增强了我国利用国内国际两种资源的回旋余地，在经济全球化背景下我国资源配置效率不断提升，经济增长的潜在能力有所增强，社会总供给与总需求之间有望继续保持基本平衡的状况。

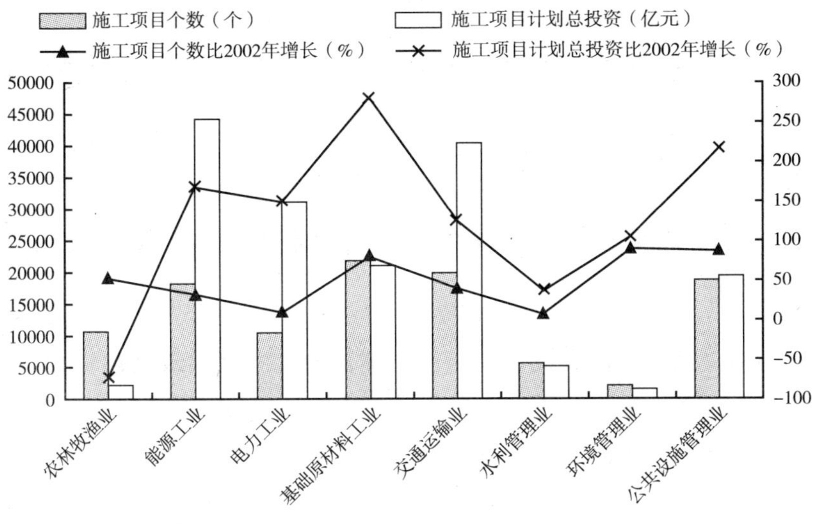


**图 1　2006 年基础产业和基础设施施工项目情况**

当然，2008 年国内经济运行中也存在一些的不确定因素：一是粮食连续 4 年丰收增产后进一步增产难度加大，国内粮食等主要农产品紧平衡状态和国际农产品价格大幅上涨正在逐步改变农产品基本平衡、丰年有余的格局，农产品价格走势存在较大不确定性；二是连年货币流动性过剩，通货膨胀所需的货币条件早已客观存在，2007 年居民和企业对价格上涨形成一定预期，2008 年居民消费价格新涨价因素存在较大不确定性；三是证券市场已经积累了较大风险，市场整体估值水平超过历史高位和海外绝大多数市场，一定程度透支业绩预期，下一阶段可能发生较大震荡甚至持续调整，如何在化解证券市场风险的同时减少虚拟经济对实体经济的不利影响将是宏观调控面临的严峻考验；四是出口减速可能造成部分行业产能过剩矛盾显性化，对新增就业、企业效益和财政收入都有不利影响。

## 二　经济运行中存在的突出矛盾及宏观调控需要进一步改善的主要问题

国内外经济环境对我们的发展越有利，经济社会发展越顺利，我们越要保持冷静清醒的头脑，越要正确认识我们面临的矛盾和问题。从近几年宏观调控的实践看，投资增长过快、信贷投放过多和贸易顺差过大等已经由短期矛盾演变为中期问题，在“三过”矛盾没有有效解决的同时，经济运行中又出现许多新矛盾、新问题。从经济运行中新旧矛盾发展看，2008 年宏观调控需要重点关注的主要问题有以下几个方面。

### （一）财政政策和货币政策实际操作偏松，经济长期在偏快与过热的边缘运行

近年的中央经济工作会议上明确提出实行稳健的财政政策和货币政策，但实际操作中存在稳健不足、实际偏松的现象。财政政策在执行上过于宽松，一是目前我国处于经济周期中的繁荣阶段，经济运行的自发扩张动能强劲，从刺激经济的角度看，目前已经不需要实行赤字财政来刺激社会总需求，但中央财政在连续多年超收规模较大的情况下仍然保留赤字财政安排。二是各级财政在超收规模较大的情况下基本上都超收超支，地方政府甚至用超收资金和土地储备资金“四两拨千斤”撬动银行信贷资金用于刺激投资，地方财政“赤字”规模惊人。财政政策执行中比积极财政政策时期更加积极，政府投资和政府利用可配置资源调控的投资规模过大，成为经济偏快的重要推动力量之一。货币政策在实际操作中同样存在稳健不足问题，在货币信贷连年过快增长的基础上，2007 年前三季度货币供应量和信贷继续过快增长。2007 年 9 月末，广义货币供应量（$M_2$）同比增长 18.45%，增幅比上季度末高 1.39 个百分点；狭义货币供应量（$M_1$）余额同比增长 22.07%，增幅比上季度末高 1.15 个百分点；金融机构本外币各项贷款余额同比增长 17.34%，比上年同期高出 1 个百分点左右。货币政策在 2007 年中期以前过于倚重准备金率和公开市场操作等数量型手段，利率、汇率等价格型手段力度不足。从出台时机和力度来看，提高利率的时机有些偏晚，并且调整力度偏小，调整幅度跟不上价格上涨幅度的变化，不足以及时扭转实际利率为负的局面。由于实际利率严重偏低，导致货币流通速度相对加快，抵消了控制货币供应量增长的效果，未能通过有效调节资金的使用成本来抑制投资过热，客观上也助长了经济趋热和资产价格过快上涨。实际有效汇率升值过慢，对出口的抑制作用不明显，这是国际收支不平衡状况不断加剧的原因之一。

## （二）资源类价格和税费改革相对滞后，经济增长付出的能源资源环境代价过大

近年来尽管有关部门意识到资源类价格调整和税费改革的重要性，也有相关的政策预案，但必要的政策迟迟未能出台，多次错过价格调整和税费改革的有利时机，从而导致能耗过高、环境压力增大的局面没有改观。在国际市场油价和国内居民消费物价相对较低时错过了燃油税出台的时机，国内成品油、电力价格调整力度不够，对节能减排工作顺利推进不利；资源税税率和矿产资源补偿费上调幅度有限，导致资源开采企业存在巨大的盈利空间，出现资源开采领域过度投资的状况，也间接导致高耗能、高污染产业投资出现较快增长。在目前居民消费价格上涨较快时期，价格调整的难度加大。2007 年由于经济增长高位加速，1 ~9 月份重工业增速快于轻工业增速 3.5 个百分点，比上年同期扩大 0.2 个百分点，使得能源消耗继续保持快速增长势头。2007 年上半年，全国单位 GDP 能耗同比降低 2.78%，单位 GDP 电耗同比上升 3.64%，规模以上工业单位增加值能耗同比降低 3.87%。1 ~9 月份工业生产增长 18.5%，比上年同期提高 1.3 个百分点，同期内发电量增速为 16.4%，比上年同期提高 3.5 个百分点，单位工业增加值电耗不降反升。全国化学需氧量排放量和二氧化硫排放量变化与“十一五”规划目标相差甚远。2007 年上半年，全国二氧化硫排放总量 1263.4 万吨，与上年同期相比下降 0.88%；化学需氧量排放总量 691.3 万吨，与上年同期相比增长 0.24%。全国环境突发事件增多，环境压力已经非常沉重。

## （三）贸易顺差过大导致贸易摩擦加剧，加大了我国经济受外需影响发生波动的风险

2007 年前 3 季度我国外贸进出口总值 15708.3 亿美元，比上年同期增长 23.5%。其中，出口 8782.4 亿美元，增长 27.1%；进口 6925.9 亿美元，增长 19.1%。前 3 季度累计贸易顺差为 1856.5 亿美元。2007 年我国在连续 5 年外贸出口高增长的基础上继续保持较快增长，很多产品对国际市场依赖程度偏高，使我国一些商品受到欧美国家的反倾销调查和指控，频频引发贸易摩擦。近期，国外针对我国产品质量问题加以炒作，掀起了新一轮贸易

保护主义浪潮。1～9月份外贸顺差比上年同期增长68.9%；贸易顺差占GDP的比重继续提高，全年这一比重有可能提高到8.5%左右，净出口对我国经济增长的贡献度明显偏高，我国经济受国际不稳定因素影响的潜在风险加大。

## （四）资产价格上涨呈现泡沫增大现象，财富再分配扩大收入分配差距

不可否认，近年来股指、房价快速上行局面的出现，有诸多因素的支撑：我国宏观经济多年持续健康较快发展，上市公司业绩大幅增长，股权分置改革等各项市场制度进一步完善，大股东向上市公司注入优质资产的步伐加快，企业和家庭资金充裕，人民币升值预期持续存在，居民消费结构升级步伐加快等。这些因素为我国股市和房地产市场发展提供了机遇。但也不能忽视，股市和房地产市场运行中出现了一定程度的非理性现象。从股市看，2007年上半年，大量业绩平平甚至亏损的上市公司在各种题材、消息的作用下，股价攀升较快；下半年，本应发挥市场稳定器功能的大盘蓝筹股则发力上涨，并带动指数迅速攀升。统计数据显示，10月8日至10月15日期间，计入指数的沪市市值排名前十大公司，合计推动上证指数上涨415.89点，对上证指数贡献率高达87.04%。从年初至10月16日，上证指数和深证成指涨幅分别达到127.7%和191.23%，个股价格涨幅普遍较高。[①] 2007年房地产价格上涨势头较2006年有所加快，并呈现逐月加快的势头，5月份到9月份，全国70个大中城市房屋销售价格同比分别上涨6.4%、7.1%、7.5%、8.2%和8.9%，其中新建商品住宅销售价格同比分别上涨6.6%、7.4%、8.1%、9%和10%。不少城市涨幅在两位数以上。房地产市场需求旺盛，供求矛盾比较突出。2007年1～9月，全国商品住宅竣工面积同比增长11%，销售面积同比增长33.9%，销售面积是竣工面积2.15倍。股票和房地产市场的非理性繁荣呈现泡沫增大现象，这种有钱人通过股票和房地产市场使财富迅速升值的强者恒强的“马太效应”明显扩大了收入分配差距，部分城市过高的房价挫伤了多数依靠劳动收入购房的购房人的信心，望房兴叹中对房地产市场宏观调控成效普遍存在意见。

① 评论员文章《警惕非理性博弈放大市场风险》，2007年10月17日《上海证券报》。

## 三 2008 年中国经济发展趋势展望

在国内外较为有利的发展环境中，2008 年中国经济将继续保持平稳较快发展态势，经济增长率高位趋稳、小幅回落，物价总水平涨幅趋缓，就业状况持续好转，外汇储备增长速度有所减缓。

### （一）三大需求继续保持较高增长，需求结构更加协调

**1. 消费品市场延续偏旺增长态势**

受居民收入增长较快和零售物价持续走高的共同影响，2007 年社会消费品零售总额名义增长呈现逐月加快的增长态势，前三季度，社会消费品零售总额 63827 亿元，同比增长 15.9%，比上年同期加快 2.4 个百分点。家具类增长 38.7%，建筑及装潢材料类增长 40.3%，金银珠宝类增长 41.5%，汽车类增长 38.1%，以住和行为热点的消费结构升级成为带动消费品市场活跃的主要动力。

展望 2008 年，连续多年宏观经济景气较旺，新增就业人数增加较多，居民收入增长较快，消费结构升级对消费仍然会保持较强的促进作用，这些基本因素决定了 2008 年我国消费品市场销售增长率仍将保持高位。此外，2008 年奥运会在我国举行，也将会对国内市场销售产生“奥运景气”推动作用。我们开发的消费品零售额先行指数在 2006 ~ 2007 年持续小幅走高，根据先行指数领先于消费品零售额一年左右的经验，可以初步判断 2008 年消费品零售额可以保持较快增长。根据我们对改革开放以来社会消费品零售总额潜在增长率研究，与 10% 左右的 GDP 增长率相匹配的消费品零售总额潜在增长率大体在 12% 左右，2006 ~ 2007 年我国社会消费品零售总额实际增长率已经超过 12%，2008 年进一步提速的可能性不大。2008 年商品零售价格涨幅降低对消费品零售额名义增长有一定影响，名义增长率可能稍低于 2007 年，预计 2008 年社会消费品零售总额名义增长 15.5%，比 2007 年低 0.7 个百分点左右，但实际增长为 12.7% 左右，基本与 2007 年实际增长率持平，仍为正常偏旺。

**2. 固定资产投资增速将小幅回落**

2007 年前三季度，全社会固定资产投资 91529 亿元，同比增长 25.7%。其中，城镇固定资产投资 78247 亿元，增长 26.4%。全国房地产开发完成投资

16814亿元，同比增长30.3%，住宅完成投资同比增长32.8%。我国这一轮固定资产投资高潮在20%以上运行已经78个月（6年多），目前尚未显示出疲态迹象。2008年，促使我国投资保持较高增速的基本因素依然存在。在企业销售收入和利润增长加快的情况下，企业投资的积极性较高；同时，企业自有资金增长较快，为企业扩大投资提供了资金保障。2007年1~9月，全国城镇新开工项目17万个，同比增加1.8万个，比上月末增加2万个。新开工项目计划总投资60309亿元，同比增长24.2%，增速比上年同期提高16.7个百分点，比1~8月提高7.5个百分点。新开工项目计划总投资占施工项目计划总投资的比重为27.1%，同比上升1.3个百分点，比1~8月提高2.6个百分点。第二季度之后新开工项目数量和新开工项目计划投资额呈现逐月提高的势头，为2008年投资提供了增长惯性。从国家调控政策方面来看，为了淘汰落后产能，加快产业结构技术升级和节能减排，需要加大对先进产能和节能减排设施的投资。2007年以来，国家对房地产价格的调控从以需求侧调控为主转向增加供给、改善供给结构，加大了对经济适用房建设的支持，2008年小户型、经济适用房、廉租房建设项目增加较多，房地产投资成为带动投资增长的重要力量。

但是，2008年投资增长也面临一些限制因素。由于近期中央银行频频提高利率，实际利率水平上升对企业的投资行为将起到抑制作用。由于房地产市场积累了一定风险，加之美国次级贷款危机对我国起到一定的警示作用，银监会等管理部门已经加大了对房地产贷款的审查力度，提高第二套住房贷款首付比例和其他审慎贷款政策将对开发商和购房者的资金来源产生一定限制。同时，高能耗产品出口限制政策可能使这些行业供求和价格形势发生变化，不少行业投资回报预期降低。

综合各方面因素分析，我们估计，2008年固定资产投资增速仍在偏快区间运行，控制固定资产投资过快增长依然是宏观调控的重要任务之一。对高能耗建材出口的控制将使建材价格上涨较快的情况有所改观，固定资产投资价格指数涨幅由2007年的上升走势转为平稳回落。受价格因素影响，预计2008年全社会固定资产投资名义增长23.5%，比2007年下降2个百分点，实际增幅下降0.6个百分点左右；其中城镇固定资产投资名义增长24%，比上年下降2.1个百分点，实际增幅下降0.7个百分点；房地产开发投资名义增长25%，比上年下降3个百分点，实际增幅与上年持平。

**3. 对外贸易顺差增速明显下降**

2007年前三季度，进出口总额15708亿美元，同比增长23.5%，比上年同期回落0.8个百分点。其中，出口8782亿美元，增长27.1%，加快0.6个百分点；进口6926亿美元，增长19.1%，回落2.6个百分点。贸易顺差1857亿美元，比上年同期增加758亿美元。为了改善国际收支不平衡状况，2007年我国出台政策力度之大、频次之多均超过前几年。在上半年贸易顺差增长过快的形势下，7月1日起我国对2831项商品（约占海关税则中全部商品总数的37%）调低了出口退税率，并进一步改进了加工贸易台账保证金管理办法。8、9月份，宏观调控措施的效果初显，我国出口增速出现了明显下降，8月我国出口增速由7月份的34.2%回落到22.7%，比7月份大幅回落11.5个百分点；9月份贸易顺差为239.1亿美元，比前8个月的增幅减缓15.1个百分点。

2008年我国出口将呈减速态势，一是国际上贸易保护主义重新抬头，针对中国的贸易摩擦增多，特别是炒作中国产品质量问题对2008年的出口负面影响较大。二是美国经济不确定性增大，次级贷款危机造成美国金融机构惜贷现象可能影响到消费信贷资金，房地产的财富效应减弱也降低消费者信心，多年来建立在信用经济和财富效应两大基石上的美国居民消费快速增长可能减速。由于我国对美国出口主要以消费品为主，美国消费减速将对我国出口不利。三是国内2007年密集出台的控制出口过快增长和调整外贸结构的政策效果在2008年进一步明确显现，人民币升值步伐有所加快，各方面生产要素成本逐步提高。这些因素的共同作用将使得2008年我国出口增速下降。

相反，由于国内需求保持较快增长态势，人民币升值和进口关税逐渐下调使国内外比价关系变化的调节作用逐渐显现，加上国家其他鼓励进口的政策，2008年进口增速将基本保持稳定。如果目前国际石油价格和其他矿产资源价格上涨的态势延续到2008年，这些产品的进口额受价格上涨的影响也将呈现加快上涨的情况。

初步估计，2008年我国出口增长19%，进口增长18%，贸易顺差规模大约为3320亿美元，比2007年增加610亿美元，贸易顺差的增幅由2007年的52.7%下降为22.5%。

## （二）宏观调控政策效果加强，经济增速高位趋稳

受世界经济快速增长和国内需求旺盛的拉动，2007年上半年我国经济从偏

热转向过热的势头比较明显。GDP 增速由 2006 年的 11.1% 提高到 2007 年上半年的 11.5%，其中第二季度增速高达 11.9%，6 月份工业增加值增速高达 19.4%。针对这些情况，中央加大了运用经济手段进行宏观调控的力度，主要是 8 次提高银行存款准备金率、5 次提高存贷款基准利率、加大公开市场操作力度和发行特别国债，取消或降低部分产品出口退税率和反征出口关税、扩大加工贸易限制列产品目录等，这些政策措施对抑制经济从偏热转向过热发挥了积极作用。第三季度，GDP 增速回落到 11.5%。根据宏观经济先行合成指数走势、季度年度经济预测模型测算和各方面因素综合分析，第四季度工业和经济增长率将小幅回落，预计 2007 年全年 GDP 增长 11.4%，略高于上年。

2008 年的三大需求中，消费稳定增长，投资增速略有回落，净出口增速放慢，总体影响是社会总需求的强劲自发扩张势头稍稍减弱，如果宏观调控政策继续保持稳中偏紧的取向，将使得 2008 年经济增速呈现高位趋稳、小幅回落的态势，GDP 增速将从 2007 年的增长 11.4% 回落到 2008 年 10.8%，下降 0.6 个百分点左右。其中，第一产业增长 4%，增幅与 2007 年持平；第二产业增长 12.6%，增幅比 2007 年下降 0.8 个百分点；第三产业增长 10.5%，增幅比 2007 年下降 0.5 个百分点。

### （三）居民消费价格上涨势头放缓，全年呈前高后低走势

2007 年以来，居民消费价格涨幅逐月提高，从 3 月份开始持续超过 3% 的年度调控目标，7、8、9 月份连续三个月突破公认的可承受通货膨胀率界限值 5%，8 月份当月同比涨幅达到 6.5%。前三季度，居民消费价格同比上涨 4.1%。居民消费价格主要由食品价格上涨推动，非食品 CPI 涨幅比较稳定，年初以来在 0.5% 与 0.7% 之间，当前的物价波动仍然属于农产品局部供求不平衡引发的结构性物价上涨性质。我国商品市场供求基本平衡的总体格局没有改变，不存在出现全面通货膨胀的市场供求条件。下半年国家出台了一系列稳定物价的政策措施，对稳定价格预期、控制物价进一步上涨将起到一定作用；但货币流动性过剩的局面没有改观，通货膨胀的货币条件客观存在，居民和企业通胀预期走高，新涨价因素的影响程度较难确定，对控制物价十分不利。综合考虑各方面因素，预计全年居民消费价格上涨 4.7%，比 2006 年提高 2.9 个百分点。

受食品价格变化的影响，2008 年居民消费价格的上涨幅度较 2007 年将出现一定程度的回落。农副产品价格大幅度上涨将引导农民和企业增加投入和生产。

根据近 10 年来的经验，我国食品价格上涨存在大约 3 年左右的短周期，据此估计，2007 年第三季度将是食品价格上涨的高峰期，年底之后将开始回落，2008 年将延续下行走势，消费价格涨幅呈现稳步回落趋势。考虑到我国资源类价格改革的迫切性和 2007 年下半年严格控制出台政府调价措施的后续影响，2008 年下半年有条件和需要出台的政府调价项目较多，综合考虑翘尾因素、新涨价因素和政府调价合理幅度，我们估计，2008 年全年居民消费价格上涨幅度将回落到 4% 左右。

国内资源类产品价格与其他产品比价关系的变化，要求我国加快资源类产品价格调整步伐，这将对 2008 年生产资料价格走势产生影响，使得生产资料购进价格和工业品出厂价格上涨幅度有所提高。初步预计，2008 年生产资料购进价格和工业品出厂价格分别上涨 4.3% 和 3.0%，比 2007 年分别提高 0.3 和 0.2 个百分点。

2007 ~ 2008 年我国主要经济指标预测见表 2。

**表 2　2007 ~ 2008 年我国主要经济指标预测表**

| 指　　标 | 2007 年 1 ~ 9 月实际 | | 2007 年预测 | | 2008 年预测 | |
|---|---|---|---|---|---|---|
| | 绝对数（亿元） | 增长（%） | 绝对数（亿元） | 增长（%） | 绝对数（亿元） | 增长（%） |
| GDP | 166043 | 11.5 | 246135 | 11.4 | 282316 | 10.8 |
| 一产 | 18207 | 4.3 | 28453 | 4.0 | 31071 | 4.0 |
| 二产 | 83478 | 13.5 | 121899 | 13.4 | 141788 | 12.6 |
| 三产 | 64358 | 11.0 | 95783 | 11.0 | 109174 | 10.5 |
| 规模以上工业增加值 | | 18.5 | | 18.0 | | 16.0 |
| 重工业 | | 20.0 | | 18.9 | | 17.0 |
| 轻工业 | | 16.4 | | 16.0 | | 13.6 |
| 全社会固定资产投资 | | 25.7 | 137887 | 25.5 | 170290 | 23.5 |
| 城镇固定资产投资 | 78247 | 26.4 | 117869 | 26.1 | 146157 | 24.0 |
| 房地产投资 | 16714 | 30.3 | 20364 | 28.0 | 25455 | 25.0 |
| 社会消费品零售总额 | 63827 | 15.9 | 88788 | 16.2 | 102551 | 15.5 |
| 出口（亿美元） | 8782 | 27.1 | 12210 | 26.0 | 14530 | 19.0 |
| 进口（亿美元） | 6926 | 19.1 | 9460 | 20.0 | 11209 | 18.0 |
| 外贸顺差（亿美元） | 1857 | 68.9 | 2711 | | 3321 | |
| 居民消费价格指数 | | 4.1 | | 4.7 | | 4.0 |
| 工业品出厂价格指数 | | 2.7 | | 2.8 | | 3.0 |
| 原材料、燃料、动力购进价格 | | 3.8 | | 4.0 | | 4.3 |
| $M_0$ | 29030 | 13.0 | 30998 | 14.5 | 35028 | 13.0 |
| $M_1$ | 142591 | 22.1 | 151864 | 20.5 | 180718 | 19.0 |
| $M_2$ | 393098 | 18.5 | 407782 | 18.0 | 475066 | 16.5 |
| 财政收入 | 38917 | 31.4 | 49769 | 28.5 | 59723 | 20.0 |
| 财政支出 | 29016 | 25.3 | 50669 | 26.0 | 59688 | 17.8 |

注释：GDP 和工业增加值增长率为实际增长，其他为名义增长。

## 四 2008年宏观调控政策建议

2008年，为了巩固和发展宏观调控的成果，全面落实科学发展观和构建社会主义和谐社会两大战略思想，实现经济持续快速协调发展，一方面，要在短期调控政策层面上实行稳健的财政政策和适度从紧的货币政策，加强财政政策、货币政策、产业政策、土地政策和社会政策之间的协调配合，防止经济从偏快转向过热；另一方面，要加大制度层面上的改革力度，着力调整经济结构和转变经济发展方式，着力提高经济增长的质量和效益，着力解决民生问题。

### （一）财政政策真正回到稳健操作，实现当年财政收支平衡

2008年经济增长速度将小幅回落，企业收入增速将难以保持2007年的高增长，再加上内外资企业所得税并轨，企业所得税增幅将会有所下降；增值税改革试点将进一步扩大范围，增值税收入增长将受到一定影响；进出口贸易增速也会有所回落，进口环节税收增速会出现回落；证券交易印花税将难以保持2007年的高增长。考虑以上这些减收因素，并结合数量模型测算，初步预测，2008年财政收入将增长20%左右，达到59723亿元，比2007年增收10000亿元左右。2008年为了避免经济从偏快转向过热，同时为了给将来财政政策再度扩张留下空间，财政政策应该真正回到稳健的轨道上来，建议不再安排预算赤字，实现财政收支当年平衡。根据我们的初步测算，2008年财政支出增速只要控制在18%之内，就可以实现财政收支平衡。政府建设投资应全部转为预算内资金安排。财政建设投资支出要严格控制新上项目，重点支持在建项目尽快建成投产、发挥效益和一些已批准的建设规划重大项目，特别要从严控制各级政府楼堂馆所项目重新抬头。应出台严厉政策控制地方财政实际上的“赤字”规模，对政府负债经营城市建设的做法加以规范管理，控制政府投资扩张势头。

### （二）实行适度从紧的货币政策，更加灵活运用价格型政策工具

从防止经济运行从偏快转向过热和防范资产价格泡沫等金融风险的角度出

发，2008 年货币政策应明确适度从紧的政策取向。在货币政策执行上，要保持前瞻性和主动性，注重预调和微调，调控重点从之前的供给调控转向需求调控。2008 年 GDP 同比增速达到10.8%，CPI 同比变化率在4%左右时，考虑到 $M_2$ 流通速度的因素，2008 年 $M_2$ 同比增速控制目标定在 16%左右为宜，考虑到企业从证券市场直接融资规模扩大，2008 年人民币新增贷款应控制在 3.2 万亿左右，从总量上真正体现适度从紧的控制力度。2008 年在利率调控上，要从国内经济运行需要出发，不能囿于中美利差的限制，有必要选择自主加息，来消除负利率，使利率水平不断趋近均衡利率。为防止贷款利率过高对实体经济增长产生冲击，可选择不对称加息，即暂时维持贷款利率不动，仅提高存款基准利率，实现存款实际基准利率由“负”转“正”。坚持资本项下不可自由兑换，加强对短期国际资本的监控。加强对外汇资金流入和结汇的检查，加强对企业和金融机构短期外债的管理，严格控制短期外债规模，控制短期外债的结汇。建立健全对境外资金流入国内股市、房市的监测监控体系。人民银行、外管局、证监会、建设部等职能部门应加强政策协调和信息共享，密切关注短期资本流动的新动向，形成监管合力，摸清境外资金流入国内股市、房市的渠道、方式和规模，及时制定管理措施和应急预案，防范投机资本的冲击。

### （三）引导人民币一揽子货币实际有效汇率小幅升值，提高人民币国际地位

2008 年应进一步增强人民币汇率弹性，适度扩大人民币对美元汇率波动区间，将银行间即期外汇市场人民币兑美元交易价日浮动幅度由 5‰扩大至 1%。不仅要实现人民币对美元的升值，更要引导人民币一揽子货币实际有效汇率实现小幅升值。在当前形势下，人民币升值对我国利大于弊，对外可以降低进口成本，促进国内企业更多利用国外技术设备、资源和加快“走出去”步伐，对内可以提高出口门槛，压缩国内落后产能通过出口继续生存的空间，加大推进产业结构和贸易结构优化升级。为了提高人民币的国际地位，要扩大人民币贸易结算范围，尝试人民币境外融资。扩大国外机构在境内发行人民币债券的机构范围，允许人民币出境使用，必要时，可允许发行人民币商业票据。尝试允许境外企业在境内直接上市，使人民币融资逐步国际化。

### （四）多管齐下抑制物价上涨，不失时机地推出有利于节能减排的价格和税费改革措施

一是加大对农业、畜牧业生产政策支持力度，稳定农业生产资料价格，保护农民生产积极性，力争粮食稳产增产。二要充分利用国家储备吞吐量调控农产品市场，积极增加货源，保证市场供应，维护食品价格稳定。三要全面研究农产品价格稳定机制，从生产、流通、储备、进出口等多个环节建立健全信息收集反馈共享机制、应急反应处置机制，增加财政对农产品价格稳定基金投入。四要大力维护市场秩序，坚决打击相互串通、囤积居奇、哄抬价格、以次充好、合谋涨价等行为。五要打破垄断，在一些垄断型行业，积极引入竞争因素，迫使垄断价格下降。2008 年价格工作在以稳定农产品价格为重点的同时，必须把握时机，适时出台有利于节能减排的相关价格改革和税费改革措施。

### （五）继续加大普通住宅的土地供应，更加明确保障性住房的非商品性质

2008 年要增加定向供地，保持适度的住宅投资规模和住宅供应量，优先满足保障性住房用地。针对中低价位、中小户型住房供应不足问题，应推动各地政府从规划审批、土地供应等方面入手，确保中小套型、中低价位普通住房的投资规模，改善住房供应结构，确保“90/70”政策目标的实现。继续加大对闲置土地的清理力度，盘活和利用存量土地。调高土地闲置费标准，加快土地开发和房屋建设速度。严格贯彻无偿收回闲置土地使用权这一处置措施，做到执法必严。必须明确经济适用房等保障性用房的非商品性质，只供适合条件的低收入居民自住，不得出租，出售时只能由政府回购，早日堵住住宅价格“双轨制”造成的漏洞。

# 综合篇

## 2008年固定资产投资将继续快速增长

张永军*

**摘　要**：2007年我国固定资产投资呈现高位稳定增长的态势，投资结构有所改善；但仍然存在投资增长偏快、部分高耗能产业投资过快的问题。2008年我国促进投资快速增长因素的作用要强于抑制投资增长因素的作用，我国投资在2008年继续保持较快增长，但增速可能较2007年有所下降。

**关键词**：投资　增长　结构

2007年我国固定资产投资呈现出高位稳定增长的态势，投资的快速增长是经济快速的增长的重要拉动力量。符合国家调控方向的领域投资增长明显加快，但部分高耗能产业投资的增速依然很快。2008年，我国固定资产投资将继续保持快速增长，但增速较2007年将有所回落。利用外资变化存在不确定性，但对投资总额的增长影响不大。

---

* 张永军，经济学博士，现任职于国家信息中心经济预测部，主要从事宏观经济分析预测研究工作，重点研究短期经济波动、价格和货币问题。

## 一 2007年投资高位稳定增长，投资结构有所改善

2007年我国固定资产投资形势的特点主要表现为增长比较稳定、与消费增长更趋协调、投资结构有所改善。

### （一）投资高位稳定增长，上半年加速增长势头得到抑制

2007年1~9月份，我国固定资产投资增长保持高位稳定的状态，月度累计增长率一直保持在25%上下两个百分点的区间内。从月度之间的变化情况来看，上半年呈现逐月加快增长的势头，由1~2月份23.4%的增长率逐月提高到上半年的26.7%；进入第三季度之后受收紧信贷、提高利率等宏观调控措施的影响，加速增长的势头得到抑制，第三季度各月累计增长基本保持不变。

### （二）投资与消费增长更趋协调

2007年1~9月份，我国固定资产投资同比增长26.4%，虽然保持高位增长的态势，但增速较上年同期降低1.8个百分点；与此同时，2007年1~9月份我国消费品零售额增长势头较2006年同期有所加快，1~9月份我国消费品零售额增长同比增长15.9%，较2006年同期加快2.4个百分点；由于投资增速下降而消费品零售额增速加快，使得两者之间的增速差距由2006年同期的14.7个百分点缩小为2007年的10.5个百分点，两者的增长更趋协调。

### （三）投资结构有所改善

在国家宏观调控政策的引导下，2007年1~9月份我国投资结构有所优化，符合国家调控方向的领域投资增长加快，具体表现为：一是农林牧渔业加快。1~9月份农林牧渔业投资61880亿元，同比增长28.2%，比上年同期加快1.8个百分点，农林牧渔业投资增长加快，得益于国家对新农村建设投入力度的加大。二是经济适用房投资增长明显加快。1~9月份城镇经济适用房投资同比增长30.5%，比上年同期加快21.6个百分点，经济适用房投资加快，得益于中央政府的引导和地方政府尤其是中部各省经济适用房投资增速的大幅度提高。三是与环境保护相关的投资增长较快。1~9月份环境管理业投资同比增长48.8%，

增速比上年同期加快一倍多，废弃资源和废旧材料回收加工业投资同比增长 97.5%，在上年高增长的基础上进一步加快，虽然这些方面的投资在全部投资中比重不大，但投资的社会效益较大。

## 二　2007 年投资增长仍然偏快，部分高耗能行业投资增长仍然过快

**1. 投资总量的增长仍然偏快**

2007 年 1～9 月份，全社会固定资产投资总额同比增长 25.7%，城镇固定资产投资额同比增长 26.4%，虽然分别比上年同期增速下降 1.6 和 1.8 个百分点，但这样的增速仍然是偏快的，对经济的拉动作用仍然较强。根据国家统计局初步测算，2007 年前三季度消费对经济增长的贡献率为 37.0%，投资对经济增长的贡献率为 41.6%，外需对经济增长的贡献率为 21.4%。投资对经济增长的拉动作用仍然明显高于消费，投资增长偏快是经济偏热的重要原因之一。

**2. 高耗能行业投资过快，节能减排压力很大**

在投资增速加快和出口快速增长的背景下，9 月份高耗能行业投资和工业生产增速双双反弹，给节能减排造成很大压力。前三季度，六大高耗能行业投资 13105 亿元，同比增长 22.6%，增幅比上年同期提高 4.5 个百分点，占工业投资的比重达 39%。其中，建材行业投资同比增长 50.9%，加快 11.9 个百分点；石油加工及炼焦增长 40.7%，加快 12.9 个百分点；化工增长 34.2%，加快 8.1 个百分点；钢铁由上年同期下降 0.9%，转为增长 13%；有色金属增长 31.2%，尽管回落 0.8 个百分点，但仍然保持很高的增速。从出口看，高耗能产品增速仍然较快。2007 年前三季度，钢材出口额增长 1 倍多，焦炭及半焦炭出口额增长 48.0%。

受投资和出口增长的拉动，9 月份高耗能行业工业产品增速多数出现反弹的势头。与 8 月份相比，9 月份铝材增长 47.1%，加快 10 个百分点；电解铝增长 37.1%，加快 5.1 个百分点；铜材增长 26.3%，加快 3.1 个百分点；化学纤维增长 25.3%，加快 6.4 个百分点；粗钢增长 17.5%，加快 3.9 个百分点；纯碱增长 16.4%，加快 8 个百分点；乙烯增长 14.8%，加快 7.3 个百分点；平板玻璃增长 14.3%，加快 4.6 个百分点。

由于前三季度工业生产增长快于上年同期，尤其是高耗能产业增长快于上年同期，2007 年前三季度电力消耗增长明显快于上年同期，前三季度发电量同比增长 16.4%，比上年同期提高 3.5 个百分点。发电量的加速增长，必然会加大能源的消耗，并加大对环境的压力。

## 三　2008 年投资将保持较快增长，但增速较 2007 年将有所降低

展望 2008 年的固定资产投资形势，使得投资保持较快增长的因素要多于使投资降温的因素，投资将继续保持较快增长，但增速较 2007 年将有所降低。

### （一）促使投资保持较快增长的因素

#### 1. 在建项目投资规模较大，投资增长的惯性较强

受多方面因素的影响，2007 年第二、三季度新上项目较多，使得目前的在建项目投资保持较大规模。2007 年 3 月末新开工项目数还比上年同期少 2294 个，4 月份即扭转了这种情况，此后新开工项目数比上年同期增加数量持续增大，到 8 月末新开工项目数已经比上年同期多 29286 个，这就意味着 4～8 月份新开工项目数要比上年同期多出很多（见图 1）；与此相对照，3 月末新开工项目计划投

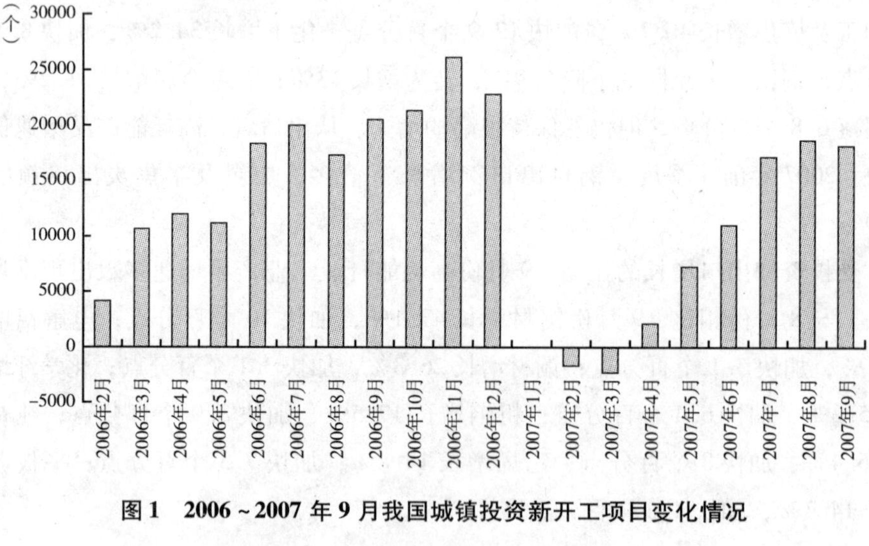


**图 1　2006～2007 年 9 月我国城镇投资新开工项目变化情况**

资额比上年同期下降13.9%，4月份仍然处于下降态势，但到5月末新开工项目计划投资额比上年同期增长了6.1%，5月份以来新开工项目计划投资额的同比增长率逐月提高，这就意味着5月份以来新开工项目计划投资额要比上年同期增长很多。再者，在9月份新开工项目数增长数量较8月份减少的情况下，9月份新开工项目和在建项目计划总投资的增长率都比8月份提高，尤其是新开工项目计划总投资的增长率明显提高，说明9月份新开工项目平均每个项目的计划投资规模明显增大。

巨大的在建项目计划投资额，给2007年第四季度和2008年的投资增长提供了空间，按照目前222439亿元的在建项目计划投资额和2007年预计月度平均投资完成额，目前的在建项目计划投资额足以维持近两年内固定资产投资的快速增长。

**2. 企业产销和盈利状况良好，投资的积极性较高**

2007年以来，国民经济继续保持快速增长的态势，企业产销和盈利状况良好，投资的积极性较高。1~9月份工业企业产销率为97.9%，虽然比上年同期降低0.1个百分点，但仍然维持在较高水平上。1~8月，全国规模以上工业企业实现利润15623亿元，同比增长37.0%；工业经济效益综合指数206.56，比上年同期提高21.57点。企业产销两旺，利润大幅度增长，企业选择扩大投资是当然之举。

**3. 企业资金充裕，投资的资金来源有保障**

由于企业盈利状况较好，从银行得到的贷款增长较快，企业通过发行股票从股票市场筹资金额增长较快，目前企业用于投资的资金来源比较充裕。除了前述企业盈利状况之外，2007年前9个月金融机构各项人民币贷款增加额为33602亿元，比上年同期多增加6000多亿元，贷款余额同比增长速度为17.1%，增长速度保持在较高水平；中长期贷款余额同比增长率更是高达23.9%。2007年以来，股票市场保持高涨态势，这为企业发行股票融资提供了良好的环境。截止到2007年11月5日，企业通过公开上市发行股票募集的资金达4081.8亿元，企业通过发行股票和债券募集的资金，已经超过了前9个月新获得的中长期贷款额5723亿元，在企业融资总额中的比重迅速上升，直接融资已经成为企业首要的融资渠道。宽裕的资金为2008年投资的增长提供了资金保障。

**4. 房地产价格涨幅的提高将会对房地产投资起到促进作用**

2007年房地产投资增速一直高于城镇投资增速，房价节节上升是一个重要的拉动因素。从最近几个月来看，房价上涨的势头又有所加快。2007 年前三季度 70 个大中城市房屋销售价格累计平均上涨 6.7%，其中第一季度上涨 5.6%，第二季度上涨 6.3%，第三季度上涨 8.2%，各季度之间呈现明显的上升趋势。房价涨幅较高主要表现为：一是新建住宅价格以更快的速度上涨，1～9 月上涨 7.2%，第一季度上涨 6%，第二季度上涨 6.4%，第三季度上涨 9%，每个季度新建住宅价格涨幅都高于房价平均上涨幅度。二是一些大城市房屋消费价格涨幅较高，部分大中城市前三季度平均涨幅超过 10%，其中深圳 15.7%，北海 12.1%，北京 10.1%。在房地产价格涨幅提高的情况下，房地产投资仍然将会保持增速。

## （二）抑制投资增长的因素

2008 年也存在一些抑制投资增长的因素，这些因素主要包括以下几个方面。

**1. 外贸出口增速下滑不利于企业销售收入和盈利的进一步增长**

2007 年前 7 个月我国出口保持很高的增长速度，8 月份以后受国家出台的降低出口退税率、人民币升值等多种因素的影响，出口增速开始明显下降。我们认为，由于 2007 年以来美国经济增长速度（此处指的是美国的季度 GDP 同比增长率，而不是美国商务部公布的所谓折年率季度 GDP 增长率）呈现下降趋势（见图 2），这将对我国对美国的出口产生直接影响，并将通过对欧洲国家经济增长的影响进一步影响我国对欧洲的出口，考虑到从美国经济下滑到对我国出口的影

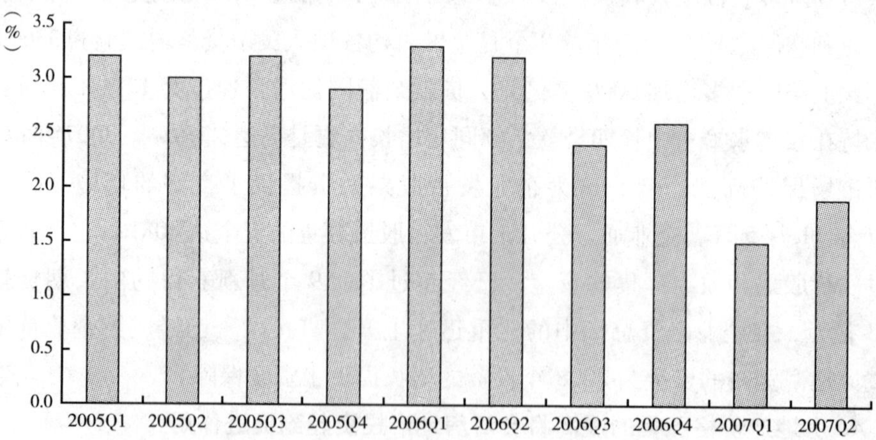


**图 2　美国 2005 年第 1 季度～2007 年第 2 季度 GDP 同比增长率**

响存在 2～3 个季度的时滞，我们预计 2007 年 8 月份以来出口增速下滑的态势有可能在 2008 年的较长时间内维持下去。由于目前我国许多产品对国际市场的依赖程度较高，出口的下降将会明显地影响到企业的销售和盈利状况，企业利润增长的下降，将会降低部分行业内企业的利润率，从而对企业的投资产生抑制作用。

**2. 企业发行股票的步伐将放缓，对企业资金来源产生一定影响**

如上所述，2007 年我国企业发行股票融资的规模大幅度增长，预计将比 2006 年增长 50% 以上，目前国内资质良好的大型企业多数已经上市，2008 年企业发行股票融资的规模不大可能再出现 2007 年这样的大幅度增长，这将会使得企业直接融资规模的扩大受到影响，从而对企业资金来源的增长产生一定的抑制作用，进而将对企业投资产生抑制作用。

**3. 石油价格上涨和资源价格改革等措施将抑制投资的过快增长**

最近一个时期，国际石油价格加速上涨，近期国际石油期货价格保持在每桶 90 美元以上，国际石油价格的上涨已经传递到国内，前不久国家发展和改革委员会提高国内成品油价格，就是为了应对国际石油价格上涨的影响。考虑到各类能源之间的比价关系，国际石油价格上涨的影响，还将会逐渐对国内煤、电、汽、天然气价格产生影响。在这种背景下，2008 年国家出台资源价格改革的可能性加大，资源价格水平将会提高。再者，国家关于提高资源税的方案已经酝酿多时，出台的条件基本成熟，一旦出台，也会对企业的投资成本产生影响。此外，为了减轻经济增长对资源和环境的压力，国家提高了许多行业的技术标准，这些技术标准的实施，短期内将会加大企业的投资和生产成本，抑制企业的投资。由于目前一些投资项目之所以在经济上可行，是基于较低的资源价格进行评估的，随着上述几方面因素影响的显现，一些投资项目的经济可行性就会出现问题，有可能在经济上变得不可行，从而对投资产生抑制作用。

**4. 货币政策的收缩将会对投资增长产生一定的抑制作用**

为了抑制经济偏热和价格上涨幅度明显提高的情况，2007 年国家出台了一系列收紧货币供应和信贷的措施，主要包括提高基准利率和法定存款准备金率，最近几家大型商业银行尝试对购买第二套商品房的贷款者采取提高首付比例的措施。随着这些措施效果的显现，将会逐渐对投资产生一定的抑制作用。2007 年 1～9 月份，在房地产投资的资金来源中，定金及预收款占 27.2%，个人按揭贷款占11.9%，国内贷款占20.2%，这三项资金来源占房地产开发投资资金来源的约60%，如果国家收紧了银行的贷款，将会对国内贷款和个人按揭贷款产生较大影响，房地产投资的资金来源会受到一定程度的影响，将会对房地产投资的偏快增长起到一定的抑制作用。

## （三）影响投资增长的不确定因素

除了上面所述促进和抑制投资增长的因素之外，也存在将会对2008年投资增长产生较大影响、但影响效果难以确定的因素，这类因素主要包括以下几个方面。

**1. 内外资所得税税率合并的影响**

2007年3月份，十届全国人大五次会议通过了企业所得税法，这部企业所得税法从2008年1月1日开始执行，企业所得税法的关键性变化是取消了原来对外资企业的优惠税率，改为内外资企业实行统一的所得税税率。在人大通过这部法律的前后，经济和法律界对实行新的企业所得税法的影响进行了广泛讨论，普遍认为由于对外资企业采取了过渡期保护的措施，对我国外资的影响不大。但这些分析毕竟是一种事前的推测，究竟会对2008年我国吸引外资产生多大影响，目前还难以确定。如果对我国吸引外资产生较大的不利影响，那么就会对2008年我国投资的增长起到抑制作用。

**2. 美国次贷危机的影响**

2007年中期，美国发生了次级贷款危机，近期美国次贷危机对经济的影响似乎有加大的迹象。但是，究竟次贷危机对美国经济的影响有多大，目前各界还没有定论。如果次贷危机对美国经济的影响比较大，引起美国经济增速出现明显下降，那么对我国出口的影响相应会大一些。

除了对出口的影响之外，美国经济增速下降还会对我国利用外资产生一定影响。由于中国经济是一种投资驱动型经济，外资对中国投资又具有巨大影响，根据历史经验，中国与美国的外资流入之间又存在一定程度的替代关系，每当美国经济状况不景气时，外资在美国的投资机会相对较少，向包括中国在内的其他国家流动的外资就会比较多，流入中国的外资增多，对中国全部投资的规模就会产生带动作用，从而对经济增长也会起到推动作用。

由于上述两方面的影响，即使次贷危机对美国经济的影响能够预知，对中国经济的影响也是较难把握的。

综上所述，我们认为，2008年我国投资快速增长的国内条件基本上没有发生大的变化，促进投资快速增长因素的作用要强于抑制投资增长因素的作用，这将使得我国投资在2008年继续保持较快增长，但增速可能较2007年有所下降。较难确定的是两税合一的影响和外部环境变化的影响，但目前利用外商直接投资在投资总额中所占比重已经不大，即使利用外资规模出现一定的波动，对投资的总体增长态势也不会产生太大影响。综合考虑各项因素的影响，预计2008年我国全社会固定资产投资总额将达到170290亿元，同比增长23.5%左右；城镇固定资产投资达到146157亿元左右，同比增长24%左右；其中房地产投资额将达到25455亿元，同比增长25%。

# 2007年消费形势分析和2008年走势预测

祁京梅*

**摘　要：** 2007年我国消费需求增长逐月加快，消费形势呈现“四高一稳”的特征，主要表现为消费对经济增长的贡献显著提高、消费者信心连创新高、住宿和餐饮等服务消费贡献增大，恩格尔系数趋于平稳。预计全年消费品零售额增长16.2%，创1997年以来的最快增速。2008年在居民收入快速增长、社会保障力度不断加强以及奥运概念消费等积极因素推动下，消费需求仍将保持上涨势头。但是，受经济增速减缓和物价涨幅降低等因素影响，消费需求名义增长有可能低于2007年。扩大消费、改善消费结构的政策重点在于加强各种社会保障制度，建立对低收入群体的长效补贴机制。

**关键词：** 社会消费品零售额　消费贡献率　居民收入　消费政策

2007年我国经济将实现11.4%左右的高增长，这是1995年以来的最快增长，也比1997～2006年年均9.7%的增速约高1.5个百分点。我国经济在经历了高速增长、低速徘徊、结构调整后，能够重新步入快速增长阶段，与出口需求增加有关，但更有赖于规模庞大的消费需求出现新一轮的持续快速增长。2007年后几个月消费需求快速增长的势头不会改变，预计全年消费品零售额增长有望达到16.2%，成为1997年以来的最快增长。2008年受多种因素的影响，消费需求名义增长可能略低于2007年，但实际增长仍将保持较高水平。扩大消费、改善消费结构的政策着力点在于加强各种社会保障制度，建立对低收入群体的长效补贴机制。

---

* 祁京梅，高级经济师，南开大学经济系本科毕业。主要从事宏观经济、消费、物价和居民收入等问题的研究。

## 一　2007 年 1～9 月消费形势呈现“四高一稳”的特征

2007 年以来，在国民经济持续高增长、收入水平不断增加和消费环境日趋改善等有利因素推动下，城乡居民消费需求呈现出本轮经济周期以来最强劲的增长势头，消费需求的良好态势可概括为“四高一稳”的特征。

**1. 消费品零售额名义和实际增长皆为 10 年来的较高水平**

2007 年消费需求在上年高增长的基础上，继续保持快速增长，消费品零售额名义增长呈现逐季加快的态势。第一季度消费品零售额增长 14.9%，第二季度增长 15.6%，第三季度增长 16.8%。1～9 月累计完成社会消费品零售总额 63827 亿元，同比增长 15.9%。该增速比上年同期提高 2.4 个百分点，比上年全年提高 2.2 个百分点，是 1997 年亚洲金融危机以来我国消费品零售额名义增长的最高速度。

由于 2007 年物价涨幅较高，可能有人认为消费需求只是名义增长较快，实际增幅有限。但分析表明，扣除物价因素后，1～9 月消费品零售额实际增长 12.3%，仍是 1997 年以来消费品零售额实际增长的较高速度（见图 1）。

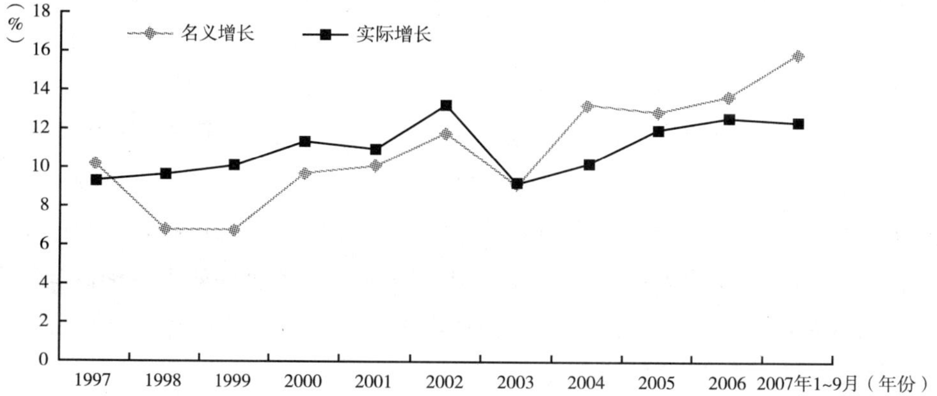


**图 1　1997～2007 年消费品零售额增长比较**

消费品零售额名义增长和实际增长双双呈现较快增长，表明经过多年的经济结构调整和消费政策引导，我国已告别消费低迷的状态，经济高增长成功地由生产领域转向消费领域，稳步攀升的新一轮消费增长将成为引领经济持续增长最重要的因素。

**2. 消费需求对经济增长的贡献率有所提高**

2007年前三季度我国经济实现了11.5%的高增长，分析推动经济增长的三大需求，可以发现，投资需求对经济增长的作用有所减弱，消费需求的贡献加大。2007年以来在国家“有保有压”投资调控政策的作用下，投资结构趋于优化，速度有所减慢。1~9月城镇固定资产投资同比增长26.4%，增速比上年同期回落1.8个百分点。而消费需求稳中趋旺，消费品零售额增速呈现逐月加快的态势。1~9月消费品零售额名义增长15.9%，增速比上年同期加快2.4个百分点。2004~2006年连续三年消费品零售额实际增长高于GDP增幅，2007年1~9月份消费品零售额实际增长12.3%，继续高于经济增长，消费对经济增长的贡献明显提高。按照现价计算，2007年1~3季度消费品零售额对经济增长的贡献率为35%，比上年同期大幅提高6.6个百分点。预计全年消费贡献率将明显高于上年。

**3. 住宿、餐饮业等服务消费对零售额的贡献率大幅提高**

按照零售业态划分，社会消费品零售额由批发和零售业、住宿和餐饮业以及其他行业三部分组成，随着居民收入水平和消费结构的变化，2007年以来住宿和餐饮业零售额呈现良好发展态势，主要表现为速度加快、比重提高、贡献率提高三大特点。

从增长速度看，1~9月住宿和餐饮业增长18.2%，同比增速提高2.4个百分点，比批发和零售业零售额增幅高2.4个百分点，比其他行业零售额增幅高13.6个百分点。从比重看，1~9月住宿和餐饮业零售额占消费品零售额的比重为13.9%，同比提高0.3个百分点。从贡献率看，1~9月住宿和餐饮业零售额对社会消费品零售总额增长的贡献率达到15.6%，比上年同期大幅提高2.7个百分点；1~9月住宿和餐饮业零售额拉动消费品零售额增长2.48个百分点，拉动作用高于上年同期0.74个百分点。

**4. 消费者信心指数创近三年来的新高**

消费者信心不断增强、未来预期向好是促进消费快速增长的重要原因。在多种因素的促进下，2005年以来消费者信心指数呈现稳步提高的走势，2007年消费者信心指数更是逐季升高，第一、二、三季度分别为95.8、96.8和97.0，目前的消费者信心指数是近三年来的最高水平（见图2）。国家信息中心研制的消费景气信号灯系统显示，前三季度在七大类影响消费变化的因素中，预期因素是对消费需求快速增长影响最大的因素，综合得分为20分，构成预期因素的“消费者信心指数”和“未来收入信心指数”双双处于增长最快的红灯区。宏观环境因素、市场因素和收入因素依次为18分、18分和16分，影响作用位居第二、第三和第四位。

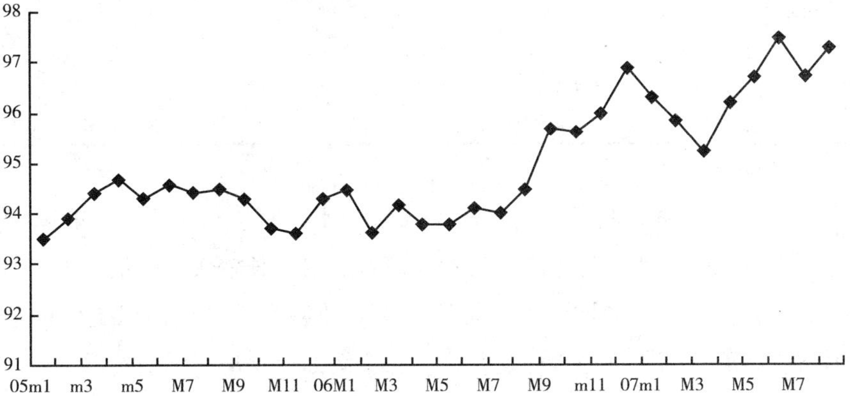


**图2　2005年1月~2007年9月消费者信心指数**

我国经济在国家宏观调控的作用下持续平稳高速增长，经济扩张周期一再延长，财政收入和企业利润大幅增长，在财力丰沛的条件下，国家有计划的调整收入分配格局，让老百姓更多地分享经济发展的成果。有研究表明，过去15年中国的工资上涨是全世界最快的，三年以前这种工资的上涨主要反映在城市劳动群体的工资上涨，最近三年农村在城里打工劳动力的工资也在大幅度上涨。国内经济持续高增长、收入水平不断提高、人民币升值以及中国在世界经济中的地位提高是消费者信心持续走高的主要原因。

**5. 八大类消费支出有增有减，恩格尔系数趋于平稳**

消费结构决定消费总量，根据对城镇居民八大类消费支出分析，1~6月份家庭设备用品、衣着、交通和通讯、食品、医疗保健和杂项等六类消费支出增速明显快于上年，娱乐教育和居住两类支出增速有所减缓，见表1。

虽然2007年以来粮食和肉禽蛋类等食品价格持续上涨，但食品消费并非增长最快的支出，食品消费支出增长14.25%，排在第四位，食品消费占总消费的比重无明显变化。计算表明，上半年城镇居民食品支出占总消费支出的比重为37.11%，与上年同期的水平持平；而上半年农村居民生活消费现金支出中食品支

**表1　2006 年上半年和 2007 年上半年城镇居民八大类消费支出比较**

| 年　份 | 食品 | 衣着 | 家庭设备用品及服务 | 医疗保健 | 交通和通讯 | 娱乐教育文化服务 | 居住 | 杂项商品和服务 |
|---|---|---|---|---|---|---|---|---|
| 2006 年 1 ~6 月增长(%) | 6.22 | 12.03 | 10.37 | 2.30 | 15.19 | 11.74 | 11.90 | 13.60 |
| 2007 年 1 ~6 月增长(%) | 14.25 | 17.67 | 23.08 | 9.60 | 16.78 | 10.54 | 8.31 | 16.21 |
| 增速变化 | +8.03 | +5.64 | +12.71 | +7.3 | +1.59 | -1.2 | -3.59 | +2.61 |
| 2006 年 1 ~6 月比重(%) | 37.11 | 11.47 | 5.84 | 7.27 | 13.44 | 11.94 | 9.14 | 3.79 |
| 2007 年 1 ~6 月比重(%) | 37.11 | 11.82 | 6.29 | 6.97 | 13.73 | 11.55 | 8.66 | 3.86 |
| 比重变化 | 0 | +0.35 | +0.45 | -0.3 | +0.29 | -0.39 | -0.48 | +0.07 |

出所占比重为36.7%，低于上年同期36.8%的水平。恩格尔系数平稳甚至下降的态势，充分说明虽然价格上涨导致食品消费支出增长较快，但是，由于目前消费需求处于新一轮上涨周期，居民总消费中其他各类消费支出以更快的速度增长，因而食品消费的比重趋于稳定。这从一个侧面反映出居民消费需求确实进入全面升温的阶段。

2007 年 1 ~6 月份，城镇居民八大类消费支出中增长最快的是家庭设备用品及服务，同比增长23.08%，比上年同期增速大幅提高 12.71 个百分点，占总消费的比重也提高了 0.45 个百分点。居民当期收入和预期收入持续看好是家庭设备用品消费快速增长的经济基础，而工业消费品价格稳中有降与 CPI 连连上涨形成鲜明对比，良好的性价比激发了现有和潜在的购买欲望。此外，目前商品房销售快速增长，人们在追求更高生活质量愿望的驱动下，家用电器、家具和装饰品等家庭设备用品成为新房最重要的支出部分，此类消费支出高速增长是必然趋势。

**6. 2007 年后几个月消费将继续快速增长，预计全年增长 16.2%**

2007 年 1 ~9 月份无论社会消费品零售总额还是居民分类消费支出均呈现近年来的最快增长，这一增长趋势在 2007 年后几个月不会发生逆转，消费需求仍将保持较快增长。主要支持因素有以下几个方面。

一是国民经济持续快速增长的势头不会改变，企业盈利仍将保持较高水平，1 ~8 月企业实现利润增长 37%，速度快、效益好的经济运行环境有助于生产和消费形成良性循环，支持消费扩大。

二是城镇居民提高工资和补贴标准政策陆续兑现，农民在政策倾斜和农副产品涨价的双重作用下，收入增长有望超过前两年，城乡居民收入持续、快速增长将成为消费快速增长的有力推动。1 ~ 3 季度城乡居民收入实际增长分别为 13. 2% 和 14. 8% ，分别比上年同期提高 3. 2 和 3. 4 个百分点。农民收入增幅首次超过城市增长。

三是 2007 年我国资产价格快速上涨，一部分中高收入阶层在房地产市场投资中获利丰厚，越来越多的普通老百姓通过证券市场成为股民和基民，充裕的资金供给使资本市场的火爆行情不断延续，众多中小散户投资者在 2007 年获得了前所未有的投资收益，不断凸现的财富效应将大大刺激居民消费需求的迸发。

四是社会保障力度进一步加大，降低了居民未来支出的压力，相应增加了当前消费的增长。前三季度，财政用于社会保障和就业的支出 3089 亿元，增长 29. 5% 。9 月末，全国城镇居民最低生活保障人数和农村最低生活保障人数也都有不同程度的增长。社会保障力度加大，居民消费的后顾之忧减少，将刺激即期消费的扩大。

但是，值得注意的是，2007 年消费品零售额快速增长有消费需求自身扩大的因素，也与物价水平涨幅较高有关系，特别是第三季度消费品零售额名义增速大幅提高至 17% 左右，直接受到物价高增长的拉动。预计物价上涨的高峰将在 8、9 月份，10 月份以后，随着秋粮丰收和猪肉供应逐步得到改善，物价涨幅将出现回落，因而第四季度消费品零售额名义增长将有所放缓。

此外，根据商务部的最新调查，2007 年下半年部分主要消费品十年来首次出现供应偏紧。600 种主要消费品中 5 种供应偏紧，这是 1998 年以来首次出现的现象。供应偏紧的商品主要是猪肉、猪排骨、花生油、豆油、菜籽油，与人民生活密切相关的 5 种商品供应偏紧不利于消费的快速增长。

综合判断，2007 年全年将实现社会消费品零售额 88788. 4 亿元，同比增长 16. 2% ，比上半年加快 0. 8 个百分点，比 2006 年增幅提高 2. 5 个百分点，这是 1997 年消费品零售额名义增长的最快速度。考虑到物价涨幅较大，消费实际增长大约在 12. 8% 左右，高于上年同期 0. 2 个百分点。

分城乡看，预计城市消费品零售额达 60098. 7 亿元，同比增长 16. 6% ，增幅高于上年 2. 3 个百分点；县及县以下完成消费品零售额 28689. 7 亿元，同比增长 15. 4% ，增幅高于上年 2. 8 个百分点。农村消费增速提高幅度大于城市 0. 5 个百分点，城乡消费增速差距由上年的 1. 7 个百分点缩小为 1. 2 个百分点。

## 二 2008年消费需求仍将保持较快增长

2008年由于受到2007年密集宏观调控政策的滞后作用以及世界经济趋缓等因素的影响，GDP增速可能略有回落，但仍将保持11%左右的高增长，本轮经济扩张性增长周期不会结束。消费需求是三大需求中拉动经济增长最积极、最有效、最不易产生负面影响的因素，也是结构调整和政策鼓励的着眼点，因此，2008年消费需求仍将呈现稳步上升的走势，继续提升对经济增长的贡献率。但是由于消费运行面临新的环境，促进消费增长的因素和表现特征可能不同于2007年。

**1. 推动消费持续增长的因素**

第一，本轮消费周期晚于经济周期的启动，消费增长更具持续性。从理论上讲，经济增长和消费扩大基本应是同步的，但是我国经济在从计划经济向市场经济转轨的过程中，肩负着改革旧有体制的重任，面临着行政干预和市场调控的两难选择，因此，发展经济和扩大消费常常是不同步的。本轮经济景气周期起始于2002年第三季度，距今已有6年多的时间，但是居民消费需求启动升温是在2004年以后，消费启动晚于经济启动使消费增长更具持续性和扩展空间。此外，消费主要是个人行为，一旦居民收入积蓄达到相当的水平，消费结构升级、消费热点转换往往具有较强的延续性，不会因外界因素干预而简单停止，而2008年仍处于经济增长的上升阶段，消费的增长势头更不会减弱。

第二，举办奥运会将促进服务消费的大幅增长。2008年我国将在北京首次举办盼望已久的奥运会，奥运会虽然只有短短的一个多月时间，但是与奥运有关的工程建设、服务设施已提前几年在相关城市的比赛场所进行，对发展经济和扩大消费的拉动作用是很大的。据专家测算，奥运会将拉动中国经济每年增长0.3个百分点。除了投资的拉动外，从前期准备到举办奥运会，无论是广告业、旅游业、餐饮业、商业等都将开辟新的增长空间。奥运会期间，来自世界各地和中国30多个省份的数以万计观众将大幅增加所在地旅游、餐饮、住宿、通讯和交通、文化娱乐和其他各项服务消费的支出，这将极大地促进服务消费的快速增长，这是其他营销手段不可媲美的。

此外，国家税务总局刚刚下调了八个行业的所得税率，其中对娱乐业、饮食业降幅较高，新的税率从 2008 年 1 月 1 号实行，税率成本降低有利于价格下浮，将吸引更多的服务消费。

第三，城乡居民收入增势良好仍将是支持消费扩大的重要因素。分析表明，最近几年收入增加对消费的拉动作用显著提高。2007 年上半年城市居民每百元收入带来的消费增量是 55.4 元，比 2000 年提高 18 元。农民收入增长对消费的带动作用更大，2007 年上半年农民每百元收入带来的消费增量是 79.9 元，比 2000 年提高 30.6 元。2008 年我国城乡居民收入前景依然乐观，将继续支持消费的增长。

从城市居民看，公务员和事业单位涨工资的后续工作仍未结束，8 月 1 日国务院又决定 2008～2010 年连续 3 年提高企业退休人员基本养老金标准，且提高幅度高于前 3 年的水平，全国总算账，届时企业退休人员养老金平均水平将超过每人每月 1200 元。2007 年一些省市给职工涨工资已落实到位，2008～2010 年还要继续增长，退休职工基本属于低收入阶层，涨工资对于消费增加有直接作用。从农民收入看，2007 年农民收入增长有望创近年增速的新高，收入对消费的滞后作用将在 2008 年不断显现。此外，2007 年国家连续 5 次提高存款利率，年底前不排除再次加息和完全取消利息税的可能，2008 年中国有望告别连续多年的负利率。利息提高不仅会产生替代效应，也会产生财富效应，良好的收入预期也会促进城乡居民即期消费的增长。

第四，抑制出口客观上要求扩大国内消费。2007 年我国对外贸易出台了一系列取消优惠和限制性措施，从 8、9 月数据看，调控政策有所见效，出口增速有所减缓。如果这一势头在 2008 年得以延续，那么对于高速增长的工业经济压力是比较大的，目前我们许多行业的高增长甚至产能过剩是通过增加出口需求来消化的，如果出口量减少只有两种选择，一是压缩产能自行淘汰，二是千方百计扩大国内消费，前者恐怕是任何一个企业都不愿发生的。中国消费市场增长速度和规模是世界上任何国家都无法媲美的，特别是广大的农村消费市场潜力无限，有远见的企业一定会两条腿走路，内需和外需两手抓。

**2. 不同于 2007 年的特征走势**

第一，消费品零售额名义增幅将有所降低。2007 年食品价格快速上涨，CPI 单月涨幅和年涨幅都将创 1997 年以来的新高。国家采取了动用储备甚至增加进口以及控制乱涨价等措施，随着农副产品供求的紧张局面得以缓解，2008 年物价涨幅将明显低于2007年，预计CPI上涨3.8%，商品零售物价上涨2.8%。由于物价水平降低，消费品零售额的名义增长将有所降低，预计增长15.8%，低于2007年0.4个百分点。

第二，汽车和住房消费将呈现平稳增长。汽车和住房消费是拉动经济增长、推动消费结构升级的最重要的产品，2002年前后我国汽车和住房消费曾呈现“井喷式”超快增长，但是由于中国人口众多的特殊情况，迅速增长的汽车消费带来了资源短缺、环境污染、交通拥挤和停车困难等问题，住房自有率提高导致房价快速攀升，房价和收入比远远高于国际水平，普通百姓无法承受。为了解决消费发展中的问题，国家和各地政府出台一系列调控措施，意在引导消费市场的持续健康发展，这些措施短期内会对汽车和住房消费产生降温的作用。

从汽车政策看，一是2007年国家统一调高了车船使用税，缴纳税额上限平均提高一倍左右。二是财政部表示燃油税准备工作完成并将适时出台，目前国际油价维持80多美元的高位，2008年有可能开始实施燃油税，如果燃油税率过高将影响一大批开车族。三是小排量汽车销售下滑，由于鼓励节能环保的小排量汽车的政策仅是一句口号，没有有效的政策措施，2007年1~8月小排量汽车销量全国下降11.7%，北京至少下降25%以上。四是一些地方政府对汽车消费征收税费，如深圳在提高停车费标准后，最近又对汽车消费者征收交通拥挤费，购车和用车者减少。预计受多种政策的影响，2008年私人购车消费增幅将比2007年有所减缓。

住房消费也不容乐观。一方面目前房价居高不下，2007年前三季度，70个大中城市房屋销售价格分别上涨5.6%、6.3%和8.2%，呈现涨幅逐季加大的态势。2008年奥运会结束之前，房价不会明显下降，供应有限的新楼盘和快速上涨的价格，将使许多购房者裹足不前。另一方面第二套住房的首付比例提高至40%~50%已成定局，也将限制部分消费者的购买。

**3. 2008年消费走势的初步预测**

根据上述分析，2008年消费增长结构和特征较2007年有所不同，但是消费需求持续快速增长的势头仍将保持。我们的预测还考虑了消费景气预警系统的结果。

消费景气指数是根据经济增长、收入水平等超前先行指标的变化趋势，判断未来消费景气指数的走势。国家信息中心编制的消费景气预警监测显示，我国消费景气先行指数从2005年第1季度至2007年第3季度呈现连续上升的走势，并不断创出新高，2007 年第 3 季度消费先行指数约为 106.5，预计第 4 季度达到 108.2，成为 2005 年以来的最高点。由于消费先行指数超前一致指数 4～5 个季度，目前消费先行指数处于快速上升阶段，预示着 2008 年前三季度甚至全年消费景气一致指数都将呈现高涨的态势。

初步预计，2008 年将实现消费品零售额 102816.5 亿元，同比增长 15.8%，名义增速低于 2007 年 0.4 个百分点，扣除物价因素后，消费实际增长 12.5%，略低于 2007 年的增长水平。城市和农村消费品零售额分别增长 15.8% 和 14.7%，农村消费减缓速度小于城市，两者差距缩小。农民收入水平的提高和消费观念的变化，将有力推动农民第二次消费结构升级向更大范围扩展、以更快速度增长。城市消费由于汽车和住房消费增长趋于平稳，新增消费增幅将小于往年。

## 三 扩大消费的政策建议

**1. 增加农民收入、扩大农村消费的力度仍需加大**

2004 年以来，在国家三农政策的支持下，农民收入连续三年保持 6% 以上的较快增长，但是 2006 年农民人均纯收入水平仅相当于城市居民 1994 年的水平，城乡收入差距相差 12 年之多，收入水平的差距由 3.21 倍扩大到 3.28 倍。2008 年随着农业生产资料价格上涨，随着粮食和猪肉等农副产品价格回落，农民增收面临不确定因素，国家应进一步加大农业补贴力度，同时扩大最低收购保护制度的范围，防止“谷贱伤农”和“肉贱伤农”的情形发生，确保农民收入增长再上一个台阶。

这两年农民消费增速与自身相比提升较快，但是，增幅始终低于城市消费，农村消费占总消费的比重也无明显提高，个别时期还在下降，因此扩大农村消费还需增加力度。不仅要关注增加收入，还要让产能过剩的生产企业紧扣农村市场的脉络，为农村市场量身定做有针对性的消费品。最近几年我们一直在强调扩大农村消费，但是，没有几个企业真正把农村市场需求研究透彻，许多产品生产脱离了农村的实际，过分城市化的商品农民不喜欢，消费受到局限。因此，要鼓励企业根据农民消费特点改进工业产品设计，向农民供应价廉物美的农村适用型商品，刺激农民的潜在消费欲望。对于该类企业国家可在税收和贷款等方面予以优惠，扶持他们的长期发展。

**2. 建立对低收入阶层补贴的长效保障机制**

目前我国是世界上基尼系数最大的国家之一，要提高全民整体消费水平、消除贫富差距、保证低收入者消费水平的正常增长，在目前国家财力日趋增强的条件下，建议国家建立对低收入阶层补贴的长效保障机制，划拨专项财政支出，在出现严重通货膨胀或经济社会发生重大波动时用于对低收入群体的生活补贴，保证在非正常情形下，低收入群体的消费水平不出现明显下降。目前我们的补贴制度不够完善，补贴标准、补贴经费来源、补贴时间和补贴对象短期随机性较强，民政部门应建立低收入群体的详细档案资料，并定期更新信息，把补贴制度长期化、规范化，让那些真正需要帮助的低收入者在有困难时，及时得到政府的补贴资助，这是扩大消费的重要补充。

**3. 社会保障制度建立和完善要优先考虑低收入群体**

1998～2000 年前后城市多项福利制度的改革，让广大居民对未来支出的不确定充满担忧，消费急剧萎缩。进入新一轮经济增长周期后，随着收入增加和预期改善，消费局面大为改观。但是，现在的低收入群体仍然未从福利制度取消的阴影中解脱出来，对未来支出的恐惧依然是他们扩大消费的主要障碍。因此，医疗、养老和就业等社保制度建立健全，首先要把低收入者作为要保障、安抚的对象，他们的后顾之忧大于中高阶层、支付能力弱于中高阶层，但又是边际消费倾向最高的阶层，消费潜力较大，如果合理恰当、覆盖面广的社会保障制度落实到位，低收入群体的后顾之忧得以缓解，这部分人释放的新增消费量是巨大的。

**4. 建立规范、科学和定期公布的服务消费统计体系**

最近几年随着居民消费水平提高和消费结构改善，非物质性的服务消费快速增长，但是由于统计制度的不完善，服务消费没有一个准确的统计，服务消费的统计缺乏连续性和可比性，低估、漏报的现象普遍发生，许多省份只有在几年一次的经济普查中才能发现问题，只好不断追加经济数据，这样既模糊了三次产业的贡献，给经济构调整增加了盲目性，又无法有效监控服务业的发展。因此，国家亟待建立科学、规范和定期发布的服务消费统计核算系统，争取做到双月或每季度公布一次服务消费数据，用科学方法准确反映服务消费的增长变化，及时反映市场运行中出现的新情况、新问题，只有这样，扩大服务消费的政策制定才有据可依、有的放矢，否则服务消费永远是经济发展的短腿。

# 2007年外贸运行分析及2008年展望

闫　敏*

**摘　要：** 本文重点分析了2007年中国对外贸易运行呈现的特点与存在的问题，概要评述了2007年以来我国外贸领域宏观调控政策的实施情况，综合探讨了2008年中国对外贸易面临的国际国内经济环境并对外贸发展趋势进行了初步判断，在此基础上，提出了若干有针对性的政策建议。

**关键词：** 对外贸易　贸易顺差　外贸预测

2007年1～9月，我国对外贸易运行平稳，外贸领域宏观调控效果开始显现，出口增速有所下降，进口增速稳中趋升，外贸结构不断改善，利用外资质量提高，"走出去"战略实施成效明显。但是贸易顺差规模持续扩大，国际收支严重失衡，"两高一资"商品出口仍然较快。随着调控政策的有效落实，政策效果逐渐明显，预计2007年10～12月外贸出口速度会明显降低，进口增速稳步上升，贸易顺差增速放缓。2008年，在国内外经济环境与国内调控政策综合作用下，我国外贸进出口总体增速将缓慢回落，进口增速逐步提高，出口增速显著下降，贸易顺差增速降低。

## 一　2007年以来我国对外贸易运行特点

2007年以来，世界经济发展较为平稳，美国次级抵押贷款危机对发展中国家影响有限，国际贸易与投资活动依然活跃；我国国民经济快速增长，产业结构日趋合理，产品竞争力明显提高。在有利的国内外环境中，中国各级政府与部门

* 闫敏，经济学博士，国家信息中心博士后，副研究员，主要研究宏观经济、对外贸易等问题。

大力贯彻科学发展观，加大外贸增长方式转变力度，积极调整对外贸易结构，外贸宏观调控效果逐渐显现，对外贸易保持了持续快速增长势头。

### （一）进口增速平稳，出口增速下降，进出口规模持续扩大

中国对外贸易发展近年来一直保持较高的增长速度，2007 年前三季度中国外贸进出口总值 15708.3 亿美元，比上年同期（下同）增长 23.5%，其中，出口 8782.4 亿美元，增长 27.1%，进口 6925.9 亿美元，增长 19.1%。

2007 年以来国家加大了外贸领域调控力度，采取了加征出口关税、取消或降低出口退税、扩大加工贸易限制列产品目录等手段与措施。随着政策的落实到位，外贸出口增速回落，进口增速保持平稳，贸易顺差增速放缓。尤其是 8、9 月份，这一趋势更加明显。8 月份当月我国外贸进出口值为 1977.4 亿美元，增长 21.6%。其中当月出口 1113.6 亿美元，仅增长 22.7%（见图 1），增幅比 7 月份大幅回落 11.5 个百分点；当月进口 863.8 亿美元，增长 20.1%，比 1 ~7 月提高 0.1 个百分点。9 月份我国单月外贸出口 1124.8 亿美元，增长 22.8%，比 1 ~ 8 月放慢了 0.6 个百分点；9 月份贸易顺差为 239.1 亿美元，比 1 ~8 月的增幅减缓 15.1 个百分点，这表明国家在外贸领域的宏观调控措施成效进一步显现。

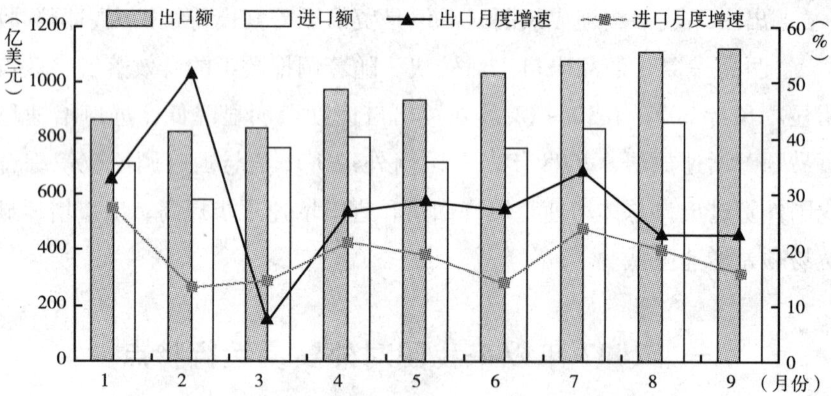


图 1　2007 年 1 ~9 月外贸进出口增长情况

### （二）重化工业制成品出口增加，初级产品及资源类产品进口扩大，进出口商品结构有所改善

从海关统计数据分析得出，目前我国对外贸易商品结构正在发生变化，重化工业

制成品出口比重有所上升。在出口商品中，1 ~9 月，我国工业制成品出口继续保持快速增长。其中机电产品出口 4972.3 亿美元，增长 28%，占同期出口总值的 56.6%。当中机械及设备出口 1638.2 亿美元，增长 24.1%；船舶出口 85 亿美元，增长 59.6%；集装箱出口 66.4 亿美元，增长 58.4%；汽车零件出口 88.3 亿美元，增长 37%。高新技术产品出口 2442.8 亿美元，增长 24.8%。这表明我国出口产品正在从以劳动密集型为主的纺织等轻工产品和以加工贸易为主的工业制成品向以自主生产制造为主的重化工业产品转移。此外，在国家一系列调整外贸出口产品结构措施出台后，钢铁等高能耗、高污染和资源性（简称“两高一资”）产品出口受到一定程度的抑制。

在进口商品中，初级产品进口增长迅速，机电产品进口增长平稳。据海关统计，1 ~9 月，我国进口初级产品 1733.8 亿美元，增长 22.4%，占同期我国进口总值的 25%。其中铁矿砂及其精矿进口 28404 万吨，增长 14.9%；未锻造的铜及铜材进口 212.9 万吨，增长 40.5%。同期，进口工业制成品 5192.1 亿美元，增长 18.1%。其中进口机电产品 3605.1 亿美元，增长 16.1%。

## （三）一般贸易增长继续快于加工贸易，贸易方式转变步伐加快

2007 年 1 ~9 月，我国一般贸易进出口 7039.1 亿美元，增长 28.7%。其中，出口 3944.6 亿美元，增长 32%；进口 3094.5 亿美元，增长 24.6%（见表 1）。同期，加工贸易进出口 7061.5 亿美元，增长 18.5%。其中，出口 4400.1 亿美元，增长 21.5%；进口 2661.4 亿美元，增长 13.9%。一般贸易进出口速度高于加工贸易 10.2 个百分点，其中出口增速高 10.5 个百分点，进口增速高 10.7 个百分点。一般贸易发展速度持续高于加工贸易，说明我国贸易方式正在逐步发生转变。

**表 1　2007 年 1 ~9 月我国进出口及贸易顺差情况**

单位：亿美元，%

| 项　目 | | 出　口 | | 进　口 | | 顺　差 |
|---|---|---|---|---|---|---|
| | | 金额 | 同比 | 金额 | 同比 | |
| 贸易方式 | 一般贸易 | 3944.6 | 32 | 3094.5 | 24.6 | 850.1 |
| | 加工贸易 | 4400.1 | 21.4 | 2661.4 | 13.9 | 1738.7 |
| | 其他贸易 | 437.7 | — | 1170 | — | -732.3 |
| 企业性质 | 国有企业 | 1661.6 | 19.5 | 1969.4 | 16 | -307.8 |
| | 外商投资企业 | 4969 | 24.3 | 4058.4 | 18.4 | 910.6 |
| | 其他企业 | 2151.9 | 41.4 | 898.1 | 30.5 | 1253.8 |
| 总　值 | | 8782.4 | 27.1 | 6925.9 | 19.1 | 1856.5 |

## （四）外资企业进出口仍保持明显优势，非国有企业地位增强，企业国际竞争力不断提高

2007 年 1 ~ 9 月，外商投资企业进出口增长 21.6%，占进出口总值的 57.5%，比上年同期下降 0.9 个百分点；国有企业进出口增长 17.5%，占进出口总值的 23.1%，比上年同期下降 1.2 个百分点。其他性质企业（包括集体企业与私营企业）在进出口总值中比重提高，前三季度进出口增长 38%，虽然增速同比略有下降，但在总量中的占比达到 19.4%，比上年同期提高了 5.7 个百分点。此外，国内企业出口能力增强，国际竞争力提高，前三季度本国企业出口占比达到 43.4%，比上年同期提高了 1.3 个百分点。

## （五）与主要贸易伙伴双边贸易发展平稳，对俄、印、非等新兴市场贸易增长迅速，多元化市场战略进一步取得成效

2007 年 1 ~ 9 月，我国与主要贸易伙伴的贸易往来较为频繁，与前 6 大贸易伙伴的进出口值均超千亿美元（见表 2），与俄罗斯、印度、东盟等新兴经济体贸易比重增加。1 ~ 9 月，欧盟继续为我国第一大贸易伙伴，中欧双边贸易总额 2561.3 亿美元，增长 27.8%。美国为我国第二大贸易伙伴，双边贸易总值为 2213.6 亿美元，增长 15.6%。日本为我国第三大贸易伙伴，双边贸易总值 1719.4 亿美元，增长 14%。前 3 季度超过千亿美元规模的贸易伙伴还有东盟、

**表 2　2007 年 1 ~ 9 月我国前十位贸易伙伴国**

单位：亿美元，%

| 排　序 | 国别(地区) | 1 ~ 9 月 | 同比 | 占比 | 占比变化 |
|---|---|---|---|---|---|
| 1 | 欧　盟 | 2561.3 | 27.8 | 16.3 | 0.5 |
| 2 | 美　国 | 2213.6 | 15.6 | 14.1 | -1.0 |
| 3 | 日　本 | 1719.4 | 14.0 | 10.9 | -1.0 |
| 4 | 东　盟 | 1465.3 | 26.0 | 9.3 | 0.2 |
| 5 | 中国香港 | 1414.5 | 21.2 | 9.0 | -0.1 |
| 6 | 韩　国 | 1158.4 | 18.6 | 7.4 | -0.3 |
| 7 | 中国台湾 | 896.9 | 13.8 | 5.7 | -0.5 |
| 8 | 俄罗斯 | 349.2 | 41.8 | 2.2 | 0.3 |
| 9 | 澳大利亚 | 312.7 | 33.1 | 2.0 | 0.2 |
| 10 | 印　度 | 271.7 | 52.1 | 1.7 | 0.3 |

香港和韩国。此外，我国与俄罗斯、印度、非洲等贸易额近年来正在不断增加，1～9 月，中俄双边贸易增长 41.8%，中印贸易增长 52.1%，中国与南非贸易增长 53.4%。这些数字显示，我国外贸多元化市场战略正在稳步推进。

### （六）2007 年全年预测

从目前情况来看，国际方面，受美国次级抵押贷款危机影响，世界经济增长将一定程度放缓，除美国以外的其他世界主要经济体与新兴经济体发展前景目前依然较为乐观，国际商品市场与国际投资仍然较为活跃。国内方面，一方面，GDP 增长 2007 年仍将保持 11.4% 左右的高位，固定资产投资增速继续高位运行，国内消费增长将有较为明显提高，国内经济运行形势良好，有利于外贸进出口增长；另一方面，由于资本市场迅速扩张，货币流动性过大，经济转为偏热的倾向更为明显，所以第四季度宏观调控将进一步加强，而且已有的外贸领域调控政策效果将进一步显现，对于外贸出口会产生一定影响。初步预计，2007 年全年进出口增长速度将达到 23.1%，总额实现 21670 亿美元；其中出口增长 26%，达 12210 亿美元；进口增长 20%，达 9460 亿美元；全年实现贸易顺差 2700 亿美元。

## 二　外贸运行中存在的突出问题

尽管我国外贸发展取得了一定成绩，但是当前外贸领域仍然存在一些突出矛盾和问题，需要进一步调整与解决。目前外贸领域的突出问题表现为以下几个方面。

### （一）对外依存度过高，世界经济对我国发展的影响明显加深

外贸依存度过高是近几年我国外贸发展乃至国民经济发展过程中存在的重要问题之一，2007 年这一问题显得尤为突出。改革开放以来，我国外贸迅猛发展，其增长速度远高于国内生产总值的增长速度，从我国外贸依存度的历史数据可以看出，1978 年我国的外贸依存度只有 9.8%，时至 20 世纪 90 年代，随着出口的快速增长，推动了外贸依存度的稳步提高，2000 年我国外贸依存度达到 43.9%，2006 年攀升至 67%，2007 年 1～9 月，我国外贸依存度达到 71%（见图 2），创下新中国成立以来的最高水平。

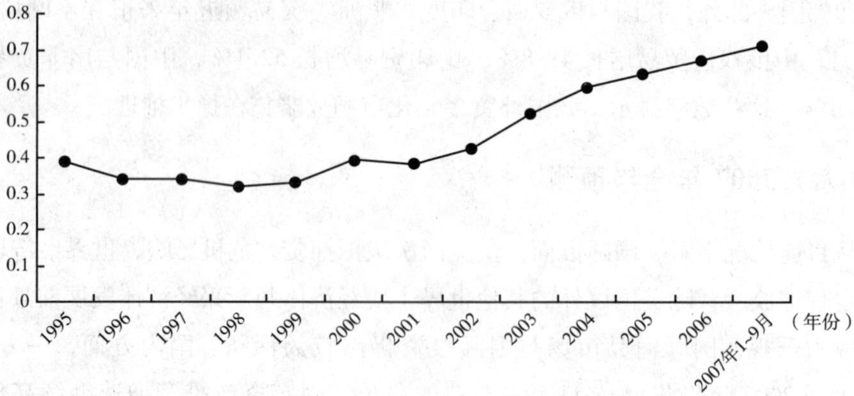


**图2　1995～2006年我国对外贸易依存度**

贸易依存度的快速提高，直接影响中国经济安全。目前世界各国平均的进出口依存度约为40%左右，美国稳定在25%，日本一般保持在20%。中国的外贸依存度不仅高于发达国家平均水平，而且高于发展中国家平均水平。由于中国外贸规模不断扩大，贸易依存度逐步攀升，使中国和世界经济的联系更加紧密。一方面，进口的高依存度将给国内经济安全造成隐患。从中国目前经济发展态势看，今后对战略资源与能源、关键产品和重要技术的进口比重还将不断上升。某些重要战略资源产品如石油等的进口依存度过高，可能会使中国经济受制于国际垄断资本。另一方面，由于大国经济特征，伴随出口规模扩大，出口对国民经济的拉动作用越来越大，这种外向型经济无疑将给中国经济发展带来很大的不确定性。在这种情况下，世界经济的波动起伏，国际市场的风吹草动，以及主要贸易伙伴国的经济增长情况等因素都将直接影响中国对外贸易整体走势，进一步对中国国民经济运行与发展造成影响。

## （二）外贸顺差激增，中国面临的国际压力加大

2007年以来，贸易顺差扩大趋势仍然较为明显，顺差问题成为我国外贸领域的突出问题。2007年2月当月，贸易顺差达到237.6亿美元，比上年同月激增近9倍；6月份的外贸顺差达到269.1亿美元，更是超过上年10月份238.3亿美元的历史纪录（见图3）。1～9月份外贸顺差达到1856.5亿美元，同比增长69.2%。全年贸易顺差可能达到2700亿美元。

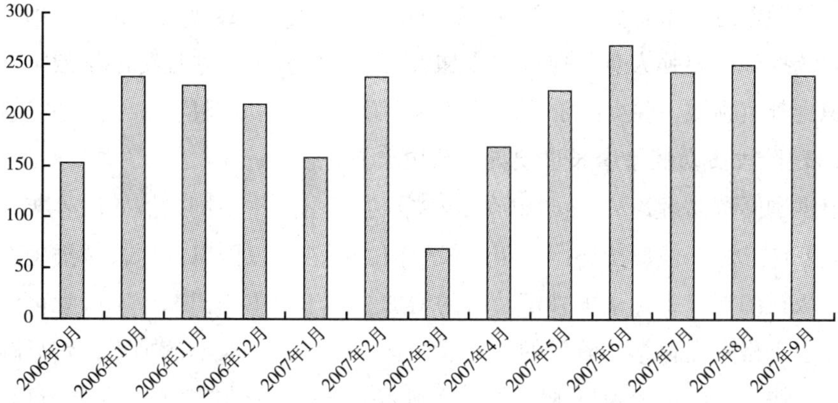


**图 3　2006 年 9 月 ~ 2007 年 9 月贸易顺差额度**

巨大的贸易顺差不仅给人民币升值带来更大的压力，而且会加剧中国与欧美等国家和地区的贸易摩擦，同时加大国际收支失衡程度，使外汇占款过多的矛盾进一步激化，造成国内流动性过剩问题日趋严重。截至 9 月，国家外汇储备余额达到 14336 亿美元，同比增长 45.11%。若不考虑我国外汇管理体制方面的因素，导致我国外汇储备增长过快，货币流动性过大的重要原因之一就是国际收支，特别是贸易顺差持续扩大的结果。根据计算，如果将因贸易顺差带来的外汇占款从各层次货币供应量中扣除，发现调整后的各层次货币供应量增速及其与国内生产总值的比值均大幅下降。

## 三　2007 年外贸领域宏观调控政策实施效果

针对外贸领域运行中出现的突出矛盾和新情况、新问题，2007 年中央出台了一系列有针对性的宏观调控措施，如加大调整出口退税政策力度，扩大加工贸易限制列产品目录，加快人民币升值步伐，对进出口关税作出适当调整，转变区域贸易政策倾向等。这对于保持外贸平稳运行、加快贸易方式转变、促进贸易结构调整发挥了不可估量的作用。但是当前外贸领域还存在一些需要进一步解决的问题，政策落实力度仍需加强。

### （一）上半年导致部分外贸政策效果偏弱的原因

从海关统计数据来看，2007 年 1 ~ 7 月，我国对外贸易规模仍然保持较高水平，贸易顺差迅速增加，出口增速持续偏高。这导致某些观点认为，中国外贸领域宏观调控效果差强人意，应进一步加大力度。实际上，在评价政策效果时应充分认识到外贸领域一些突出矛盾之所以尚未明显缓解，原因是复杂的、多方面的。

**1. 现阶段贸易顺差增长过快具有历史必然性**

根据国际贸易理论，一国国际收支格局会经历六个不同发展阶段：年轻债务国，成熟债务国，债务偿还国，年轻债权国，成熟债权国以及债权减损国。根据余永定教授的观点，如果把外汇储备的增加等同于资本输出，中国勉强可以归类于国际收支格局变化第三阶段的债务偿还国。处于这一时期的国家，贸易顺差增加速度较快，规模也较为可观。从发达国家美国、德国和日本的发展历程来看，它们都先后经历了贸易顺差持续增长的历史阶段，其中德国 1952 ~ 2006 年的 55 年间对外贸易均为顺差，贸易不平衡年度超过 10% 的年份就有 12 年。可见，持续贸易顺差实际上是某国经济增长与对外贸易发展到一定阶段的必然现象。

**2. 随着全球经济一体化的深入发展，国际因素对国内经济的影响越来越明显，国内外贸政策调控受到很多制约**

对于进出口，虽然可以通过调整国内外资外贸政策，促进出口商品结构优化升级，但由于国内外市场的日益融合，外贸主体的多元化，我国又具有劳动力成本低廉等方面比较优势，只要国际市场有需求，且出口有利可图，企业仍然具有扩大出口的动力，出口规模巨大不是中国政府单方面可以有效控制的。

**3. 一些政策效果的显现需要过程**

2007 年外贸领域的宏观调控政策主要运用了经济手段，财政政策与货币政策实施效应的显现是一个渐进过程，不可能像以前主要依靠行政手段的直接调控那样见效快。从 8、9 月份的海关统计数据来看，已经实施的外贸调控政策正在开始发挥作用，其效果逐渐显现，预计年末这一趋势将更加明显。

### （二）政策实施效果

**1. 政府在外贸领域采取的限制“两高一资”产品出口等政策措施，目前效果正在逐渐显现**

据有关估计，全部“两高一资”产品大约占我国整个出口产品的近 1/3。政策实施后，由于针对性较强，8、9 月份大部分“两高一资”产品出口增速明显放慢。8 月份钢材当月出口 538 万吨，9 月份钢材当月出口 444 万吨，增长幅度比上半年大幅减少24.4个百分点；原油8月当月仅出口30万吨，9月当月出口20万吨，增幅比上半年减少10个百分点左右。政策的实施对于加速高耗能、高污染、资源性行业的整合与升级，提高相关企业竞争力，转变对外贸易发展模式，改善国家整体生态环境发挥了重要作用。

**2. 人民币汇率升值步伐加快，对降低出口增速起到了积极作用**

由于2007年以来人民币名义汇率与实际汇率的快速升值，在当前世界金融市场波动较大的时期，有效抑制了中国贸易规模的加速扩大，降低了贸易顺差的增长速度。人民币汇率升值的作用可以从一般贸易发展情况窥见一斑，1~9月，我国一般贸易出口3944.6亿美元，增长33%，比上半年放慢0.6个百分点；进口3094.5亿美元，增长24.6%，比上半年加快1.5个百分点。这证明汇率升值对外贸增长的约束作用正在加强。

**3. 加工贸易及前一段利用外资政策的调整，对中国转变贸易增长方式，提高引进外资质量和优化结构，促进国内产业优化升级发挥了重要作用**

据统计，目前国内的低端加工贸易规模正在缩减，而重化工业制造业加工贸易规模不断提高。外商直接投资质量逐步提高，先进技术的引进得以加强，高素质人才流入增多。

## 四　2008年外贸走势预测

### （一）国际环境

**1. 世界经济发展预测**

2007年爆发的美国次级债券危机增加了世界经济前景的不确定性，但是，大部分国际机构认为支撑世界经济增长的因素依然存在，世界经济仍处于快速增长时期。国际货币基金组织10月17日发表的《世界经济展望》报告认为，2008年全球经济增长仍将保持4.8%的增长速度。世界经济的持续向好为中国外贸发展提供了良好的国际环境。从中国主要贸易伙伴国经济情况来看，未来一年，美国受次级债券危机以及房地产市场低迷因素影响，经济将减速缓行，预计2007年与2008年增长率均将保持在2%左右，这对于中国出口会产生一定负面影响。欧元区与日本2008年经济将平稳增长，分别保持在2.4%和1.9%左右，比2007

年略有下降。世界新兴市场经济体总体稳健的基本面和强劲的增长势头仍将继续，亚洲发展中国家经济2008年将增长8.8%，印度2008年经济增长率将达到8.4%。俄罗斯2008年经济增速在7%左右。中东地区经济增长率约为5.9%，非洲经济2008年可望增长6.5%。基于以上预测，一方面，中国主要贸易伙伴经济增长均有小幅下调，其中美国下降幅度较大，将会在某种程度上抑制中国外贸出口持续快速扩大；另一方面，新兴经济体与非洲国家增长势头明显加快，对于中国实施市场多元化战略与走出去战略具有积极意义。综合来看，由于世界经济前景面临的风险较为复杂，如潜在通货膨胀压力、石油市场不稳定性、外汇大量流入给新兴市场经济造成影响以及全球失衡等问题，2008年中国对外贸易尤其是出口面临的形势不甚乐观。但这也为中国降低出口增长速度，缩减贸易顺差提供了外在机遇。

**2. 国际商品市场走势分析**

2007年，跨国企业投资较为活跃，在世界经济与国际投资带动下，国际商品市场需求旺盛，价格全面上涨，贸易量大幅增加。世界贸易组织预测2008年世界贸易增速与2007年基本持平，这意味着国际市场对中国产品的需求仍将保持较快增长。2008年国际商品市场价格将出现一定波动，由于美联储降息以及美元贬值，将使以美元计价的石油和大宗商品的价格出现相应上涨，拉动国际初级产品价格上升，提高我国初级产品进口成本。同时，由于原材料价格的上涨以及世界劳动力成本的提高，除个别商品外，国际市场工业品价格也出现普遍上行的趋势，将为中国制造业产品出口提供有利条件。

## （二）国内环境

**1. 2008年国内经济发展判断**

2007年，中国经济增长预计达到11.4%，为中国对外贸易水平提高提供了良好基础。2008年，中国经济仍将保持高位运行，GDP增长预计将达11%，国内投资继续保持较高速度，消费需求明显上升。投资与消费的持续扩大将对进口产品需求增加，2008年中国对国外农产品、能源、原材料、先进设备和零部件进口将明显扩大。此外，国内主要产业生产能力快速增长，我国外贸出口的总体竞争力依然较强，中国出口产品的国际定价能力不断提高，这将使中国2008年出口规模保持稳定。

**2. 外贸长短期影响因素分析**

目前外贸领域存在的某些因素仍将影响我国 2008 年外贸运行情况。(1) 由于中国目前实现贸易平衡的政策意图明显，很多出口企业为了避免由于限制出口政策的实行所带来的损失，提前签订了大量出口货单，有的企业已经将今后一年的订单签满，中国 2008 年出口具有一定刚性。(2) 国外技术和贸易壁垒将继续对中国对外贸易产生不利影响。2007 年以来，国外针对中国出口产品的质量安全问题大做文章，在某种程度上将影响中国出口产品的美誉度。(3) 由于中国要素价格改革已经迫在眉睫，2008 年能源、原材料、土地、工资价格将上涨，环保、运输成本也将上升，出口产品成本可能大幅提高。(4) 我国当前在国际产业链中处于加工制造环节，美国、日本、韩国、新加坡等发达国家与周边新兴工业化国家将本国许多产业的制造程序转移到中国，加之中国参与国际分工很大程度上是通过外资企业进行，这一局面短期内不改变，中国出口仍会面临较大压力。(5) 中国加工贸易比重偏大由来已久，目前在贸易总额中仍占近 50% 的比重，而且短期很难大幅下降，这必然对对外贸易方式转变产生限制作用。

### (三) 2008 年外贸形势预测

综合考虑以上因素，初步预计中国 2008 年进出口总额将达到 26100 亿美元，增长 20. 4% 。其中，进口增速降低幅度明显低于出口，贸易顺差增速放慢。出口将达 14800 亿美元，增长 15. 5% ；进口 11200 亿美元，增长 18. 0% 。贸易顺差达到 3600 亿美元以上，顺差的增幅将明显下降。

## 五　主要政策措施建议

2008 年，按照十七大提出的拓展对外开放广度和深度，提高开放型经济水平的要求，必须深入贯彻落实科学发展观，加快转变外贸增长方式，立足于以质取胜，调整进出口结构，促进加工贸易转型升级，多渠道缓解外贸顺差过大的矛盾。

### (一) 优化出口结构

在保持出口规模稳定增长的同时，进一步调整出口结构，着力提高出口的质量和效益。

**1. 控制高耗能、高排放和资源性产品出口**

继续加大对钢材、焦炭、稀土等产品的调控力度，削减部分资源性产品出口数量。提高出口企业资质门槛，规范企业经营行为。通过提高出口关税、停止加工贸易等手段，增加产品出口成本。控制配额总量，优化配额分配结构，完善配额管理体制。与此同时，要发挥行业协会的作用，建立行业自律机制，协调行业企业主动减少出口。

**2. 以自主品牌、自主知识产权和自主营销为重点，引导企业增强综合竞争力**

加快建立和完善扶持品牌出口的政策支持与激励机制，支持品牌企业技术研发、在国外进行商品展示和推介等活动。支持内资企业开拓国际市场，加快建立和完善自主性国际营销网络和售后服务体系。

**3. 支持自主性高技术产品、机电产品和高附加值劳动密集型产品出口**

培育一大批具有较强自主创新能力和国际竞争力的大型高新技术企业集团和骨干企业，继续发挥传统劳动密集型产业的比较优势，积极引导劳动密集型产业转型升级。

**4. 完善加工贸易政策**

按照“有支持、有抑制、有退出”的原则，完善加工贸易行业准入标准，实行鼓励、限制和禁止的分类管理。鼓励具有技术外溢、产业带动能力强和吸纳劳动力就业多的行业开展加工贸易，引导加工贸易向高技术含量和高附加值产品发展。鼓励加工贸易企业自主开发，增强创新能力，力争到境外设立加工企业，带动中国加工设备和上游产品的出口。研究制定优惠政策，吸引跨国公司把技术含量高的加工制造环节和研究开发中心转移到中国。

**5. 加强对出口商品价格、数量的动态监测**

建立健全重要商品出口预警机制，对重要商品和主要市场的出口数量、金额、价格要加强监测，评估其对进口国相关产业的影响，引导出口企业合理自主调节出口，避免在某一市场集中过快增长。

## （二）积极扩大进口

（1）清理各项限制进口的政策，对不合理的限制进口政策进行修改和完善。有选择地对部分在国内制造的重要机电设备的关键部件以及重要能源、资源类大宗原材料商品的进口，给予减免关税和进口环节税的待遇，或以暂定税率的方式给予优惠。对于部分国内不能生产、但又必需的原料、产品和技术设备，适当降低进口关税或者免税。

（2）恢复进口信用保险，使中小企业的进口潜在需要转变为实际可操作的进口需求。营造进口市场主体多元化的环境，促进一批专业化进口队伍的形成。

（3）扩大能源、资源类产品进口。为限制国内生产，保护国内资源，减少国内污染，推动节能减排，要扩大国内尚不能满足需要的能源、资源产品以及在生产过程中容易造成污染的产品进口。加强重要资源的国家战略储备。鼓励和规范有能力的企业对外投资合作，特别是将产业链中高耗能、高排放的生产环节向境外转移。

（4）利用贴息和政策性进口信贷鼓励进口高新技术产品、重要装备、能源和原材料。

（5）扩大国内有需求的肉制品、奶制品等食品进口，适当扩大名牌家电、服饰、工艺品等高档消费品进口，满足不同层次的消费需求。

### （三）提高参与国际定价和应对贸易摩擦的能力

健全贸易运行监测预警体系和摩擦应对机制，深入研究国际贸易摩擦的新特点，健全贸易运行监测预警系统，建立统一、协调的多双边反应机制，多渠道缓解国际收支不平衡矛盾。

（1）合理运用反倾销、反补贴、保障措施，增强应对贸易争端的能力，维护企业合法权益和国家利益。加大对外经贸交涉力度，充分利用世界贸易组织规则，加强对反倾销、反补贴的磋商和应诉，最大限度地维护出口企业的合法权益。

（2）抑制贸易顺差过快增长，要从源头抓起，加快能源、资源要素价格改革，提高出口产品的环保成本。

（3）敦促美欧等发达国家放宽对中国的高新技术产品出口限制。

（4）适当扩大企业和商品储备进口，分散国家集中进口的风险，择机进口一些国内短缺、长期依赖进口的石油、棉花等重要能源和资源性产品，用于充实国家储备。支持国内企业承接服务外包业务，不断提高服务贸易的比重，逐步减轻对美欧商品市场的依赖。

（5）规范、引导企业积极稳妥地运用期货贸易和其他金融衍生工具，规避国际市场风险。建立政府、行业组织、企业中介机构间分工合作的产业安全协调机制，提高应对贸易摩擦的能力。

# 2007年中国生产资料形势分析及2008年展望

陈秀芝*

**摘　要**：2007年，中国生产资料市场呈现又好又快的发展态势，是改革开放以来发展最好的时期。市场供需旺盛，价格高位适度上涨，市场发展的稳定性、协调性进一步增强，国内外市场联动效应越发明显，“两种资源、两个市场”对调剂余缺、平衡供需发挥的作用更为突出。同时，市场仍面临着怎样保持市场发展的良好态势与可持续发展，以及转变流通方式相适应等问题。应重视生产资料流通在转变经济增长方式，实现可持续发展战略中的作用，促进现代流通方式应用，促进现代服务业尽快成长为国民经济的支柱产业。2008年，中国生产资料市场仍将保持平稳较快发展的趋势，市场供需基本平衡稳定，价格继续保持高位平稳略有上升的格局。

**关键词**：生产资料　形势　分析　展望

## 一　2007年中国生产资料市场运行状况

2007年，中国经济继续稳步快速增长，估计国内生产总值（GDP）增速将达到11.5%左右，已连续5年超过10%，并呈现逐年上升趋势。虽然世界经济受美国经济回落的影响，增速有所减缓，但仍处在上升阶段，根据国际货币基金组织预测，世界经济全年将增长5.2%。

* 陈秀芝，经济学学士，中国物流信息中心高级经济师。主要从事经济信息的统计与分析研究等工作。长期跟踪市场经济形势，对生产资料市场、价格走势及石油、煤炭、钢材等热点商品定期进行分析研究预测。

持续快速发展的宏观经济环境为市场发展奠定了坚实的基础，2007 年中国生产资料市场呈现出又好又快的发展态势，是改革开放以来发展最好的时期。全社会生产资料销售总额稳步快速增长，市场需求旺盛，价格稳步上升。生产资料市场发展的均衡协调性进一步增强，国内外市场联系十分紧密，“两种资源、两个市场”对调剂国内余缺、平衡供需关系发挥的作用更为突出，内外市场价格联动效应越发明显，一体化趋势进一步加快。因此，我们认为，2007 年的生产资料市场发展是与宏观经济增长相适应的，市场发展既没有超前，造成明显过剩，也没有滞后，导致煤电油运紧张的局面。可以说，2007 年以来生产资料市场发展是快速、平稳的，也是适度的。

2007 年中国生产资料市场发展主要呈现出以下特点。

## （一）市场保持稳步快速增长

据中国物流信息中心统计核算，2007 年 1 ~ 9 月份，全社会实现生产资料销售总额 15. 89 万亿元，按可比价格计算比上年同期增长 19. 4%，同比增速加快 0. 9 个百分点（见图 1）。同期，中国制造业采购经理人指数（PMI）的平均值为 55. 2%，比上年同期提高 0. 8 个百分点，也属于较高的水平，说明市场发展仍处在快速增长的区间。一方面，市场发展表现出稳步较快增长的特征。生产资料销售总额增速第一季度为 19. 4%、上半年为 19. 7%、前三季度为 19. 4%，总体表现出稳步较快增长的特征。另一方面，在国家一系列宏观调控措施作用下，市场增势呈现高位趋稳。生产资料销售总额增速 1 ~ 8 月份为 19. 7%、1 ~ 9 月份为

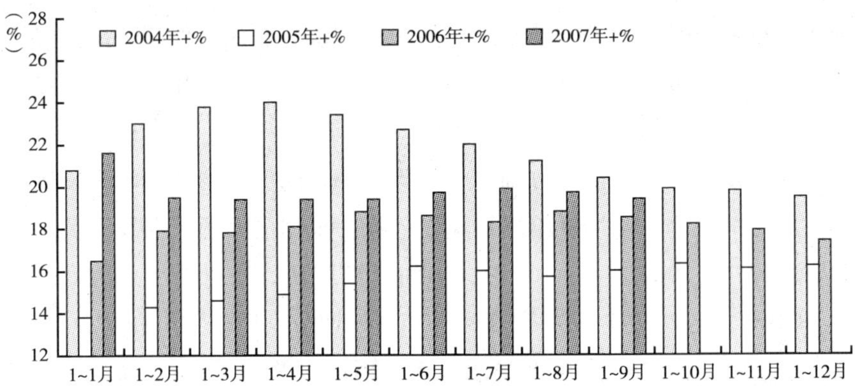


**图 1　2004 ~ 2007 年全国生产资料销售总额各月累计比上年同期增长变化情况**

19.4%，比2007年1～7月最高的增速分别回落0.2和0.5个百分点。预计第四季度，随着宏观调控政策的深入实施，生产资料市场发展将继续呈现高位回稳、增势减缓的走势。全年生产资料销售总额将超过21万亿元，比上年增长19%左右。

## （二）内需增势强劲，外需对市场需求增长的贡献率继续提高

2007年以来，中国经济持续加快增长，拉动生产资料市场需求旺盛，形成强劲的内需拉动力。如主要消耗生产资料的重工业销售产值增速基本保持在28%的较高水平；固定资产投资增速居高不下，尤其是房地产投资增速呈现加快增长的趋势。另对中国制造业PMI指数监测我们注意到，前三季度生产指数和新订单指数的平均值分别为59.8%和59.3%，比上年同期分别高1.9和0.4个百分点，显示出2007年以来国内市场需求旺盛，内需增势强劲的特征。1～9月份国内市场需求量钢材超过3.7亿吨，同比增长18.9%，煤炭达到17.2亿吨，同比增长12.8%，水泥也超过9.8亿吨，同比增长20.8%，汽车达到611万辆，增长24%，与上年同期增速相比，钢材、煤炭、水泥、汽车分别提高0.5、0.3、1.9和0.2个百分点。

同时，市场发展的国际化、全球化特征进一步显现，特别是市场需求全球化特征更为突出，出口需求增长迅速。2007年1～9月份，30种主要生产资料产品出口平均增长31.5%，出口占市场总需求的比重上升到6.8%，拉动市场总需求增速提高1.9个百分点。其中钢材出口4952万吨，同比增长73.3%，占钢材市场总需求的比重达到11.7%，拉动钢材总需求增速提高6.1个百分点。

## （三）市场供需平衡稳定，市场环境继续得到改善

主要原材料、燃料动力类等基础产品的稳定供应有效地保障了国民经济快速增长的需要，能源等基础原材料的资源瓶颈制约矛盾得到明显缓解，市场供需平衡稳定，供需差率维持在2～3个百分点。

市场平衡发展，是供需双方调整的结果。一方面，控制产能扩张，淘汰落后的政策效应逐渐显现，市场供给增长速度趋稳。根据国家统计局及海关总署提供的统计资料计算，2007年1～9月份，30种主要能源、原材料产品国内生产量平均增长18.0%，比2007年第一季度和上半年增速分别回落1.1和0.3个百分点。如，煤炭产量增速由第一季度的14.8%逐步回落到第三季度的11%，焦炭也由23.7%回落到19.4%；铁矿石产量增速由第一季度的33.9%逐步回落到第三季

度的 22.9%，钢材也由 26.2% 回落到 24%。

另一方面，市场需求增速有所加快，1～9 月份 30 种主要能源、原材料市场总需求平均增长 17.1%，比 2006 年增速提高 0.8 个百分点。市场需求发展的均衡平稳性表现得更为明显，多数产品需求增速变化很小，只有石油及与固定资产投资相关的产品需求增速提高并带动市场总需求增速提高。如，1～9 月份原油的市场总需求增长 6%、钢材的市场总需求增长 23.4%、水泥的国内消费需求增长 20.8%，与 2006 年增速相比分别提高 1.6、1.1 和 1.6 个百分点。

## （四）价格保持高位波动稳步上升的走势

2007 年以来，由于国内市场需求旺盛、部分基础原材料资源偏紧，同时国际市场价格呈现高位坚挺或震荡上扬的行情，促使国内生产资料价格维持高位中继续攀升的走势。

价格走势表现出三个特点：一是高位坚挺适度上扬。2007 年前三季度，生产资料价格继续保持上升趋势，累计价格总水平比上年同期上升 3.6%，比年初仅上升 1.9%，也就是说 2007 年 1～9 月份仅有 1.9 个百分点是新的涨价因素。二是振幅较小，走势平稳。各月环比（与上月相比）1、2 月份保持平稳，3 月份上升 0.3%、4 月份上升 0.9%、5 月份上升 1.2%、6 月份略下降 0.3%、7 月份上升 0.3%、8 月份上升 1.0%、9 月份上升 1.2%，各月升降波动幅度没有超过 1.3%。三是高位波动稳中趋升。从 2007 年各月定基比（与 2000 年 12 月相比）走势看，1、2 月份均上升 20.2%、3 月份上升 20.5%、4 月份上升 21.5%、5 月份上升 23.6%，达到新的历史高位；6 月份上升 21.1%、7 月份上升 21.0%、8 月份上升 22.3%、9 月份上升 23.7%，再次突破历史高位（参见表 1、图 2）。

**表 1　2006～2007 年各月生产资料价格总指数变化情况表**

单位：%

| 指标 | 年份 | 1 月 | 2 月 | 3 月 | 4 月 | 5 月 | 6 月 | 7 月 | 8 月 | 9 月 | 10 月 | 11 月 | 12 月 |
|---|---|---|---|---|---|---|---|---|---|---|---|---|---|
| 环比 | 2006 年 | 0.1 | 0.8 | 1.0 | 2.1 | 2.9 | 1.3 | -0.9 | -0.2 | 0.6 | -0.1 | -0.6 | -0.2 |
| | 2007 年 | 0.01 | -0.02 | 0.3 | 0.9 | 1.24 | -0.3 | 0.3 | 1.0 | 1.2 | | | |
| 同比 | 2006 年 | -1.1 | -0.8 | -1.6 | -0.2 | 4.4 | 6.4 | 5.9 | 5.0 | 5.7 | 6.9 | 7.6 | 7.5 |
| | 2007 年 | 7.0 | 6.0 | 5.3 | 4.0 | 2.4 | 0.7 | 1.9 | 3.3 | 4.0 | | | |
| 累计同比 | 2006 年 | -1.1 | -0.9 | -1.1 | -0.9 | 0.1 | 1.1 | 1.8 | 2.2 | 2.5 | 2.9 | 3.2 | 3.5 |
| | 2007 年 | 7.0 | 6.5 | 6.5 | 5.5 | 4.8 | 4.0 | 3.7 | 3.6 | 3.6 | | | |

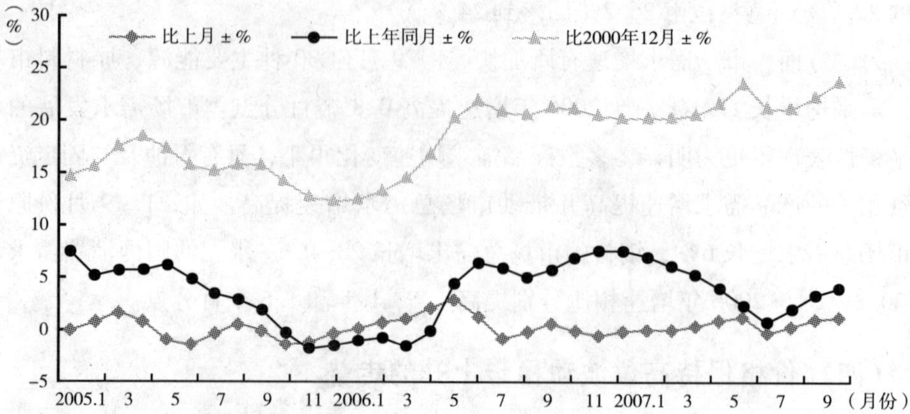


**图 2　2005 年以来各月生产资料市场综合价格升降变化趋势图**

从品种结构上来看，拉动前三季度生产资料价格高位攀升的影响因素主要是黑色金属及有色金属。前三季度，黑色金属平均价格同比上升 16.6%，拉动价格总水平上升 4 个百分点；主要有色金属平均价格同比上升 13.0%，拉动价格总水平上升近 1 个百分点。另外，主要化工产品、能源产品及部分建筑材料等产品的价格也维持高位坚挺或略有上涨，支撑着整个生产资料市场价格保持高位坚挺、震荡上扬。

当前，一方面是旺盛的生产资料市场需求格局和高成本支撑下的高位坚挺的生产资料价格态势；另一方面是随着宏观调控政策效应的逐步显现市场发展有减弱的趋势，尤其是对生产资料价格影响大的钢铁、有色金属、石油等主要品种市场供需格局正在出现新的变化。再考虑到国际市场的影响因素，预计 2007 年第四季度国内生产资料价格基本保持高位坚挺、小幅振荡的走势，虽然进一步上升的势头已经减弱，但一般不会出现明显下降的走势，与上年相比全年价格总水平升幅在 3.8% 左右。

### （五）经济效益普遍得到提高

在中国生产资料市场又好又快发展的大好契机下，国有企业经济实力进一步增强。各行业的经济效益普遍得到提高。据财政部公布的资料，2007 年以来国有企业销售和利润大幅提高。1～9 月，国有企业实现销售收入 13.1 万亿元，同比增长 20.5%；实现利润 1.2 万亿元，同比增长 31.2%，均处于历史最好水平。

其中，国有石化、钢铁、汽车等行业实现利润分别增长 64.9%、64.7%、59.5%；国有电力行业实现利润同比增长 47.6%；国有煤炭行业实现利润同比增长 24.4%；国有施工、房地产行业实现利润同比增长 95.5%。另据中国物流信息中心对 34 家重点生产资料流通企业财务资料统计，1～9 月份共实现商品销售利润 105.7 亿元，比上年同期增长 44.1%，是近年来增长幅度最高的时期。

## 二 市场发展中需要关注的问题与建议

在又好又快的发展形势下，中国生产资料市场仍面临着怎样保持市场发展的良好态势与可持续发展，如何与目前工业化、城市化、市场化、国际化的发展趋势相适应，如何与转变流通方式相适应，以及如何处理好积极贯彻国家有关调控政策与有效控制价格水平过度上涨、保障市场供需平衡协调发展的关系等问题。未来市场发展的机遇与挑战并存，要抓住机遇，做好迎接各种挑战的准备。对市场发展中出现的一些深层次矛盾和问题，需要重视和处理好。

一是从全球经济发展与经济周期上看，当前生产资料市场发展仍处在扩张期，要处理好生产资料市场发展与我国目前工业化、城市化、市场化、国际化的发展趋势相适应的问题。

二是随着经济的快速增长，生产资料销售规模不断扩大，2003～2007 年平均增长速度达到 18.2%。要处理好保持市场稳步快速发展的良好态势与可持续发展的关系。

三是近两年企业的生产成本不断上升，日益成为生产资料价格高位振荡稳步攀升的刚性因素。当前节能减排政策也开始进入实施阶段，这将进一步提升企业的生产成本，加大潜在的通货膨胀压力。要处理好贯彻节能减排政策与有效控制价格水平过度上涨的关系。

四是随着经济发展、科技进步以及市场形势的变化，中国生产资料流通方式正在发生深刻变化。诸如，商品代理制、佣金制、物流配送、连锁经营、电子商务等各种新型流通方式的出现，正在不断推进流通方式的变革、促进流通业态的提升。要加强生产资料流通工作，正确处理好市场发展与生产资料流通方式转变的关系，促进现代物流的发展，努力改善生产资料市场的发展环境。

针对上述情况和问题，我们提出以下几点建议。

一是在钢铁、石油等产品出口出现减少或下降的同时，要注意保持国内市场需求的稳定协调发展，维持市场供需基本平衡的局面。

二是要注意出台的政策措施适度配套，实现供需双向调节。特别是在调整出口政策的同时，要适时加大淘汰落后的政策力度，以保持市场供需平衡，这是保证市场平稳快速发展的关键。

三是要加强流通企业联合与重组，充分应用现代流通方式延伸服务链、价值链，提高流通企业竞争力，做强做大流通企业。要发展代理制、佣金制、物流配送、连锁经营、电子商务等各种新型流通方式，这既是做强做大国内流通企业的重要基础，也是现代流通企业发展的必然趋势。

四是要充分重视生产资料流通在转变经济增长方式，实现可持续发展战略中的作用。实现可持续发展战略，解决好社会经济发展中环境制约和资源制约的问题，必须转变经济增长方式，调整经济结构，大力发展现代服务业。现代流通业是服务业的重要组成部分，大力发展生产资料现代流通业是促进现代服务业尽快成长为国民经济的主导产业，实现社会经济的可持续发展的重要途径。

## 三　2008 年中国生产资料市场发展趋势展望

从国内外的环境来看，2008 年，我国经济发展的基础和支撑条件依然较好，预计经济发展不会出现较大滑坡，将继续保持平稳较快增长。

一是刚刚闭幕十七大会议，中央提出了发展中国特色社会主义、全面建设小康社会的宏伟目标，提出“在优化结构、提高效益、降低消耗、保护环境的基础上，实现人均国内生产总值到二〇二〇年比二〇〇〇年翻两番”；强调落实科学发展观，并指出科学发展观的第一要义是发展，核心是以人为本，基本要求是全面协调发展。从这些精神来看，经济发展仍将是我们各项工作的重心，这个重心绝不会动摇。

二是工业化、城镇化、市场化、国际化深入发展的趋势不可逆转，为我国经济发展注入了可持续发展的动力和活力。工业化、城镇化不断加快，将创造出巨大的社会需求，支撑经济持续增长。市场化进程加快，将逐步消除阻碍生产要素和资源流动的体制性和制度性障碍，使得市场在资源优化配置中的基础性作用进一步增强，经济发展的活力不断提高。国际化的深入发展，各国经济相互联系和相互依存不断增强，我们将能更好地利用国际国内两个市场和两种资源，实现在全球范围内优化资源配置、调节国内市场供需平衡关系，这为我国经济发展拓展了广阔的国际空间。

三是当前经济虽然连续几年保持平稳较快增长，但总供给和总需求基本平衡，没有出现严重的通货膨胀，经济增长的支撑条件明显改善，煤电油运等物资条件总体上没有出现全面紧张，没有出现“瓶颈”约束。由此来看，当前经济发展形势总体是好的，虽然增速有所加快，但并没有走向全面过热，也进一步说明，经过改革开放 20 多年的持续发展，我国经济发展所取得的成就，累计效应正在逐步显现，经济潜在增长率正在提高，经济增长适当加快一点，具有物质基础和基本保障。

四是当前全球处在一个信息化和工业化交织发展的新时代，世界经济增长动力出现了多元化的局面，无论是欧元区、日本、美国等信息化国家，还是中国、俄罗斯、印度、巴西等新兴工业化国家，其国内需求均呈明显上升，经济自主增长能力不断增强，受此影响，世界经济已经步入了一个快速发展的周期。根据国际货币基金组织发布的统计数据，从 2003 年以来，世界经济增长率一直保持在 4% 以上，高于过去 30 年的平均增长率 3.6%。这种快速发展的总体势头 2008 年不会改变。国际货币基金组织（IMF）在 10 月 17 日发表的《世界经济展望》报告中指出，2008 年世界经济增长 4.8%，虽比 2007 年有所回落，但仍然是近几年来的较好水平。我们处在这样一个加快发展的国际经济环境中，尤其是面对我们的周边国家如印度、俄罗斯、越南等经济发展不断加快，我们别无选择，不进则退，也必须在条件具备的情况下适当加快发展，不然我们就会失去国际竞争力。

综合起来看，中国经济保持持续快速增长，这既是自身潜能加快释放的必然趋势，也是国内、国际形势的必然要求，是大势所趋，短期内不会发生根本逆转。我们预计 2008 年国内经济增长仍将保持在 10.5% ~11% 左右，经济增长的势头将呈高位趋稳的基本态势，不会出现较大滑坡。

虽然市场发展的宏观环境总体看好，但也存在一些不确定性因素，需要引起注意。

从国内来看，虽然 2007 年经济发展总体势头良好，经济运行中潜在的风险仍需关注，比如经济发展存在由偏快转向过热的危险性、可能性；通货膨胀的压力增大；流动性过剩矛盾依然突出；节能减排、提高经济增长的质量的任务依然艰巨等等，面对这种情况，宏观调控将继续加强，所采取和实施的调控政策及方法、手段都会对生产资料市场发展带来一定的影响。

从国际环境来看，尽管支持经济增长的基本面保持健康，但金融市场动荡以及美国和欧盟经济增长速度放慢的风险在增大。全球贸易量有望保持快速增长，但贸易失衡状况难以改善，贸易保护主义抬头，对我国出口和投资将产生不利影响。以石油为代表的资源类产品国际市场价格不断创出历史新高，也会对国内经济发展、相关产品的供需格局及市场价格走势产生重要的影响。

综合上述多种因素，我们分析认为，2008 年我国生产资料市场发展所处的宏观经济环境依然较好，中国生产资料市场将继续保持良好的发展势头，市场销售规模继续保持稳定快速增长，市场发展的稳定性、协调性也将进一步增强，总体形势可以用“三个不变”来概括。

一是国内消费需求旺盛增长的基本态势不变。预计全社会生产资料销售总额将突破 24 万亿元，按可比价格计算，增长 17% 左右。

二是市场供需基本平衡的格局不变。在国家宏观调控政策作用下，随着我国市场经济逐步完善、市场自我调节能力不断增强以及行业自律意识不断提高，新增资源增长将逐渐以需求为导向回归到合理水平；随着我国建设社会主义新农村、西部大开发、中部崛起、东北老工业基地振兴等重大战略加快实施，区域市场发展不平衡的现状将逐步改变，潜在的市场需求将加快释放。基于此，我们认为 2008 年我国生产资料市场总体仍将保持供需基本平衡，供需差率将维持在 2% 左右。

三是市场价格稳中有升的趋势不变。从近几年的价格走势来看，我国生产资料价格从 2003 年走出低谷以来，基本上是在波动中不断上升，这轮价格上升周期，一方面是受需求支撑，另一方面是受能源、原材料价格上涨推动。需求的支撑作用预计在中长期都不会有较大改变，而成本上涨目前也已形成刚性，特别是随着我国水、电、石油、天然气、煤炭等资源性产品的价格改革不断推进，当前成本上涨因素仍呈上升趋势，由此来看，2008 年我国生产资料市场价格仍然具有一定的上涨空间。我们预计 2008 年价格将在 2007 年基础上上升 2% 左右。

## 四　主要商品市场运行情况及基本走势预测

### （一）石油

2007 年，世界经济总体向好，使全球的石油需求继续保持上升趋势。再加上石油资源增长有限，市场担心供应，地缘政治的紧张局势没有得到根本缓解，以及美元贬值、市场炒作等因素的共同作用，使国际油价在震荡中不断攀升，从 6 月中下旬每桶原油突破 70 美元，之后在 70 美元上方震荡，再到 10 月 25 日突破了 90 美元的大关，不断创出历史最高纪录。估计，2007 年国际原油的平均价格每桶将达到 72 美元。另据分析，国际石油市场尽管价格涨跌无常，但是近两年石油市场仍是促涨的因素多于促跌的因素，因而预计 2008 年国际油价仍然保持坚挺态势，平均价格可能升至每桶 80 美元左右。

2007 年以来，国内油品市场随着我国经济的稳步快速发展，对石油需求构成有力的支撑。预计，2007 年原油的市场总需求量在 3.4 亿吨，比上年大约增长近 7%；原油生产量可达到 1.86 亿吨，比上年大约增长 1.5%。原油供需差率超过 45%，也就是说至少需要进口 1.54 亿吨才能最低限度地满足国内市场对原油的需求。估计，2008 年国内原油市场需求将继续保持上升趋势，如果加上新增储备量增长的情况，市场总需求量将超过 3.6 亿吨，增长在 7% 上下。但原油新增产能还没达到大量增加的程度，估计 2008 年国内原油产量接近 1.9 亿吨，届时需要进口 1.7 亿吨原油，供需差率比 2007 年又提高 2 个百分点，达到 47% 左右。

由于近期国际行情大幅攀升，国内主要成品油价格与国际价格差价进一步扩大。虽然国家一直没有出台调价政策，但市场价格自下半年以来一直稳步向上推进。同时，不排除出台相应配套的调价措施。因此估计，未来国内主要成品油价格有明显上升的趋势。

### （二）煤炭

2007 年，中国煤炭市场供需同步增长，基本保持平衡格局。受能源消费结构、供销结构以及石油价格高位上涨等因素影响，中国煤炭进出口形势发生逆转，改变了长期以来的净出口格局，1～9月份呈净进口态势。市场价格总体保持高位盘整，但受需求增加及控制产能释放、存量技改以及淘汰小煤矿等因素影响，进入秋冬季以来煤炭供应趋紧，价格小幅攀升。

据有关资料介绍，2006年中国煤炭产能在23.8亿吨，预计2007～2009年新增产能分别在2.38亿吨、2.87亿吨和3.08亿吨，增长率分别为10.3%、11.3%和10.8%。而2007～2009年实际煤炭需求增长将保持在13%左右，市场供求总体平衡，略有需求缺口。若考虑到煤化工增加的实际煤炭需求，2008年上半年将可能出现煤炭供应紧张的情况，煤炭价格也将继续处于高位运行态势。

### （三）钢材

2007年，全国钢材市场主要呈现出四个特点，一是国内生产增势强劲，月度产量不断刷新纪录；二是需求持续旺盛，出口增势迅猛；三是进口平稳略降，出口由迅猛增长转向高位回落；四是总体供需形势良好，市场价格攀升。从当前情况看，未来钢材市场面临的不确定性因素增加，压力增大，走势有震荡下行的可能，但总的来看，钢材市场价格不会出现大跌，因为具有刚性的需求支撑和成本支撑，全年价格水平将高于上年，市场的波动性也小于上年，市场发展的稳定性增强。估计，2007年国内钢材生产量可能达到5.5亿吨，比上年增长19%左右；国内市场需求量在5亿吨左右，增长在18.5%左右；第四季度出口有明显减少的趋势，但全年出口量仍将突破6000万吨，比上年大约增长四成。

2008年，中国及世界经济仍将继续保持上升趋势，对钢材的总需求也将以近15%的速度增长。估计，生产量可能达到6.3亿吨，增长14%左右；国内市场需求量大约5.8亿吨，增长在16%左右；出口量将在2007年的基础上减少1000万吨左右；市场价格以高位平稳小幅震荡为主要特征。

### （四）有色金属

2007年以来，国际、国内铜、铝、铅、锌、锡、镍等主要有色金属价格继续大幅波动，4月份出现明显上扬的行情，5、6月份由高位调整到大幅下挫，下半年后基本处于高位盘整涨跌并存。由于铜、铝等主要品种生产或进口增速提高，市场出现一定的供大于求。总的来看，2007年主要有色金属涨势明显，尤其是镍、铅、锡1～9月份累计平均价格分别比上年同期上涨76.4%、60.7%和

55.5%。从目前走势上看，这些品种多处在调整震荡中，未来变化的不确定性较大，但促涨的因素大于回调下跌的因素。因此，第四季度的价格走势将是高位盘整小幅上涨。

从供需格局上看，铜及铜材、铝及铝材等重点品种市场需求旺盛，生产的增长及进出口的调剂基本保持了市场的供需平衡。估计2008年将基本维持供需大体平衡、价格高位振荡的走势。

### （五）化工原料

2007年，化工产品市场继续处在景气发展阶段，多数产品市场供需增加，购销活跃，价格稳中有升。其中，纯苯、苯酚等多数有机产品以及塑料原料产品，市场供需增长、价格明显攀升；另外纯碱、烧碱、硫酸等无机化工产品也出现需求旺盛和价格上扬的景象。据中国物流信息中心统计，2007年前三季度，主要化工产品平均价格同比上涨4.8%，对保持生产资料价格坚挺和稳步上升起到重要支撑作用。估计未来化工产品市场走势将与宏观经济和生产资料市场总体形势较为一致，保持供需稳步较快增长，多数产品价格呈现高位波动、有所上升的态势。

# 2008 年我国消费价格涨幅将出现回落

张永军*

**摘　要：** 2007 年我国消费价格出现了较快上涨，尤其是肉、禽、蛋价格出现了大幅度上涨，价格成为人们关注的焦点。本文分析回顾了 2007 年前三季度的价格走势，分析了影响 2007 年末和 2008 年价格的各项因素，并对 2007 年末和 2008 年价格走势进行了分析预测。基本结论是主导我国消费价格近期走势的食品价格将将逐渐回落，带动 2008 年我国消费价格整体涨幅回落。

**关键词：** 消费价格　影响因素　预测

2007 年前三季度，在食品价格上涨的带动下，我国居民消费价格（CPI）出现了加快上涨的走势。但由于 9 月份当月 CPI 同比上涨 6.2%，较 8 月份的 6.5% 小幅下降，相反，在消费价格涨势趋缓的同时，工业品出厂价格和生产资料价格涨幅在最近两个月却出现了反弹，加上此前许多机构和经济学家估计 2007 年第四季度之后消费价格将出现回落，居民消费价格和其他价格的走势究竟如何，是否会开始进入涨幅下降的阶段，成为各方面关心的话题。本文重点分析消费价格的未来走势。

## 一　2007 年价格走势分析

从 2007 年各类价格的走势来看，呈现明显的结构性特征。主要表现为：消费价格的涨幅较高，而工业品出厂价格和生产资料购进价格涨幅较低；从消费价

---

* 张永军，经济学博士，现任职于国家信息中心经济预测部，主要从事宏观经济分析预测研究工作，重点研究短期经济波动、价格和货币问题。

格的各构成部分来看，食品价格上涨较快，而非食品价格上涨较慢；从各类食品价格的上涨情况来看，肉禽蛋类价格上涨较快，粮食、果品等价格上涨较慢甚至部分品种长期处于下降状态。各类价格的具体走势表现为以下几个方面。

## （一）消费价格上涨幅度呈现提高趋势

在食品价格快速上涨的带动下，2007 年居民消费价格出现了较快上涨，从 3 月份开始持续超过 3% 的年度调控目标，7、8 月份连续两个月突破公认的可承受通货膨胀率界限值 5%，8 月份当月同比涨幅达到 6.5%，9 月份较 8 月份略有回落，同比上涨 6.2%（见图 1）。

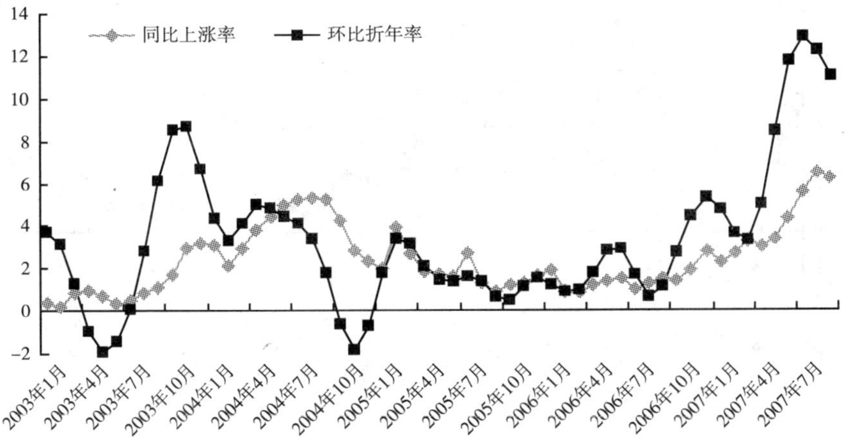


**图 1　2003 年 1 月 ~ 2007 年 9 月消费价格走势**

## （二）工业品出厂价格和生产资料价格先抑后扬

2007 年上半年流通领域生产资料价格、工业品出厂价格和原材料、燃料、动力购进价格涨幅基本上呈现下降走势，但先后在 7、8 月份止跌反弹。

工业品出厂价格和生产资料价格的变化都受到了国际油价等因素的重要影响。上半年工业品出厂价格上涨乏力的主要原因是原油出厂价格下跌及其对石油加工品价格的影响，这主要是受到了国际石油价格下跌的影响。与上年同月相比，2 月份以后原油出厂价格一直处于下降状态，而 2006 年前三季度原油出厂价格的同比涨幅一直在 20% 以上。原油出厂价格的下跌，还带动了石油加工品价格涨幅的下跌。由此可以看出，2007 年上半年工业品出厂价格涨幅的下降，与生产资料价格涨幅下降的影响关系密切（见图 2、图 3）。相反，到了 2007 年下半年，国际油价开始出现明显上涨，2007 年 10 月底国际石油期货价格甚至突破了每桶 90 美元大关。由于国际油价和国内农产品价格上涨，带动相关价格的涨幅提高，从而导致生产资料价格的上涨，进而导致工业品价格同比涨幅的提高。前三季度累计，工业品出厂价格同比上涨 2.7%；原材料、燃料、动力购进价格同比上涨 3.8%；中国物流中心编制的流通领域生产资料价格同比上涨 3.6%，三者的涨幅都呈现涨幅先下降、后上升的走势，但三者的累计涨幅都低于消费价格。

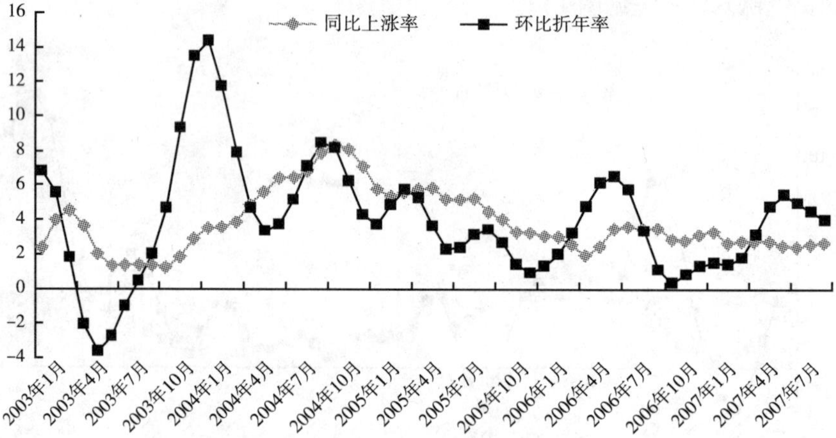


**图 2　2003 年 1 月～2007 年 9 月工业品出厂价格走势**

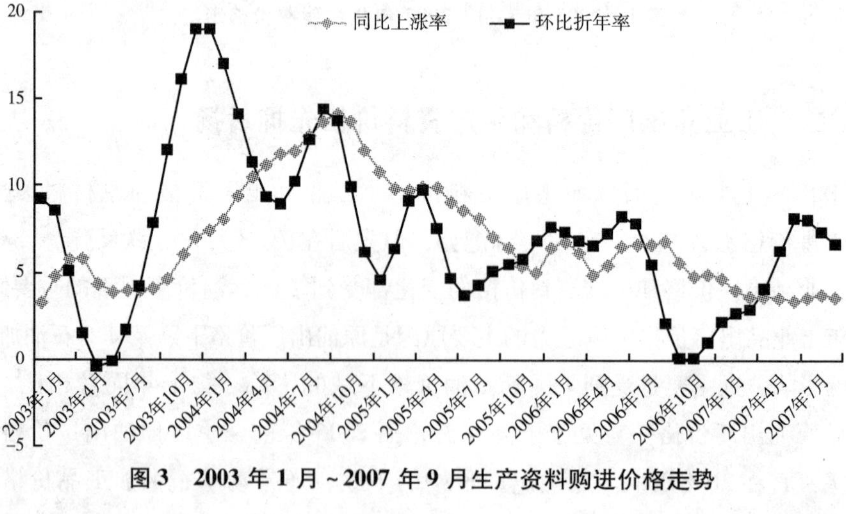


**图 3　2003 年 1 月～2007 年 9 月生产资料购进价格走势**

### （三）消费价格上涨主要受食品价格的带动

从消费价格构成情况来看，居民消费价格的加快上涨主要由食品价格的上涨所带动，第一季度食品价格同比上涨 6.2%，高出 CPI 整体涨幅 3.5 个百分点，高出非食品价格涨幅约 5 个百分点；第二季度食品价格同比上涨 8.9%，高出 CPI 整体涨幅 5.3 个百分点，高出非食品价格涨幅近 8 个百分点；第三季度食品价格同比上涨 16.8%，高出 CPI 整体涨幅 10.7 个百分点，高出非食品价格涨幅近 15.5 个百分点。总体来看，食品价格上涨迅速加快，与非食品价格涨幅的差距越拉越大，是带动消费价格上涨的重要因素。

### （四）食品价格上涨的主要原因是粮食价格和饲养周期的影响

2007 年以来，食品价格上涨的主要原因是粮食价格上涨带动副食品价格上涨和受饲养周期影响造成的猪肉、鸡蛋价格周期性上涨。粮食价格上涨主要是受到国际粮食价格上涨和国内粮食需求增加的影响，由于 2007 年国际粮食价格继续高涨，由此引起 2007 年前三季度粮食净出口增加，对国内市场供求平衡状况产生一定影响。玉米是我国主要出口品种，2007 年 1～9 月份我国玉米出口了 3074300 吨，同比提高 97.7%，同期内玉米进口数量同比下降 83%，净出口量呈现大幅度增长的态势。国内粮食需求的增长，除了因人口和收入增长带动的粮食需求增长之外，近两年来，以投资燃料乙醇项目为主，上马玉米加工厂的热潮席卷东北主产区，造成对玉米的工业需求大幅度增长。粮食价格上涨不仅直接带动消费价格的上涨，还通过影响副食品的成本来间接影响消费价格的上涨。

除了粮食价格上涨对副食品价格的影响之外，2005～2006 年 4 月份我国猪肉价格持续下降，使得生猪饲养处于亏本状态，生猪饲养户大量减少生猪存栏，甚至宰杀母猪，2006 年 5 月份之后虽然猪肉价格开始反弹，但不足以扭转生猪饲养亏本的状态。加上许多地区出现了生猪疫情，使得生猪存栏无法增加，加剧了生猪供不应求的状态，造成 2007 年我国副食品价格出现大幅度上涨。

## 二　2008 年价格走势分析

根据上述分析，目前影响价格走势的决定性因素是食品价格，食品价格中主要是肉禽和蛋类价格。但影响肉禽和蛋类价格的因素中，粮食价格具有基础性作用，肉禽和蛋鸡的饲养本身又具有较强的周期性。下面我们对这些因素的未来变化分别进行分析和判断。

### （一）从社会总供求平衡状况看，2008年消费价格涨幅将趋于下降

价格总水平的变动是社会总供求平衡状况变化的反映，根据经济学理论和我国的历史经验，居民消费价格指数的变动滞后于经济增长率的变化。我们以往所做的实证分析表明，我国季度GDP增长率和居民消费价格指数涨幅之间存在大约2～3个滞后期。由于2007年第一、二季度GDP增长率持续反弹，第三季度GDP增长率轻微下降，根据我们目前的判断，2007年第四季度和2008年我国经济增长将趋于下降，根据居民消费价格指数涨幅大约滞后于GDP增长率2～3个季度的对应关系，2008年以后CPI涨幅继续提高的动力减弱。

### （二）广义货币供应量增速加快对价格上涨形成支撑

2007年以来，广义货币供应量$M_2$保持18%左右的较快增速，根据货币供应量与名义收入和价格的关系，当前货币增速加快，将对名义收入增加和价格上涨形成支撑。笔者以为，货币供应量增速加快对价格上涨形成支撑，更需要引起关注的是在广义货币供应量增速加快的同时，货币流通速度在提高。具体表现为狭义货币供应量$M_1$的增速高于$M_2$的增速，由于$M_1$所对应的货币流通速度更快，对价格产生的影响更为直接，这将会对价格上涨形成支持。

### （三）粮食价格将继续稳步上涨

近年来，随着我国与国际市场的联系越来越密切，国内粮食价格的走势变得更加难以把握。当国际粮食价格高于国内价格时，企业会从国内收购粮食用于出口；当国际粮食价格低于国内价格时，企业会从国际市场购买粮食用于进口；虽然看起来我国粮食的进出口量占粮食产量的比重不大，但由于我国粮食供给与需求本身处于紧平衡状况，净出口与净进口方向的变化，对于国内粮食市场的供求平衡状况和价格有可能会产生不小的影响。2006年底我国粮食价格的突发性上涨，就是在国内粮食持续增产的情况下受国际粮食价格上涨的影响而发生的。

目前，根据国家统计局发布的信息，我国夏粮产量11534万吨，比上年增产

145 万吨，增长 1.3%；早稻产量 3196 万吨，与上年基本持平；秋粮可望继续增产，粮食生产将连续第四年获得丰收。这将为 2008 年我国粮食价格的稳定起到一定的保障作用。但不好把握的是，国际市场价格的变化及其对中国国内市场的影响。

国际粮农组织在 2007 年 7 月发布的作物前景预测中估计，粮农组织对 2007 年世界谷物产量的最新预测显示产量将达创纪录水平，预测为 21.21 亿吨。预计增长量的大部分为玉米，但小麦的大幅增产和稻米收成的提高也是谷物收成创纪录的原因。2007 年世界谷物预测产量达创纪录水平在很大程度上是受到美国玉米收成将创历史新高的前景的支持，由于生物燃料工业需求旺盛，该国播种面积达 1940 年以来的最高水平。但在发达国家中的其他主要谷物生产国，由于欧洲东南部地区发生干旱，2007 年该区域收成前景看淡。2002 ~ 2007 年世界粮食产量变化见图 4。

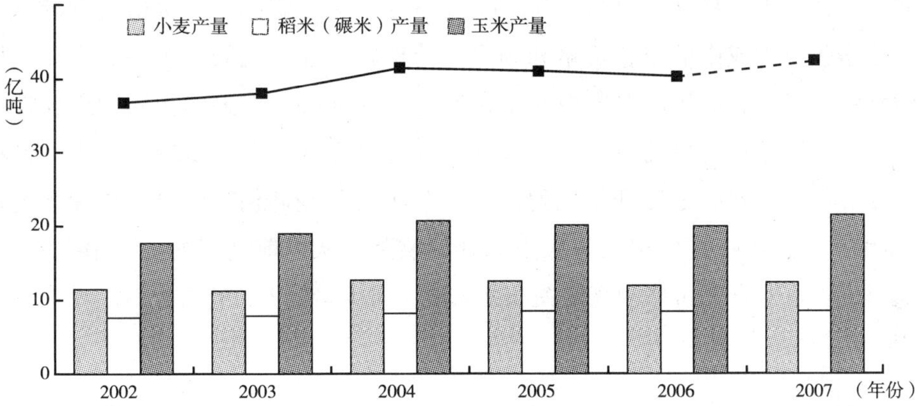


**图 4　2002 ~ 2007 年世界粮食产量变化图***

* 2007 年为预测数。

正如上面所提到的那样，2007 年世界粮食产量达到创纪录的水平，本应对世界粮食价格的稳定起到很好的作用。但是，由于人们发现玉米这一主要粮食作物具有转化为生物燃料的新用途，使得对玉米的需求更加旺盛。影响供求平衡的因素增多，使得更加难以把握。而人们是否用玉米来生产燃料，又取决于其他燃料尤其是石油的价格水平。目前国际石油价格屡屡创出新高，近期价格保持在每桶 90 美元以上，这样的价格使得用玉米制造燃料具有经济上的可行性。因此，虽然世界粮食产量达到创纪录的水平，但由于用于制造生物燃料的玉米数量增长很快，粮食价格仍然保持较高水平。根据2007年10月29日芝加哥商品交易所的期货报价，玉米期货价格一直到2009年年中都将呈现上涨态势。不仅如此，由于农产品之间具有较强的替代性，农产品价格相互之间具有较强的关联性，根据芝加哥商品交易所同一天的期货报价，近期内小麦、大豆的期货价格都呈现上涨的态势。

根据上述分析，即使国内秋粮能够增产，考虑到2007年国内许多地区遭受灾害，增产幅度将会比较有限，加上国际粮食价格呈现上涨的态势，国内粮食价格将呈现出稳步上涨的态势。

## （四）猪肉、禽蛋价格涨幅将出现下降，但短期内仍将出现较大涨幅

上面我们已经提到，饲养周期的因素是造成2007年副食品价格大幅度上涨的一个重要原因。从饲养周期来看，自1998年以来，我国粮食价格（此处考察的是消费价格构成中的粮食价格和副食品价格）存在大约两年半左右的短周期（见图5），肉禽价格和蛋类价格变化大致与粮食价格呈现大体相同的周期性特征，但滞后于粮食价格的变化。从最近三者的变化情况来看，2005年4月份粮食价格涨幅达到谷底之后开始反弹，2007年1月达到峰值；肉禽价格和蛋类价格涨幅在2006年6月份达到谷底之后开始反弹，从以前周期的变化情况来看，加上近期国家对食品价格的高度关注并采取了对生猪饲养进行补贴等一些调控措

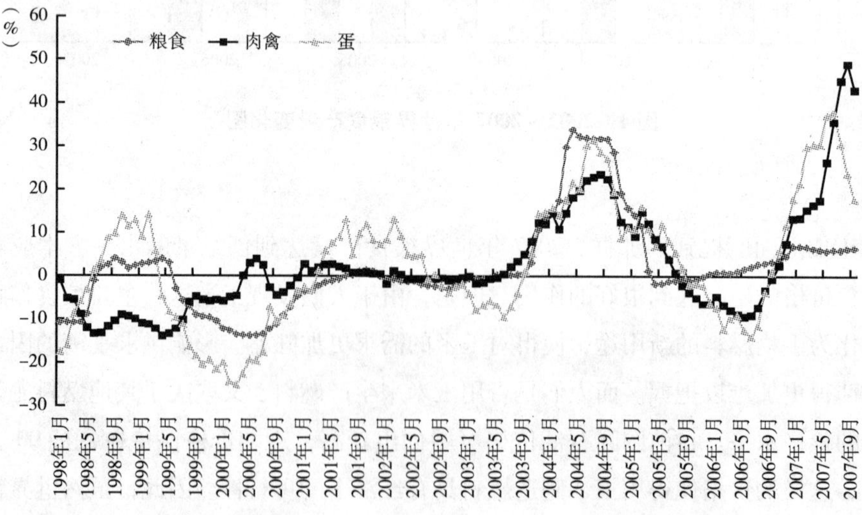


**图5　1998年以来粮食、肉禽和蛋类价格月度同比涨幅变化情况**

施，肉禽价格和蛋类价格涨幅的峰值可能已经在 8 月份出现，此后上涨幅度将开始下降。但由于近期粮食价格继续保持稳步上涨的态势，这将会对生猪和禽类饲养产生影响，较高同比涨幅仍然会保持一段时间。

### （五）国际石油价格上涨将对国内价格产生多方面的影响

近期国际石油价格的较快上涨，将对国内价格产生多方面的影响。国际石油价格的较快上涨，首先将直接影响国内石油和成品油的价格，从而对国内生产资料价格产生影响。其次，由于石油价格上涨，化工类产品的价格都将受到影响，进而对工业品出厂价格产生影响。再者，成品油和化工类产品的价格上涨，化肥、塑料薄膜等农业生产资料价格相应上涨，农产品成本相应提高，对农产品价格产生较大的影响。

### （六）工资成本提高对国内价格水平的提高产生一定影响

近几年来，由于农民工短缺，沿海地区农民工工资水平出现明显提高；继而各地提高最低工资标准；2006 年下半年国家提高了公务员工资；这些措施增加了居民收入，将对增加国内需求产生积极影响。但是，由于工资提高，工资成本上升，这就有可能会产生因成本推动而造成的通货膨胀压力。在我国现阶段，农民工工资的较大提升，主要通过对农产品生产的机会成本的影响，进而对农产品价格产生影响。

### （七）人民币升值等因素将限制国内市场价格的上涨

由于我国进口初级产品占国内消费量的比重较大，国际市场价格要通过进口价格对国内价格产生影响，但近期人民币升值幅度略有增大，人民币升值将会在一定程度上抵消国际市场价格上涨对进口产品价格的影响，使得生产资料和工业品出厂价格的涨势受到抑制。

### （八）资源类价格改革对国内价格将产生影响

近年来，资源类价格改革一直是人们关注的热点问题，不少学者认为，我国资源价格偏低是造成投资增长更快的一个重要原因。2008 年，国家有可能会加快资源类产品价格的调整力度，但这成为推动价格总水平上涨的因素。

## 三　对2008年价格走势的初步预测

根据上面我们对影响2008年价格走势各项因素的分析，我们认为，2008年原资料、燃料、动力购进价格和工业品出厂价格上涨幅度将会有所提高，预计全年上涨4.3%左右；工业品出厂价格指数上涨3%左右。

居民消费价格的走势与生产资料和工业品出厂价格将有所不同。上面分析了影响价格变化的各项因素，但由于这些因素都是单项因素，这些单项因素的共同影响究竟将导致价格出现怎样的变化，需要综合考虑这些因素的影响。从各项因素的影响来看，工业消费品价格可能会有所提高，服务价格涨幅可能会提高，但食品价格上涨幅度在2007年第四季度和2008年上半年可能会有所降低，2008年下半年有可能明显降低，总体影响可能会使得消费价格涨幅比2007年降低。

使得我们对消费价格走势较难进行判断的一个重要原因在于，以往我们在对价格走势进行判断时，因素分析与我们运用价格先行指数进行分析得出的结论往往是一致的。但根据目前资料和数据，我们运用消费价格先行指数和因素分析法得出的结论明显不同，消费价格的先行指数预示着消费价格在出现小幅回落之后，继续提高，而因素分析法预示着消费价格涨幅将逐渐回落。

价格先行指数的变化显示，伴随着近期生产资料价格、工业生产、银行工资性现金支出和货币供应量增速的加快，未来价格上涨的动力有所加强（见图6）。

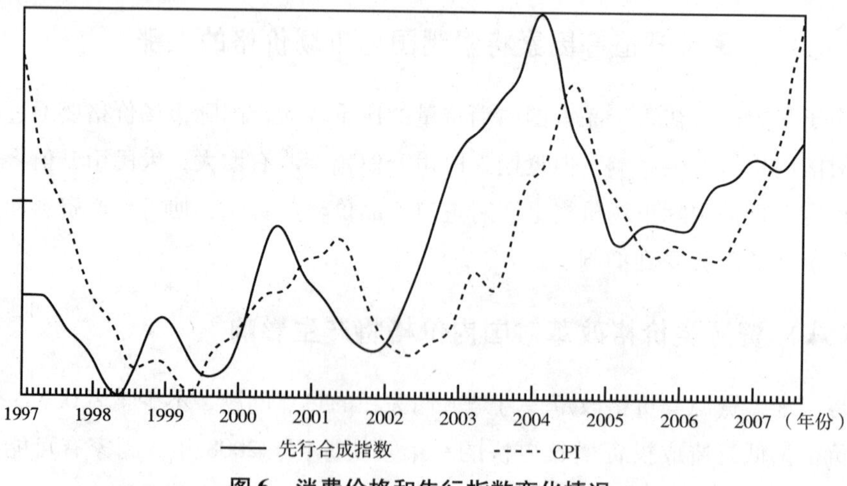


**图6　消费价格和先行指数变化情况**

根据 1995 年以来消费价格先行指数领先价格指数变化半年左右的经验，2007 年第四季度消费价格涨幅将出现小幅回落，此后，到 2008 年初消费价格涨幅将重新提高。

由于我们运用消费价格先行指数和因素分析法得出的结论明显不同，我们倾向于依靠因素分析得出的结论。综合考虑各方面因素，估计 2008 年全年 CPI 上涨 3.5% 左右，比 2007 年涨幅回落 1 个百分点左右。

# 中国劳动力市场供求形势及其展望

都　阳*

**摘　要**：近年来，中国劳动力市场供求态势发生了重要转变。一方面，由于持续的经济增长产生了旺盛的劳动力需求；另一方面，人口结构对劳动力市场的影响开始显现。因此，中国劳动力市场上劳动力无限供给的时代趋于结束。从劳动力市场的运行情况看，市场机制日益完善，劳动力市场环境有所改善，劳动力市场的一体化程度也在逐步提高。但由于劳动力市场转折是长期趋势的开始，因此，需要从劳动参与、人力资本积累和劳动力市场发育等方面积极地应对劳动力市场出现的新变化。

**关键词**：劳动力市场发育　就业形势　劳动力短缺

近年来，中国的劳动力市场发生了重要的变化。一方面，随着经济的不断发展和改革开放进程的深入，劳动力市场机制日益完善。另一方面，人口结构等影响劳动力供给的长期因素开始发生转变，使中国劳动力市场开始面临供求关系的重要转折。要有效应对劳动力市场上出现的新变化，不仅需要进一步完善市场机制在调节劳动力供求关系中的作用，也需要通过深化改革，完善目前的劳动力市场制度。本文将回顾近年来劳动力市场发育的总体态势，分析劳动力市场供求转变的原因及其对未来的影响，最后就积极应对劳动力市场的转变提出几点看法。

## 一　劳动力市场总体态势

近年来，伴随着经济发展，中国劳动力市场的总体态势向好的方向发展，不

* 都阳，作者系中国社会科学院人口与劳动经济所研究员，主要研究领域为劳动经济学、发展经济学、经济增长等。

仅顺利地消化了城市经济重组带来的就业和再就业压力，而且实现了就业总量的持续增加，使失业率维持在一个比较低的水平。同时，部门之间、城乡之间和区域之间的劳动力市场一体化程度在逐渐提高，市场机制在劳动力资源配置过程中发挥的作用越来越明显。综观近年来的劳动力市场态势，有以下几个特点。

首先，由于经济增长产生了旺盛的劳动力需求，就业总量不断扩大。我们知道，对于一个发展中的二元经济而言，非农部门的扩张是产生就业需求的主要来源，相形之下，农业部门一般是劳动力富余的部门，并不断释放出劳动力。因此，如表1所示，就近年来的就业形势而言，一方面，就业总量呈现不断增加的局面，2006年和1996年相比，就业总量增加了7450万人，增加的幅度为10.8%。另一方面，就业结构也具有更明显的现代经济特征，城市地区成为就业创造的主要区域。数据表明，城镇就业总量一直处于不断增加的态势。改革开放之初，城镇就业总量仅为9514万人，到2000年末达到23151万人，2006年为28310万人。改革开放以来的28年中，城镇就业的年平均增长速度为4%。与10年前相比，城镇就业总量增加了8388万人，增长幅度为42.1%。而乡村就业中非农就业的比例也在不断扩大，并成为非农就业总量扩大的重要因素。

**表1　1996～2006年就业总量和结构变化情况**

单位：万人

| 年　份 | 就业总量 | 城镇就业 | 乡村就业 | 非农就业总量 |
|---|---|---|---|---|
| 1996 | 68950 | 19922 | 49028 | 37289 |
| 1997 | 69820 | 20781 | 49039 | 37953 |
| 1998 | 70637 | 21616 | 49021 | 38745 |
| 1999 | 71394 | 22412 | 48982 | 39912 |
| 2000 | 72085 | 23151 | 48934 | 40044 |
| 2001 | 73025 | 23940 | 49085 | 40842 |
| 2002 | 73740 | 24780 | 48960 | 41953 |
| 2003 | 74432 | 25639 | 48793 | 43226 |
| 2004 | 75200 | 26476 | 48724 | 44431 |
| 2005 | 75825 | 27331 | 48494 | 46092 |
| 2006 | 76400 | 28310 | 48090 | 47769 |

资料来源：国家统计局，《中国统计年鉴》（历年），中国统计出版社。

其次，近年来中国劳动力市场上的一个突出的特点就是农村转移劳动力在城镇劳动力市场上发挥了越来越重要的作用。由于农村劳动力向城市的转移，农民工已经成为城市劳动力市场的重要组成部分。中国正式加入WTO以后，具有国际竞争优势的劳动力密集型产业有了进一步的发展，也更加剧了非农部门对农业转移劳动力的需求。如表2所示，城市劳动力市场上就业的农民工已经构成了劳动力的重要来源，2006年，农民工占城镇从业人员的比例已经达到46.7%。在城市劳动力市场上，农民工不仅成为重要的组成部分，其福利和社会保护状况也值得关注。就福利体制的改革而言，把将近一半的劳动者排除在外的社会保障体系很难说是成功的。同时，农村劳动力流动不仅是跨城乡的，也是跨地域的，他们的流动对于促进城乡和地区之间劳动力市场的一体化具有重要作用。

**表2 农民工流动的数量及其在城市劳动力市场的比重**

| 年 份 | 农民工*（万人） | 城镇从业人员**（万人） | 比例(%) |
|---|---|---|---|
| 2000 | 7849 | 21274 | 36.9 |
| 2001 | 8399 | 23940 | 35.1 |
| 2002 | 10470 | 24780 | 42.3 |
| 2003 | 11390 | 25639 | 44.4 |
| 2004 | 11823 | 26476 | 44.7 |
| 2005 | 12578 | 27331 | 46.0 |
| 2006 | 13212 | 28310 | 46.7 |

资料来源："农民工数量"来源于国家统计局农村社会经济调查总队（农村司），《中国农村住户调查年鉴》（历年），中国统计出版社。"城镇从业人员"来源于国家统计局人口和就业统计司、劳动和社会保障部规划财务司，《中国劳动统计年鉴》（历年），中国统计出版社。

第三，劳动力市场一体化的程度不断提高。反映劳动力市场发育的一个重要标志是劳动力市场的一体化。然而，关于中国改革开放以来劳动力市场一体化的程度是提高了还是下降了，一时间却存在着争议。劳动力市场一体化包含着几层含义：首先，对于一个处于经济体制转轨的国家而言，不同所有制的经济部门之间劳动力流动的增加，有利于打破劳动力市场上的所有制分割。不同所有制部门间的一体化，既能够体现经济转轨的特征，也是劳动力市场一体化中最具约束性的环节；其次，城乡间劳动力市场的统筹发展是打破二元分割的社会经济体制的最有效手段；再次，区域间劳动力市场的一体化体现了经济的发展和市场经济体制的成熟。

通过不断的深化改革，劳动力市场一体化的程度在不断提高，城乡关系的不断改变是其中最为显著的特征。劳动力的流动是实现劳动力市场一体化的最有效的方式，而农民工在城市劳动力市场上的突出作用是城乡劳动力市场正在统筹发展的最好证明。同时，劳动力跨地区的流动也有效地促进了区域间劳动力市场的一体化程度不断提高。根据对单位就业的制造业工资水平的变动和区域间农民工工资水平的变动趋势分析，工资在区域间都呈现出收敛的趋势。这表明区域间劳动力市场一体化的程度在不断提高。劳动力市场一体化程度的提高不仅促进了劳动力市场的进一步发育，也有利于提高资源配置的效率，转变经济增长的方式，从而增强经济增长的持续性。

第四，劳动力市场环境日益改善，劳动力市场规制更加规范。劳动力市场发育还体现在对劳动力市场的规制日益成熟和规范，大大改善了劳动力市场环境，表现在以下两个方面：首先，劳动力市场规制的措施和手段日益丰富。近年来，有关劳动力市场规制的法律、法规、条例和政策相继出台，使劳动力市场的管理有法可依。对部分法规的修改不仅适应了形势的变化，也更加符合市场经济体制的要求。《劳动法》、《最低工资条例》、《劳动合同法》、《就业促进法》等法律法规在管理劳动力市场中的作用日益突出。其次，政府综合运用各种调控手段的能力也有所加强。例如，在劳动力市场形势严峻、失业比较严重的时期，综合运用积极的就业政策，起到突出的效果；城市劳动力市场上拖欠农民工工资的行为比较严重的时期，对企业行为的规范管理有效地制止了这种不良现象的发生。这些调控手段的运用表明中国对劳动力市场的管理正在走向成熟。

## 二　劳动力市场的供求转变

一直以来，中国都被认为是一个劳动力无限供给的国家。也就是说，在二元经济社会中，来自农业和农村的剩余劳动力将源源不断地补充到非农业部门。由于劳动力无限供给，因此，虽然就业总量不断增加，但是工资水平却保持不变。然而，这种局面在近年来开始打破。从现象上看，劳动力短缺和工资上涨的情况已经比较明显；从供求关系来分析，则可以看出旺盛的劳动力需求和有限的劳动力供给使劳动力市场供求态势发生了明显转变。以下，我们从供求两个方面来分析这种变化出现的原因，并对未来的趋势进行简单的预测。

## （一）人口结构的转变：长期趋势的开始

从加总的水平上考察，在给定人口数量的情况下，决定劳动力供给的主要因素之一是总人口中劳动年龄人口所占的比重，而劳动年龄人口的比重又和以前的生育率水平变化有着直接的联系。观察21世纪上半叶人口年龄结构的变化和劳动力供给趋势变动可以得出这样的基本结论：劳动力供给总量的边际递减现象已经发生，劳动力供给绝对数量的减少也将很快出现。迄今为止，15～64岁劳动年龄人口的总量以及占总人口的比重一直处于不断上升的趋势，成为劳动力市场供给不断增加的基本源泉。这不仅形成了中国丰富的人力资源优势，也成为近20年来“人口红利”的主要来源和促进经济增长的重要因素。然而，根据最新的预测，中国人口高峰将在比预期早得多的时候，即大约2030年前后在14.4亿人左右的水平上达到，劳动年龄人口从2013年左右开始上升趋势就会十分平缓，2016年达到最高峰后开始绝对减少，而劳动年龄人口的增长率目前已经是逐年降低，并且下降速度趋于加快。如图1所示，从近期看，总人口和劳动年龄人口都处于增加的态势，而劳动年龄人口的增长率（实际上反映的是劳动力的边际

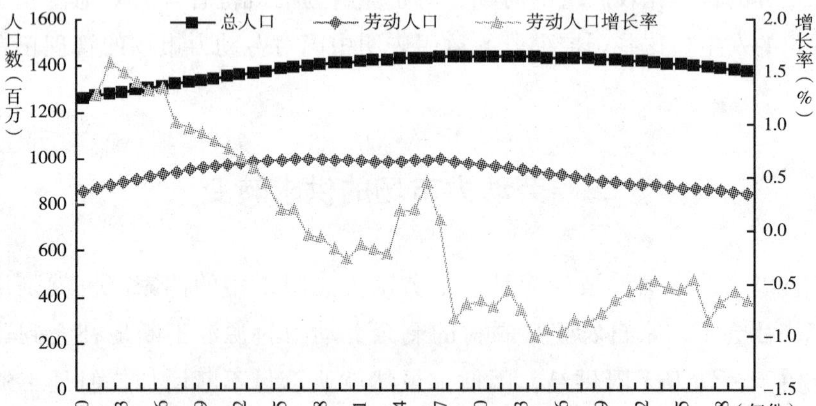


**图1　劳动年龄人口增长率下降趋势**

资料来源：根据中国社会科学院人口与劳动经济研究所王广州提供的预测数据。

增长）则已经开始下降。因此，劳动力供给的边际递减在21世纪初已经开始，而根据图1所示，劳动力数量的绝对减少，则大概在2017年以后开始出现。而在未来几年中，新增劳动年龄人口的数量将持续下降，到2010年会下降到800万人左右。

需要指出的是，人口结构变动对劳动力市场的影响具有长期性。由于生育率的下降是导致这种结构变化的主要原因，而生育率水平是一个具有相当大惯性的变量，因此，人口变迁对劳动力市场的影响具有不可逆转的性质，是一个长期趋势的开始。

### （二）非农就业弹性的变化

从劳动力需求面看，近年来的经济增长不断创造着旺盛的劳动力需求。由于农业部门基本不产生新的劳动力需求，所以假定非农部门的GDP是就业岗位的来源。据此，可以根据现有统计体系中GDP和非农就业统计来计算20世纪90年代以来①的就业弹性变化。

非农GDP的计算相对简单，根据《中国统计年鉴2007》公布的资料，可以计算出第二和第三产业按1978年不变价格的生产总值，然后，我们可以得到每年非农部门的GDP增长率。非农部门的GDP通过非农就业活动创造。非农就业包括城镇就业和农村的非农经济活动所创造的就业岗位，而农村的非农就业又包括乡镇企业就业、私营经济和个体经济部门产生的就业岗位，这样，可以得到非农部门的总就业增长情况。图2就是根据非农部门的GDP增长率和就业增长率计算的历年就业弹性，它反映经济增长所产生的就业需求的变化情况。图2表明，20世纪90年代以来，非农部门的就业弹性虽有波动，但并没有表现出递减的趋势。除了个别年份非农部门的就业弹性不足0.1以外，其他时期基本保持在0.2以上。近年来，则一直在1991～2006年的平均值0.28左右小幅波动。

非农部门劳动力需求的这种变化特征表明中国经济发展和劳动力市场运行的两个方面的特点。一方面，就业弹性没有表现出明确的趋势性变化，反映了中国

---

① 20世纪90年代以前，对于农村劳动力使用情况的统计不足以反映非农就业的情况，同时，劳动力资源配置的市场化程度有限。因此，本文计算的非农就业弹性从1991年开始。

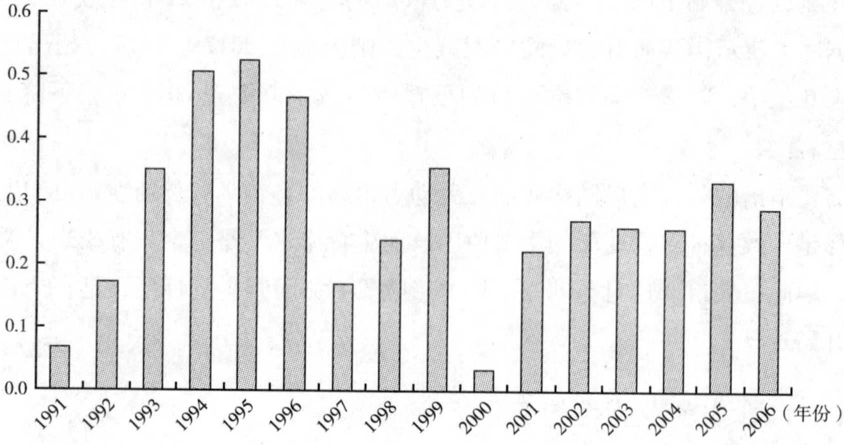


**图2　1991～2006年非农部门就业弹性变化情况**

资料来源：作者根据《中国统计年鉴》（历年）资料计算。

经济增长方式的结构特征尚未出现根本的改变，劳动力密集产业仍然是国民经济中居于主导地位的部门。同时也意味着，按照经济发展的比较优势，保持一定的经济增长速度，就可以实现就业岗位的增长；另一方面，由于经济增长没有表现出系统性的结构变化，因此，根据以前非农部门经济增长和就业增长之间的相互关系来推演和预测未来的就业需求是合理的和可行的。

1991～2006年，非农部门按1978年价格计算的GDP年平均增长率为11.8%，标准差为2.9%；同期的非农部门就业弹性平均值为0.283，标准差为0.14。假定保持1991～2006年GDP平均增长率和平均就业弹性为预测的中位值，高出半个标准差为高位值，低半个标准差为低位值，我们可以相应的得到9种非农部门经济增长和就业弹性的组合，并可以据此计算出不同的非农就业增长水平，如表3所示。因此，如果经济增长和就业弹性没有出现巨大波动的话，就业增长以低增长、低弹性的组合为下限，以高增长、高弹性的组合为上限。

需要指出的是，对就业需求的预测需要以中国经济发展的现实特点为基础，即从经济发展和就业需求的产业部门看，中国尚处于经济结构的转型过程中，农业部门难以创造新增的就业需求；从经济活动的城乡分布看，农村地区也创造着非农就业机会，忽视农村地区的就业创造能力，会低估中国经济增长的就业弹性。

表 3　非农部门就业增长预测

单位：万人

| 类　　别 | 非农就业增长率 | 2007 | 2008 | 2009 | 2010 |
|---|---|---|---|---|---|
| 高增高弹 | 0.047 | | | | |
| 非农总就业 | | 50005 | 52346 | 54797 | 57363 |
| 新增非农总就业 | | 2236 | 2341 | 2451 | 2565 |
| 高增中弹 | 0.038 | | | | |
| 非农总就业 | | 49563 | 51425 | 53357 | 55361 |
| 新增非农总就业 | | 1794 | 1862 | 1932 | 2004 |
| 高增低弹 | 0.028 | | | | |
| 非农总就业 | | 49117 | 50502 | 51927 | 53392 |
| 新增非农总就业 | | 1348 | 1386 | 1425 | 1465 |
| 中增高弹 | 0.042 | | | | |
| 非农总就业 | | 49757 | 51828 | 53985 | 56232 |
| 新增非农总就业 | | 1988 | 2071 | 2157 | 2247 |
| 中增中弹 | 0.033 | | | | |
| 非农总就业 | | 49364 | 51013 | 52716 | 54477 |
| 新增非农总就业 | | 1595 | 1648 | 1704 | 1760 |
| 中增低弹 | 0.025 | | | | |
| 非农总就业 | | 48967 | 50195 | 51454 | 52745 |
| 新增非农总就业 | | 1198 | 1228 | 1259 | 1291 |
| 低增高弹 | 0.037 | | | | |
| 非农总就业 | | 49520 | 51334 | 53215 | 55165 |
| 新增非农总就业 | | 1751 | 1815 | 1881 | 1950 |
| 低增中弹 | 0.029 | | | | |
| 非农总就业 | | 49173 | 50619 | 52107 | 53639 |
| 新增非农总就业 | | 1404 | 1446 | 1488 | 1532 |
| 低增低弹 | 0.022 | | | | |
| 非农总就业 | | 48824 | 49902 | 51004 | 52130 |
| 新增非农总就业 | | 1055 | 1078 | 1102 | 1126 |

资料来源：根据《中国统计年鉴》（历年）资料测算。

## （三）劳动力短缺已经开始显现

劳动力市场上供给和需求两方面因素的变化，导致了劳动力市场供求态势开始转变。从数量关系看，劳动力短缺开始出现。2003 年春季开始，沿海部分地区出现招工难的情况，随后，这种现象在更大范围内蔓延，由沿海经济发达地区蔓延到部分内陆省份，有些还是传统的劳动力输出大省。所涉及的对象也从技术工人逐渐波及普通工人。

为了应对劳动力市场上供求关系的转变，企业开始从工资水平、社会保障水平、工作条件等多个方面做出调整，以吸引劳动力。从价格关系看，劳动力的成本一改以前持续数年保持稳定的局面，开始上升。从劳动力市场的实际情况考察，近年来，工资水平上涨的现象的确存在。根据来自农业部农村经济研究中心的住户调查资料显示，2003～2006 年到本村以外从事生产经营活动的农民工，人均月工资由 781 元增加到 953 元，增长 22.0%。与上年相比，2004 年农民工人均月工资增长 2.8%，2005 年增长 6.5%，2006 年增长 11.5%，增速逐年加快。① 另一项来自于劳动部的调查资料也显示，2006 年被调查农村外出务工人员的平均工资为 1226 元/月，比 2005 年增加 181 元，增长 17.3%。②

## 三　积极应对劳动力市场出现的变化

在今后的一段时期内，应努力继续保持劳动力供给方面的优势。这就要求我们充分挖掘劳动力供给的潜力，既包括挖掘劳动力供给数量的潜力，也包括进一步提高劳动力素质，增加人力资本积累。只有如此，才能减轻劳动力数量优势逐渐下降所带来的压力，为经济发展及其所带来的结构调整赢得时间。积极应对劳动力市场出现的变化需要从以下几个方面着手。

### （一）遏止劳动参与率下降的趋势

根据以前的研究，近年来大陆城市劳动力市场上的劳动参与率呈现下降的趋势。③ 尽管这种下降，一方面和计划经济时期城市全面就业体制下的高就业率有关，另一方面也和城市经济重组及经济周期性波动等短期因素相联系，但劳动参与率的持续下降趋势和要素积累型增长模式的背离，使我们必须思考导致劳动参

① 可参见蔡昉主编《2007 年：中国人口与劳动问题报告》，社会科学文献出版社，2007。

② 可参见蔡昉主编《2007 年：中国人口与劳动问题报告》，社会科学文献出版社，2007。

③ 近年来劳动参与率下降的趋势可参见，蔡昉、都阳和王美艳《中国劳动力市场的转型与发育》，商务印书馆，2005。

与率下降是否存在一些制度性因素，以及遏制劳动参与率下降对于挖掘劳动力供给潜力的贡献。例如，2005 年劳动年龄人口总数为 9.33 亿人，这也就意味着劳动参与率提高一个百分点，就会增加劳动参与人口 933 万人，① 这是巨大的人力资源。

我们知道，决定劳动参与的两个直接的因素分别是市场工资率和个人的保留工资水平。在保留工资水平一定的情况下，市场工资率越高，则个人参与劳动力市场的可能性也就越大；而在市场工资率给定的情况下，个人的保留工资越高则其参与劳动力市场活动的可能性就越小。如此推而广之，凡是可能影响市场工资率水平和保留工资水平的因素都会影响到劳动参与率。由于经济发展迫近了刘易斯转折点，劳动力市场的工资水平已经开始上升，这实际上是今后提高劳动参与率的重要基础条件。就影响保留工资的因素而言，既包括个人的因素，也包括家庭和劳动力市场上制度性的因素。我们将在后面的制度分析中，更具体地讨论这一问题。

### （二）提高人力资本积累的水平

使人力资本积累达到更高的水平也是挖掘劳动供给潜力的重要内容。人力资本积累是提高劳动力素质的必要手段，也是实现产业结构升级的必要准备。在新兴工业化国家和地区的经济成长过程中，人力资本积累是经济增长的一个显著的推动力。我国在改革开放以来的人力资本积累速度也相当迅速。2004 年，从业人员受教育结构与韩国 1990 年时的分布大致相当。尽管如此，通过增加人力资本积累来进一步发掘劳动力供给的潜力仍然是可行的。因为，就平均受教育年限而言，虽然较之很多发展水平相当的发展中国家高，但和中等发达国家相比仍然有一定的差距，而和发达国家相比的差异就更加明显。从另一个角度看，由于业已实现的人口结构转变，在总人口中教育适龄人口的比重正在逐步下降，因此，人口结构转变过程使得我国有可能进一步增加人力资本的积累。

此外，除了正规教育以外，增加人力资本积累的各种途径中，培训有着更加特殊和重要的意义。这是因为，由于长期计划经济体制所形成的城乡之间的二元经济分割，导致居住在农村和在农业中就业的劳动力比重过高，而如前所述，农业劳动力转移是发掘未来的劳动供给潜力的主要源泉所在。在由农业劳动力向产

① 根据《2006 年中国统计年鉴》有关数据计算。

业工人转变的过程中，各种形式和各种内容的培训在人力资本积累中的作用尤其重要。根据国家统计局的抽样调查资料，2005 年农村外出务工的劳动力中接受过专业技能培训的占 34.4%，较之 2004 年提高了 6.2 个百分点。[①] 这一方面说明，培训已经在劳动力的人力资本积累过程中发挥着重要的作用，同时我们也可以看到，由于农村外出的劳动力成为非农劳动力市场上越来越重要的组成部分，通过培训的方式提高劳动力的人力资本水平不仅有很大的潜力，而且会在劳动力市场上产生直接的效果。[②]

## （三）通过更灵活的劳动力市场减少结构性失业

近年来，两个同时出现的、似乎矛盾的现象值得人们思考：一方面，在农村迁移劳动力市场上，频频出现劳动力短缺的现象；而另一方面，大学毕业生的就业越来越困难，成为劳动力市场上越来越受到关注的群体。也就是说经济发展所带来的强劲的劳动力需求和受过高等教育人口的高失业并存，这种现象可以归结为结构性失业。我们知道，即便在劳动参与率很高的情况下，较高的失业率也可能使一部分人力资源无法有效地得以利用。因此，降低失业率，尤其是降低结构性失业是当前挖掘劳动力供给潜力的一个重要方向。

目前来看，结构性失业主要是由两个方面的因素造成的。一方面，劳动力市场上供求信息的传递还不充分，一些新兴的行业和职业对人才，尤其是技能型人才的需求，难以很快地在劳动力供给体制（如高等教育和职业教育）中得到反映。因此，通过政府搭建劳动力供求双方的信息平台，将有助于降低这种类型的结构型失业。另外一个方面，也是更重要的方面，要改变目前高等教育供给主导型的劳动力供给体制，建立需求主导的发展模式。我们认为，建立需求导向型的教育体制有两层含义：首先，从教育投入看，相当大一部分教育投资的方向需要根据市场需求来确定；其次，教育的内容安排和教育的结构调整需要以劳动力市场信号为基础。因此，一个理想的教育发展模式应该对公共资源的使用进行合理安排、对社会资源加以合理引导，同时，教育的内部结构和内容安排具有灵活

① 可参见国家统计局农村社会经济调查司《2006 中国农村住户调查年鉴》，中国统计出版社，2006。

② 劳动力短缺最先从沿海发达地区的技工短缺开始显现，就充分说明培训对于增加劳动力有效供给的作用。

性，以适应劳动力市场和社会经济发展的需要。劳动力市场的数量信号和价格信号一起构成教育结构调整的主要依据。

劳动力市场的数量结构，主要包括就业的行业分布、地区分布、职业分布等内容，相应的，劳动力市场信号反映了行业之间、地区之间和不同职业之间对劳动力的相对稀缺性。例如，对于许多专业的大学毕业生来说，农村、基层和中西部地区的需求更为迫切。这也是一种需求导向。要使这种需求真正能够引导大学生到这些地区就业，一方面毕业生要转变观念，另一方面，通过市场竞争的方式，也可以吸纳更多的人才进入这些领域。同时，教育部门也可以在这些地区根据就业劳动力的数量关系，调整教育的规模。劳动力的行业和职业分布对于教育的结构调整是比较重要的信息。由于中国是一个正在经历经济迅速成长的发展中国家，经济结构的转变在不断发生。因此，一方面很多传统的行业和职业趋于消亡，另一方面，大量新兴的行业和职业又在不断产生。教育结构如果不能适应这种形势的变化，教育的效率就会降低。

### （四）进一步发育劳动力市场，解决就业问题

尽管劳动力市场的转折已经开始，但是从存量关系看，中国仍然是一个劳动力相对丰富、资本相对稀缺的国家，在今后扩大就业仍然是劳动力市场乃至经济发展的主要目标之一。尤其是城镇劳动力市场上失业率仍然处于一定的水平，城镇劳动参与率继续下降的局面需要通过进一步发育劳动力市场来解决。中国的劳动力市场发育有自己的独特性，很难在国际经验中照搬现有的模式，必须结合中国的国情，有条不紊地推动劳动力市场的改革和发展。具体来说，劳动力市场发育既有转型的问题，也有发展的问题；既要考虑大国的资源禀赋结构的独特性，也要考虑改革推进的时机。

其次，中国的劳动力市场发育在区域间还有很大的差异。东部沿海地区由于率先实行了改革开放战略，其劳动力市场的发育也领先于其他地区，而中西部地区则相对滞后。这种差异性既是经济发展的结果，也制约着未来的经济发展，必须审慎地予以应对。

第三，需要进一步明确劳动力市场规制的方向，完善规制的手段，在这一过程中要特别注意规制的力度和市场机制的发挥可能存在的冲突。如果二者之间的权衡关系选择不当，或者会造成劳动力市场的僵化，或者会造成劳动力市场的混乱。

# 2007年货币政策与2008年展望

李若愚*

**摘　要**：2007年金融调控紧缩力度空前，但货币供应量仍快速增长，信贷过快增长的势头并未得到有效控制。股票市场的活跃对金融运行造成较大影响，人民币出现“对外升值、对内贬值”的现象。2008年我国经济仍将维持高增长，物价上涨压力较大，流动性过剩局面持续存在，资产价格波动面临不确定性。为此，2008年仍应继续执行稳健从紧的货币政策，改善存款“负”利率状态，适度加快人民币升值步伐，加强信贷控制，坚持“有保有压”的信贷政策。

**关键词**：货币政策　金融运行　货币　利率　汇率

## 一　2007年金融调控紧缩力度空前

从货币政策措施的出台频率和力度来看，2007年金融调控的紧缩力度是空前的，尤其是对存款准备金率、存贷款基准利率的上调频率为历史罕见。

### （一）数量型调控：大力回收流动性、频推创新工具

数量型调控重点在于银行体系流动性和信贷投放。在控制银行体系流动性方面，除了采用法定存款准备金率调整和公开市场操作这些常用的数量型工具外，还推出了吸收特种存款和特种国债市场化发行等创新工具。

---

* 李若愚，金融学硕士，国家信息中心经济预测部，经济师，主要研究货币政策、金融运行与金融市场等问题。

**1. 八次上调人民币存款准备金率、一次上调外汇存款准备金率，深度“锁定”过多的流动性**

央行分别于 1 月 15 日、2 月 25 日、4 月 16 日、5 月 15 日、6 月 5 日、9 月 6 日、9 月 25 日和 10 月 25 日先后八次调高人民币存款准备金率，将人民币法定存款准备金率由 9% 提高到 13%，达到了 1987 年以来的最高水平。5 月 15 日将外汇存款准备金率由 4% 上调至 5%。这是 2004 年以来央行第三次提高外汇存款准备金率。

**2. 通过发行央行票据和正回购等公开市场操作持续回笼流动性**

1 ~9 月，累计发行央行票据 106 期，共 36320 亿元，同比增长 19.5%。为缓解央行票据集中到期投放流动性的压力，在 3 年期央行票据停发一年多以后，自 2007 年 1 月底，央行重启 3 年期央行票据的发行，与 1 年期和 3 个月期央行票据相互配合，回收银行体系多余流动性。在每周两次的票据发行中，基本上是在每周二发行一年期票据，周四发行 3 年期和 3 个月期限的票据。在央行票据发行中，采取了市场化发行与定向发行相结合的方式。2007 年以来，央行先后对部分贷款增长较快、且流动性充裕的商业银行发行 6 期定向央行票据，共 7050 亿元。

**3. 吸收部分金融机构（主要是城商行及信用联社）的资金作为特种存款来回收流动性**

央行曾在 1987 年和 1988 年两次向农村信用社和央行广东分行等机构开办各 50 亿元特种存款，均有调整信贷结构的目的。2007 年 10 月下旬，央行在时隔 20 年后重新启用特种存款，意在回收银行体系流动性。

**4. 通过特别国债市场化发行回收流动性**

2007 年 6 月下旬，经人大常委会批准，财政部拟发行特别国债 15500 亿元人民币，购买约 2000 亿美元外汇，作为组建国家外汇投资公司的资本金来源。第一批 6000 亿元特别国债 8 月 29 日由财政部向中国农业银行发行后，再由央行向农行购买，最终由央行全额持有。9 月份，财政部宣布年内向社会公开发行 2000 亿元特别国债。由于直接面向机构投资者和个人投资者公开发行，特别国债的市场化发行起到直接回收流动性的作用。

在控制信贷投放方面，央行所采取的数量型工具主要是加强对商业银行的窗口指导和信贷政策引导。年内，央行多次召开“窗口指导”会议，提示商业银行贷款过快增长可能产生的风险，引导商业银行合理控制信贷投放的规模和节奏。银监会也多次警示商业银行密切关注信贷风险。9 月 27 日，央行与银监会联合发布《关于加强商业性房地产信贷管理的通知》，对商业性房地产信贷政策进行了调整，进一步严格房地产开发贷款条件，提高了第二套（含）以上住房贷款的首付款比例和利率水平，明确提高商业用房购房贷款的最低首付款比例和利率水平等。

### （二）价格型调控：结合金融体制改革，提高利率和汇率水平

存贷款基准利率和人民币汇率是价格型调控的重点。央行在调整利率和汇率杠杆的同时，还积极推进利率市场化和汇率形成机制市场化改革。

截至 10 月底，央行先后在 3 月 18 日、5 月 19 日、7 月 20 日、8 月 22 日和 9 月 15 日五次上调存贷款基准利率。其中，8 月份为不对称加息，一年期存款基准利率上调 0.27 个百分点，贷款上调 0.18 个百分点。在其余四次加息中，一年期存贷款基准利率均上调了 0.27 个百分点。此外，8 月 15 日起，财政部将利息税率由 20% 调减到 5%。数量型工具的使用造成银行间流动性收缩，银行间市场利率也有所上行。银行间同业拆借月加权平均利率由 1 月份的 1.86% 上升到 9 月份的 3.36%；质押式债券回购月加权平均利率由 1 月份的 1.66% 上升到 9 月份的 4.03%。在推动利率市场化方面，1 月 4 日，上海银行间同业拆放利率（Shibor）正式运行，货币市场基准利率体系开始建设。

人民币汇率调控方面，结合人民币汇率形成机制改革的推进，引导人民币对美元汇率小幅升值。一是 2 月 11 日发布《个人外汇管理办法》，对个人外汇管理政策进行了调整和改进。8 月 23 日，根据《办法》公布《个人外汇管理办法实施细则》。二是 5 月 21 日，央行将银行间即期外汇市场人民币兑美元交易价日浮动幅度由千分之三扩大至千分之五。三是在银行间外汇市场推出人民币外汇货币掉期交易。四是积极扩大对外金融投资，支持商业银行代客境外理财业务投资品种从固定收益类放宽至股票类和结构性产品，允许信托公司开展 QDII 业务，首选在天津滨海新区试点个人直接对外证券投资业务。五是严格控制外债增长。国家外汇管理局 3 月份将中资银行 2007 年度短期外债指标调减为 2006 年度核定指标的 30%，非银行金融机构以及外资银行调减为 2006 年度核定指标的 60%。六是自 2006 年 11 月至 2007 年 4 月，外管局实施贸易收结汇主体分类管理政策，严打短期资本入境套利。

人民币对美元仍保持“双向波动、小幅升值”的态势。伴随国际市场美元对欧元持续走软，人民币对欧元也有所贬值。按照人民币中间价汇率计算，2007 年 1 ~9 月，人民币对美元累计升值 3.97%，对欧元贬值 3.43%。

## 二　2007 年金融运行特点

### （一）货币供应保持高增长，货币流动性不断增强

尽管年初以来数量型调控紧缩力度空前，但货币供应量增速仍快速增长。$M_2$ 同比增速始终保持在 17% 左右的较高水平，$M_1$ 增速则停留在 20% 左右的高位。9 月末，$M_2$ 余额同比增长 18.45%，增幅比上年末高 1.51 个百分点，比上年同期高 1.62 个百分点，超过年初预定的 16% 的增长目标；$M_1$ 余额同比增长 22.07%，比上年末高 4.59 个百分点，比上年同期高 6.37 个百分点。自 2006 年底 $M_1$ 增速超过 $M_2$ 增速，形成“倒剪刀差”以来，两者之间的差距持续拉大，由上年末 0.54 个百分点扩大到 2007 年 9 月末 3.62 个百分点（见图 1）。

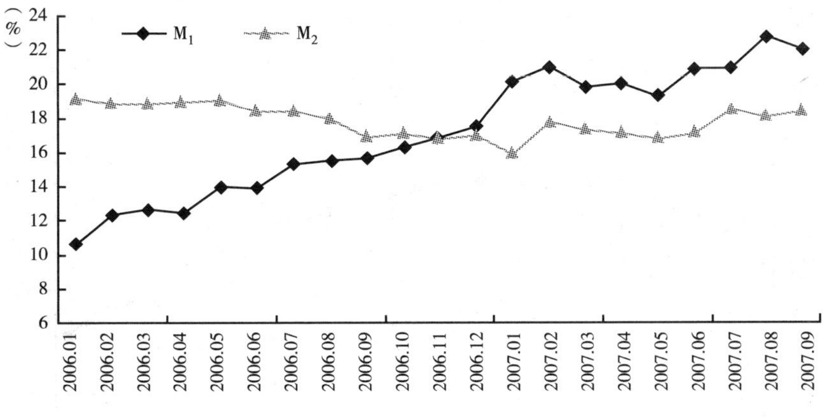


**图 1　$M_2$、$M_1$ 余额同比增速**

资料来源：人民银行网站。

货币供应量按照流动性强弱被分为 $M_1$ 和 $M_2$，其中 $M_2 = M_1 +$ 准货币。$M_1$ 包括现金和企业活期存款，主要用于充当交易媒介，准货币（储蓄存款、定期存

款）则具有价值储藏的作用。$M_1$ 持续快于 $M_2$ 增长，使得货币流动性不断提高。这一方面反映了企业产销两旺，刺激其生产和经营，使得企业即期货币需求增大，企业活期存款增长很快。另一方面则反映出股市活跃扩大了交易性货币需求，同时引发储蓄分流。股市对货币的正相关性表现在对交易媒介 $M_1$ 的需求上，而负相关则反映在股票与准货币之间的替代关系上。即股市发展增大对 $M_1$ 的需求，同时减弱对准货币的需求。随着股票市场规模扩大和交易活跃，人们将减少持有准货币，同时用于购买股票的货币量增加，从而使 $M_1$ 快于 $M_2$ 增长。

## （二）居民储蓄存款不断被分流，存款资金向企业集中

自2005年下半年开始的股权分置改革的推进引发股市走出新一轮牛市行情。在2006年持续上涨的基础上，2007年上证指数继续快速攀升。截至10月末，上证指数已突破6000点，前9月累计涨幅达107.53%。股票价格快速上涨带来丰厚的资产收益，2007年以来持续为“负”的存款利率则降低了储蓄存款的吸引力，从而促使居民减持银行存款，购买股票。伴随着股指的节节攀升，储蓄存款增速自2006年1月起持续下滑（见图2），2007年9月末，人民币储蓄存款同比增长6.87%，同比增速自2006年1月份的高点累计下降14.2个百分点，创2001

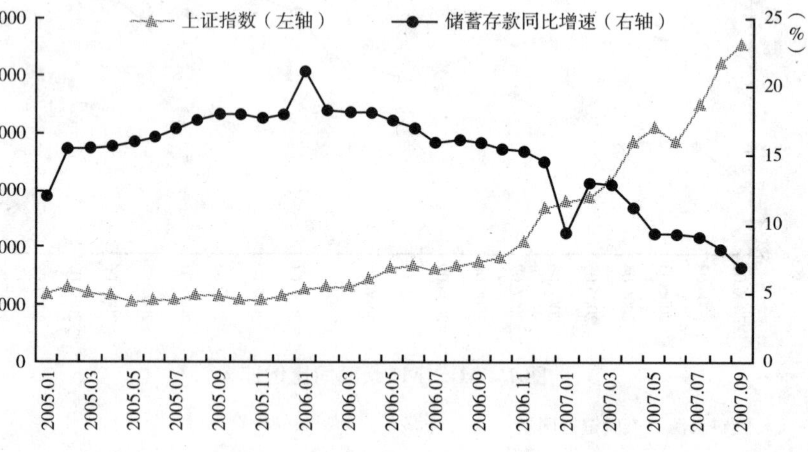


**图2　上证指数与人民币储蓄存款同比增速**

资料来源：人民银行、证监会网站。

年以来的新低。

在居民储蓄存款持续少增的同时，非金融企业的资金十分宽裕，存款资金向企业集中的势头明显。2007 年以来，企业存款同比增速不断加快，9 月末达到 24. 32%，增幅比上年末高 6. 56 个百分点，比上年同期高 9. 26 个百分点。前 9 月，新增非金融性公司存款占全部新增存款的比重为 60. 84%，居民户存款所占比重仅为 16. 04%，财政存款占 21. 68%。企业存款的快速增长首先是由于企业利润快速增长，收益良好。1 ~8 月份，全国规模以上工业企业实现利润同比增长 37%，增幅比上年同期高 7. 9 个百分点。其次，非金融企业通过出口结汇获得了大量的人民币资金。第三，2006 年下半年以来，非金融企业直接融资比例大幅提高。通过发行股票和债券，可以将居民储蓄存款转化为企业的资金。据统计，2007·年上半年企业在境内外股票市场上通过发行、增发和配股累计筹资 2497 亿元，是历史同期最高水平，同比增长 73. 2%。

## （三）贷款保持中长期化趋势，居民户贷款增长势头较猛

2007 年以来，贷款增速持续攀升，在 8、9 月份这样往年的相对淡季，依然出现同比多增较多的情况，信贷投放过快的势头并未得到控制。9 月末，人民币各项贷款余额同比增长 17. 13%，增幅比上年末高 2. 06 个百分点，比上年同期高 1. 93 个百分点。1 ~9 月份金融机构人民币各项贷款增加 3. 36 万亿元，已超过上年全年新增贷款规模，按可比口径同比多增 6073 亿元。从期限结构上看，贷款仍保持中长期化势头。中长期贷款同比增速由年初的 21. 5% 提高到 9 月末的 23. 9%，中长期贷款占全部贷款的比重也由年初的 47. 2% 上升到 9 月末的 49. 1%。

2007 年以来，“居民户”已取代“非金融性公司及其他部门贷款”成为贷款需求的主力军。分部门结构看，居民户贷款占全部贷款的比重持续上升，非金融性公司及其他部门贷款占比持续下降（见图 3）。1 ~9 月，居民户新增贷款占全部新增贷款的 31. 6%。从居民户贷款同比多增额占各项贷款同比多增额的比重看，除第一季度占比较低外，此后占比均高达 60% 以上；特别是第二季度以后该比重出现明显的持续走高趋势，前 9 个月居民户贷款同比多增额占各项贷款同比多增额的比重高达 85%。

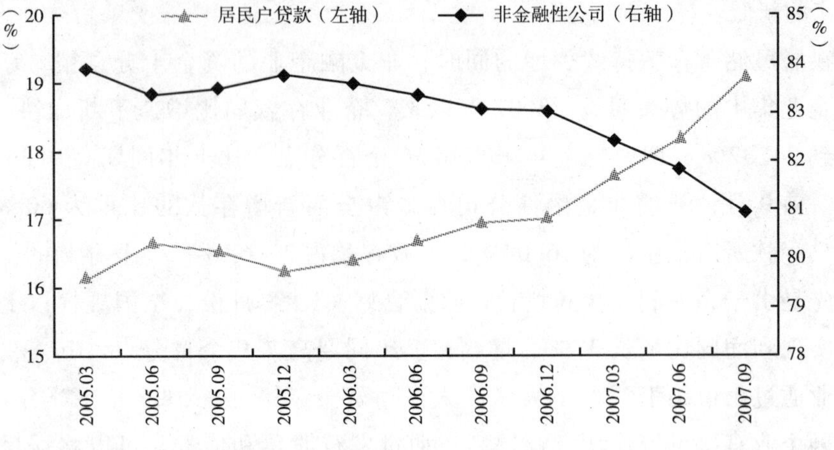


**图3　居民户、非金融性公司及其他部门贷款余额占全部贷款余额比重**

资料来源：人民银行网站。

## （四）货币市场与股票市场之间的资金联动增强

目前，证券公司、基金公司等非银行金融机构可以在银行间拆借和债券回购市场融入资金，从而在货币市场（银行间拆借、债券回购市场）与资本市场之间，建立起资金流通的渠道。证券经营机构等跨越货币市场和股票市场的资金运作，使得两个市场之间产生了较强的资金关联。

在货币市场，尤其是拆借市场上，证券公司、基金公司历来是重要的资金净融入方。2007 年以来，随着股市行情火爆，证券、基金在银行间市场融资的力度较大。证券公司及基金管理公司的拆借和回购交易量的变化与股票市场的变动呈正相关关系，货币市场利率与股票市场行情也呈现出同步关系。2006 年 1 月到 2007 年 9 月间，7 天拆借月加权平均利率与上证指数的相关系数为 0.67。除股票二级市场交易对货币市场资金面有一定影响外，一级市场的大盘股发行也对货币市场产生较为明显的影响。2007 年以来 A 股 IPO 步伐明显加快，尤其是第二季度以来，大盘股的接连发行受到市场的热烈追捧，新股申购加大了证券、基金等机构在货币市场的融资需求，造成货币市场出现阶段性资金紧张，货币市场利率一度出现大幅飙升，新股申购结束后，资金回流又促使货币市场利率回落，出现暴涨暴跌的局面（见图 4）。例如，4 月份，两只银行股（中信银行、交通银行）上市对货币市场资金形成强大的聚敛作用，7 天回购利率月中一度达到

4.827%；9 月份，建行、神华、中海油等大盘股密集发行使货币市场短期内资金面承受较大压力，7 天回购利率 9 月 25 日曾上升到 7.19% 的历史高点，并且连续半个月时间持续高于 4% 的水平。

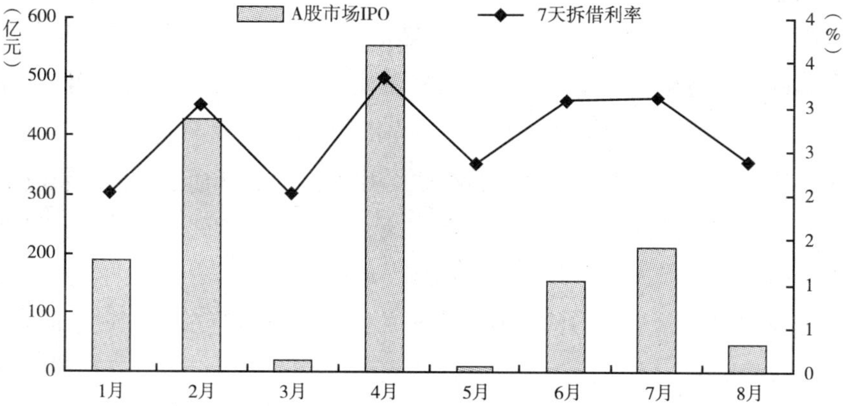


**图 4　2007 年货币市场利率与股票市场 IPO 融资额变化**

资料来源：人民银行、证监会网站。

## （五）人民币面临对外升值、对内贬值的困境

保持人民币币值稳定是我国货币政策的目标。但 2007 年以来，人民币出现看似有悖常理的“对外升值、对内贬值”的结构性差异。理论上看，一国货币对内价值与对外价值应该是一致的。因为一国货币对内价值就是该国货币的对内购买力。按照购买力平价（PPP）理论，一国货币所表示的外币价格，应由两国货币各在其本国的购买力之间的比较来决定。当人民币对内贬值时，人民币对内购买力下降，人民币对外币也应走贬。另一方面，按照经济理论，人民币对外升值时，可以降低进口商品的国内价格和提高出口商品的国外价格，而出口商品价格的提高将对出口形成一定的抑制作用，从而导致国内产出和就业的减少，总产出和总需求同步减少，从而降低国内物价水平。

2007 年以来，按照国际清算银行测算的人民币实际有效汇率计算，前 9 月人民币实际有效汇率累计升值 6.19%。与此同时，国内物价总体水平持续上涨，1～9 月份 CPI 累计上涨 4.1%，高于上年同期 2.8 个百分点。此外，资产价格膨胀仍在持续，股票、住房等资产价格高位攀升。全国 70 个大中城市房屋销售价格同比涨幅由1月份的5.6%持续攀升至9月份的8.9%。通货膨胀与资产价格膨胀让人们明显感到人民币在国内的购买力下降。人民币对外呈坚挺升值态势的同时，对内却呈疲软的贬值走势。

产生这一特殊现象的原因主要有以下三个方面。首先，美元的持续走软给人民币不断带来升值压力。而在国际大宗商品（原油、有色金属、粮食等）仍主要以美元标价的背景下，美元的持续走软将使得以美元标价的国际能源、原材料价格不断上涨。当人民币升值步伐落后于国际能源、原材料价格的上涨幅度时，以人民币标价的进口能源、原材料价格也会出现上涨。从而造成国际市场大宗商品价格走高，传导到国内相关商品，形成成本推动型通货膨胀。其次，尽管人民币出现小幅升值，但人民币升值预期不减反增。在人民币升值预期不断加大的影响下，国际"热钱"也不断涌入我国淘金。国际游资本身就具有很强的投机性，进入我国投机套利，不会仅满足于兑换成人民币存入国内银行来获取稳定但有限的收益，而是选择进入具有极大投机潜力的股市和房市，以获取高额利润。外部投机性资金成为推升我国资产价格的重要力量。最后，造成人民币内外币值走势不一致的根源在于我国国际收支失衡，即巨额"双顺差"。在现行结售汇制度下，巨额"双顺差"不断转化成外汇储备，并形成大量外汇占款投放，从而带来流动性过剩的压力。流动性过剩为国内资产价格上涨和通货膨胀提供了资金基础。9月末，国家外汇储备余额同比增长45.11%，增幅比上年同期高16.64个百分点（见图5）。1~9月，国家外汇储备累计增加3673亿美元，同比多增

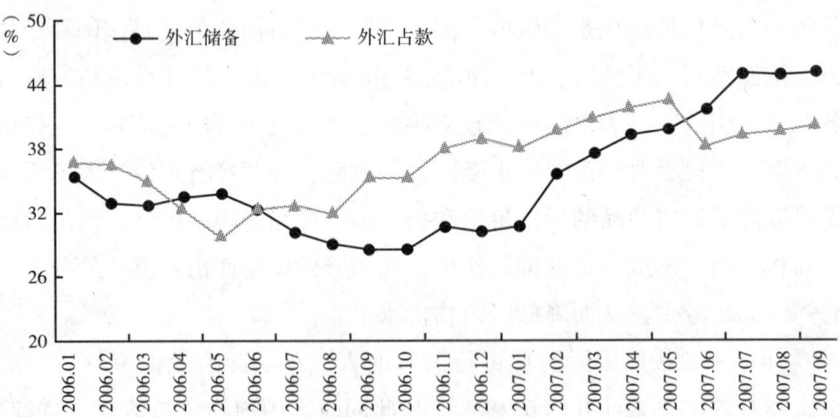


**图5　外汇储备与外汇占款余额同比增速**

资料来源：人民银行网站。

1983 亿美元。外汇储备的迅速增长意味着通过外汇占款渠道投放的货币大量增加。9 月末，外汇占款余额同比增长 40.22%，比上年同期高 4.98 个百分点。

## 三　2008 年货币政策执行环境与面临的挑战

### （一）实体经济"高增长、低通胀"态势将略有改变

2001 年经济增长进入新一轮上升期以来，GDP 已连续 7 年实现加快增长（见图 6），同期，总体物价水平上涨幅度较为温和，只有在 2004 年和 2007 年，食品价格的突然上涨推动 CPI 走高，但总体涨幅不足 5%，并未超过温和通胀的上限①。总体来看，这几年经济运行一直保持"高增长、低通胀"的态势。我们认为，2008 年"高增长、低通胀"的态势将略有改变。

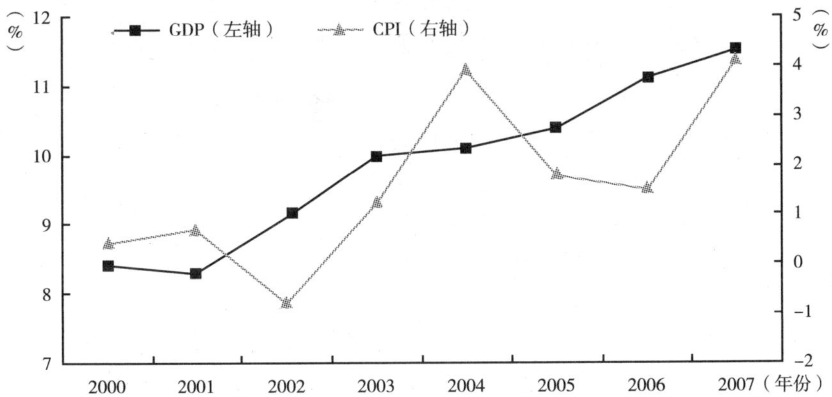


**图 6　GDP 与 CPI 各年同比增幅**

注：图中 2007 年数字为前三季度数。
资料来源：国家统计局网站。

2008 年经济仍将维持高增长，但 GDP 增速将呈现高位趋稳、小幅回落态势。首先，我国经济增长阶段性特征并没有发生改变，我国仍处于消费结构和产业结

---

① 按照发达国家的经验，不超过 3% 的物价上涨属于温和性通胀。国内研究普遍认为，中国的温和性通胀上限应高于发达国家。通过观察近 20 余年以来的 CPI 数据，我们认为 5% 是我国温和通胀的上限。

构加快升级带动经济快速发展阶段。受政府换届效应及奥运景气达到顶点等因素的作用，2008 年投资和消费仍将保持快速增长。其次，受国内出口政策调整及世界经济增长可能放慢的影响，2008 年出口增长将有所放缓。为了控制过快增长的出口，2007 年我国外贸政策调整力度之大、频次之多均超过前几年。预计外贸政策调整效应将持续到 2008 年。2007 年第四季度以来，随着美国次级贷危机的继续蔓延，美国面临经济衰退的危险。欧元区经济景气度也在下降，日本经济 2007 年二季度再现衰退，世界经济增长放缓不利于我国出口。

2008 年 CPI 涨幅将较 2007 年略有回落，但通货膨胀压力将持续存在。2008 年物价上涨压力主要来自以下方面：首先，国家将不断完善资源性产品有效利用和环境保护的价格机制，理顺土地、石油、天然气、煤炭、电力、淡水等资源性产品价格，这会增加其下游产品的生产成本，抬高部分生产资料产品的价格。其次，劳动力工资上涨加大物价上涨压力。“调高、扩中、保低”的收入分配政策说明，对于中低收入群体而言，增加其收入将是未来政府的重要工作方向。增加这部分人的收入，意味着大部分工业企业和第三产业企业将会增加工资支出。而工资支出的增加最终必定会传导到产品价格上。再次，2008 年美元可能会持续走软，以美元标价的国际油价、粮价、有色金属价格还会在高位波动，甚至上涨。受国际传导影响，国内相关商品价格也将维持高位，成本推动型通胀压力仍然存在。

### （二）资产价格将高位震荡，未来变数较大

理论上讲，由于影响资产价格的因素不仅繁杂而且极其不稳定，货币政策跟踪资产价格容易发生明显的调控偏离。而且从实体经济和虚拟经济的二分法角度看，货币政策的最终目标是实体经济的增长和物价稳定，虚拟经济的波动和资产价格膨胀不属于货币政策的调控范围。因此，无论是理论上还是调控实践，央行都没有必要对资产价格波动做出直接反应。不过，货币政策专注于包括 GDP、CPI 以及投资增长等实体经济指标是基于虚拟经济对实体经济没有直接影响的前提。如果虚拟经济对实体经济有较大影响，那么货币政策过度拘泥于 GDP、CPI 等实体宏观指标而对虚拟经济下的资产价格给予忽视就很容易纵容经济内部存在的风险①。

① 刘晓忠：《货币政策应否关注资产价格》，2007 年 7 月 2 日《中国证券报》。

2007 年以来，随着资产价格持续快速攀升，虚拟经济对实体经济的影响开始加大。主要体现在两方面：一是资产价格的过快上涨对物价形势产生一定的影响。一方面，股票和房地产等资产价格的上涨会通过财富效应来促使居民增加消费支出，从而影响到即期的消费物价水平；另一方面，迅速增长的资产价格将使得人们预期未来的商品与服务的价格也会上涨，从而加剧人们对未来的通货膨胀预期。二是资产价格的过快上涨带来的金融不稳定因素在加大，金融风险在上升。

我国房价和股价自 2005 年以来出现加速上涨，累计涨幅已相当可观。资产价格在连续快速增长两年后，2008 年可能出现高位震荡。如果 2008 年资产价格高位继续攀升，则资产价格过快上涨带来的经济和金融风险将进一步增加；如果资产价格出现“拐点”，呈现高位回落，则资产价格泡沫的破裂可能给实体经济和虚拟经济带来较大的冲击。

### （三）企业与居民信心增强，贷款内生性增长力量较强

2007 年以来，在央行与银监会不断提示贷款风险，要求商业银行控制信贷投放的背景下，信贷投放仍然过多，信贷政策面临失效的尴尬境地。为什么商业银行不再听话了呢？需要看到，2003 年底启动的以制度变革为主线的国有商业银行改革在经过 4 年时间后，工、中、建三大国有独资商业银行通过注资、财务重组、股份制改造和上市等步骤，已经顺利完成任务，而交通、华夏、中信、兴业等股份制银行和北京银行、宁波银行、南京银行等部分地方性商业银行也已在 2007 年完成改革上市任务。商业银行改革上市的结果是资产质量普遍大幅提高，放贷能力显著增强，企业化运作成为常态，利益最大化的取向更加明显。商业银行经营机制的变化使其由“听令于政府、听令于央行”转为“听令于市场”，因此，当企业和居民贷款需求旺盛之时，商业银行必将积极放贷。也就是说贷款内生性增长的力量在推动贷款增长。据中国人民银行和国家统计局共同完成的全国银行家问卷调查显示，2006 年以来，随着经济景气度的提升，贷款需求景气指数不断攀升，企业和居民贷款需求持续旺盛。贷款需求景气指数由 2005 年第四季度的 64.1 提高到 2007 年第三季度的 69.4，创下调查以来的最高水平。

在存贷利差收入仍然是商业银行主要收入来源的情况下，越来越多的商业银

行完成改制和上市，银行贷款扩张的动力和意愿仍较强。而经济的强劲、持续、高速增长给广大企业和居民带来了良好的收入增长预期，企业家与消费者信心在不断增强。国家统计局调查显示，2007 年第三季度消费者信心指数为 97，是近三年来的最高水平。第三季度全国企业家信心指数为 143，继续处于景气高位。预计企业和居民的乐观情绪将持续到 2008 年，贷款需求仍将保持旺盛势头。

## （四）流动性过剩局面将持续存在

自 2003 年以来，我国持续面临流动性过剩的压力。特别是 2005 年人民币汇率形成机制改革之后，流动性过剩的矛盾愈加突出。

流动性过剩局面的根源在于我国经济对内与对外失衡。正是由于我国“高储蓄、低消费”造成了大规模贸易顺差，也正是由于我国国际收支“双顺差”导致的外汇储备快速增长及由此引发的外汇占款大量投放造成流动性过剩压力。流动性过剩也是我国在对外开放深入、金融体制改革深化的进程中所遇到的阶段性问题。我国国际收支“双顺差”引发外汇储备剧增的问题是在 2001 年我国加入 WTO 后变得日渐严峻起来的。也就是说我国经济和金融对外开放的深化是推动贸易顺差规模扩张和促使国际短期资本进入的重要基础。此外，随着金融改革推进和金融市场结构深化，商业银行信用创造能力增强带来的内生性货币信贷增长也是造成当前流动性过剩的一个重要原因。2005 年以来流动性过剩压力的加大与近两年人民币升值引发外国短期资金流入我国和国内资产价格重估；美元持续走软（见图 7）加

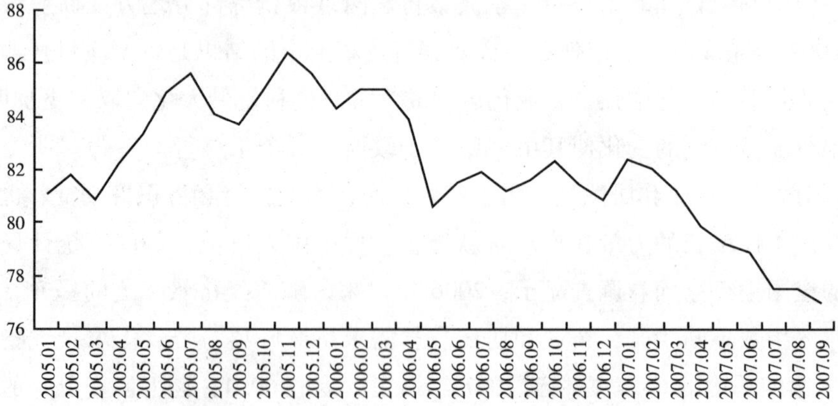


**图 7　2005 年 1 月 ~ 2007 年 9 月美元指数**

资料来源：美联储网站。

大全球流动性过剩，引发国际市场资产和商品价格重估有密切联系。总体来看，以上引发和加大流动性过剩压力的因素在2008年将持续存在，流动性过剩局面将延续。

## 四 2008年货币政策展望

### （一）继续执行稳健从紧的货币政策

从支持经济增长和防范金融风险的角度出发，2008年货币政策应继续坚持“稳健”的特性。“稳健”的含义在于“既要支持经济平稳较快增长，又要防止通货膨胀和防范金融风险”。在货币政策执行上，要保持前瞻性和主动性，注重预调和微调，调控重点从之前的供给调控转向需求调控。据测算，当2008年GDP同比增速为11%、CPI同比增幅在4%时，考虑到$M_2$流通速度的因素，2008年$M_2$同比增速在16%左右相宜，据此进一步推算人民币新增贷款全年为3万亿元左右。

### （二）在利率调控上，要从国内经济运行需要出发，不能囿于中美利差的限制

按照2008年CPI涨幅为4%计算，如果保持目前的一年期存款利率3.87%的水平，在扣除5%的利息税后，一年期存款实际利率仍为负利率。为避免负利率对经济金融的稳定运行产生负面影响，利率仍有上调的必要。如果存款利率恢复到正值并逼向均衡利率，货币政策应能起到稳定通胀预期、控制资产泡沫的效用。

很多人认为，加息政策使用的空间主要来自于外部限制。美联储目前已经开始降息，如果中国持续加息的话，中美利差将缩小，或将进一步吸引国际短期资本流入我国，并加剧国内流动性过剩的压力。但就目前形势而言，具有很强的投机性的国际游资，进入我国投机套利，主要是选择进入具有极大投机潜力的股市、房市。因此，中美利差对国际短期资本的影响已基本失去意义。在利率调控上，要从国内经济运行需要出发，不能囿于中美利差的限制。如果国内通货膨胀压力加大，资产价格泡沫仍在持续扩张，应选择自主加息，来消除负利率，使利

率水平不断趋近均衡利率。为防止贷款利率过高对实体经济增长产生冲击，可选择不对称加息，即暂时维持贷款利率不动，仅提高存款基准利率，实现存款实际基准利率由“负”转“正”。不对称加息还有助于缩小存贷款利息差，减弱商业银行利润对利差和贷款规模的依赖，从而有效地抑制商业银行过强的贷款扩张冲动。

## （三）适度加快人民币升值步伐

就实体经济的需要来看，持续稳定的经济发展，包括对外经济和内部结构调整等发展变迁，所要求的往往是长期的和循序渐进的汇率波动。就虚拟经济、资产价格波动的需要看，保持人民币汇率“双向波动、小幅升值”的态势有助于缓解人民币升值预期。而人民币汇率的过快升值会激发国际游资的剧烈变动，对缓解人民币升值预期和防范金融风险而言均不利。总之，从经济和金融平稳运行的需要出发，人民币汇率应保持小幅升值的态势，切忌升值过急、过快。

2008 年在保持人民币小幅升值的前提下，可通过增强人民币汇率弹性、扩大人民币对美元汇率波动区间等方式来适度加快人民币升值步伐。另外，目前人民币升值主要体现在对美元的汇率变化上，由于国际市场上欧元对美元走强，人民币对欧元反而是贬值的。因此，在引导人民币小幅升值的问题上，不仅要实现人民币对美元的小幅升值，更要引导人民币有效汇率实现小幅升值。

## （四）信贷政策仍要坚持“有保有压”，不断优化信贷结构

信贷政策仍要坚持“有保有压”，具体而言：要引导商业银行区别对待不同地区、行业及企业的贷款需求，保证“有市场、有效益”的企业合理正常的资金需求，继续加大对自主创新、节能环保企业的贷款支持力度，严格限制对高能耗、高污染企业和产能过剩行业中劣质企业的贷款；加强对基建等中长期贷款的控制力度；在不断健全个人征信体系的基础上，鼓励和支持扩大消费信贷，支持合理住房消费，加大对普通商品住宅和经济适用房的信贷支持力度；加强对“三农”、非公经济、欠发达地区、中小企业、助学和就业等经济社会发展薄弱环节的信贷支持。

### （五）运用“组合拳”合理调控银行体系的流动性

尽管人民币法定存款准备金率已提高到 13%，但面对流动性过剩持续存在的局面，存款准备金率仍有继续上调的空间。除提高存款准备金率锁定流动性外，定向和市场化发行央行票据、运用特别国债进行正回购等公开市场操作仍是控制流动性的常规工具。此外，还可以采取特别国债市场化发行、特别存款、货币掉期等手段。

### （六）货币政策应重视资产价格泡沫的变化，针对资产价格波动进行相机控制

美联储连续十七次加息最终引发美国房地产价格大幅下降，并引致次级债和房贷危机，在危机爆发后，美联储为防止金融市场危机对总体经济造成负面影响，于 2007 年 9 月 18 日又采取降息 0.5 个百分点的措施。美联储的操作说明货币政策在应对资产价格的波动方面应采取相机控制的措施。在资产泡沫持续膨胀时，收缩货币供应，提高利率，防止出现过高的资产泡沫。在资产泡沫形成后，不能以收紧银根的方式来捅破资产泡沫。在资产泡沫破裂后，要采取宽松的货币政策，以保证金融稳定，为资产泡沫破裂后问题的解决提供资金条件。

### （七）抓住机遇，扩大股票、债券的有效供应，积极发展直接融资

一是加快大盘蓝筹股的发行；二是促进多层次资本市场发展，积极培育中小企业上市资源，抓紧时间推出创业板市场；三是切实加快公司债市场的发展，理顺当前债券市场多头管理，法律法规混乱的局面；四是大力推动资产证券化产品发展，在试点基础上进一步推广 MBS 和 ABS 等品种。

### （八）加强货币政策与财政政策、产业政策的协调和配合

产业政策和信贷政策要适时、适度进行调整，形成动态协调配合机制，更好地发挥综合调控作用。与货币政策相比，财政政策在解决结构失衡方面有其独特的优势。在 20 世纪 90 年代后期开始的通货紧缩中，积极的财政政策在刺激内需上发挥了积极的作用，但在近一轮的宏观调控中，财政政策实际操作中存在稳健

不足、实际偏松的现象，应该真正回到稳健的轨道上来，与货币政策形成紧缩合力。

**参考文献**

中国人民银行货币政策分析小组：《二〇〇七年第一季度中国货币政策执行报告》，2007年5月10日人民银行网站。

中国人民银行货币政策分析小组：《二〇〇七年第二季度中国货币政策执行报告》2007年8月8日人民银行网站。

夏斌：《关于当前人民币汇率调整策略的思考》，《中国金融》2007年第15期。

张曙光、张弛：《经济增长迅速　运行风险加大——三季度宏观经济分析》，2007年10月29日《中国证券报》。

王小广：《明年经济增长接近周期性繁荣顶部区域》，2007年10月23日《中国证券报》。

# 2008年股票市场运行展望

徐平生*

**摘　要：**2008年，我国A股上市公司业绩增长将趋稳和，上市公司业绩的持续温和增长前景将对市场形成支撑，而处于高位的市场估值水平、巨额的市场资金需求、基金持股比重进一步提高和持股进一步集中可能产生基金流动性风险等因素将制约市场行情的发展，市场行情可能在复杂激烈博弈中呈现宽幅震荡的特点，较大的整体性市场机会将难以再现。

**关键词：**上市公司　业绩　市盈率　资金

## 一　上市公司业绩的持续温和增长前景为市场提供支撑

2007年，在我国经济增长速度进一步提高、货币流动性日益泛滥背景下，在资产（包括股票、房地产和能源原材料）价格大幅上涨、会计准则变更等因素的综合作用下，我国A股上市公司出现远超原先预期的高速增长。数据显示，2007年第一季度，具有可比数据的1364家上市公司加权每股收益从上年同期的0.055元上升到0.098元，同比增加78.1%，第一季度较上年第四季度环比增长42.0%；2007年上半年，1503家公司创造净利润3262亿元，可比公司完成3232亿元，同比增长69.87%；2007年前三季度，上市公司共实现净利润5655.87亿元，有可比数据公司同比增长高达66.93%，已远远超过上年全年所有上市公司完成净利润的总额。

2007年前三季度上市公司实现盈利及其增长数据有以下几点值得重视。

---

* 徐平生，金融学硕士，国家信息中心经济预测部财金处经济师，主要研究金融市场、经济景气监测预警。

首先，我国上市公司业绩增长出色，全年业绩高速增长已无疑问。这无疑是我国A股市场2007年前三季度强劲上行的重要推动力量。

其次，我国上市公司业绩高速增长势头将难以持续。2007年三季报数据显示，1519家披露三季报上市公司剔除新上市公司后，样本公司2007年第三季度、第二季度、第一季度的单季度净利润总额分别为1727.66亿元、1753.31亿元、1397.95亿元；第三季度净利润环比增长-1.46%，第二季度净利润环比增长25.42%。可以看出，A股上市公司2007年单季实现净利润环比增速呈大幅递减态势，且第三季度单季度盈利已经较第二季度略有下滑。具体到上市公司，2007年第三季度净利润环比增长的公司家数为561家、净利润环比减少的公司家数则高达913家。

2007年上市公司单季净利润环比增速大幅递减的根本原因在于，2007年A股上市公司利润增长的主要来源并不是公司主营业务，而是非经常性损益（包括投资收益、营业外收入增加）、新会计准则实施等非常规性增长。其中，来自于股市大幅上涨带来的投资收益贡献了相当部分。数据显示，2007年前三季度，A股上市公司投资收益达1700亿元左右，来自于股市的投资收益在1100亿元以上，占全部净利润的比重在20%以上，贡献了全部上市公司同比业绩增长额的50%以上。最为典型的就是，受益于股市大幅上涨，前三季度中国人寿和中国平安两家上市保险公司投资收益分别达541亿元、461亿元，其中绝大部分都来自于股市投资收益。

另外，招商银行等银行股业绩大幅攀升的一个重要原因就是2007年起其员工工薪支出可以全额作为税前费用列支，而不是按照以前的以计税工资为限列支。由于金融企业员工高收入的特点，此项税收优惠贡献了银行利润增长的相当部分。

但是，2008年，造成2007年A股上市公司业绩大幅增长的主要因素的正面效应正在消失，甚至会发生反作用。首先，2007年第二季度开始，新会计准则实施的影响已逐渐淡化。其次，资产价格涨势将大大放缓，甚至不排除出现下降的可能。例如，2007年10月份以来，A股市场整体估值已经处于高位，可能出现了一定程度的高估，即使考虑到中国经济高速增长的成长溢价，2008年A股市场也将难以再度大幅上升，产生2007年前三季度的巨大涨幅将是难以想象的。因此，2008年A股上市公司继续在股票市场取得2007年同样的投资收益是极为困难的。

当然，2008 年上市公司业绩增长也面临难得的制度性机遇，就是新《企业所得税法》将正式实施，内资企业所得税率将从 33% 降至 25% 。在其他条件不变的前提下，A 股上市公司业绩即可实现 12% 左右的增长。

综合考虑各种因素，2008 年我国上市公司全年整体业绩增长可能在 25% 左右，相对 2007 年可能高达 60% 左右的高速增长，当属温和增长。但是，良好的宏观经济发展背景下，我国上市公司业绩将长期持续增长，从而对股市形成支撑。

## 二　高企的估值水平是行情继续向上发展的重大障碍

2006 年以来，随着 A 股市场连续两年（2007 年为前三季度）年涨幅高达一倍以上的持续大幅上扬，我国 A 股市场整体估值水平出现大幅上升，无论从 A 股历史比较看，还是从国际比较看，当前高企的市场估值水平已成为 A 股市场行情继续向上拓展的重大障碍。

**1. 我国 A 股上市公司整体静态市盈率水平已处历史高位**

2007 年 9 月底，上海证券交易所 A 股加权平均静态市盈率达 63. 74 倍，深圳证券交易所 A 股加权平均静态市盈率达 75. 54 倍，沪深两市所有 A 股加权平均静态市盈率达 70. 59 倍。

这意味着，2007 年 9 月底我国 A 股市场整体静态市盈率水平已是 A 股市场建立以来的最高水平。

从全球主要股票市场的国际比较看，美国、英国、香港、韩国等市场的静态市盈率大约在 10 ~20 倍的区间内波动，日本和印度市场的总体市盈率大多时间在 20 ~25 倍的区间内波动，一般极少能达到 40 倍的高水平；日本股市 1989 年底泡沫破灭时，其静态市盈率达到历史最高，也仅为 70. 6 倍，和 2007 年三季度末 A 股市场的整体静态市盈率相当。因此，2007 年 9 月底我国 A 股市场的整体静态市盈率水平要大幅度高于全球主要市场。

**2. 动态市盈率虽大幅下降，但仍属高水平**

考虑到 2007 年我国 A 股上市公司业绩大幅增长的现状，按照最新业绩计算的动态市盈率水平会大幅下降，但是计算后的动态市盈率水平同样处于历史高位。

我们假设2007年A股上市公司全年业绩增长率和上半年业绩增长率相同，按照2007年上半年沪市可比公司净利润增长69.2%、深市主板上市公司业绩增长78.91%、沪深两市A股可比上市公司净利润增长69.87%进行计算，2007年9月底，沪市A股上市公司整体平均动态市盈率为37.67倍，深市A股上市公司整体平均动态市盈率为42.22倍，沪深两市A股上市公司整体平均动态市盈率为41.56倍。

从我国股市历史看，有不少年份的最高动态市盈率水平曾超过这一水平，如2001年6月股市见顶时，由于当时股价大幅上升达到上轮股市周期顶点而2001年上半年上市公司业绩却出现大幅下降，按当年半年报业绩计算的动态市盈率曾高达100倍。这么看来，好像2007年9月底A股市场整体动态市盈率距离历史高位尚有距离，应该不成问题。但是，我们必须意识到，A股市场仅仅一些年份中的最高动态市盈率水平高于2007年9月底的动态市盈率水平，2001年最高动态市盈率的高企主要在于股价达到周期高点而上市公司业绩却大幅下降；并且，2007年9月底动态市盈率水平所蕴含的A股上市公司2007年高达70%的业绩增长率能不能在下半年实现还具有很大的不确定性。我们假定2007年全年A股上市公司能够实现70%左右的业绩增长，并假设2008年能够实现25%的业绩增长，那么现在的价格水平按2008年的业绩计算的动态市盈率也将在30倍以上，不可谓不高。

因此，现阶段过高的静态市盈率和动态市盈率水平将对市场行情发展施加相当的压力，成为市场行情继续拓展的重大障碍。一旦上市公司业绩增长低于预期，很可能将直接诱发市场向下调整。

## 三　趋紧的市场资金难以支撑市场行情持续发展

短期来看，资金是推动股价上行的直接动力，市场行情的持续发展需要越来越多的资金的支持。但是，2007年9月以来，具有较强交投欲望的资金的逐渐枯竭已成为A股市场行情继续向上发展的根本障碍。

**1. 高企的交易成本是A股市场的难以承受之重**

市场行情的持续发展离不开活跃的市场交易。但是，印花税提高0.2个百分点的政策大幅提高了市场交易成本，大量资金正通过印花税、交易经纪费用等方式源源不断的流出市场。

考虑到单边 0.3% 的印花税、平均 0.2% 的交易经纪费用，一次市场交易的总成本高达成交额的 1%，那么按照沪深两市日均 2000 亿成交额计算，每日产生的交易成本即高达 20 亿元，一个月的交易成本将达 420 亿元，一年将高达 5000 亿元。

数据显示，在 5 月 30 日起证券交易印花税税率上调政策和市场交易量放大的共同作用下，2007 年前三季度我国证券交易印花税达 1436 亿元，其中主要发生在印花税税率调整后的 4 个月；前三季度，沪深两市总成交额分别达 25 万亿元和 13 万亿元，投资者经纪费用高达 1500 亿元左右。两项合计，总交易成本接近 3000 亿元。第四季度，市场的总交易成本仍将在 1200 亿元以上。2008 年，如果 A 股市场在 2007 年 9 月底的基础上再有较大而持续的上升，那么高达 8 万亿元以上的流通市值规模至少需要每日平均 2000 亿元以上的交易规模，每日的印花税、股票经纪佣金费用至少在 20 亿元以上，全年将在 5000 亿元以上。

每日 20 亿元左右的交易成本看似很少，但日积月累，其总额将是可怕的。随着时间的推移，居高不下的交易成本对市场的负面作用将日益显现，并将成为行情发展的重大障碍。

**2. 市场融资膨胀将吸收巨额资金**

2007 年以来，特别是 2007 年第三季度以来，A 股市场融资规模急剧膨胀，成为市场资金的吞噬器。数据显示，2007 年前三季度，随着中国平安、建设银行、中国神华等大盘蓝筹相继回归 A 股市场发行股票，进行巨额融资，A 股市场 IPO 融资总额高达 2983.27 亿元，仅比 2002～2006 年五年新股融资总额低 58 亿元；104 家公司进行了定向增发或公开增发，剔除定向增发中资产、股权的部分后，增发融资总额达 1267.09 亿元，比 2002～2006 年五年的增发融资总额还多 69.54 亿元。前三季度，IPO、增发（不含实物资产）合计融资达 4250.36 亿元，再加上配股和可转换债券融资 200 多亿元，A 股市场总融资额高达 4500 亿元，其中第三季度即高达 2500 亿元以上。第四季度，随着中国石油等大盘股的发行，A 股市场融资额估计将达 2000 亿元。全年 A 股市场融资所吸纳的资金将高达 6500 亿元左右。

中外股票市场发展实践表明，随着市场行情的持续发展，市场融资热情将越来越高，市场融资规模将越来越大。2008 年，A 股市场融资总规模将和 2007 年不相上下。首先，A股市场新股首发仍将保持较高频率，融资总规模可能较2007年有所下降，但降幅将不大。其次，市场再融资将进一步提速，融资规模将进一步提高。随着上市公司业绩的持续增长，越来越多的上市公司将满足再融资的条件，而越来越高的股价将大大刺激上市公司的再融资欲望，并为上市公司提高融资规模提供极大的便利条件。

**3. 对外证券投资加速放行将分流巨额资金**

2007年以来，面对快速增长的外汇储备带来的国内流动性日益泛滥的巨大挑战，管理层正加速制定境内居民投资境外证券市场的政策措施。其中，QDII和港股直通车影响巨大，将极大地分流A股市场资金。

（1）QDII规模急剧扩大。2007年9月份以来，随着基金QDII的正式成行，QDII规模正迅速膨胀，正在分流A股市场的巨额资金。截至2007年10月中旬，短短一个多月内，南方、华夏、嘉实、上投摩根、海富通、华宝兴业、长盛和工银瑞信等8家基金管理公司相继获得QDII资格，南方、华夏、嘉实、上投摩根相继共获得总额190亿美元的投资额度，四家公司的首只QDII基金不到一个月内相继闪电成立，首发募集份额分别高达299.98亿份、300.56亿份、297.50亿份和300亿份，分流资金高达1200亿元。并且，另外四家公司的QDII产品正在积极准备，蓄势待发，将在短期内吸收资金达1000多亿元。2008年，随着其他基金QDII产品的继续问世和保险公司、证券公司等的QDII陆续成行，QDII规模必将进一步膨胀，很可能再吸收超过3000亿元以上的境内资金。

（2）港股直通车将分流相当资金。2007年底2008年初，港股直通车将正式成行，市场预期初期投资总规模将在300亿美元至500亿美元，将分流A股市场资金达人民币3000亿元左右。

**4. 解禁限售流通股减持将产生巨大潜在资金需求**

2006年4月以来，第一批限售流通股开始解禁；2007年4月以来，第二批限售流通股开始解禁；2008年4月开始，最后一批限售流通股将陆续解禁，截至2008年底绝大多数A股都将可流通，可以随时减持。

2007年9月以来，随着A股股价的节节攀升，A股市场市盈率已经攀升历史高位，解禁限售流通股的减持愿望越来越强，减持动作越来越快。从公开的大非减持公告来看，2007年第三季度有71家次，其中，7月份只有7家大非减持，8月份开始上市公司大股东和实际控制人的减持行为进入高峰，9月份大非减持公告达 35 家次，创下单月大非减持家数新高。

2008 年，如果市场行情进一步向上发展，必将诱发更大规模、更加猛烈的减持风潮，直接抽走巨额市场资金。可以说，解禁限售流通股的可能减持行为将是 2008 年市场整体行情拓展的最大障碍。

**5. 投资者获取巨额收益逐步退出市场将带走巨额资金**

2006 年以来的持续牛市使广大投资者获得了不菲的账面收益，而随着 A 股市场整体估值水平逐步攀升历史高位，一批接一批的投资者正相继退出市场，而这部分逐步退出的投资者恰恰是那些经过多年股市历练、相对成熟的投资者，也正是他们经过多年熊市的考验后收获了此轮牛市行情最丰硕的成果。2008 年，如果 A 股市场继续向上大幅拓展，将进一步加大、坚定投资者的退出力度，从而将可能带走高达数万亿计的市场资金。

上述五类主要的现实和潜在的资金流出和分流将对市场施加无以复加的压力。其中，前三类较为明确的市场资金消耗和分流基本上从 2007 年 8 月后开始发生，因而在短短两个月左右的时间内，其效应尚不显著，并未有对 A 股市场产生明显的不利影响的迹象。但是，随着时间的推移，其不利影响将会逐步显现出来，对市场形成严峻考验。而后面两项潜在资金流出将在相当程度上制约 2008 年市场行情向上拓展的空间，即使可能短期内会出现整体性较大涨幅，那也将是昙花一现，难以持久。

## 四　基金流动性风险是市场重大隐忧

数据显示，截至 2007 年第三季度末，公布季报的 334 只基金持有的 A 股股票市值已达 2.32 万亿元，持股市值首次突破 2 万亿元大关，占 A 股流通总市值的比重达 28%，为历史上的最高水平。投资基金越来越成为我国 A 股市场具有决定性的力量。

但是，当前的基金投资特点也可能产生重大问题，集中体现在基金的流动性可能面临严峻考验，一旦出现严重问题将会是市场最具破坏性的力量。

**1. 投资基金持股市值占流通股的比重持续提高**

数据显示，2007 年前三季度，投资基金持股市值处于前所未有的高速增长状态，其中第一季度基金持股市值环比上升 56%，第二季度环比上升 72%，第三季度环比上升80%，呈现逐季加速状态。经过前三季度的高速增长，基金持股市值相比年初上升了3.83倍，基金持有流通股的比例从20.44%直线上升到28.02%。基金已经成为证券市场最大且具有支配性影响力的机构群体。

**2. 基金的股票仓位持续上升**

天相统计数据显示，第三季度末，股票型开放式基金平均股票仓位达83.87%，较第二季度末上升3.09个百分点；混合型开放式基金平均股票仓位为75.89%，比第二季度上升0.27个百分点；封闭式基金股票仓位为76.51%，比第二季度末的75.45%提高1.06个百分点。

**3. 基金持股进一步集中**

随着基金规模的迅速膨胀，A股市场基金持股越来越向大市值股票集中，众多基金一致行为的结果就是我国基金持股日趋集中。2007年基金中报信息显示，基金持有的前50大市值股票总市值达6353亿元，占据了基金持股总市值的近一半；前100大市值股票持股总市值达8228亿元，占据了基金持股总市值的64%；2007年中期已经有44只股票的50%以上非限售流通市值被基金持有，另有17只股票有45%到50%的非限售流通市值被基金持有。基金三季报和二季报的对比统计信息显示，绝大多数重仓股的基金持有比例没有下降，大市值股票持有比例明显上升，并出现持股行业日趋集中的势头。数据显示，以银行、保险、证券为代表的金融保险业受到极大的关注，2007年第三季度末基金对于金融保险业的持股市值达到4977亿元，占基金持股市值的比例超过20%，占金融保险流通股的比重高达35%；钢铁、有色金属、地产等行业也受到了基金的青睐，持有采掘业（煤炭、矿产）、金属非金属业、房地产业、食品饮料业、机械行业的市值分别占这些行业A股上市公司流通市值的比重高达38%、33%、34%、30%和25%。

**4. 普通投资者已成为基金份额的主要持有者**

2007年以来，随着股市赚钱效应的广泛扩散，普通者投资者已成为基金认购申购的绝对主力。普通投资者往往不具备基本的金融常识，对资本市场的认识不深刻，其投资行为往往体现为羊群效应，进入市场是羊群效应的产物，其退出市场同样将呈现羊群效应。因此，一旦市场转势，普通投资者的赎回行为很可能迅速扩散，从而对基金、市场施加重大压力，并很可能诱发市场超调。

由于投资基金已成为我国 A 股市场举足轻重的力量，其持股的行业、个股集中度越来越高，基金资产的流动性风险日益提高，投资者心理变化、行业或上市公司盈利重大变化、宏观经济及政策重大变化等因素都可能成为流动性风险的导火索，而普通投资者的羊群效应则可能极端放大流动性风险。

2008 年，在高估值的市场总体格局下，A 股市场行情发展将更加敏感和脆弱，基金的流动性风险将成为市场的重大隐忧，必须引起市场的足够重视。

## 五　宽幅震荡中市场重心逐渐上移可能是市场运行的重要特征

2008 年，A 股市场运行的总体背景就是：上市公司整体业绩将难以再现 2007 年超预期的爆发性增发，将恢复到正常增长状态，而良好的宏观经济、逐步改善的微观基础等有利因素将继续推动我国上市公司业绩持续增长，从而对市场构成有力的支撑；A 股上市公司市盈率水平已处于高位，成为市场行情发展的重大障碍；市场面临巨额资金需求，对以资金推动为主要特点的我国 A 股市场而言，巨额资金流出将可能对市场形成致命打击。

因此，2008 年，A 股市场很可能呈现高位宽幅剧烈震荡态势，在复杂激烈的市场博弈中市场重心将继续有所上升。

**1. 宽幅剧烈震荡将是市场指数运行的主要特点**

2006 年以来，我国 A 股市场主要股指运行向上趋势明确，并呈加速上行势头，中间虽有所调整，但调整幅度都相对有限（最高也就 20% 左右）、时间也相对短暂。2008 年，主要股指将难以再现这种走势，而很可能在诸多因素的制约下，主要呈现高位宽幅剧烈震荡的走势特点。当然不排除出现较大幅度的上升行情，但在市场资金等压力下，将很难持久，并将以其后较大幅度的下跌为代价。由于我国上市公司业绩仍将以较高的速度增长，2008 年我国 A 股市场整体运行重心将会在 2007 年 9 月的基础上上升一定幅度。

考察市场指数运行时，我们必须注意到上证综指的计算特点和主要权重股权重杠杆效应所形成的失真现象，上证综指已难以客观反映 A 股市场的整体运行情况。在观察市场运行时，沪深 300 指数和深证成指将更贴近市场实际。

**2. 市场整体性机会将难以再现**

2006 年以来，A 股市场运行的鲜明特征是“二八”、“八二”现象交替，几乎所有股票都轮换出现大幅上涨，从而表现为整体性市场机会。但是，随着 A 股市场估值水平攀升历史高位，特别是相当部分中小盘上市公司市盈率已高达上百倍，在高估值和解禁限售流通股减持等重重压力下，相当部分上市公司股价已难以再度上升，那些没有实质发展前景的上市公司将走上被市场边缘化的漫漫熊途。

因此，2008 年的市场机会将体现为结构性机会。

# 2008年国际收支不平衡有望改善

陈长缨*

**摘　要**：2007年，我国国际收支继续呈现经常账户、资本账户双顺差结构，外汇储备规模继续大幅增加，人民币升值速度加快。造成我国长期出现国际收支双顺差的原因是外向型经济发展战略下对出口和外资的鼓励政策，国际收支不平衡对我国经济的负面影响也在不断增大。2008年，预计我国国际收支仍将继续保持双顺差结构，但顺差规模将有所下降，外汇储备增长过快势头将有一定的缓解，国际收支不平衡现象有望出现改善。

**关键词**：国际收支　经常账户　资本账户

## 一　2007年我国国际收支的基本情况

2007年，我国经济继续保持较快增长，国际收支继续呈现经常账户、资本账户双顺差结构，顺差规模继续扩大，国际收支和内外部经济不平衡现象仍然比较突出。上半年，经常账户顺差1629亿美元，较上年同期增长78%，资本和金融账户顺差902亿美元，同比增长132%。

### （一）经常账户顺差扩大

#### 1. 货物贸易顺差明显增加

2007年以来，在国际市场需求比较强劲、国内产品竞争力继续增强的情况

* 陈长缨，经济学硕士，国家发展和改革委员会对外经济研究所国际贸易研究室副主任，副研究员，主要研究方向为国际贸易、国际金融。

下，我国货物贸易继续保持较快的增长势头，出口增速高于进口增速，货物贸易顺差连续第六年明显增加。据海关统计，前三季度，我国外贸进出口总值达到15708.3亿美元，同比增长23.5%。其中出口8782.4亿美元，同比增长27.1%；进口6925.9亿美元，同比增长19.1%。外贸顺差累计达到1856亿美元，已经超过2006年全年1774亿美元的水平。预计全年货物贸易总额将超过2万亿美元，外贸顺差将超过2000亿美元，无论是货物贸易总额还是顺差规模，都将创出历史新高。

**2. 服务贸易逆差规模下降**

2007年是加入世界贸易组织过渡期后的第一年，随着我国服务业竞争力的逐渐提升和对外开放程度的进一步扩大，服务贸易总收支继续保持平稳增长的态势。由于整体上我国服务贸易在世界上仍处于比较劣势，服务贸易账户继续出现逆差，但逆差规模有所减少，2007年上半年服务贸易逆差为31亿美元，比上年同期减少约25亿美元，预计全年服务贸易逆差比2006年有所减少。

2007年，运输、旅游和保险是我国服务贸易收支的主体，但占服务贸易收支总额的比重有所下降。我国境内旅游资源丰富，吸引了大量的境外旅游者，虽然近年来我国开放的旅游目的地国家不断增多、赴境外旅游者人数也不断增加，但旅游仍是我国服务贸易顺差最大的来源。相比之下，运输和保险是我国服务贸易逆差的主要来源，尤其是随着我国货物贸易规模的大幅扩张，运输项目逆差保持较大规模。高附加值服务，如计算机信息服务、咨询、专有权利使用费和特许费等占服务贸易的比重有所上升，逆差规模略有扩大。

**3. 收益和经常转移账户顺差显著增加**

在收益账户方面，随着我国直接和间接对外投资存量不断增加，加之海外务工人员的增加，我国在境外资产、人员取得的要素收益也越来越多，同时在近年来人民币持续保持升值的状态下，持有人民币资产会取得较高的收益。因此各类机构、人员更多地将境外投资收益调回境内，导致收益项目出现顺差。上半年，收益账户顺差129亿美元，同比增长2.5倍。在经常转移账户方面，在人民币升值的情况下，侨汇收入也继续增加，导致经常转移账户出现顺差状态。上半年，经常转移账户顺差174亿美元，同比增长了26%。

## （二）资本和金融账户顺差增加

### 1. 直接投资账户继续保持较大顺差

2007 年，我国吸收外商直接投资和对外直接投资都出现了一定增长。前三季度，我国实际利用外资金额（非金融领域）472.19 亿美元，同比增长 10.87%。上半年，我国非金融类对外直接投资 78 亿美元，同比增长 21.1%。虽然对外投资增速有了较快增长，但对外投资正处于发展时期，其规模尚远远小于利用外资的规模，因此我国直接投资账户继续出现较大规模的顺差。

### 2. 证券投资账户逆差大幅下降，其他投资账户保持顺差

2007 年，在人民币汇率升值步伐加快、国内股票等资本市场活跃的情况下，国内市场投资收益上升、贷款需求增加，同时国家外汇管理局调减了短期外债指标，各商业银行境外融资规模受到限制，因此境内机构调整了境内外资产分布，对境外证券投资规模大幅减少，导致证券投资逆差大幅下降，上半年证券投资逆差 48 亿美元，同比减少 244 亿美元。其他投资项目顺差也出现了较快增加，上半年其他投资顺差 426 亿美元，同比增加了 74 亿美元。

## （三）外汇储备大幅度增加，人民币兑美元汇率升值速度加快

在经常账户和资本账户保持较大顺差的条件下，2007 年，我国外汇储备继续出现快速增长。9 月底，我国外汇储备已经达到 14336 亿美元，比 2006 年末增加 3673 亿美元。预计全年外汇储备比 2006 年增长将超过 4500 亿美元，年底外汇储备将达到 1.55 万亿美元以上，继续保持全球外汇储备最多国家的地位。

2007 年，人民币外汇市场上供求的基础性作用进一步发挥，2007 年 5 月 21 日起，银行间即期外汇市场人民币兑美元交易价浮动幅度由千分之三扩大到千分之五。在这种情况下，人民币汇率总体走升，汇率弹性增强，人民币兑美元汇率不断创出 2005 年汇率改革以来的新高，升值速度加快。9 月底，人民币兑美元汇率中间价为 1 美元兑换 7.5108 元人民币，较 2006 年底上升了 0.2979 元人民币，升值幅度达到 3.8%，预计全年升值幅度将超过 4%。人民币对日元和欧元汇率则涨跌互现。9 月底，人民币兑日元汇率中间价为 100 日元兑换 6.5091 元人民币，人民币较上年末升值 0.8%；人民币兑欧元汇率中间价为 1 欧元兑换 10.6312 元人民币，人民币较上年末贬值 3.6%。

## 二　我国国际收支持续出现双顺差的原因和问题

### （一）我国国际收支长期出现双顺差的原因

从1994～2006年，除1998年受亚洲金融危机影响出现过一年资本账户逆差外，我国国际收支基本上是“双顺差”结构，而且近年来这种国际收支不平衡状况有所强化。这种长期持续的“双顺差”结构和国际收支不平衡并不能由短期宏观经济因素波动所解释，更主要是我国长期实行外向型经济发展战略的必然结果。

改革开放以来，我国经济发展战略进行了重大调整，逐步放弃了以计划经济体制为核心的内向型工业化发展战略。我国作为一个发展中大国，在经济“起飞”阶段采取外向型发展战略是可行的，如可以弥补资本和外汇缺口、促使我国企业实现由为计划生产到为市场生产再到为国际市场生产的转变、引进外来压力促进国内改革等。但是如果在国内经济结构出现重大结构性变化，如总供给超过总需求、资本外汇缺口不存在、储蓄大于投资等变化后，仍然长期采取外向型发展战略，则必将引起国际收支失衡，导致错误的资源配置。

外向型经济发展战略的基本特征就是鼓励对外部门的发展，它通过有偏的政策安排，鼓励国内资源更多地配置到对外经济部门。在贸易方面，我国采取了以鼓励出口为核心的政策体系：一是积极参与国际多边或双边贸易协定，积极参与全球经济一体化进程，扩大我国和其他国家的贸易往来；二是对大部分产品出口采取了出口退税政策，甚至很多出口产品一度达到了全额退税；三是鼓励“两头在外、大进大出”加工贸易的发展，不但对加工贸易产品进口采取保税政策，而且在国内很多区域设立了专门从事加工贸易业务的出口加工区；四是采取了人民币汇率低估政策，并制定了能保证政府可以起主导作用的汇率制度安排。在利用外资方面，我国也采取了大量鼓励外商直接投资的政策：一是对外资多种形式的税收优惠，使外资企业的实际税负明显低于内资企业；二是对外资采取优惠或优先配置生产要素，例如对外资企业给予土地价格优惠、对外资项目的配套资金优先安排、对外资的水电气优先供应等；三是政府对外资企业监管放宽或监管不到位，如对外资企业的劳工标准、劳动标准、环境的监管标准大大低于发达国家；四是一些地方将招商引资作为政绩和官员考核的重要手段，导致不惜用很高的代价来吸引外资。

政府鼓励出口和外资的政策在很大程度上降低了对外部门发展的成本。一是低估了汇率水平，1994 年实行汇率并轨之后，尤其是 1997 ~ 2005 年新一轮汇率体制改革前，人民币名义汇率基本没有变化，而这个时期内，我国产品竞争力已经有了很大提升，人民币汇率在一定程度上被低估，一方面达到鼓励出口、限制进口的作用，另一方面也使同等金额的外资在境内能持有更多的人民币资产，对外商直接投资也起到一定的刺激作用。二是财税政策压低了出口产品成本和外资企业的生产成本，在出口方面，出口产品可以退掉全部或部分增值税，使出口产品可以获得更多的利润，在外资方面，外资企业的实际税负约比内资企业低 10% 以上，外资的回报率高于同类内资企业。三是生产出口产品和外资企业所使用的要素价格偏低，如部分出口产品可以享有特殊的信贷优惠，外资企业的土地使用价格普遍低于内资企业。四是出口产品和外资企业生产成本没有充分补偿环境、社会等外部成本，例如外资企业内的一般工人工资水平很低且增长缓慢，不足以补偿劳动力的社会保障成本，部分外资企业生产污染严重，没有支付足够的环保成本等。

综上所述，在外向型发展战略的影响下，我国对企业的出口、利用外资这两个引起国际收支顺差扩大的活动采取了大量的鼓励政策。一是在出口价格被人为压低的情况下，国内资源更多地配置到出口部门，使出口部门的增速大大高于平均水平，2002 年以来我国出口的年增长率都超过 20%。二是外资企业的生产价格被人为压低，导致国内资源，主要是劳动力、资金等要素更多地配置到外资企业，使外资企业发展速度高于内资企业。相比之下，对引起国际收支逆差的项目，如进口和对外投资则缺乏足够政策鼓励。在这种情况下，导致影响国际收支的两个最主要账户，经常账户下的货物贸易账户和资本账户下的直接投资账户出现长期持续的高额顺差。

## （二）国际收支失衡对我国经济的负面影响不断增加

首先，国际收支不平衡反映出国内部门和对外部门之间的失衡。从需求方面看，外向型发展战略抑制了国内需求，导致我国宏观经济增长主要依靠投资和出口拉动。从内需和外需的关系看，由于对国内需求、尤其是消费的鼓励政策不及对出口的鼓励，导致出口在我国经济增长的贡献最大，国内消费对我国经济增长的贡献最小，我国经济增长形成了对出口的过度依赖，这种情况并不符合一般大国的经济发展规律。从投资内部关系看，外向型发展战略鼓励了外商投资，而没有对我国民间投资采取足够的鼓励政策，使外资和国内民间资本处于事实的不平等竞争环境，外资对国内投资存在一定的挤出效应，不利于国内民间投资的增长。

其次，国际收支失衡导致国民经济福利的损失。一是在人民币汇率低估的情况下，我国出口产品价格被低估，进口产品价格被高估，国内要用较多的产品才能换取国外的产品。二是外资企业一般员工的工资和其他福利长期以来被压低到最低限度，国内土地等其他要素也没有得到足额的回报，而外资企业中的资本、外籍管理者等国外要素却取得了高额收入，导致国内要素收入偏低，不利于扩大国内消费。三是外资政策在鼓励发展劳动密集型产业的同时，也吸引了不少资源消耗大、环境污染严重的产业，不但使我国成为资源的净进口国，而且污染了我国的环境，同时导致我国在资源、环保等领域产生了越来越多的国际争端。

第三，国际收支失衡导致央行基础货币发行过多，引起物价上涨压力。我国长期国际收支的双顺差的结果是外汇储备不断扩张，外汇储备已经逐渐成为中央银行投放基本货币的主要渠道，外汇占款存量占基础货币存量的比重由2002年末的49%上升到2006年末的108.5%，到2007年6月底，该比重又上升到125.2%。外汇占款迅速增加导致中央银行货币政策的独立性受到很大影响，使用对冲工具的空间不断缩小，最终将引起流通中货币过多，形成通货膨胀压力。

第四，长期的贸易顺差引起越来越多的国际贸易摩擦。我国国际收支失衡是与全球经济失衡联系在一起的，我国对美国、欧盟的大量贸易顺差在很大程度上是日本、韩国等东亚经济体通过在华设立外资企业方式转移过来的，使我国逐渐成为全球贸易和经济失衡的焦点。近年来，伴随着我国贸易增长、顺差的增加，不但国际上针对我国的贸易摩擦不断增加，而且贸易摩擦的形式不断升级，例如从2007年上半年情况看，由原来双边的贸易摩擦转向世界贸易组织争端解决机制的摩擦案件不断增加，贸易摩擦也由原来的主要集中在商品、企业等微观层面向行业、政策、政府监管等宏观层面转移，甚至这种摩擦已经扩展到其他领域，如要求我国进一步开放市场、提高劳工标准、加快国内经济体制改革等。下一阶段越来越多的国际经济摩擦将对我国未来经济发展的外部环境形成制约。

第五，引发短期投机性资本流入，加剧国际收支失衡状况和风险。国际收支顺差引起的国内流动性过剩是导致近年来股市、房地产等资产价格大幅上升的一个重要原因，加之人民币汇率持续升值，国际资本进入我国有较大的套汇和套利空间，持有人民币资产收益高、风险小，这进一步刺激了国际上以投机获利为目的的短期资本流入我国，扩大了资本账户的外汇流入，加剧了国际收支不平衡程度。同时，投机性短期资本的过度流入也会增加未来突然逆转的可能性，而这种情况如果发生，不但可能使国际收支结构发生较大变化，而且也可能会影响国内股市、房地产市场，进而增加国内金融风险。

## 三　2008 年我国国际收支基本走势预测

2008 年，预计我国国际收支仍将继续出现双顺差结构，但在近年来各种促进国际收支平衡措施相继出台之后，顺差幅度将有所下降，国际收支不平衡状况有望得到一定程度的缓解。在国际收支维持双顺差的情况下，外汇储备仍会出现一定增长，人民币汇率将继续保持稳步升值的态势。

### （一）经常账户顺差有所回落

#### 1. 货物贸易顺差将有所下降

从国际环境看，2008 年我国外部需求有所下降。据国际货币基金组织的 2007 年 10 月的预测，2008 年全球经济增长比 2007 年有所放慢，由 2007 年的 5.2% 下降为 2008 年的 4.8%。其中，除美国经济增长率与 2007 年持平外，日本、欧元区的经济增速将比 2007 年分别下降 0.3 和 0.4 个百分点。国际货币基金组织同时预计，2008 年全球贸易增速将基本与 2007 年持平。另一方面，随着近年来我国出口不断大幅增加，国际上对我国出口的限制和贸易摩擦等也会继续增加。从国内环境看，出口方面，虽然在国内企业竞争力不断提高、出口产品结构升级的大背景下，出口增长仍有很大潜力，但 2007 年以来采取的加工贸易、出口退税等政策调整将起到一定的限制出口、促进贸易平衡的作用。进口方面，2008 年是十七大之后的第一年和北京奥运会的举办年，国内经济将继续保持较高的增速，加之更多地鼓励进口的政策措施出台，我国进口的增长空间更大。

综合看来，在以上因素的共同作用下，2008 年我国外贸将呈现出口增速下降、进口增速上升、贸易顺差减少的态势，贸易不平衡的状况将有所改观。

**2. 服务贸易账户仍将处于逆差状态**

加入世贸组织过渡期结束后，我国服务贸易对外开放程度将进一步加大，很多原来在过渡期内对华进行试探性投资的外资企业有可能扩大在华的业务。我国服务贸易总体上国际竞争力不强的情况在短期内不会改变，2008 年我国服务贸易仍将呈现逆差状态，但逆差规模相对稳定。

**3. 收益和经常转移账户将继续出现顺差**

在我国国内经济继续保持较快增长、境外各类资产存量增加、人民币稳步升值等因素的作用下，国内外机构和个人仍将愿意持有较多的人民币资产。2008 年，预计我国收益账户和经常转移账户仍将出现顺差，顺差规模与 2007 年基本相当。

## （二）资本和金融账户将继续保持顺差

**1. 直接投资账户顺差有所下降**

2008 年，从国际环境看，国际资本流动和直接投资将继续保持活跃的态势，全球直接投资规模可能创出历史新高。我国巨大的市场、较快的经济增速、相对低廉的成本、多层次丰富的人力资源、良好的投资环境等仍对外商具有很大的吸引力，据联合国贸发会议最新公布的排行榜，我国是全球对外资吸引力最强的国家之一。但各国、尤其是发展中和转型国家在吸引外资的竞争也日趋激烈，将会分流部分对我国的投资。从国内环境看，2008 年初外资、内资企业的“两税合一”政策将开始实施，新增外商企业投资的税收优惠将取消，外资和内资企业在同一个平台上展开竞争，一些对成本敏感的外资企业会减少在华的投资。此外，外贸政策的调整也将对有关外资产生影响，如外商在加工贸易行业的投资有可能出现下降。受上述因素影响，预计我国利用外资增长速度将放缓。对外直接投资方面，随着国内外环境的变化，企业境外投资的能力和意愿不断增强，加之国内对企业境外投资的各种鼓励政策也越来越多，预计 2008 年，我国对外直接投资将继续保持较快的增速。

综合看来，2008 年，我国直接投资账户仍将保持较大规模顺差，但由于对外投资增速超过吸引外资增速，顺差规模将有所缩小。

**2. 证券投资和其他投资账户将继续保持顺差**

2008 年，虽然我国经济仍将保持快速增长，但在国内股市等资产价格已经出现大幅上涨、人民币汇率升值速度加快的情况下，国际短期资本进入我国的套利和套汇风险增加、收益降低。在国内流动性过剩、资金供应充裕的情况下，国内企业对外发行股票、债券等融资的意愿也不强。另一方面，我国对外证券投资政策将更加宽松，境内金融机构和个人将会适当增加持有境外资产的比重。因此，2008 年，我国证券投资和其他投资账户虽然仍会保持顺差状态，但顺差规模将有所减少。

### （三）外汇储备增速下降，人民币汇率继续稳步升值

在国际收支继续保持双顺差结构的情况下，我国外汇储备将继续增加。但经常账户和资本账户的顺差规模都会有所下降，2008 年我国外汇储备增长规模将低于 2007 年。在受到各方压力的情况下，人民币汇率将继续稳步升值。

## 四　政策建议

### （一）促进国际收支平衡是国际收支工作的主要目标

国际收支和内外部经济不平衡是当前我国宏观经济中所面临的一个重要问题。近年来党中央、国务院对解决国际收支不平衡问题高度重视，十七大报告中提出要“采取综合措施促进国际收支基本平衡”，我国近年来也陆续采取了一系列促进国际收支平衡的政策措施。促进国际收支平衡已成为统筹国内发展和对外开放，实现经济又好又快发展的关键环节之一。

在全球经济失衡的大背景下，短期内我国国际收支不应该以追求绝对的收支平衡为目标，而应该以促进国际收支的综合平衡、放慢外汇储备增速为目标。2008 年我国国际收支应围绕上述目标展开工作。这不但要求分别减少经常账户和资本账户顺差，而且也要调整经常账户和资本账户两者之间的结构，即在减少经常账户顺差的同时，也要促进资本账户顺差的下降。

## （二）调整贸易账户顺差

从长期看，促进贸易账户平衡需要转变经济增长方式，促进经济增长由主要依靠投资、出口拉动向依靠消费、投资、出口协调拉动转变，采取鼓励国内消费的政策，降低国内的净储蓄率。从短期看，要将目前有偏的、促进出口的贸易和产业政策逐渐调整为“中性”的产业和贸易政策。2008 年，在出口方面，应继续推进贸易增长方式由数量扩张型向质量效益型转变，贯彻落实加工贸易、出口退税等政策，限制“两高一资”类产品出口；在进口方面，积极扩大进口，鼓励先进技术、重要原材料、关键设备进口，建立健全进口促进机制。同时，适当放宽服务业市场准入，加大知识产权保护和技术引进力度，以缓解经常项目贸易顺差过快增长的势头。

## （三）调节资本账户平衡

资本账户由直接投资账户、证券投资账户和其他投资账户三部分组成，其中前两个账户构成资本账户的主体。资本账户顺差的调整首先是调节直接投资项目。在利用直接投资方面，应引导外商投资方向、优化利用外资结构，既发挥外资在推动自主创新、产业升级、区域协调发展等方面的积极作用，同时也要对土地资源占用多、能源消耗大、环境污染严重等不符合产业方向的外资加以限制。2008 年是“两税合一”政策实施的第一年，要结合这项政策，促进内外资企业公平竞争，规范招商引资行为。在对外直接投资方面，要继续支持企业在研发、生产、销售等方面开展国际化经营，扩大对外投资规模，加快培育我国的跨国公司和国际知名品牌。

调节资本账户顺差还要考虑调节证券投资账户。目前我国对证券投资账户尚存在较严格的管制，放宽或取消对证券投资的限制在很大程度上就是要加快资本账户开放的过程。在证券投资账户开放后，境内外金融资本双向流动将大幅提高，由私人部门主导的、基于市场供求关系形成的、以购买境外证券为主的投资机会将大大增加，从而有助于增加资本账户流出，缓解或者逆转资本账户长期顺差的结构。虽然资本账户净流出和外汇储备投资都属于一国资本净流出，但前者一般不会导致基础货币投放增加，可以增加货币政策的有效性，因此以资本账户减少来替代外汇储备投资，对我国宏观经济稳定也是有利的。另外，加快推进资本账户开放也可以起到推动从“藏汇于国”和国家对外投资向“藏汇于民”和民间对外投资转变的重要作用。

### （四）进一步深化外汇管理体制改革

外汇管理部门应按照促进国际收支平衡的要求，进一步深化外汇管理体制改革，有序拓宽资金流出渠道，大力发展外汇市场，加强资金流入和结汇管理，注重防范外汇储备风险。2008 年，应重点做好以下工作：一是适应对外经济发展的需要，进一步满足企业和个人持汇用汇需求；二是规范外汇资金流入和结汇管理，重点查处违法违规资金流入，尤其是加强对贸易外汇收结汇、个人外汇和外资进入国内股市、房地产的监管，防范国际短期资本对我国经济金融安全可能带来的冲击；三是稳步推进人民币汇率形成机制改革，进一步完善人民币汇率形成机制，发挥市场供求在汇率形成中的基础性作用，同时加快发展外汇市场，满足市场主体规避风险的需要；四是根据国际外汇市场的走势，灵活调整我国外汇储备资产的多元化分布，争取我国外汇储备资产的保值和增值；五是加强对国内外经济和金融环境的监测和研究，对短期资本可能出现的逆转进行预警。

# 国际环境篇

# 2007～2008年世界经济形势分析与展望

张亚雄[*]

**摘　要：** 2007年和2008年，世界经济仍将延续2003年开始的快速增长期，但由于房地产市场降温和次级债危机的影响，增长势头略有放缓。按照IMF的最新预测，2007年和2008年世界经济增长速度将为5.2%和4.8%。同时，经济增长的区域差异扩大，新兴市场和发展中国家对世界经济增长的贡献提高。此外，世界贸易增长高位趋缓、国际市场产品价格保持高位，美国货币政策已经从适度偏紧向中性偏松调整，全球通胀压力依然存在。

**关键词：** 世界经济　2007年经济预测　经济形势分析

## 一　世界经济继续平稳较快增长

2007年第二季度开始，受美国经济减速和次级债问题的波及影响，世界经济增长出现回落态势。但从整体看，世界经济仍处于快速增长期。按照国际货币基金组织（IMF）的数据，世界经济在摆脱新经济泡沫破灭带来的经济衰退进入

* 张亚雄，管理学硕士，国家信息中心经济预测部副研究员，主要研究领域：宏观经济预测，数量经济模型方法、研制与应用。

新一轮增长周期后，即将连续5年保持4%（按PPP方法核算，下同）以上的增速，世界经济发展正处于20世纪60年代以来没有过的高增长时期。根据IMF 2007年10月公布的《世界经济展望》秋季报告的最新预测，2007年和2008年世界经济增长速度将为5.2%和4.8%（见表1），继续快速增长。

**表1 IMF《世界经济展望》对经济增长的预测**

单位：%

| 类　别 | 实　际　值 | | | | 秋季报告预测值 | | 春季报告预测值 | |
|---|---|---|---|---|---|---|---|---|
| 年　份 | 2003 | 2004 | 2005 | 2006 | 2007 | 2008 | 2007 | 2008 |
| 世界 | 4.0 | 5.3 | 4.8 | 5.4 | 5.2 | 4.8 | 4.9 | 4.9 |
| 发达经济 | 1.9 | 3.2 | 2.5 | 2.9 | 2.5 | 2.2 | 2.5 | 2.7 |
| 美国 | 2.5 | 3.6 | 3.1 | 2.9 | 1.9 | 1.9 | 2.2 | 2.8 |
| 欧元区 | 0.8 | 2.0 | 1.5 | 2.8 | 2.5 | 2.1 | 2.3 | 2.3 |
| 德国 | -0.3 | 1.1 | 0.8 | 2.9 | 2.4 | 2.0 | 1.8 | 1.9 |
| 法国 | 1.1 | 2.5 | 1.7 | 2.0 | 1.9 | 2.0 | 2.0 | 2.4 |
| 意大利 | — | 1.2 | 0.1 | 1.9 | 1.7 | 1.3 | 1.8 | 1.7 |
| 日本 | 1.4 | 2.7 | 1.9 | 2.2 | 2.0 | 1.7 | 2.3 | 1.9 |
| 英国 | 2.8 | 3.3 | 1.8 | 2.8 | 3.1 | 2.3 | 2.9 | 2.7 |
| 新兴市场和发展中国家 | 6.7 | 7.7 | 7.5 | 8.1 | 8.1 | 7.4 | 7.5 | 7.1 |
| 非洲 | 4.7 | 5.8 | 5.6 | 5.6 | 5.7 | 6.5 | 6.2 | 5.8 |
| 中东欧 | 4.8 | 6.7 | 5.6 | 6.3 | 5.8 | 5.2 | 5.5 | 5.3 |
| 俄罗斯 | 7.3 | 7.2 | 6.4 | 6.7 | 7.0 | 6.5 | 6.4 | 5.9 |
| 亚洲发展中国家 | 8.3 | 8.8 | 9.2 | 9.8 | 9.8 | 8.8 | 8.8 | 8.4 |
| 印度 | 6.9 | 7.9 | 9.0 | 9.7 | 8.9 | 8.4 | 8.4 | 7.8 |
| 中东 | 6.6 | 5.6 | 5.4 | 5.6 | 5.9 | 5.9 | 5.5 | 5.5 |
| 西半球 | 2.4 | 6.0 | 4.6 | 5.5 | 5.0 | 4.3 | 4.9 | 4.2 |

资料来源：IMF 2007年春季和秋季《世界经济展望》。

经济增长速度的区域差异扩大，根据IMF的秋季预测，2007年和2008年发达国家经济增长率将分别为2.5%和2.2%，新兴市场和发展中国家经济增长速度将分别为8.1%和7.4%，分别比春季报告上调了0.6个和0.3个百分点，是世界经济增长上调的主要原因。在发达经济体中，美国经济增长预测被大幅下调，2007年和2008年经济增长率都将为1.9%，比春季报告分别下调0.3个和0.9个百分点。发展中国家经济增长在"金砖四国"，以及转轨国家乃至中东、拉美等部分国家经济大幅增长的带动下，日益拉大与发达国家经济增长的步伐。2007年和2008年亚洲发展中国家经济增长率分别从8.8%和8.4%上调为9.8%和8.8%。中东欧、中东、西半球，包括中、印、俄等国的经济增长预测都不同程度上调。伴随经济规模的进一步扩大，这些国家对世界经济增长的贡献大幅度提高。

受住房市场降温影响，美国经济增长于2006年第二季度开始明显减缓。2007年第一、二季度美国经济增长按年率计算分别为0.6%和3.8%。第二季度经济增长虽然高于预期，但主要受益于私人国内投资和出口增长，而个人消费支出的贡献大幅下降，成为保持经济稳定增长的最大隐忧。抵押贷款危机开始波及整个金融市场。住房投资下降使固定资产投资增长乏力，同时将可能影响相关就业需求，并影响到居民信贷和消费，如果这样，就会影响实体经济，对经济增长的负面影响将会扩大。虽然房地产市场很快复苏希望不大，但房价跌幅有限，表明供求未完全失衡，还不至于发生崩溃。同时，高能源价格对美国经济的影响力逐渐减弱，通胀压力温和。目前，美联储调控政策重心已转向金融市场，只要调控得当，美国经济将继续保持温和增长态势。

虽然次级债风险也波及欧盟、日本等其他国家和地区，但经济增长没有受到美国经济增长减慢的严重影响。与过去经济增长主要由出口带动不同，欧元区经济增长的主要动力是投资和私人消费。同时，欧元区就业持续改善，失业率降低，通货膨胀率连续数月维持在欧洲央行设定的2%的目标下。2007年第二季度，欧元区经济增长速度出乎意料地明显放慢，环比仅增长0.3%，远低于第一季度的0.7%，是自2005年初以来的最低增速，预示欧元区本轮经济增长周期已经达到波峰。2007年和2008年欧元区经济增长率预计为2.5%和2.1%，德、法、意等主要国家继续保持较快增长。

2006年以来，得益于较为旺盛的地区及国内需求，日本经济增长出人意料。10多年来致使日本经济萎靡不振的通缩压力正得到缓解。但仍是日本经济恢复的一个风险。2007年以来，经济增长减缓一定程度上是因为私人消费减弱，由于出口增加，企业收益维持在较高水平上，设备投资需求依然旺盛，加之由于个人收入在缓慢增加，个人消费也处于良好状态，经济形势仍基本稳定。2007年和2008年日本经济增长率预计为2.0%和1.7%。

虽然次级债危机爆发增大了世界经济前景的不确定性，但支撑世界经济增长的基本因素依然存在，平稳较快发展仍是世界经济的基本特征。

首先，支撑世界经济快速增长的基础性条件没有变化。从2003年起的世界经济高速增长源于支撑增长的基础条件不断改善，以信息通讯技术为核心的技术进步提高了世界经济的增长潜力。经济全球化使传统制造业不断向发展中国家转移，先进科技和管理经验不断向发展中国家扩散，提高了发展中国家的劳动生产率。发达国家已度过了产业转移初期出现的产业空心化艰难阶段，产业结构调整取得突破，信息、生物、新材料、新能源、环保、航天和航空等高附加值产业和金融等高端服务业呈现快速发展趋势，发展中国家和发达国家在全球化进程中出现了“双赢”的局面。

其次，货币政策已经从适度偏紧调整为中性偏松。各国的宏观调控手段日趋成熟，不论发达国家还是发展中国家，宏观调控政策更加灵活和务实，能够根据经济形势的变化而积极进行调整，有益于世界经济的长期稳定发展。2008 年 8 月份以来，为了解决次级债带来的流动性匮乏问题，稳定金融市场，美联储、欧央行和日本银行等迅速向市场注了大量的流动性，美国还将贴现率和联邦基准利率降低了 0.5 个百分点。美国的货币政策是全球货币政策的风向标，美国降息虽不意味着其他国家也会马上跟随美国降息，但全球的加息周期行将结束，全球货币政策开始从适度偏紧调整为中性或中性偏松，这有利于稳定金融市场，刺激投资，促进经济增长。

再次，次级债危机的爆发使经济运行中的潜在风险加大，但不会严重危及世界经济。据估计次级贷款总值约 7500 亿～12000 亿美元，通过抵押担保证券（MBS）、担保债务凭证（CDO）等方式，大部分次级贷款被证券化，并被美、欧、日等国的基金和银行所持有，风险在全球范围内被分散。按照目前的次贷违约情况，美联储主席伯南克估计贷款损失约为 500 亿～1000 亿美元，穆迪估计损失为 1130 亿美元。当然，次级债危机的影响会从金融部门向实体部门扩散，房地产价格继续下跌也会影响美国消费增长，并导致次级债问题有恶化的可能。

## 二　世界贸易增长高位趋缓

2006 年全球货物贸易额达到 11.9 万亿美元，几乎比 2002 年增长了一倍。世界贸易增长持续高于世界经济的增长速度使得世界贸易额与全球 GDP 之比持续上升，贸易发展与经济增长的关联性进一步增强。一方面，经济全球化使传统制造业不断向发展中国家转移，科技进步、产业结构调整、跨国公司的迅猛发展，以及世界贸易体制的完善，给世界贸易的发展带来了巨大的推动力，特别是中国加入 WTO 以来，外贸增长持续超出预期，有力促进了世界贸易发展；另一方面，世界经济的持续快速增长扩大了贸易需求。世界经济快速发展，特别是发达国家内需持续扩大是促进国际贸易发展的根本性基础动力。近年来世界经济的持续较快增长，特别是美日欧，以及澳大利亚等主要发达经济体经济的健康发展为国际贸易增长注入了活力。

2007年以来，尽管总体上世界经济增长速度高于预期，但是发达经济体增长逐渐放慢，会使一些国家需求增长趋缓，预计这一趋势在2008年还将延续。从进口需求来看，2006年，美国以美元计价的货物进口额增长率为10.7%，继续成为促进世界贸易增长的重要动力。但是2007年以来，美国进口增长明显放缓，上半年仅增长4.3%，7、8月份分别增长4.8%和2.4%。欧元区2007年第一、二季度进口分别增长5.4%和4.1%，7月份增长11.7%，也比2006年13.4%的增长明显放慢。按照IMF的预测，2007年和2008年世界贸易将分别增长6.3%和6.9%，比春季预测分别下调了0.9个和0.8个百分点，增幅远低于2006年世界贸易9.3%的增长（见表2）。

**表2 IMF《世界经济展望》对世界贸易增长的预测**

单位：%

| 类别 | 实际值 | | | | 秋季报告预测值 | | 春季报告预测值 | |
|---|---|---|---|---|---|---|---|---|
| 年份 | 2003 | 2004 | 2005 | 2006 | 2007 | 2008 | 2007 | 2008 |
| 世界贸易量 | 6.4 | 10.9 | 7.4 | 9.3 | 6.3 | 6.9 | 7.2 | 7.7 |
| 制成品价格 | 14.3 | 9.5 | 3.7 | 3.8 | 7.9 | 2.8 | 4.4 | 1.1 |
| 原油价格 | 15.8 | 30.7 | 41.3 | 20.5 | 6.6 | 9.5 | -5.5 | 6.6 |
| 非能源初级产品价格 | 6.9 | 18.5 | 10.3 | 28.4 | 12.2 | -6.7 | 4.2 | -8.8 |

资料来源：IMF 2007年春季和秋季《世界经济展望》。

## 三 国际市场产品价格保持高位

在世界经济增长步伐持续较快的带动下，国际市场需求旺盛，对原材料和能源等初级产品的市场需求大幅增加，国际市场商品价格2002年开始从谷底回升以来呈持续上扬走势。近年来国际市场商品价格提高的主要原因有以下几个方面。首先，产量或供应增长慢于需求增长。美国经济迅速增长使住房市场兴旺，导致对建材等基础材料需求增长。亚洲、特别是中国 2003 年以来对煤炭、有色金属和石化产品需求也有较大增加，对这些商品价格的上涨也有一定支持。其次，受罢工、生产事故以及政治局势等一些临时性突发因素的刺激和影响，引起市场对供应减少或中断的担心，价格因而屡呈激涨并不断保持在高位徘徊。第三，原料或上游产品价格的上涨，在一定程度上带动和支持了半成品、成品或下游产品价格的提高。第四，美元汇价走软，导致以美元计算的商品价格有所上浮。

2007 年以来，除 8 月之外，国际市场初级产品价格继续呈逐月上涨态势。按照世界银行数据，2007 年 9 月国际市场初级产品价格比 8 月上涨 6.0%，同比上升 19.2%，比 2006 年 12 月上涨 18.0%。其中，非能源产品价格比 8 月上涨 0.2%，同比上升 12.0%；能源产品价格比 8 月上涨 8.6%，同比上升 22.5%。同时，国际市场初级产品价格轮番结构性上涨的态势更为明显。2006 年之前一些上涨幅度较大的产品价格走势相对平稳，而部分食品、饮料、金属矿产品和能源价格涨势较猛。农产品当中，鱼肉、橄榄油和糖价下跌，而小麦、玉米、大麦、大豆、棕榈油、椰子油、羊毛等主要农产品截至 9 月末比上年底的价格涨幅都在 30%～70% 以上，咖啡、橡胶等产品同期价格涨幅接近 20%。值得注意的是，大米、部分油类、猪肉、鱼类、糖、饮料、木材、棉花、皮革等价格仍然处在相对低位。金属矿产品价格整体上已处在高位，其中铅、锡、铀等价格大幅上涨，而前期价格已较高的铜、铁矿石涨幅平稳，铝、锌、镍等价格下降。近年来能源价格是涨幅最大的，特别是原油。1～9 月，原油、煤炭价格分别同比上涨 24.1% 和 41.2%，而天然气价格下跌 2.4%。2007 年下半年以来，国际油价一路上涨，连续创出新的历史高位。截止到 10 月 16 日，纽约市场原油期货价格盘中最高冲至每桶 87.97 美元，为 22 年来的最高价（见图 1）。中东局势紧张、供应吃紧、需求预期走高以及美元贬值等多重因素是油价持续创出新高的支撑力量。

2008 年，世界经济增长步伐有所放缓，国际商品市场的需求增长随之也将渐趋稳定。因此，国际初级产品供求平衡有所改善，总体价格不会大幅上升。由于美元会小幅贬值，以美元计价的石油和大宗商品的价格会出现相应上涨，会拉动国际初级产品价格稳中趋升。但是，由于需求旺盛的基本状况不会根本改变，如果美联储继续降息，使世界经济增速提升，以及受一些突发事件的影响加大炒作因素，初级产品价格，特别是一些水平依然较低的初级产品价格仍可能继续出现较快上涨。

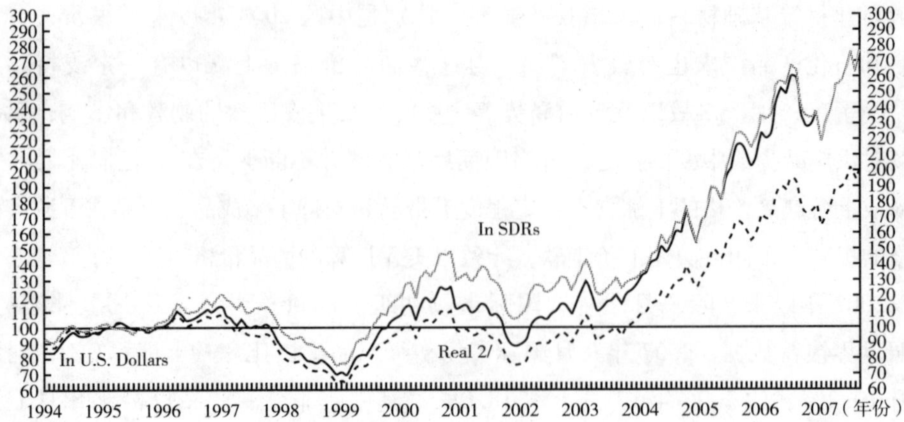


**图1　1994年1月~2007年9月国际市场初级产品价格指数（1995=100）**

资料来源：世界银行。

## 四　全球通胀压力依然存在

2007年以来，以CPI衡量的通胀压力有所减缓。发达经济体的通货膨胀得到控制，但许多新兴市场和发展中国家的通货膨胀上升，原因是能源和食品价格上涨。美国核心通货膨胀率持续保持在低水平；欧元区2007年以来通货膨胀率基本保持在2%以下，但能源和食品价格上涨导致9月通货膨胀率上升；日本的物价基本保持平稳。一些新兴市场和发展中国家面临更大的通货膨胀压力，原因是经济增长强劲，并且上涨的食品价格在其CPI中占有较大权重。

美国8月CPI环比下降0.1%，是自2006年10月以来首次下降，同时不包括食品和能源价格的核心CPI上升0.2%，为2005年9月以来的最低水平。消费价格得到控制的原因是能源和纺织品价格回落，同时住房成本增长放缓。CPI增长放缓为美联储降息提供了支持。1997年1月~2007年8月美国月度同比CPI走势见图2。

但是，最新数据显示，通胀压力依然存在。9月美国生产者价格（PPI）环比上涨1.1%，是自2月以来最大涨幅，同比上涨4.4%，是自6月以来最大涨幅。PPI上升的主要原因是能源和食品价格的上涨。伴随国际市场原油价格再次上升，9月美国汽油批发价格飙升8.4%，是自2006年11月以来最大涨幅；食

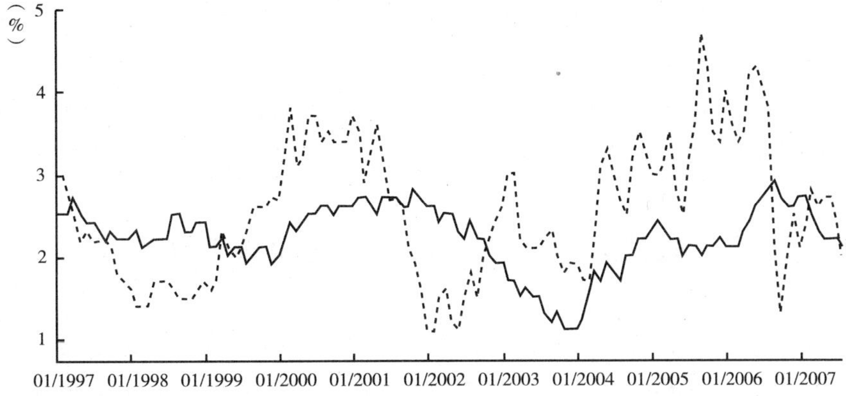


**图 2　1997 年 1 月～2007 年 8 月美国月度同比 CPI 走势**

资料来源：美国劳工部。

品价格上涨 1.5%，是自 3 月以来最大涨幅。欧元区 9 月份的通货膨胀率达到 2.1%，自 2006 年 8 月以来首次突破欧洲央行设定的 2% 的警戒线，这主要是由于最近一段时间以来能源和粮食价格持续上涨。

通胀压力能否像预期那样得到缓解还需要继续关注。世界主要国家的 CPI 走势见图 3。通胀的不确定因素存在于以下几个方面：首先是失业率依然偏低；其次是资源使用量较大可能促使通胀压力上升；再有就是不能排除能源价格因地缘

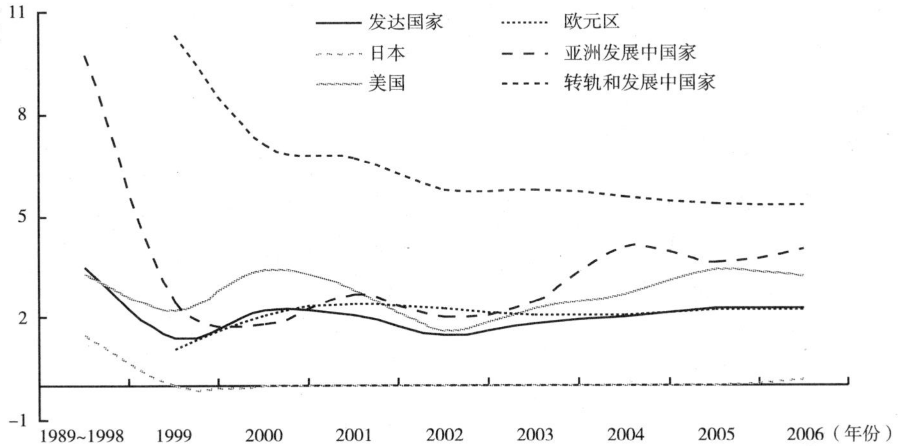


**图 3　世界主要国家 CPI 走势**

资料来源：根据 IMF 2007 年秋季《世界经济展望》数据绘制。

政治局势动荡或自然灾害等重大变化而急剧上涨的可能性。受粮食和油价再次攀升影响，CPI 存在继续较快上升的可能。近期美联储利率政策走向的关注点已经由通胀转移至金融市场危机对经济的影响。但是，通胀压力如果上升将会延缓继续降息的步伐，从而导致经济增长减缓。

## 五　住房市场降温　美国经济可望温和增长

目前，对美国经济未来发展存在两种观点，一种认为，受住房市场降温和次级债危机影响，美国经济增长速度将会放慢，甚至有陷入衰退的可能。但也有许多经济学家认为，在美联储的积极调控下，美国经济有望继续保持稳定增长。

受住房市场降温影响，美国经济增长于 2006 年第二季度开始明显减缓。2007 年第一、二季度美国经济增长按年率计算分别为 0.6% 和 3.8%。第二季度经济增长虽然高于预期，但主要受益于私人国内投资和出口增长，而个人消费支出的贡献大幅下降。近几年，个人消费支出对美国经济增长的贡献率平均超过 70%，2006 年第四季度和 2007 年第一季度甚至高于 100%。然而第二季度个人消费支出的贡献率仅为 25% 左右，与前两个季度无法相比，也远低于近几年的平均值。因此，个人消费支出持续增长已成为保持经济稳定增长的决定因素。

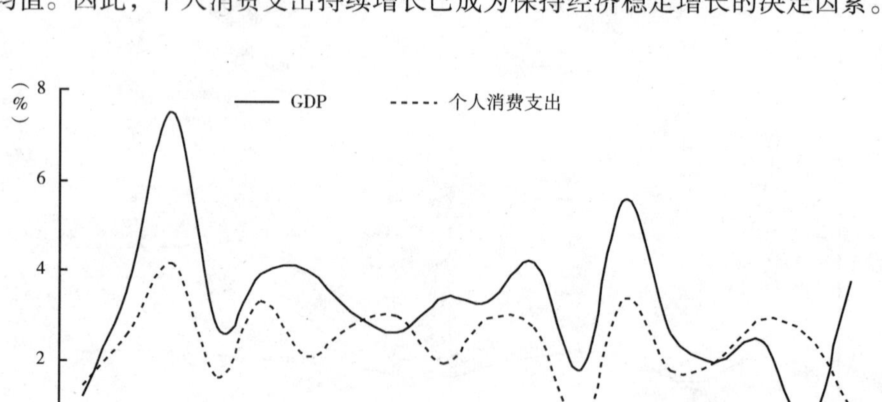


**图 4　2003 年第 1 季度～2007 年第 2 季度个人消费支出对经济增长的贡献**

资料来源：美国商务部经济分析局。

抵押贷款危机开始波及整个金融市场。美联储以及各国央行为了避免流动性危机，大量向市场注资并降低了贴现率。目前，美国住宅市场处于销售疲软、存货增加的恶性循环之中。待售新房和现房量巨大，同时2007年下半年开始涌入市场的回收的抵押房屋也将迅速增长。虽然房地产业危机深化，但目前房价跌幅不大，表明供求未完全失衡，还不至于发生崩溃。尽管如此，房地产市场未来1～2年内复苏希望不大，这也将继续影响新房开工数量和固定资产投资及相关就业需求（见图5），并影响到居民信贷消费，对经济增长的负面影响将会扩大。

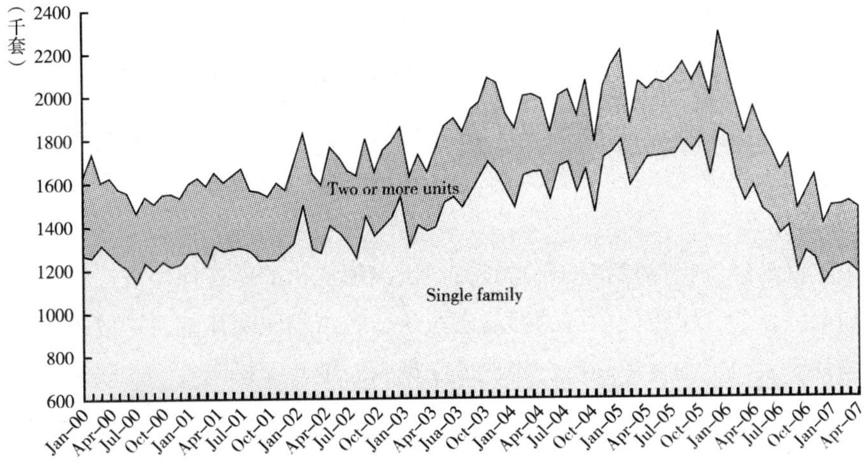


**图5　2000年1月～2007年7月美国新房开工量**

资料来源：美国商务部普查局。

第二季度3.8%的高增长表明美国经济在应对住房市场降温等方面仍然具有较强的适应能力和潜力。同时，美联储利率政策基点已偏离通胀，转向关注金融市场危机对经济的影响。在最近公开的9月18日货币政策委员会会议备忘录中明确指出：金融市场发展和其他因素对经济前景的影响将决定联储未来的政策。在信贷市场危机和房地产市场低迷可能导致“产出和就业重大衰退”的情况下，降息50个基点是“十分谨慎的举措”。与此同时，8月新增就业人数被大幅度向上修正反映美国就业市场依然稳健，并无恶化的迹象，也使人们重新审视美国经济是否会有陷入衰退的风险。

美联储大幅降息的一个重要原因就是看到新增就业迅速减少，而就业市场的最新数据表明次级住房抵押贷款市场危机对就业市场的影响没有估计的那么严重。虽然失业率2007年年底前将可能继续上升，但仍在历史较低水平，就业市场的平稳将降低美联储再度降息的预期。虽然美国经济增长的动力依然脆弱，但是，只要调控得当，美国经济将继续保持温和增长态势。

## 六　未来货币政策走向存在不确定性

在次级债危机影响扩大之前，全球货币政策基本处在收紧状态。但是8月，面对日益加剧的金融市场动荡，主要经济体央行连续向市场注入流动性，以稳定短期利率。9月，美联储将贴现率和联邦基金利率都大幅下调50个基点，应对金融市场动荡，增强市场信心。自此，欧洲央行、英格兰银行、日本银行等收紧货币政策的预期被基本消除，发展中经济体的一些中央银行也提供流动性来缓解银行间市场的压力。

虽然世界经济仍然保持较快增长，但次级债危机的爆发使经济运行中的潜在风险加大。目前，次级债危机的影响已经从金融市场向实体部门扩散，美联储大幅下调利率表明美国货币政策已经从适度偏紧向中性偏松调整。美联储利率政策基点已偏离通胀，转向关注金融市场危机对经济的影响。事实上，美联储利率政策对金融市场的支持由来已久。1987年，面对股市大跌，美联储于当年10月开始释放流动性，3个月间共降息75个基点，以避免金融市场危机波及实体经济。美联储降息措施影响许多国家跟进并导致随后的国际初级产品市场高涨。1998年，美联储也针对长期资本管理公司（LTCM）破产而下调了利率。

美国经济增长可能继续降低表明降息的政策选择在现阶段是合理的，但前提是通货膨胀风险依然得到控制。由于金融市场动荡对经济增长的影响和通货膨胀压力有所缓解，欧元区货币政策在近期内将会保持不变。由于欧元区经济形势稳定，加之欧洲央行一贯把通胀视为经济面临的主要威胁，未来欧洲央行和美联储在利率政策上可能会有所差别，不跟随美联储降息而降息，维持目前的利率水平。近期日本银行一直维持利率水平不变，原因一是日本银行担心美国经济放缓可能危及日本经济复苏前景。二是日本的物价水平仍然不高，核心通货膨胀率处于零水平，日本政府希望日本央行继续运用货币政策支持稳定的经济增长。全球金融市场的走势、日本CPI的走势以及美国经济的走势都将影响未来日本利率水平变化的时间表。

由于全球需求扩张和资源利用率上升造成通胀压力，国际市场商品价格，尤其是原油价格大幅攀升增大了短期通胀对长期通胀预期的传导。美国联邦基金利率走向也存在不确定性。一方面，如果核心通胀继续趋向温和，或经济增速回落幅度超出预期，那么美联储可能会采取继续降息的措施。但是，如果通胀压力加大，美联储也有可能加息或继续将利率维持在当前水平不变。图6显示了1985～2005年世界主要经济体货币政策走势。

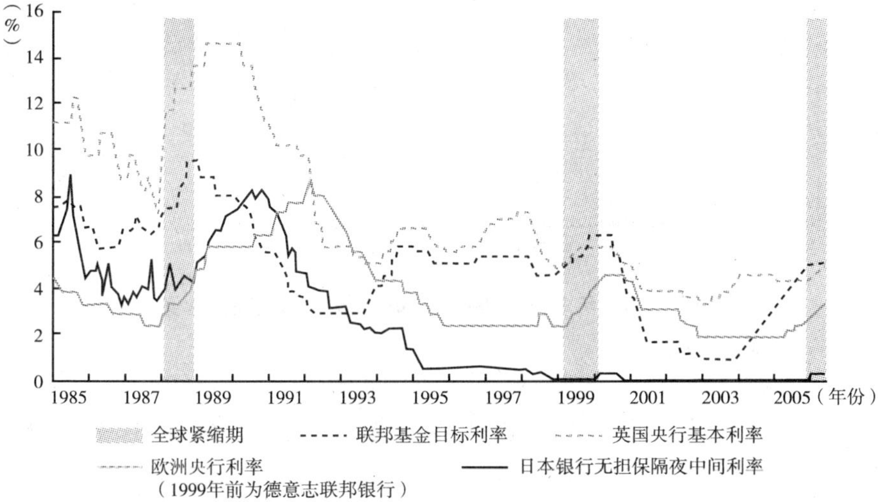


**图6　主要经济体货币政策走势与经济周期**

资料来源：英国金融服务管理局。

## 七　金融市场：美元继续下跌，股市保持高位

2007年以来，主要货币基本延续了2006年以来的趋势。美元继续疲软，欧元逐步升值，日元有所反弹，但依然低估。美元继续疲软的主要原因，一是美国经济增长幅度下降，而欧洲经济形势继续走好；二是次级抵押贷款市场恶化和住房市场降温对美国经济的扩散影响；三是投资者改变对美国利率走势的预期。美联储降息缩小了欧元、日元与美元的利差，导致欧元、日元对美元汇价持续上

扬，连续创出新高。由于美联储9月18日降息，在降息的3天内，美元下跌1.43%。截至10月19日，名义美元指数比2006年末下跌6.83%（见图7）。由于大幅修正了新增非农就业人数，显示经济状况明显好于预期，同时弱化了美联储进一步降息的可能，美元短线有所反弹。但是美国股市持续走高，促进了套息交易需求。同时降息也刺激了高息货币走高，澳元兑美元一度触及23年新高。

**图7 2007年1月~2007年10月19日名义美元指数**

资料来源：美联储。

令欧元持续走强的原因还有欧洲货币当局的反通胀立场。在美联储对目前的全球金融市场动荡采取防卫策略的同时，欧洲央行仍将通胀视为经济面临的主要威胁，相应的也意味着进一步加息的可能性仍存在，从而进一步增加欧元的吸引力。不过，欧元的持续上涨也引来了非议，因为更强势的欧元有损欧洲出口产品的竞争力。

3月初开始，全球股市持续攀升，美国股市实现了自二战以来持续时间最长的一次上涨。但是，自5月底以来，股市持续呈现高位震荡格局，直接原因一是部分大型企业业绩低于市场预期。二是投资者加重对次级抵押贷款会波及其他领域的担心。

近期，美国股市大幅反弹，道琼斯指数和标准普尔指数都于10月9日创下盘中和收盘历史新高，纽约股市实现连续5周上扬，这是自2007年5月以来上涨时间最长的一个周期（见图8）。主要原因一是美联储以及各国央行为了避免流动性危机，大量向市场注资。美联储大幅调低利率50个基点，出乎市场预期，鼓舞了市场信心。二是商品零售额数据好于预期，表明消费需求依然强劲，增强了对美国经济继续增长的信心；三是劳动力市场数据大幅向上修订；四是一些重要公司第三季度盈利超过预期。

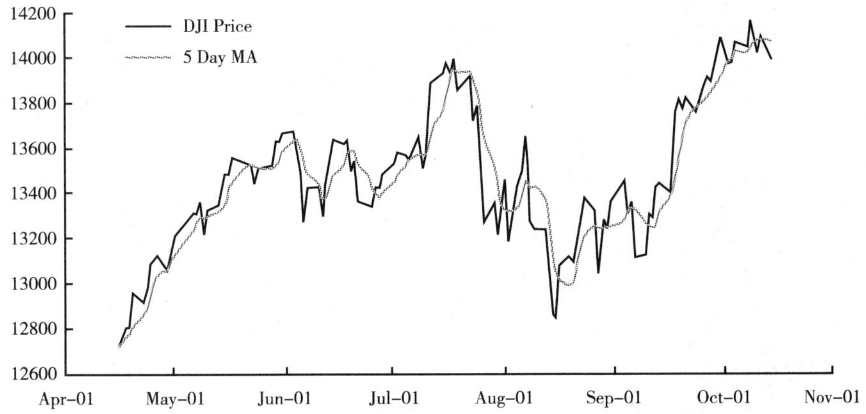


**图 8　2007 年 5 月～10 月道琼斯工业平均指数涨幅**

资料来源：http：//www. ino. com/.

作为经济重要先行指标的股市，在第一季度美国经济增长大幅放缓，房地产业问题持续无法解决的状况下，连续大幅度上涨并屡创历史新高，实属预料之外。与经济增长下降的趋势不同，股市持续上涨的原因是上市公司业绩良好。从美国经济发展的基本面来看，经济增长的动力依然脆弱，同时在长期结构性问题没有得到调整的状况下，还面对诸如房地产市场、通胀压力等问题。因此，股市继续大幅上涨的动力不足。

## 八　世界经济、贸易格局正在发生变化

近年来，世界经济增长的差异明显扩大，发展中和转轨经济体的经济增长速度持续明显高于发达经济体（见图 9）。按照联合国贸发会议的数据，发展中国家人均国内生产总值在 2003～2007 年间增长了近 30%，而同期以 7 国集团为代表的工业化国家人均国内生产总值仅增长 10%。目前，世界经济增长的差异仍然没有缩小的迹象。IMF 秋季《世界经济展望》的最新预测将以美日欧为代表

的发达经济体的增长预期普遍调低，而将中、印等发展中经济体的经济增长速度大幅上调，成为世界经济稳定增长的重要支撑力量。在美国经济增速放缓的大背景下，中、印等国成为促进世界经济增长的最大推动力，而以往扮演这一角色的基本都是美国。按照 IMF 预计，中国、印度和俄罗斯三个国家对世界经济增长的贡献率将达到 50%。

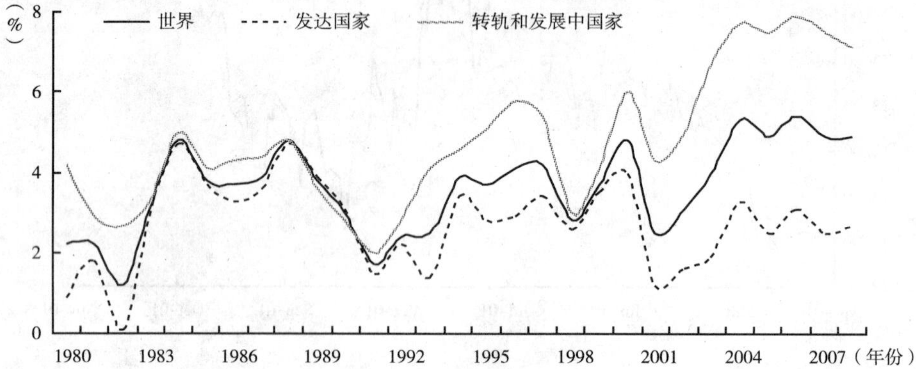


**图 9　世界经济增长**

注：2007 年和 2008 年为预测值。

资料来源：根据 IMF《世界经济展望》绘制。

与此同时，世界经济取得了 20 世纪 60 年代末至 70 年代初以来最强劲的增长。而且全球经济不仅增长高，增长的波动性也明显降低。尽管潜在波动性较大的新兴市场国家和发展中国家在全球经济中所占的比例不断上升，大多数国家经济增长的波动性均有所下降。东南亚发展中经济体经济增长在已经很高的增长基础上继续加速，使这一区域人均国内生产总值在 14 年内翻了一番以上。2007 年，非洲将继续以 6% 左右的速度增长，拉美和西亚的增长率虽然将略有放慢，但也接近 5%。非洲、西亚和拉美过去 5 年人均国内生产总值增长超过 15%，是 20 世纪 80 年代初以来从未有过的增长水平。2000 年以来，东南欧和独联体转型经济体恢复增长，此后成为增长最快的地区之一，人均收入累计增长达到 75%，同时，增长波动幅度也明显降低。

世界经济格局正在发生变化的另一表现是世界贸易增长持续高于世界经济的增长速度，贸易发展与经济增长的关联性进一步增强的同时，区域贸易增长使国际贸易格局正在发生变化。特别是发展中经济体，过去二十年的区域内贸易增长持续快于区域外贸易。东亚发展中国家的区域内贸易增长最为迅速，目前已占该地区总贸易额的一半左右。其中一个重要原因是在中国、韩国以及台湾地区的带动下区域生产网络体系的重新配置。

**参考文献**

IMF：世界经济展望，2007 年 10 月。

联合国贸发会议：2007 年贸易和发展报告，2007 年 9 月。

IMF：全球金融稳定报告，2007 年 9 月。

国际清算银行：第 77 期年报，2007 年 6 月。

# 房地产低迷拖累经济
# 美国经济放缓而非衰退

陶丽萍*

**摘　要：** 2007年以来，受房地产市场持续低迷和次贷危机爆发的影响，美国经济增长有所放缓。目前看来，房地产市场低迷是美国经济发展的最大威胁，同时，次贷危机也远没有结束的迹象。美国经济会否由此陷入衰退，成为不少人关注的重要问题。总体来看，美国经济基本面良好，经济增速虽然放缓但仍适度。如果美国政府应对得当，住房市场危机导致美国经济陷入衰退的可能性不大，美国经济有望继续保持稳步增长。

**关键词：** 美国经济　房地产低迷　次贷危机

## 一　2007年以来美国经济温和增长

受住房市场降温的影响，美国经济增长于2006年第二季度开始明显减缓，2007年第一季度进一步减速，GDP仅增长0.6%（见表1），是自2002年第四季度以来的最慢增速。第一季度美国经济增长放缓的主要原因是，受住宅投资拖累，私人国内投资大幅度下降。但第二季度，由于私人国内投资强烈反弹和出口加速增长，美国经济增长了3.8%，为上年第一季度以来的最大单季增幅。这表明尽管受到住房市场降温的拖累，美国经济仍然保持了较好的增长势头。

---

* 陶丽萍，经济学学士，国家信息中心经济预测部高级经济师，主要从事中国经济、世界经济分析与预测以及数量经济模型的研制。

**表 1　美国主要经济指标增长率及对经济增长的贡献**

单位：%

| 年　　份 | 2006 | 2007Q1 | 2007Q2 |
|---|---|---|---|
| GDP 及构成增长率（经季节调整折年率） | | | |
| 国内生产总值 | 2.9 | 0.6 | 3.8 |
| 个人消费支出 | 3.1 | 3.7 | 1.4 |
| 私人国内投资 | 2.7 | -8.2 | 4.6 |
| 商品和劳务出口 | 8.4 | 1.1 | 7.5 |
| 商品和劳务进口 | 5.9 | 3.9 | -2.7 |
| 政府消费和投资总额 | 1.8 | -0.5 | 4.1 |
| GDP 及构成对经济增长的贡献 | | | |
| 国内生产总值 | 2.9 | 0.6 | 3.8 |
| 个人消费支出 | 2.15 | 2.56 | 1.00 |
| 私人国内投资 | 0.45 | -1.36 | 0.71 |
| 商品和劳务净出口 | -0.08 | -0.51 | 1.32 |
| 商品和劳务出口 | 0.88 | 0.13 | 0.85 |
| 商品和劳务进口 | -0.96 | -0.63 | 0.47 |
| 政府消费和投资总额 | 0.35 | -0.09 | 0.79 |

资料来源：美国商务部经济分析局。

**1. 个人消费支出增长大幅度下降**

作为美国经济增长的主要动力，2007 年第一季度，美国个人消费支出增长强劲，增长率为 3.7%（见图 1）。第一季度美国个人消费支出增速大大高于上年

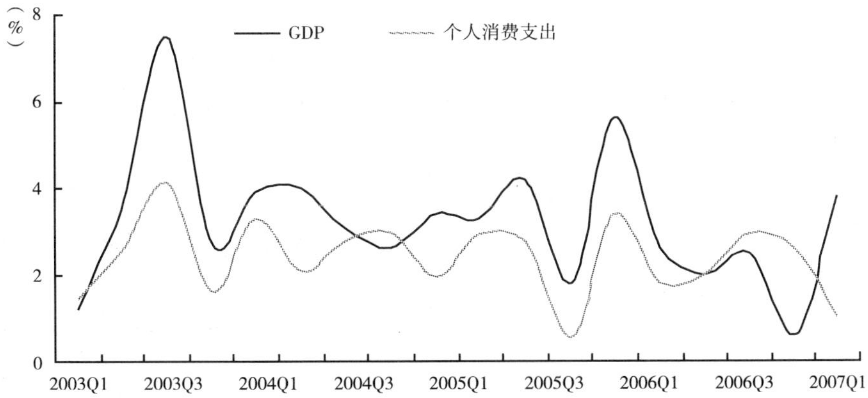


**图 1　美国个人消费支出对经济增长的贡献**

资料来源：美国商务部经济分析局。

全年的3.1%，在当季0.6%的GDP增长中，个人消费支出贡献度为2.56个百分点，表明个人消费没有受到利率上升，特别是住房市场降温的较大影响。然而，第二季度美国个人消费支出增长大幅度下降，增长率仅为1.4%，对同期GDP增长的贡献度也下降到1.00个百分点，为2005年第四季度以来的最小增幅。第二季度个人消费支出增速大幅减缓的主要原因是受汽油价格上涨和住房市场降温的影响。

但是另一方面，由于汽油、汽车和食品销售强劲上涨，9月份美国的商品零售额环比大涨0.6%，明显高于预期，同时就业数据明显改善，表明美国消费者支出增长潜力仍然巨大。

**2. 私人国内投资增长由弱转强**

受住宅投资拖累，2007年第一季度美国私人国内投资增长连续第三个季度出现负值，增长率为-8.2%。近几年来美国经济增长持续低迷的一个重要原因就是由于投资增长持续无法复苏。然而，第二季度美国私人国内投资增速开始反弹，增长了4.6%，促进经济增长0.71个百分点，但住宅投资对经济增长的拉动仍为负值。

从长期来看投资增长有利于经济持续发展，但是私人国内投资增长的可持续性仍有待进一步观察。按照美国全国企业协会对美国各个主要行业部门总共107家企业单位的调查，仅1/4的企业认为2007年下半年其资本支出会增加，这一比例为三年多来最低，同时这些企业也将计划减少2008年的资本支出。

**3. 贸易平衡得到改善**

2007年第一季度，美国商品和服务出口增长1.1%，商品和服务进口增长3.9%，净出口下拉经济增长0.51个百分点。而第二季度，商品和服务出口增长了7.5%，商品和服务进口下降了2.7%，净出口促进经济增长1.32个百分点，这是11年来贡献最大的一次（见图2）。

美国出口大幅度增加，一方面得益于美元在国际市场上的持续贬值，增强了美国企业出口竞争力，另一方面也与布什政府为企业拓展海外市场采取的一些减税和自由贸易政策有关。

美元贬值在促进出口的同时，也使进口商品对美国消费者的吸引力下降，进而抑制了进口，从而使美国贸易平衡得到了改善。2007年前8个月，美国累计实现贸易逆差4719亿美元，比上年同期减少456亿美元。如果目前的趋势得以继续，2006年可能出现6年来首次贸易逆差减少。

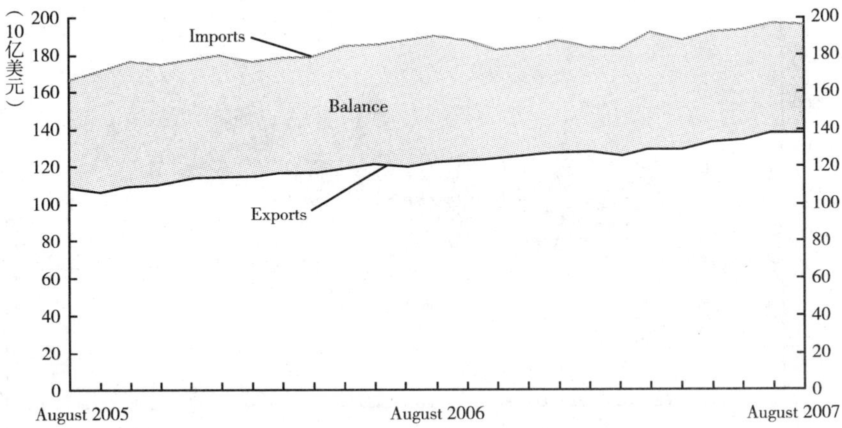


**图 2　美国对外商品和服务贸易**

资料来源：美国商务部普查局。

**4. 房地产市场持续低迷**

2007 年第一季度，美国私人住宅投资下降 16.3%，直接导致 GDP 增速下降 0.93 个百分点；第二季度，私人住宅投资继续大幅度下降 11.8%，对经济增长的负贡献略有下降，为 0.62%。

继 7、8 月份新房开工量同比分别下降 6.1% 和 2.6% 之后，9 月份美国新房开工量同比继续下降了 10.2%，经季节调整按年率计算为 119.1 万套，是 1993 年 3 月以来的最低水平（见图 3）。美国 9 月份的新房开工量也低于经济学家普遍预期的 127.5 万套，与上年同期相比，降幅则达到了 31%，这显示美国住房前景仍不容乐观。同时，反映未来新房建筑走势的新房建筑许可证发放量 9 月份下降了 7.3%，经季节调整按年率计算为 122.6 万套，是 1993 年 7 月以来的最低水平。

此外，9 月份，美国旧房销量比前一个月下降 8%，是 1999 年以来的最大降幅。9 月份美国旧房销量经季节调整按年率计算为 504 万套，比上年同期下降 19.1%。销售疲软令全美房价持续走低。9 月份美国旧房销售中间价为每套 21.17 万美元，同比下降 4.2%，为 14 个月来第 13 次下降。美国旧房销售之所以大幅下降，主要是由于 8 月份次贷危机的爆发，导致银行纷纷收紧银根，提高放贷门槛，部分次级抵押贷款公司因陷入流动性危机而停止放贷。9 月份，美国积压待售旧房为 440 万套，创历史最高纪录。按照目前的销售速度，销售完这些

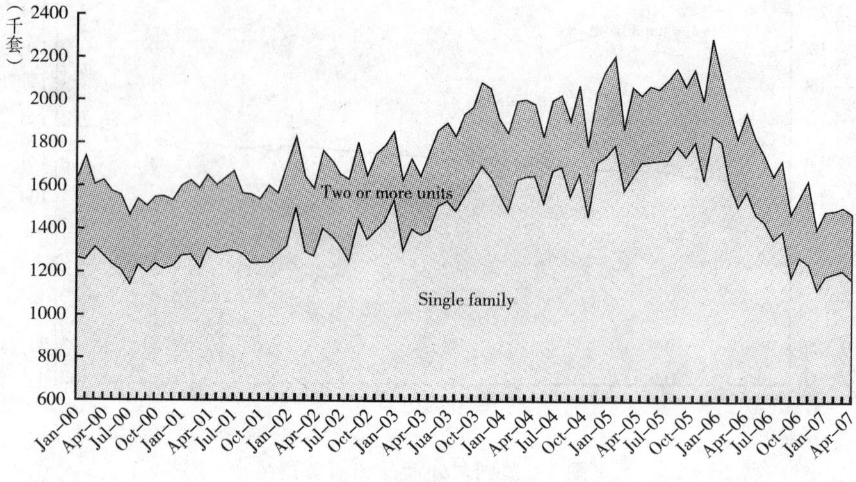


**图3　美国新房开工量**

资料来源：美国商务部普查局。

旧房需要10个半月的时间。

曾连续几年高度繁荣的美国住房市场自去年开始显著降温，目前已进入过去16年来最严重的低迷期，预计未来几个月美国住房市场的低迷状态仍将持续。

**5. 就业状况良好，失业率保持低位水平**

2007年以来，美国就业人数稳定增长。9月份，美国非农业部门新增就业岗位11万个，为5月份以来的最佳表现。另外，在经过对企业进行调查后，美国劳工部大幅修正了7、8月份的新增非农就业人数，其中8月份非农就业人数从减少4000人调整为增加8.9万人。9月份的就业数据以及前两个月就业人数的向上修正使美国就业人数连续49个月增加，实现了有史以来持续时间最长的就业增长（见图4）。

与就业增长相吻合，2006年9月份以来美国失业率一直保持在4.4%～4.7%之间，是自2001年下半年以来失业率最低的时期。

**6. 通胀压力依然存在**

2007年前9个月，美国消费价格（CPI）按年率计算上升了3.6%，升幅高于2006年全年的2.5%。其中，食品价格按年率计算上涨了5.7%，能源价格上涨了11.7%（见图6）。不过，核心CPI按年率计算仅上升2.3%，升幅低于

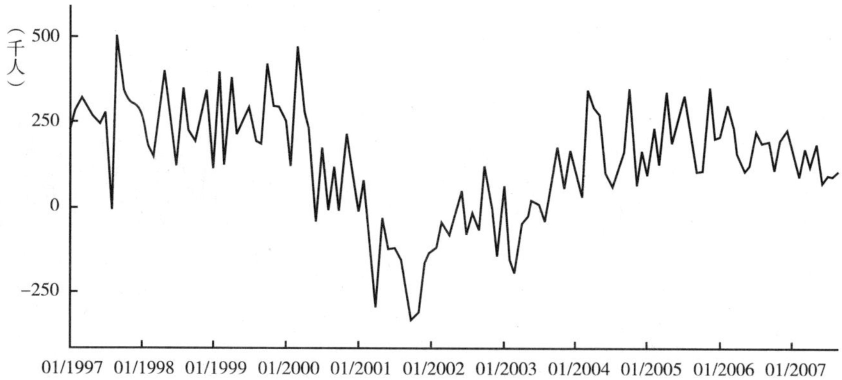


**图 4　美国非农就业人数增长情况**

资料来源：美国劳工部。

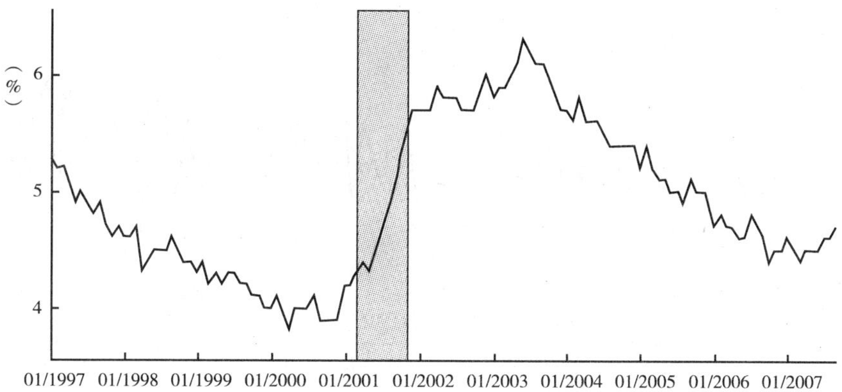


**图 5　美国失业率**

资料来源：美国劳工部。

2006 年全年的 2.6%。

但是，最新数据显示，通胀压力依然存在。9 月份美国生产者价格（PPI）环比上涨了 1.1%，是 2007 年 2 月份以来的最大涨幅，超出市场预期；PPI 同比上涨了 4.4%，是自 6 月份以来的最大涨幅。9 月份 PPI 上升的主要原因是能源和食品价格的上涨。伴随国际市场原油价格再次上升，9 月份美国汽油批发价格飙升 8.4%，是自 2006 年 11 月以来的最大涨幅；食品价格上涨 1.5%，是自 3 月份以来的最大涨幅。1997 ~ 2007 年美国 PPI 同比走势见图 7。

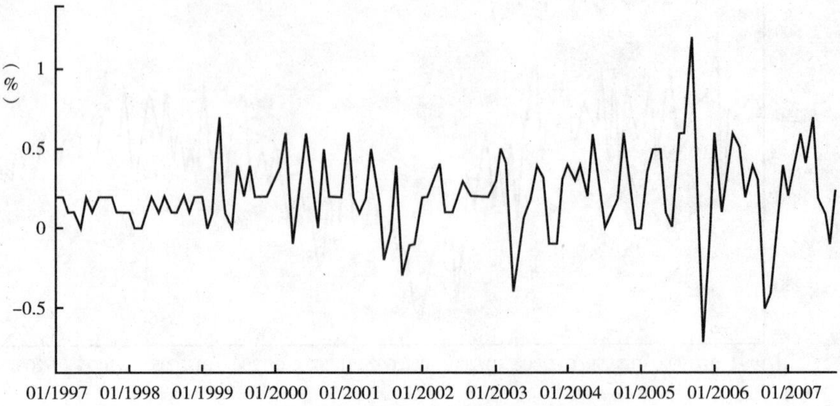


**图 6　美国 CPI 同比走势**

资料来源：美国劳工部。

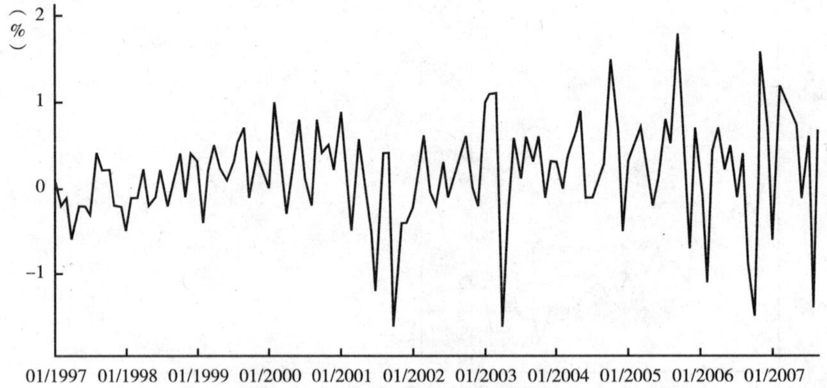


**图 7　美国 PPI 同比走势**

资料来源：美国劳工部。

### 7. 财政赤字降至 5 年来最低水平

在 9 月 30 日结束的 2007 财政年度里，美国政府财政赤字总额为 1628 亿美元，比上一财年大幅下降 34.4%，为 5 年来最低水平。2007 财年，美国政府收入达到创纪录的约 2.57 万亿美元；政府开支约为 2.73 万亿美元，也是历史最高纪录。其中，开支最大的项目包括医疗保险和医疗补助计划、社会保障计划、军费以及公债利息。2007 财年的财政赤字约相当于美国当年国内生产总值的 1.2%，这一比例低于美国过去 40 年赤字占国内生产总值比例的平均水平。

美国政府在过去 5 年一直都面临巨额赤字问题，其中 2004 年财政赤字更是创下4130亿美元的历史最高纪录。财政赤字和贸易赤字问题使布什政府的经济政策颇受争议。在2007年2月向国会提交的2008财年的预算报告中，布什政府计划到2012年最终实现消除财政赤字并恢复盈余的目标。

**8. 股市创历史新高**

2007年以来，美国股市不断震荡走高。10月9日，道琼斯工业平均指数和标准普尔500指数均创下收盘价历史新高。其中，道琼斯工业平均指数收于14164.53点，比年初上涨13.5%（见图8）；标准普尔500指数收于1565.15点，比年初上涨10.5%。纳斯达克综合指数也于10月10日创下收盘价历史新高，收于2811.61点，比年初上涨16%。近期美国股市大幅反弹的主要原因是美联储以及各国央行为了避免流动性危机，大量向市场注资。美联储在降低贴现率后，又大幅调低利率50个基点，出乎市场预期，鼓舞了市场信心。此外，就业人数增长以及消费需求强劲增强了人们对美国经济继续增长的信心，也是美国股市反弹的一个重要原因。

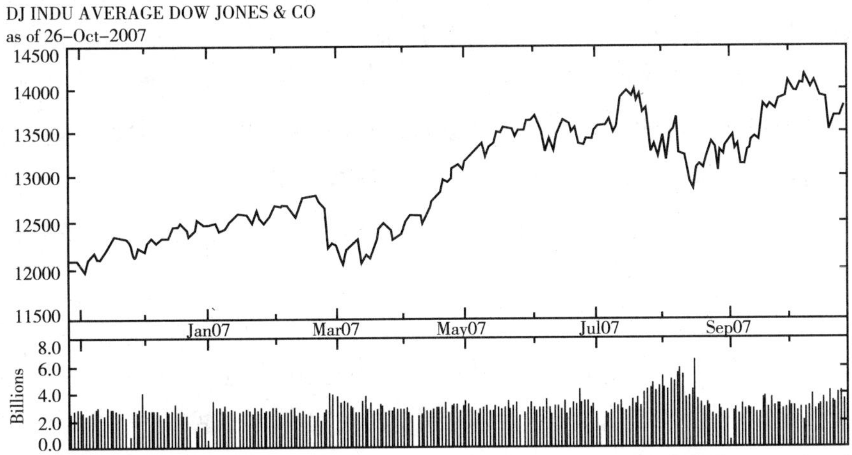


**图8 2007年1～10月道琼斯工业平均指数走势图**

资料来源：http：//finance. yahoo. com.

## 二 美国经济增长仍面临不确定因素

2007年下半年及2008年，仍有一些影响美国经济增长的不确定因素，主要是房地产市场持续低迷、次贷危机远未结束以及美联储货币政策的效果等。

**1. 房地产市场低迷是美国经济的最大威胁**

尽管美国经济基础依然强劲，但持续低迷的房地产市场是目前美国经济的最大威胁。房地产市场低迷时间越长，美国经济所受威胁越大。

目前美国房地产市场正经历16年来最严重的衰退，房地产商悲观情绪加重，同时面临信贷紧缩、房屋供给过剩和房价下跌三重打击。首先，房屋信贷方面的最新数据显示，到2007年6月份美国已有100万抵押贷款购房者无力支付月供或丧失抵押房屋的赎回权，这一数字比两年前高出了50%。同时，近期美联储各个地区分行的信贷门槛显著提高，消费信贷增速继续放缓，大多数地区的按揭放贷增幅疲软或出现下跌。其次，根据全美建筑商协会近期公布的数据，10月份住房市场指数经季节调整后由9月份的20降到18，创历史新低，这是自1985年编制该指数以来的最低值。10月份，美国房地产开发商指数的3个子指数也全部跌入历史新低。在情绪指数方面，美国4个区域中有3个区域出现下滑，其中西部的开发商情绪最为低落，而曾经是情绪最低的中西部的开发商10月份稍稍好转。目前，有不少开发商均报告新订单大幅下降，并有大量取消订单的现象，尤其在过去两个月信贷紧缩的情况下。与此同时，虽然开发商已经明显放缓了新房的建设，但目前美国仍有大量接近完工的新房等待销售，这对本已脆弱的房地产市场构成压力。最后，权威住宅价格指数显示，过去一年里，全美20个城市房价下跌了3.9%。尽管采取了一些刺激房产销售的措施，但许多购房者都在持币观望，等待价格进一步下跌。

新经济泡沫以来，房地产一度成为美国经济增长的有利支撑，此次房地产市场降温，无疑会对美国经济产生一定的拖累。对美国房地产市场低迷究竟会持续多久，目前很难做出准确的预测，估计调整的过程可能比原来预期的要长。

**2. 次贷危机远未结束**

次贷危机是由为信用较低的借款人提供贷款的美国次级住房抵押贷款市场问题引发的。对于放贷机构来说，次级贷款的利率高于一般贷款，是一项高回报业务。过去，次级贷款在美国整个抵押贷款市场所占比重很小，但21世纪初美国住房市场持续繁荣为这一市场的迅速发展提供了条件。

美国次贷市场从2004年开始迅速发展，并在2005年和2006年达到顶峰。从2004~2006年，美国很多地方的房价都涨到了历史最高点。这期间，2500多家银行、储蓄贷款机构和抵押贷款公司等总共发放了1.5万亿美元的高利率贷款，即利率比相应国库券利率高出至少 3 个百分点的贷款，其中包括大量次级贷款。

次贷产品迅速发展，究其原因，一方面在于住房市场持续繁荣使很多借款人低估了潜在的风险，另一方面也在于放贷机构极力推广这类产品。在办理贷款时，放贷机构和借款人都以为，如果出现还贷困难，借款人只需出售房屋或进行抵押再融资就可以了。但事实上，由于住房市场降温，借款人很难将自己的房屋卖出去，房屋价值也下跌到不足以偿还剩余贷款的地步。可以说，这类产品既成就了当时次贷市场的兴盛，也为后来的次贷危机埋下祸根。

2007 年夏天，美国次级住房抵押贷款市场危机全面爆发。在住房市场降温后，房价下跌和利率上升使很多次贷市场借款人无法按期还贷，丧失抵押品赎回权的比例也快速上升。为规避风险，银行及其他放贷机构纷纷提高放贷标准，市场被浓重的惜贷气氛所笼罩。而且，那些问题最大的抵押贷款多是在 2005 年底和 2006 年放出的，按常理推算，这些贷款还贷拖欠率的高峰可能要到 2008 年第二季度或第三季度才会出现。

为增加市场流动性、缓解投资者恐慌心理，美联储此前已在 8 月份向金融市场注入巨额资金，并将贴现率下调了 0.5 个百分点。这些措施对稳定市场预期起了一定作用，但是，深层的危机并未消除。次贷市场问题不仅没有缩小，相反有继续扩大的可能。因此，信贷紧缩加剧的威胁依然存在。如果信贷危机严重影响到消费和投资，那么，经济增长前景将面临重大风险。国际货币基金组织近期发表的《全球金融稳定报告》指出，目前，次贷市场问题将变得越来越严重，并且已经影响到其他经济领域，不可低估这次市场动荡可能造成的后果，调整过程可能会相当漫长。

**3. 美联储货币政策效果尚待检验**

9 月 18 日，美联储宣布将联邦基金利率即商业银行间隔夜拆借利率下调 50 个基点，由原来的 5.25% 降为 4.75%，与此同时将贴现利率同步下调 50 个基点，由 5.75% 降至 5.25%。这是美联储自 2003 年 6 月以来的首次降息。过去 4 年来，美联储已连续 17 次累计加息 425 基点。美联储在一份声明中表示，尽管 2007 年上半年经济保持了温和增长，但是当前不断紧缩的信贷市场环境有强化房地产市场调整和抑制经济增长的潜在可能。此次降息旨在预防由于目前金融市场动荡而对经济产生的一些反向结果，促进经济保持温和增长。

作为美联储调节货币市场供求关系的重要工具，联邦基金利率可直接影响商业银行向个人与企业的短期借贷利率，从而影响消费和投资以及整体经济。在目前环境下，美联储降息不仅意味着降低个人和企业举借成本，有助于消费和投资稳定增长；而且意味着住房抵押贷款人的还贷压力会有所减轻，有利于缓解信贷紧缩，恢复投资者信心和金融市场稳定。

目前，美联储货币政策的重心已偏离通胀，转向关注金融市场危机对经济的影响。不过，从短期来看，美联储降息的作用更多体现于提升市场信心，相当于一针“强心剂”，降息对于消费和投资的实际作用需要经过一段时间才能显现。美联储今后还需进一步降息，才能使经济回到稳定增长轨道，但促使通胀上升的某些风险依然存在，如油价攀升。不过，即使美联储采取一系列降息行动，在2007年剩余的时间里以及2008年，美国经济和金融市场也还需应对住房市场低迷和信贷危机带来的问题。

## 三　美国经济增长有望继续保持稳步增长

美联储最新的“褐皮书”全国经济情况调查报告显示，8月份以来，美国12个地区中有5个地区经济增长趋缓，主要受到消费支出疲软、制造业及服务业降温拖累。9月份和10月初的全美经济活动扩张速度较8月份出现放缓，而与房地产相关的行业增长速度下降。调查发现，企业界对经济增长前景的悲观程度达到“不同寻常的高水平”，同时消费支出增长也在放缓。楼市衰退正变得更加严重，多数地区报告房价、房屋销售和营建活动持续下跌，众多房产商预期未来数月内的房地产市场仍将持续衰退。同时，美联储各个地区分行的信贷门槛显著提高，消费信贷增速继续放缓，大多数地区的按揭房贷增幅疲软或出现下跌，企业界则更加担心信贷市场紧缩将阻碍公司的未来发展。然而，尽管某些地区的就业增长速度放慢，但美国总的就业形势仍相当好，大部分地区的不少行业都存在劳动力短缺现象。最新公布的通胀指标仍较温和。

目前，对于美国经济未来的发展存在两种观点，一种认为，受住房市场降温和次贷危机影响，美国经济增长速度将会放慢，甚至有陷入衰退的可能。但也有许多经济学家认为，在美联储的积极调控下，美国经济有望继续保持稳定增长。

总体来看，尽管住房市场的持续降温是拖累美国经济增速放慢的主因，这种影响已波及消费、就业和金融领域，而且次贷危机对美国经济的影响超过市场普遍的乐观预期，但由于支撑美国经济的消费及出口并没有发生逆转，加上全球其他主要经济体经济并没有出现明显的衰退迹象，因此美国经济近期陷入衰退的可能性不大。然而，尽管2007年第三季度美国的经济数据看起来不错，但受住房市场进一步降温拖累，未来几个月美国经济增长速度将继续放慢。国际货币基金组织预计，2007年和2008年两年美国经济增长率均为1.9%，低于2006年的2.9%。

同时，抵押贷款市场目前仍存在的困难可能会使美国住房投资进一步下降，而住房价格下降也可能会促使美国家庭增加储蓄，从而抑制消费开支增长。不过，得益于美元持续贬值和其他地区经济稳定增长，美国出口可望保持强劲势头。公司良好的资产负债形势也应有助于企业扩大投资。由于经济增速减缓，美国通货膨胀压力将有所缓解。在未来几个月里，除去能源和食品的核心通胀率还可望继续下降。

## 四　对中国经济的影响

**1. 美联储降息加大中国宏观调控难度**

鉴于美国房地产市场的低迷表现，预计今后一段时间，美联储将继续降息，以避免经济增长步伐进一步放缓。美联储降息将对我国经济产生一定的影响。

首先，美联储降息将缩小中美之间的利率差，将会加剧国际短期资本从美国向中国的转移，导致中国外汇储备进一步增加，国内流动性过剩局面恶化，进一步加剧资产价格泡沫的膨胀，从而加大中国宏观调控的难度。

其次，美联储降息，美元资产的收益率就会降低。美国和中国资产的吸引力此消彼长，引致资金流动的变化，会增加人民币升值压力。

最后，美联储降息将会加剧经济系统中的通货膨胀压力，尤其是对目前全球初级产品市场和能源市场的价格上涨推波助澜，对控制全球通胀不利，这也将加剧中国控制通胀的难度。

**2. 美元贬值增加人民币升值压力**

2007年以来，受美国经济增长减速、国际收支逆差持续上升和利差缩小的影响，美元对世界主要货币汇率一路走低。其中，对欧元下跌了8%，对日元下跌了4%。美元贬值的现象，是国际金融市场高度关注的一个焦点。美元贬值增加了人民币升值及汇率政策的压力。目前，我国既面临来自人民币升值引起的投资和投机冲动压力，又面临国内外经济、金融形势变化的压力。同时，美元贬值与人民币升值预期，又加大了我国经济政策和经济周期性调整的难度，还进一步加剧了我国经济的内外失衡。如何应对美元贬值，是我们应该认真关注和研究的问题。

**3. 次贷危机对中国影响有限**

此次美国次贷危机对中国而言，从短期来看，造成的直接影响较小，目前中国的金融机构投资购买的美国次级债券总量不多。然而，从长期来看，中美之间的贸易和资金往来比较密切。花旗银行测算显示，美国经济增长放缓1%，中国经济增长将放缓1.3%；如果美国经济进入衰退期，必然会对中国经济带来负面影响。

从目前的情况来看，中国金融业在此次美国次贷危机中受到的影响有限。这是由于中国资本项目尚未完全开放，人民币不能自由兑换，国内资本市场相对比较封闭，企业及个人大量投资于美国次级信贷的可能性不大，因此其对中国金融市场及金融体系的影响较小。

但是，此次信贷危机反映出美国次级贷款市场制度上的缺陷，保持经济高速增长的中国应把美国次贷危机作为“前车之鉴”，防患于未然。

# 欧元区经济继续较快增长，但低于预期

赵　坤*

**摘　要：**欧元区经济自上年强劲复苏以来，2007 年依然保持了较快增长的态势，但是第二季度出现了明显减速。虽然欧元区经济减速可能只是暂时现象，但目前体现欧元区 13 国生产者和消费者对经济前景乐观程度的经济敏感指数连续下滑，消费者信心指数也有所下降，预示欧元区经济可能已经到达周期的顶点。2007、2008 年两年欧元区经济增长可能无法达到预期的水平，2007 年可能增长 2.5%，2008 年则略降至 2.4%。

**关键词：**欧元区经济　投资减速　欧元升值

欧元区经济自 2006 年强劲复苏以来，2007 年依然保持了较快增长的态势。2007 年前两个季度，欧元区经济分别比上年同期增长了 3.2% 和 2.5%。但是，欧元区经济在第二季度出现了明显减速，比第一季度仅增长 0.3%，是自 2005 年初以来的最低增速。尽管欧元区第二季度经济增速放慢可能只是暂时现象，但这也可能预示欧元区本轮经济增长周期已经达到顶点。

欧盟委员会最新发布的欧元区季度经济报告[①]称，2007 年下半年欧元区经济仍会保持增长，但经济增长速度放慢的风险增加。根据其最新预测，2007 年第三季度和第四季度，欧元区经济增速将比第二季度有所加快，有望达到

---

* 赵坤，经济学博士，国家信息中心经济预测部经济师，主要从事中国经济、世界经济跟踪分析与预测以及数量模型研究。

① European Commission, *Quarterly Report on the Euro Area*, Volume 6 No. 3 (2007).

0.5%。2007 年全年欧元区经济将增长 2.5%，比欧盟委员会春季的预测值下调了 0.1 个百分点。

## 一 当前欧元区经济运行情况

2007 年第一季度，欧元区经济比前一季度增长了 0.7%，明显超出了外界的预期，欧盟委员会在 5 月份公布的经济预测报告中也因此对欧元区 2007 年经济增长前景表示乐观。但第二季度欧元区经济增长速度明显放慢，仅为 0.3%，是自 2005 年初以来的最低增速（见图 1）。与上年同期相比，欧元区经济也由第一季度的 3.2% 放慢至第二季度的 2.5%。据此，欧盟委员会在其最新发布的季度报告中认为，欧元区经济自 2005 年下半年步入复苏轨道并经历了 2006 年的强劲增长后，可能已经达到顶点，如今正面临增长速度放慢的局面。

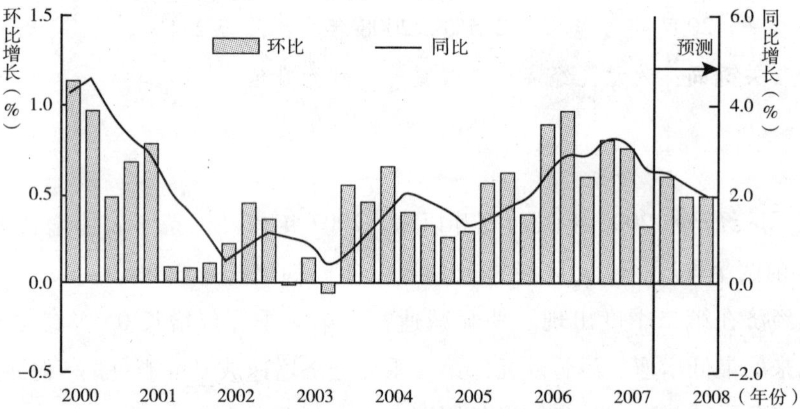


**图 1 欧元区 GDP 增长趋势及预测**

资料来源：欧盟统计局和 IFO-INSEE-IASE 预测。

由表 1 可以看到，在欧元区 GDP 各个组成部分中，投资需求由第一季度增长 2%，转变为第二季度 0.2% 的负增长，增长形势急剧逆转；消费需求则相对稳定，但政府需求增速回落，私人消费需求加速增长。总体来看，内需对经济增长的贡献下降，而外需对经济增长的贡献由负转正。

表1　欧元区 GDP 及各个组成部分的环比增长趋势

单位：%

| 年　　份 | 2006Q3 | 2006Q4 | 2007Q1 | 2007Q2 | 预　测 | |
|---|---|---|---|---|---|---|
| | | | | | 2007 | 2008 |
| GDP 及各个组成部分增长 | | | | | | |
| GDP | 0.6 | 0.9 | 0.7 | 0.3 | 2.6 | 2.5 |
| 私人消费 | 0.5 | 0.5 | 0.0 | 0.5 | 2.1 | 2.4 |
| 政府消费 | 0.5 | 0.4 | 0.8 | 0.1 | 1.8 | 1.8 |
| 固定资本形成 | 0.7 | 1.7 | 2.0 | -0.2 | 4.4 | 3.6 |
| 存货变化(占 GDP 比重) | 0.3 | -0.2 | -0.1 | -0.2 | 0.7 | 0.5 |
| 出口 | 1.1 | 3.1 | 0.8 | 1.1 | 6.7 | 6 |
| 进口 | 1.9 | 1.6 | 0.9 | 0.6 | 6.7 | 6.2 |
| GDP 各个组成部分对 GDP 增长的贡献 | | | | | | |
| 私人消费 | 0.3 | 0.3 | 0.0 | 0.3 | 1.2 | 1.3 |
| 政府消费 | 0.1 | 0.1 | 0.2 | 0.0 | 0.4 | 0.4 |
| 固定资本形成 | 0.2 | 0.4 | 0.4 | 0.0 | 0.9 | 0.8 |
| 存货变化 | 0.3 | -0.5 | 0.2 | -0.1 | 0.1 | 0.0 |
| 净出口 | -0.3 | 0.7 | -0.1 | 0.2 | 0.1 | 0.0 |

资料来源：欧盟统计局。

**1. 投资增长减速**

投资疲软是拖累欧元区第二季度经济增速下滑的主要因素。具体而言，固定资产投资在经过了 2006 年的强劲增长以及在第一季度环比攀升 2.0% 后，第二季度环比下降0.2% （见图2）。第二季度固定资产投资下滑，可能是对近期固定资产投资强劲增长的一次必要修正。此外，在第一季度受暖冬因素刺激而强劲增长后，德国建筑业投资在第二季度出现下降。

继美国楼市走软之后，现在欧洲楼市景气也日趋疲软。由于利率升高、市场信心不足、借贷条件趋严，欧洲一些最热的楼市都已出现房价下跌的现象。过去十年，西班牙的房价上涨逾一倍，但现存房屋的平均价格自下半年起开始缩水；法国第三季度房价则出现近十年来首度下跌。近几年，伴随全球房地产市场高涨，欧洲建筑业持续扩张，并在 2006 年底、2007 年初成为欧洲经济增长的一个主要动力，但是目前的现实是欧元区各国的建筑活动正转趋疲软。

与建筑投资不同，欧元区的设备投资仍然维持较快速度增长，尽管仍无法抵

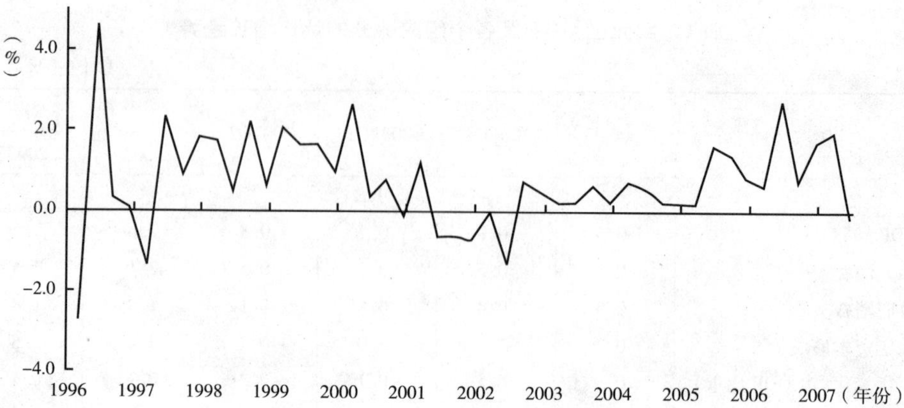


**图2　欧元区投资季度增长趋势**

资料来源：欧盟统计局。

消建筑投资的下降。第二季度欧元区商业投资仍然受到企业信心稳定、经营状况良好、盈利能力强劲及许多企业需要扩大产能才能满足旺盛需求因素的支撑。实际上，最新调查结果显示，欧元区企业投资意愿依然强烈。前几年，欧洲经济普遍低迷，许多企业都不同程度地缩减了生产规模。但2007年以来，国内外生产订货上升迅猛，生产能力无法满足需求，许多订单都需延期交付，企业增加设备投资、扩大生产规模的意愿比较强烈，支撑了欧元区设备投资的快速增长。与此同时，欧元区的私人投资出现了一些反弹，也有望成为未来一段时期投资增长的支撑力量。

**2. 私人消费取代投资成为经济增长的动力**

作为欧元区第一大国的德国在2007年初增值税提高了3个百分点，对欧元区的私人消费产生了较大的影响，特别是第一季度，欧元区私人消费仅为零增长。但是由于2007年以来欧元区的劳动市场继续改善，失业率不断下降；与此同时工资水平加速上涨，居民可支配收入增加，促进了私人消费的增长（见图3），部分消化了德国增值税改革所带来的负面影响。因此，第二季度欧元区的私人消费增长有所恢复，增长了0.5%，且由于投资减速使私人消费成为欧元区经济增长的主要动力。

从目前的情况看，提高增值税仅对年初消费情绪产生了压制作用。但由于经济走势良好，失业率明显下降，增加工资的前景看好，消费者预期收入将得到提

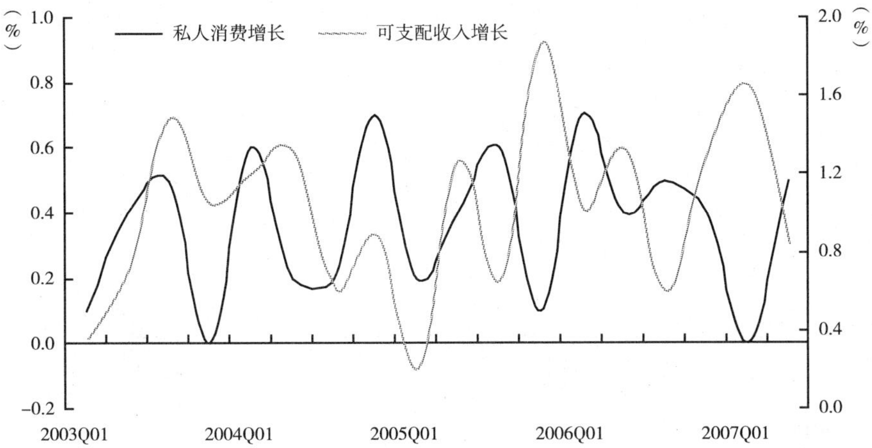


**图 3　欧元区可支配收入与私人消费增长趋势**

资料来源：欧盟统计局。

高，也准备花更多的钱进行消费。纽伦堡的市场调查机构 Gfk 发布的消费者调查报告①指出，德国的消费景气在显著回升，消费信心指数从 2007 年 3 月份开始，已连续 5 个月上升，并呈现高水平稳定状态。虽然欧元升值、利率提高和能源价格上升使消费者对经济增长的持续时间产生一定顾虑，但消费者对经济增长仍保持乐观心态，消费者收入预期指数仍处于高水平，消费者购买倾向依然浓厚。

**3. 进出口增速回归正常，经常项目转为顺差**

2006 年第四季度欧元区的进出口增长异常强劲，季度环比增长率分别达到 1.6% 和 3.1%。2007 年前两季度进出口增速趋向正常，出口增速分别为 0.8% 和 1.1%，进口增速则分别为 0.9% 和 0.6%。尽管受到欧元升值的影响，欧元区出口增速尚未出现较大回落。

2007 年以来，欧元区经常账户逐渐趋于平衡。如图 4 所示，按照近几个月欧元区外贸发展状况，许多机构预计 8 月份欧元区将出现进出口平衡，但欧元区 13 国 8 月份仍实现了 13 亿欧元的贸易顺差，比前一个月 57 亿欧元的顺差有所下降，但与上年同期的 52 亿欧元逆差相比则大幅增长。能源进口支出下降可能是

① Gfk Group, Germany: Consumer climate restrained after summer high, 2007.

产生贸易盈余的主要原因，这种趋势降低了欧元区的进口数额。但9月份和10月份油价大幅攀升，将会使贸易盈余消失。

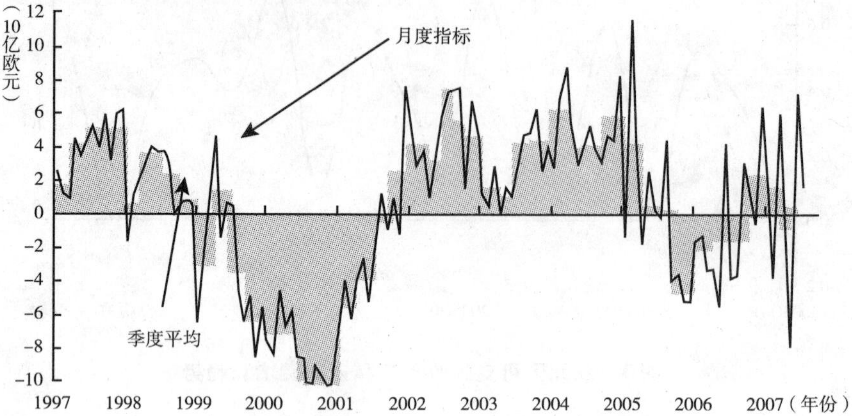


**图4　欧元区经常账户平衡状况**

资料来源：欧盟统计局。

**4. 通胀形势基本稳定，欧洲央行暂停加息步伐**

2007年上半年，欧元区通货膨胀率为1.9%，基本和年初的预计一致，比上年有了明显下降。但与整体通胀率下降的趋势不同，上半年欧元区的核心通胀率比上年底上升了0.3个百分点（见图5），这主要是由德国调高增值税率所致。

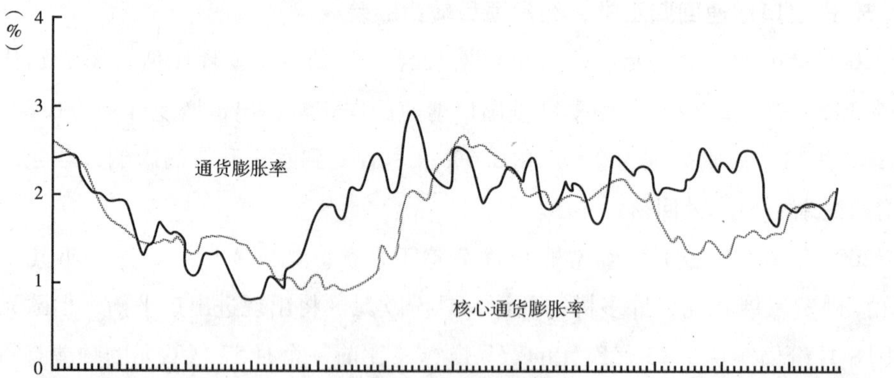


**图5　欧元区通货膨胀变化**

资料来源：欧盟统计局。

从不含增值税的生产者价格指数基本稳定可以看出这一点。另一方面，尽管就业增长不断加快，但工资上涨的压力并没有显著加大，这对稳定通胀形势十分重要。目前欧元区价格上涨较多的是服务和未加工食品。服务价格上涨，一方面是由于德国调高增值税，另一方面是由于需求上升，服务企业也较为容易转移价格上涨因素。

继上年12月加息后，2007年欧洲央行分别在3月和6月两次加息，以抑制欧元区物价上涨。迄今，欧元区主导利率已升至4%，达到6年来的最高水平。但之后由于经济减速和美国次债危机，欧洲央行连续四个月维持欧元区主导利率不变，暂停了加息步伐。

然而，由于近期能源和粮食价格持续上涨，欧元区9月份的通货膨胀率达到2.1%，自2006年8月份以来首次突破欧洲央行设定的2%的警戒线。欧元区通胀率的上升将使欧洲央行面临两难的境地。一方面，随着通货膨胀率的上升，欧洲央行可能再一次上调主导利率；另一方面，过早地增加贷款成本对经济复苏不利。

**5. 服务业增长迅猛**

从行业来看，服务业正在取代工业部门成为欧元区经济增长的主要驱动部门。第二季度服务业对欧元区GDP的贡献为0.4个百分点，比第一季度提高了0.1个百分点，而工业部门的贡献则由第一季度的0.4个百分点降至接近0。工业生产数据也证实了工业生产减速的趋势，第二季度工业生产环比增长率为0.3%，显著低于第一季度的0.8%。除能源外，几乎所有工业部门的生产都在减速。

**6. 劳动力市场继续好转，工资不断上涨**

从2006年起，欧元区的就业增长明显加快。2006年欧元区的就业增长率为1.5%，相当于新创造200万个就业岗位。第一季度就业环比增长率为0.4%，继续保持了增长势头。考虑到就业增长一般滞后于产出增长，预计就业增长的良好势头将持续到年底。在就业增长的带动下，欧元区的失业率不断降低，至2007年7月，失业率下降到6.9%，是近十年来的最低点。虽然这主要归因于周期性因素，但数据显示欧元区结构性失业也在下降。

**7. 公共财政形势继续好转**

在公共财政方面，欧元区主要国家的财政收入增长要好于预期，但同时财政支出的增长也有所加快，总体财政状况与年初的预测基本一致。欧盟主要成员国的财政赤字都已降至3%以下，预计2007年，赤字率德国为0.5%，法国为2.4%，意大利为2.5%。但各国在实现其中期财政目标上仍有较大差异，德国可望在2010年实现财政平衡，并从2011年起出现财政盈余。而法国新政府和意大利政府则推出了较为庞大的减税与支出计划，使其实现财政平衡的目标要在2011年后才有可能实现。

## 二　欧元区经济增长面临的风险

**1. 世界经济减速**

国际货币基金组织近日发表的最新《世界经济展望》报告①调低了几乎所有主要发达经济体2007年和2008年两年的经济增长率，并指出全球经济增长前景明显面临下行风险。2008年全球经济将增长4.8%，比2007年7月份的预测值低0.4个百分点；美国经济将增长1.9%，比此前的预测值低0.9个百分点。世界经济减速将造成欧元区经济增长的外部环境恶化，从而影响欧元区出口增长，加大欧元区经济下行的风险。

尽管如此，目前世界经济的总体增长形势仍要好于预期，主要原因在于新兴市场国家的强劲增长，可以部分弥补美国经济减速的影响。中国经济增长则再次超出预期，上半年GDP增长达到11.5%。但消费和资产价格上涨较多是中国需要解决的问题。全年中国经济增长可望达到11%。印度经济也继续保持较高速增长，2007年第二季度GDP增长了9.3%，而通胀率则下降到4%。巴西的工业生产保持加快增长的势头，第二季度增长率达到5.8%，通胀率则有所上升，为3.7%。

**2. 国际金融市场动荡**

自美国次债危机爆发以来，由于银行之间产生了信任危机，为避免受到更大的损失，银行之间不再进行信贷，全球信贷市场出现了短期流动性不足的困难局面。虽然欧洲次贷市场不发达，不会爆发类似美国的次贷危机，但是由于一些美国放贷机构将次级抵押贷款合约打包成金融投资产品出售给投资基金等，而相关

① IMF, *World Economic Outlook*, October, 2007.

评估机构并没有正确评估这些产品的信用，导致一些买入此类投资产品的欧洲投资基金遭重创。

对于美次贷危机的蔓延，欧洲中央银行采取了迅速而强有力的措施：从8月8日到13日，连续3次分别向市场投入948亿欧元、610亿欧元和476亿欧元“救市”，这是欧洲央行自“9·11”以来最大的一次干预市场行动，效果应该说是积极和有效的。但是，次贷危机尚未结束，其对2007年欧盟经济的最终影响仍很难确定。此次信贷危机对欧洲经济的最终影响将取决于以下几个方面，一是金融市场恢复正常运行所需时间的长短；二是对风险重新估价的程度；三是投资者和消费者信心受影响的程度。目前还很难对危机的影响程度做出数量评估，但其作用方向无疑是加大了欧洲经济的减速风险。

金融市场的动荡对欧元区经济增长构成了严重威胁，尤其是如果金融市场动荡加剧的话。由于当前的信贷紧缩危机抑制了欧元区一些消费者及企业的信贷需求并引发了市场利率的上扬，因此将会严重抑制欧元区内需的增长。事实上，目前已有明显迹象表明金融市场的动荡对整个欧元区商业情绪指数及消费者情绪指数构成了严重打压，进而危及欧元区投资、就业及居民消费支出的增长。同时，金融市场动荡对全球经济增长造成的任何重大冲击都将会抑制欧元区的出口增长，而出口增长一直是欧元区经济复苏过程中的一个重要引擎。

**3. 欧元持续升值**

2007年欧元对主要货币汇率变化较为剧烈。在夏初欧元对美元和日元汇率均达到历史高点，引起欧盟方面较强的担忧。但随后随着市场风险意识提高和不少欧洲银行卷入美国次贷危机，欧元汇率有所回落，特别是日元对欧元回升较大，升值达到8%。但9月，在美国经济走软趋势明显和美联储大幅降息的影响下，欧元对美元汇率突破了1.40大关，再次创下新高，且单月升值了4.84%。10月后欧元涨势依旧，到目前（10月25日）为止，欧元兑美元在2007年已累计上涨了8.54%（见图6）。尽管欧元区8月份仍然实现了贸易顺差，但“强势欧元”最终将损害该地区的出口，从而降低外贸对经济增长的贡献。

欧元对美元和日元不断升值已触发欧洲出口商的关注，他们的产品在国际市场上正变得日益昂贵。一些欧元区成员国政府和企业抱怨，欧元升值已造成出口困难，进而威胁到经济增长。法国尤其反对强势欧元，声称这正伤害其出口和经济增长。数据显示，法国1~7月份贸易赤字达到了229亿欧元，比上年同期的

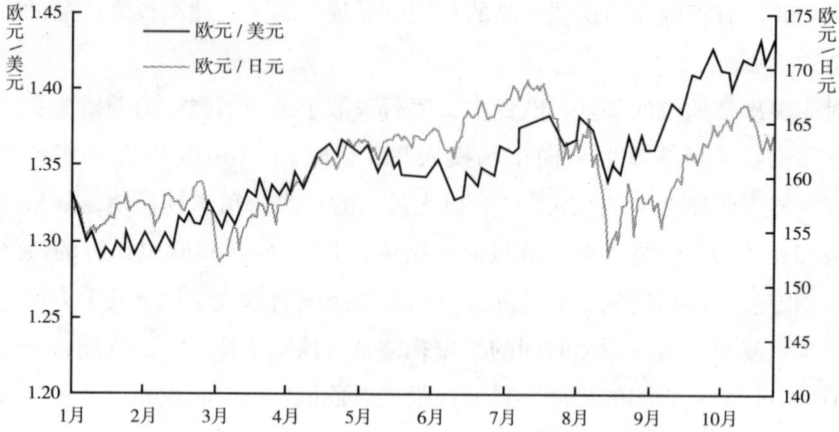


**图6　2007年欧元兑美元、欧元兑日元走势**

资料来源：国家信息中心经济预测部世界主要国家和地区宏观经济跟踪分析系统。

196亿欧元更为恶化。

但在对抗欧元持续升值问题上，欧元区各国并没有完全站在同一立场。与法国持相同观点的是意大利，他们对欧元大幅升值也表达了强烈的不满，称这对本国经济构成严重威胁。以德国和英国为代表的欧洲国家非常沉默。这主要是由于一方面，欧元相对于美元升值可以提升欧元区国家的投资者和其他中央银行对欧元的信心，从而增强欧元在国际金融界的地位；同时，欧元升值还可以帮助欧元区国家抑制物价的上涨，降低通货膨胀。但是，欧元的持续升值，必然导致欧洲公司出口成本增加，加重其出口的压力，进而削弱欧元区企业的国际竞争力，并最终伤及欧洲经济。

**4. 国际商品价格高涨，加大欧元区通货膨胀压力**

2007年的国际商品市场依然表现比较疯狂，国际原油价格屡创历史新高，金属及其矿产品价格猛涨，乃至农畜产品价格节节攀升。特别是国际原油价格，目前已经超过90美元。国际油价不断上涨，加大了欧元区通货膨胀压力。欧元区9月份的通货膨胀率达到2.1%，恰恰就是国际商品价格高涨对欧元区经济影响的反映。根据世界经济的走势以及地缘政治因素，国际商品价格在短期内仍将高位震荡，欧元区2007年底乃至2008年都将面临通货膨胀率上升的压力。

## 三　欧元区经济展望

目前，欧元区经济基本面总体依然稳固，就业状况的持续改善及居民可支配收入的增加将会推动居民消费支出的增长。同时，由于企业总体财政状况良好及近期市场需求强劲增长，目前欧元区的商业投资意愿依然强烈。但最新数据和信心调查结果显示，在经历了2005年中期开始的强劲复苏后，受持续升息、欧元坚挺及油价飙升的拖累，在2007年余下时间里，欧元区经济减速似乎已在所难免，而2008年经济增速将会进一步放缓。当前的信贷紧缩危机和金融市场动荡将对欧元区经济增长造成更沉重的打击。

**1. “消费、投资”减速，出口则受欧元升值所累**

在欧元区本轮经济复苏过程中，内需和出口一直被誉为是推动欧元区经济增长的“双引擎”，但目前这两方面都出现下滑迹象。从内需方面看，相关数据显示，自2007年夏季以来，尽管欧元区企业和消费者对经济增长前景的信心仍高于历史平均水平，但它与此前几个月相比已明显下滑，这意味着投资和消费短期内将难有过人表现。

8月初美国次贷危机全面爆发，欧洲金融市场也遭殃及，这进一步挫伤了投资者的信心。与此同时，受次贷危机影响，欧元区一些银行等金融机构纷纷紧缩信贷，导致融资成本明显提高，对扩大投资不利。同时，欧元区零售增长自6月以来逐月下降，8月仅增长0.1%，食品销售的下降被非食品销售的增长所弥补。同时，虽然新车销售仍然维持升势，但欧元区零售贸易信心指数却在持续下降。

此外，欧元持续升值也将对欧元区的经济增长前景带来变数，其以美元结算的出口商品价格将会上升，而竞争力则会下降，从而不利于经济增长。

**2. 各种先行指数预示欧元区经济已经达到周期顶点**

从欧元区经济增长的一些先行指数的变化（见表2）看，欧元区经济在2007年5月达到高点后逐步回落，预示欧元区经济可能已经达到周期顶点。从6月份开始，体现欧元区13国生产者和消费者对经济前景乐观程度的经济敏感指数开始下降，同时各行业的信心指数走势也发生了逆转，由上升转为下降。7、8月份，欧元区景气指数除零售业外，均出现了走低的趋势。采购经理指数中的制造业指数从2006年年中就开始下降，服务业指数则在近期也出现了下跌。一些国别的景气指数如德国的IFO指数和比利时的NBB指数也出现了相类似的变动趋势。尽管各类信心指数开始走低，但其目前所处水平仍高于长期历史平均，表明欧元区经济虽然可能已达周期顶点，但仍处于扩张期，扩张的力度比前期有所减弱，可能将在高位趋稳。

**表2　欧元区经济增长的先行指数变化**

单位：%

| 类　别 | SENT. IND① | BCI② | OECD③ | PMI Man. ④ | PMI Ser⑤ | IFO⑥ | NBB⑦ | ZEW⑧ |
|---|---|---|---|---|---|---|---|---|
| 长期平均 | 100.4 | -0.08 | 92.9 | 52.8 | 55.0 | 96.8 | -6.9 | 25.8 |
| 2006年9月 | 108.9 | 1.37 | 107.0 | 56.6 | 56.7 | 99.0 | 5.0 | -22.2 |
| 2006年10月 | 110.0 | 1.34 | 107.3 | 57.0 | 56.5 | 99.3 | 2.4 | -27.4 |
| 2006年11月 | 109.9 | 1.48 | 107.4 | 56.6 | 57.6 | 100.2 | 4.1 | -28.5 |
| 2006年12月 | 109.8 | 1.54 | 107.5 | 56.5 | 57.6 | 102.5 | 2.4 | -19.0 |
| 2007年1月 | 109.2 | 1.34 | 107.5 | 55.5 | 57.9 | 103.2 | 1.1 | -3.6 |
| 2007年2月 | 109.7 | 1.51 | 107.6 | 55.6 | 57.5 | 102.6 | 2.0 | 2.9 |
| 2007年3月 | 111.1 | 1.51 | 107.7 | 55.4 | 57.4 | 103.2 | -1.0 | 5.8 |
| 2007年4月 | 111.0 | 1.59 | 107.8 | 55.4 | 57.0 | 104.2 | 2.3 | 16.5 |
| 2007年5月 | 112.1 | 1.50 | 108.0 | 55.0 | 57.3 | 104.7 | 3.9 | 24.0 |
| 2007年6月 | 111.7 | 1.52 | 108.1 | 55.6 | 58.3 | 102.8 | 6.5 | 20.3 |
| 2007年7月 | 111.0 | 1.33 | 107.9 | 54.9 | 58.3 | 101.7 | 4.5 | 10.4 |
| 2007年8月 | 109.9 | 1.37 | | 54.3 | 58.0 | 100.4 | 2.8 | -6.9 |
| 2007年9月 | 107.1 | 1.09 | | 53.2 | 54.0 | 98.7 | 1.5 | -18.1 |

注：①欧盟经济和金融事务总司经济敏感指数（Economic sentiment indicator, DG ECFIN）；②欧盟经济和金融事务总司商业景气指数（Business climate indicator, DG ECFIN）；③OECD六个月变化的合成先行指数（Composite leading indicator, six monthly change）；④路透社制造业采购经理指数（Reuters Purchasing managers index, manufacturing）；⑤路透社服务业采购经理指数（Reuters Services purchasing manager index）；⑥德国商业景气指数（Business expectations, Germany）；⑦比利时国家银行制造业指数（National Bank of Belgium indicator for manufacturing）；⑧德国投资者信心指数（Business expectations of financial market analysts, Germany）。

资料来源：欧盟统计局。

欧元区9月服务业指数跌至两年来的低位54.2，为9年来最大单月降幅；同时欧元区内企业和消费者信心也出现下滑；制造业情况和服务业一样低迷。最新发布的大部分数据都发出预警，尤其是德国更为严重。调查显示9月德国、法国和西班牙的消费者信心均有下降，欧元区以及各成员国的企业景气指数也出现回落，尤以德国最为突出。10月德国消费者信心为连续第3个月恶化，这降低了民间消费出现回升的几率，而民间消费在德国经济产出中占60%左右。欧元区内一些问题在8月信贷危机之前已经存在，包括西班牙和爱尔兰楼市和营建业的泡沫，以及德国家庭支出没有明显增长等等。金融动荡是欧元区面临的新压力，受影响最深的服务业是焦点，因为过去一年服务业成为推动欧元区经济增长的主要动力。

**3. 国际组织和研究机构对欧元区经济增长的预测**

国际货币基金组织在其最新发布的半年度《世界经济展望》[①] 报告中指出，欧元区经济前景面临下行风险，信贷状况恶化将进一步打击消费和投资，并将欧元区2007年和2008年经济增长预期分别从7月的预测下调0.1%和0.4%，至2.5%和2.1%。

在此之前，欧盟委员会因欧元区第二季度经济表现不及预期，也将其2007年5月对欧洲经济增长预测的2.6%下调至2.5%[②]。同时，欧盟委员会还认为，近些年工资水平的温和上升提振了企业利润，并且失业率的下降可能也支持了消费支出，因而欧元区经济对外部冲击的抵抗力有所增强。但全球信贷市场近期的剧烈振荡也造成企业和家庭借贷成本上升。受此影响，2008年欧元区经济增长可能仅会温和放缓。如果借贷成本上升0.5个百分点，欧元区2008年的经济增速将放缓0.3个百分点。

欧洲10家主要经济预测机构组成的EUROFRAME[③] 则相对乐观，尽管投资和出口将受到欧洲房地产市场降温、美国次债危机以及欧元升值等的影响而失去增长的动力，而私人消费将由就业和可支配收入的增长带动而加速，因此欧元区经济在2007年下半年将从第二季度的短暂降温中恢复过来，继续保持较快增长。总体来看，EUROFRAME将其对2007年欧元区经济增长的预测由春季的2.5%调高至2.7%，2008年则由2.2%调高至2.3%。

德国IFO、法国INSEE及意大利ISAE三家经济分析机构[④]也认为欧元区下半年经济将反弹，第三、四季度将分别比上一季度增长0.6%和0.5%，2008年第

---

① IMF, *World Economic Outlook*, October, 2007.

② European Commission, *Quarterly Report on the Euro Area*, Volume 6 No. 3 (2007).

③ EUROFRAME, *Economic Assessment of the Euro Area: Forecasts and Policy Analysis*, September, 2007.

④ IFO-INSEE-IASE, *Euro-Zone Economic Outlook*, October 11, 2007.

一季度也将实现0.5%的增长。欧元区经济2007年全年则将实现2.6%的增长。

总体来看，欧元区经济自2006年强劲复苏以来，2007年依然保持了较快增长的态势。但与过去几年经济增长更多由外需拉动不同，2007年前两个季度则分别由投资需求和私人消费增长所带动。虽然欧元区经济减速可能只是暂时现象，但目前体现欧元区13国生产者和消费者对经济前景乐观程度的经济敏感指数连续下滑，消费者信心指数也有所下降，为欧元区经济增长蒙上了一层阴影。在欧元区经济第二季度发出减速信号的同时，其能否重归“快车道”还面临着另外一个风险，那就是能否顺利克服由美国次级住房抵押贷款危机所引发的金融市场动荡和投资者信心受损。据此，2007、2008年欧元区经济增长可能无法达到预期的水平，2007年可能将增长2.5%，2008年则略降至2.4%。

同时，在通货膨胀率持续走低、经济出现减速和出口面临压力的情况下，欧洲中央银行9月暂停了加息步伐，维持现有4%的利率水平不变。但是，由于2007年以来欧元区货币供应量和民间信贷均呈现加速增长的势头，同时工业生产的劳动力成本不断上升，国际油价大幅攀升，可能使欧元区在2007年底以及2008年面临一定通货膨胀的压力，因此加息周期可能仍未结束，在2007年年底或2008年年初可能还将实行更为紧缩的货币政策。

## 参考文献

European Commission, *Quarterly Report on the Euro Area*, Volume 6 No. 3 (2007).

Gfk Group, *Germany*: *Consumer Climate Restrained after Summer High*, 2007.

IMF, *World Economic Outlook*, October, 2007.

EUROFRAME, *Economic Assessment of the Euro Area*: *Forecasts and Policy Analysis*, September, 2007.

European Central Bank, *Monthly Bulletin*, October, 2007.

European Commission, *Key Indicators for the Euro Area*.

IFO-INSEE-IASE, *Euro-Zone Economic Outlook*, October 11, 2007.

# 日本经济继续温和增长

张　鹏*

**摘　要**：2007年上半年日本经济增速比上年同期有所降低。日本经济增速下降的重要原因是企业投资下降，但由于占经济总量60%的消费有增强趋势，会弥补一部分投资放缓留下的需求缺口，所以整体经济运行依然稳定。预计2007年日本经济增长率为1.9%，与潜在经济增长水平大体相当。2008年，日本央行将维持低利率政策，加之世界经济继续保持快速增长的可能性较高，从而日本国内外经济环境都较为稳定，有利于经济的温和增长，预计2008年日本经济增长率将在1.8%左右。

**关键词**：日本经济　温和增长　消费不足

## 一　2007年经济运行的基本特点

2007年日本经济保持了可持续的低速增长。第一季度GDP比上一季度增长了0.7%（见表1），经济形势较为平稳。第二季度，由于消费、投资和出口的增幅同时回落，GDP出现了负增长，不过整体经济并没有明显的放缓迹象。总的看来，日本经济依然在"一进一退"的徘徊前进。

* 张鹏，经济学硕士，国家信息中心经济预测部世界经济研究室副主任，经济师，主要研究世界经济、宏观经济和数量经济。

**表 1　日本经济季度环比增长率**

单位：%

| 类　别 | 2006 年 | | 2007 年 | |
|---|---|---|---|---|
| | 第三季度 | 第四季度 | 第一季度 | 第二季度 |
| 国内生产总值(GDP) | -0.1 | 1.4 | 0.7 | -0.3 |
| 国内需求 | -0.5 | 1.2 | 0.3 | -0.3 |
| 民间需求 | -0.5 | 1.4 | 0.5 | -0.4 |
| 民间最终消费 | -0.9 | 1.1 | 0.8 | 0.3 |
| 民间住宅 | 0.1 | 1.7 | -0.8 | -3.4 |
| 民间企业投资 | -0.1 | 3.0 | -0.2 | -1.2 |
| 公共需求 | -0.5 | 0.8 | -0.4 | -0.2 |
| 政府最终消费 | 0.5 | 0.1 | -0.2 | 0.3 |
| 政府投资 | -5.0 | 3.7 | -1.2 | -2.6 |
| 货物和服务出口 | 2.2 | 0.9 | 3.4 | 0.8 |
| 货物和服务进口 | -0.4 | -0.1 | 0.9 | 0.6 |

资料来源：日本内阁府经济社会综合研究所。

## （一）投资增速放缓

2007 年第一季度，日本的投资虽然小幅下降，但尚能维持稳定。可到了第二季度，住宅投资环比下降了 3.4%，企业设备投资环比下降了 1.2%，降幅较大。企业设备投资减少的主要原因是非制造业设备投资大幅下降，其中房地产和服务业的降幅最大；住宅投资减少，主要是由于租金较低，出租性房屋的建设热情降低。

在经济不景气时期，日本企业普遍采取了“减量经营”的策略，生产规模受到限制，加之企业负债沉重无力筹措资金，所以设备投资不足。近年来日本企业经营状况好转，利润率上升，在这样的条件下加速了设备更新，投资大幅增长，拉动了经济复苏。2007 年的投资增速下降有可能反映出日本企业设备更新的高潮已经过去。不过，日本企业国内机械设备订单数在经历了连续 4 个月的下滑后，在 7、8 两个月比上年同期分别增长了 5% 和 1%，表明设备投资有恢复增长的可能。从日本银行的短期经济景气调查的结果来看，也没有明显的迹象表明企业对未来经营状况的预期恶化，所以目前还不能认定日本企业投资会继续下降。

本轮经济景气中，对日本经济贡献最大的不是信息通讯等高新技术产业，而是重新焕发活力的造船和机械等“重厚长大”产业。这些行业的崛起，不仅得益于日元贬值和海外需求增长等原因，更是因为日本拥有大量熟练的技术工人和精雕细刻的质量意识。由于发展中国家对这些产业的需求仍然旺盛，因此会在一定程度上防止相关行业的设备投资大幅下滑。

### （二）居民消费对经济的贡献逐步增大

2007 年第一和第二季度，私人消费分别增长了 0.8% 和 0.3%，成为拉动日本经济增长的主要力量。近年来占日本国内生产总值 60% 的消费迟迟不见起色，限制了经济的增长步伐。但从 2006 年下半年起，日本私人消费出现了上升趋势，家庭支出逐步增长。进入 2007 年后月度家庭消费支出基本保持了正增长，到 2007 年 8 月日本两人以上家庭的实际消费支出比上年同期增长了 1.6%，增幅较大（见图 1）。

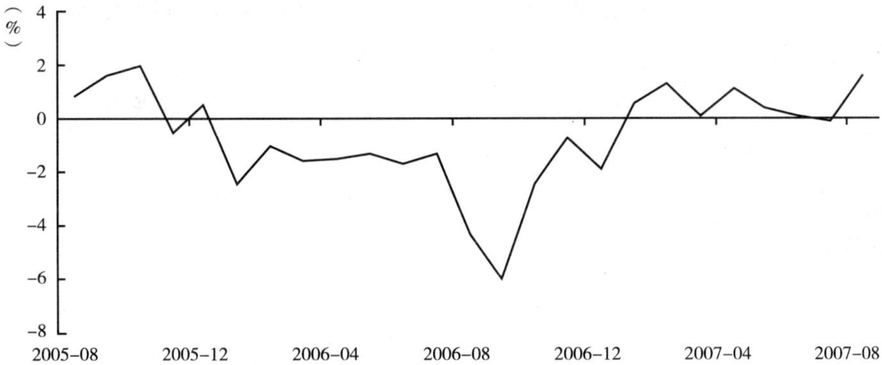


**图 1　日本两人以上家庭实际消费支出增长率**

资料来源：日本统计局。

在 2007 年日本投资放缓的情况下，居民消费增长能够弥补投资增速下降留下的需求缺口，从而保证经济增长的可持续性，所以家庭消费支出的恢复性增长对于日本经济的持续发展有着关键性意义。当前日本消费的改善主要得益于就业形势良好。由于企业用人需求旺盛、雇佣条件改善和大学毕业生就业机会增多，在 2007 年 6、7 月间，日本的失业率已经降到 3.6%，是 9 年来的最低水平。在劳动力需求增加的背景下，预计居民消费支出将会继续小幅增长。

## （三）进出口同步快速增长

由于外部需求旺盛，日本的出口在 2007 年第一和第二季度分别增长了 3.4%和0.8%，对经济增长的贡献很大。在出口快速增长的同时，由于日本国内经济形势稳定，内需增长，也拉动进口不断增加。

由于日本经济对海外市场依赖较高，容易受到外部冲击的影响，所以人们普遍认为在 2007 年里美国经济放缓会对日本经济产生不利影响。但从现有数据分析，日本出口所受的影响较小。之所以 2007 年日本的出口能够抵御美国经济降温的影响，主要有以下两点原因。首先，美国房地产市场降温对消费的影响尚不强烈。虽然房价下跌造成的财富损失会影响居民的消费倾向，而且次级债危机爆发后信贷成本上升也抑制了美国的消费融资，但目前美国失业率保持低位，工人工资继续提高，表明美国经济虽然减速，但没有出现“硬着陆”，防止了消费大幅下滑。其次，“新兴国特需”弥补了发达国家需求下降的缺口。由于中国、俄罗斯和印度等新兴市场国家的崛起，出现了世界经济增长引擎多极化和需求市场分散化，“新兴国特需”成为日本出口增长的新动力。

以日本对中、美两国的出口为例（见图 2），可以看出“新兴国特需”对日本的重要性。近年来，日本对中国出口迅猛增长，且对中国出口的变动与总出口的变动高度相关；日本对美国出口增长缓慢，且对美出口的增长速度已经远远落后于日本总出口和对华出口的增长速度。特别是从 2006 年 11 月之后，日本对美

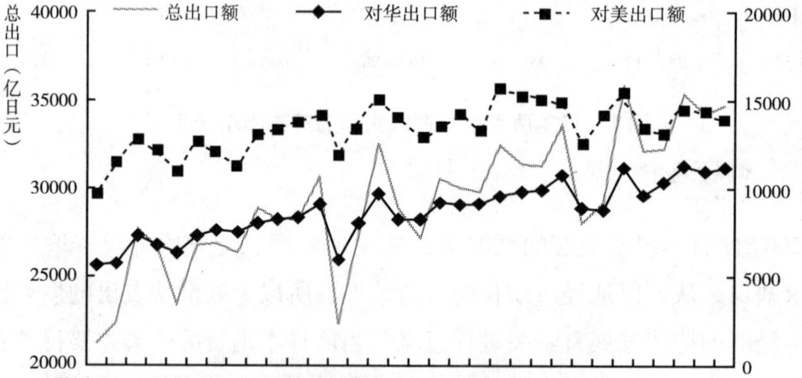


**图 2　日本出口额变动情况**

资料来源：日本统计局。

国出口的增速逐步下降，而总出口和对中国出口却在继续加速增长。在2007年7、8两个月里，日本总出口比上年同期分别增长了13.8%和16.4%，对中国出口增长了20.6%和23.7%，对美国出口则仅增长了1.3%和4.7%。

## （四）通缩有所缓解

2007年，日本的通缩问题并没有如人们预期的那样得到彻底解决，但由于国际能源和原材料价格持续上涨，加之日本国内劳动力市场偏紧，迫使物价水平小幅攀升，通缩已经接近尾声。

2007年，日本CPI指数变化幅度极小（见图3），如果仅仅参照这一指标，无疑可以得出通缩问题没有改善的结论。但如果以企业物价指数和出口价格指数（见图4）作为参照，则可以看出日本的整体物价水平在持续上涨。9月份日本的企业物价指数为103.6，与上年同期相比上升1.7%，这是日本企业物价指数连续第43个月同比上升。从商品类别看，9月份，钢铁和化工产品价格同比分别上升10.2%和3.3%，纸和纸浆价格同比上升3.3%，纺织品价格同比上升3.4%，废铁价格同比上升27.4%。在日本银行公布的905种产品价格中，有51.9%的产品价格上升。日本企业物价指数反映的是企业间交易的商品价格水平，它与消费物价指数CPI一样都是衡量通货膨胀水平的重要指标。参照这一指标，可以看出日本的价格水平变化基本和经济增长率相当。而参照出口价格指数，则会发现日本出口产品价格上升得非常快，已经快于国内经济增长速度。

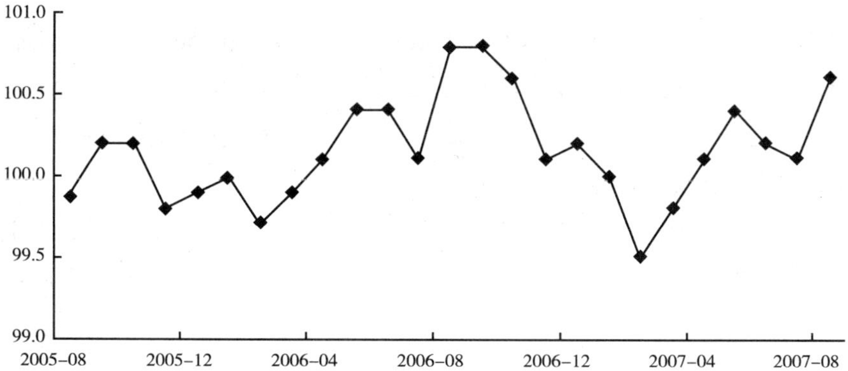


**图3 日本CPI指数（2000=100）**

资料来源：日本统计局。

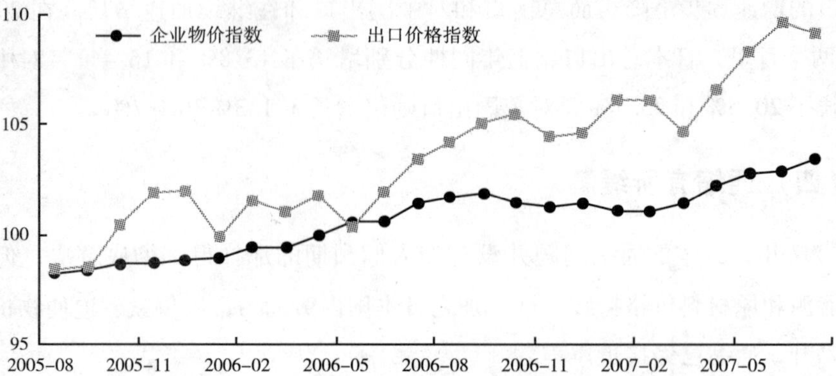


**图 4　日本企业物价指数和出口价格指数（2000 = 100）**

之所以日本出口商品价格可以较快上涨，是因为目前全球通胀率较高，出口到国际市场的商品有较大的涨价空间，日本企业可以根据成本的变化而调价。企业物价指数的上涨也主要反映了原材料、能源和劳动力成本的上升。而 CPI 上涨乏力是因为消费市场不活跃，上游企业成本上升不能有效的传导到终端消费市场。今后一段时间里，一方面，企业成本上升会形成持续的消费品价格上涨压力，推动 CPI 走高，另一方面，由于劳动力需求旺盛，家庭支出不断上升，消费市场有更加活跃的可能，也有助于 CPI 走高。所以预计 2008 年日本通缩现象可能会逐步消除。

## （五）维持超低利率

2007 年 2 月，日本银行将基准利率从 0.25% 提高到 0.50%，这是日本 2006 年 7 月后唯一的一次加息。经济长期增长以及日本同其他国家的利差过大是日本银行决定加息的主要原因。从加息的效果看，由于加息后的日本利率水平依然超低，所以对投资和消费的影响不明显。

2 月份后，由于担心美国经济放缓可能危及日本经济的复苏前景，加上日本 CPI 指数仍然萎靡不振，所以日本银行维持 0.50% 的利率水平不变。预计在 2007 年里这一利率不会发生变化。未来全球金融市场的走势、日本 CPI 的走势以及美国经济的走势都将影响日本利率变化的时间表。

低利率客观上有利于企业融资，到 2007 年 9 月，日本商业银行的贷款余额已经连续 20 个月保持增长。但是，日本超低的利率却影响了全球金融市场的稳定。由于日本的利率是西方发达国家中最低的，日元和美元、欧元等其他主要货币存在巨大利差，给投机者留下了可乘之机。投机者以低利率借入日元，然后再将日元兑换成美元或其他拥有更高收益率的货币，可以从中获利。这种套利交易提高了全球的资产需求量，导致资产价格膨胀，加剧了市场动荡。日本央行数据显示，仅仅2007年3月外资银行就通过其在日本设立的分行输出21.9万亿日元（约合1800亿美元）到海外，该数据比上年同期上升31%。日本投信协会的数据显示，在截至2007年4月30日的一年里，日本共同基金所拥有的海外资产增长了47%，达到32.2万亿日元，占总资产的比例高达43%。除了银行和基金之外，日本许多家庭投资者也开始将投资注意力转移到海外，借贷日元用以追求海外高风险投资。

### （六）日元先贬后升

在2007年上半年，日元对美元、欧元及亚洲其他主要货币均出现较大幅度的贬值。在日本经济基本稳定的背景下，日元疲软的主要诱因是巨大的利差。2007年初，日本的基准利率为0.25%，而美国的基准利率为5.25%，相差了5个百分点，从而造成投资者持续抛出日元，换取美元等高收益货币，对日元汇率形成压力。2007年初，在德国召开的西方七国（G7）部长级会议上，就日元汇率问题出现严重分歧。欧洲认为日元疲软是全球经济面临的重要问题，但日本却认为本国经济仍无法承受日元升值的冲击，因此不应当干预日元的低汇率。G7会议最终没有就日元问题达成共识，受此影响，投资者预期日元将维持疲软的态势。因此即使在日本银行上调利率后，日元也没有走强，反而兑欧元触及历史新低，兑美元不断贬值。可以看出，2007年上半年日元走弱是日本政府的低利率政策和有意放纵造成的。

但进入下半年后，特别是8月份美国次级债危机爆发后，日元迅速走强。日元汇率的这种变化和金融市场的波动有密切关系。美国次级债危机引发金融市场震荡，高收益地区的金融资产失去了吸引力，投资者纷纷抛售公司债等信用型高收益债券和欧美及发展中国家市场的股票，大量结清日元利差交易头寸，使得日元在持续买盘的推动下大幅走强，突破了对美元1∶115的心理关口（见图5）。

日元这种先降后升的走势对于实体经济产生了先扬后抑的影响。2007年上半年，日元贬值使日本的产品在国际市场上更具竞争力，有利于出口。另外，在

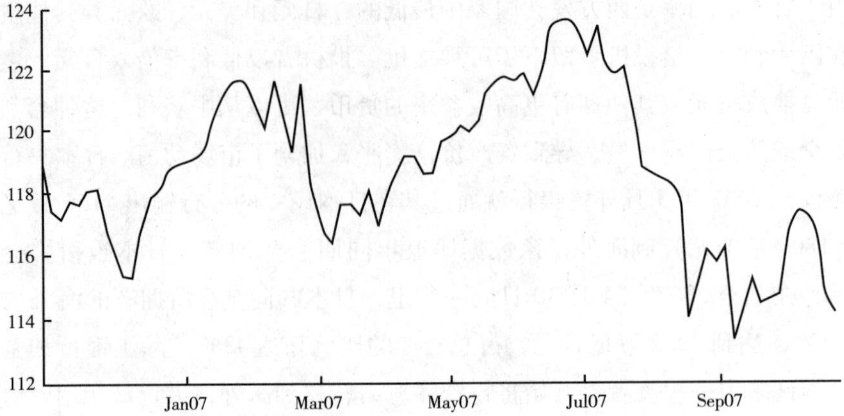


**图 5　日元兑美元走势图**

资料来源：雅虎财经网站。

海外投资的日本企业把收益换算成日元时由于汇率低于预期会出现业绩增长。在制定年度计划时，多数日本出口企业都将本财年的汇率预期定在 1 美元兑换 115 日元、1 欧元兑换 150 日元左右，但上半年日元已贬至 1 美元兑换 120 日元以上和 1 欧元兑换 160 日元以上的水平，这使得日本跨国公司的利润高于预期。但到了 2007 年下半年，日元兑美元升至 115 水平线上，不仅不利于出口，而且也不利于跨国公司账面上的业绩增长，影响日本股市。但总的看来，升值后的日元汇率水平能够更好地反映其实际比价，加之升值幅度不大，所以对经济的负面影响有限。

## 二　2008 年日本经济展望

次级债危机的爆发给世界经济前景蒙上了阴影，美国经济出现衰退的可能性大大增加，在这一背景下 2007 年第二季度日本经济出现了负增长率，不能不引起了人们的特别关注。目前预测日本经济走势的关键在于：第二季度的负增长是不是日本经济增长的转折点，是否预示着日本经济将随同美国经济一同走软？依照目前情况看，虽然 2007 年日本经济出现放缓迹象，但 2008 年里支撑日本经济增长的有利因素仍将和不利于日本经济增长的负面因素大体持平，因此日本经济形势能够得以稳定，预计经济增长率大约为 1.8%。

## （一）2008 年日本经济运行中的主要负面因素

### 1. 全球贸易增长放缓降低外部需求

受房地产市场降温以及次级债危机的影响，美国经济出现衰退的风险加大。由于美国是全球最大的经济体，一旦陷入衰退必然会影响其他国家，有可能拖累全球经济放缓。虽然目前次级债危机对实体经济的影响还不显著，但是一旦蔓延到发达国家的家庭，居民消费就可能放缓，对进口商品的需求降低。WTO 预测 2007 全球货物贸易增长率将由 2006 年的 8% 减速到 6% 左右，预计 2008 年世界贸易增速不会显著恢复。在世界贸易增长放缓的大趋势下，日本对外贸易将受到影响。

### 2. 产业间发展不平衡抑制经济增长的可持续性

以钢铁为首的传统产业在海外需求的拉动下逐步复苏是日本经济景气的重要支柱，但是本应支撑日本未来经济增长的电子产业却显得疲软，而附加价值高的软件行业更是弱小。这种产业之间的不均衡不利于日本经济增长的后劲，因为传统产业将来难免要向发展中国家转移，只有高附加值的产业才是发达国家的竞争优势所在。虽然预计钢铁及造船等行业在 2008 年里依然需求旺盛，但来自发展中国家的竞争比较激烈，即使在 2008 年供求发生轻微的变化，那么能源、原材料和劳动力成本负担就变得难以转嫁到产品价格上，从而影响企业的盈利能力。目前日本经济复苏是以企业盈利增长为核心的，如果企业盈利状况趋坏，则投资和消费也会恶化。

### 3. 消费增长困难

日本经济短期内面临的主要问题是：前期拉动经济复苏的企业投资增长动力减弱，而消费增长缓慢，不足以马上弥补投资减少留下的缺口，从而使经济增长失去支撑。

日本私人消费不足的问题由来已久，这和日本社会的分配结构与政策导向有关。在日本经济复苏的过程中，企业利润逐步提高，带动设备投资增长，拉动了内需恢复，从而在投资和出口两个火车头的牵引下，日本经济走出了困境。但是，经济的欣欣向荣没能迅速向家庭和消费领域扩散，主要表现在家庭可支配收入没有实质性提高，从而私人消费增长缓慢。从国民收入分配的角度上看，这说明经济复苏的果实主要被企业所占有，没有流入工薪阶层的手中，这种收入分配格局对于消费乃至整个国民经济的增长都极为不利。

日本的经济政策导向也不利于私人消费增长。经济萧条后，日本政府主要通过增加政府消费来刺激经济复苏，结果造成国库日渐空虚，债务日益沉重。为了解决严重的赤字问题，1996 年前首相桥本龙太郎将消费税率从 3% 提高到 5% 以增加政府收入。但是，增加消费税的措施不仅没有扭转日本政府债务负担不断增加的颓势，反而遏制了私人消费，使得日本经济丧失了活力，限于停滞和通缩的泥潭之中不能自拔。

日本的政府债务负担比率在世界各国中是最高的，历届政府都希望通过增加税收来减少债务。但是日本老龄化问题突出，就业人口不断递减，政府无法靠增加所得税收入来充实国库。而提高企业税负的话，又可能导致国内资本大量流出以及企业利润下降。所以，目前日本政府仍希望通过提高消费税来减少债务。因为自民党在 2007 年众议院选举中失利，造成反对党占有众议院多数席位的尴尬局面，使日本政府短期内无法推进上调消费税的进程，不过据媒体报道，上调消费税已被列入将于 12 月公布的 2008 财年税收改革指导方针之中。如果在 2008 年推出提高消费税的政策，会影响未来的消费和经济增长。

## （二）2008 年日本经济运行中的主要有利因素

### 1. 美国次级债危机没有对日本金融系统产生明显影响

不同于欧美，日本的金融系统没有受到美国次级债危机的直接冲击，实体经济也没有出现流动性匮乏的情况。

美国次级债危机后，投资者抛售股票和债券，套现后从市场上抽走资金，加之银行“惜贷”，造成流动性泛滥在一夜间变成了流动性不足。对美国而言，流动性不足限制了企业和消费者融资，还会造成信贷资金不足和房价下跌的恶性循环，进一步加剧房地产市场和经济降温。但是，由于经营相对保守，日本的银行系统没有受到美国次级债危机的太大影响。据日本银行统计，日本各银行持有的有价证券中，组合债和国际投机基金等高风险产品所占比例只有 3% 到 4%。虽然一些银行在美国次级债的相关产品上有投资，但投资规模在总资产中所占比例较小。由于日本银行系统在次级债危机中损失较小，加之自有资金比率较高，使实体经济的流动性供应得以保证，房价也仍在上涨。

**2. 新兴市场国家将保持经济的高增长**

不同于以往几次金融动荡，新兴市场经济体在次级债危机中没有受到明显波及，经济运行较为稳定，预计在2008年里将会继续保持高速增长，从而有利于日本出口的稳定。

据IMF统计，2005年和2006年发达国家的经济增长率分别为2.5%和3.1%，而新兴市场国家和发展中国家的经济增长率分别为7.5%和7.9%。这显示出“南北关系”当中较弱一方的经济实力正在逐步提升。随着新兴市场国家经济实力和居民收入的提高，其对日本商品的需求也在增长。以日本建筑机械行业为例，随着房地产市场降温，其在美国市场的销量下滑，但中东、中国、俄罗斯和澳大利亚的建设热使日本建筑机械在这些地方热销，抵消了来自美国市场的负面冲击。

在截至2007年3月的日本2006财政年度里，中国取代美国，成为日本最大的贸易伙伴。日本对华贸易额大幅增长，其中出口增长21%，几乎是对美出口增幅的两倍。创纪录的对华贸易数据，反映出中国对日本制造业产品的巨大需求。预计2008年里，中国经济仍然会高速增长，对日本商品的需求依然旺盛。

**3. 货币政策偏松**

由于世界经济持续快速增长、能源和原材料价格大幅攀升以及劳动力需求旺盛等原因，全球通货膨胀压力增大，资产泡沫有所显现。在这样的背景下，美联储从2004年6月开始了加息进程，通过17次调息把利率从1%升到5.25%。欧洲、日本以及其他主要国家也随之进入了加息周期。虽然流动性泛滥的问题并没有得到解决，但总体上看来这段时间是一个全球货币政策收缩期。

但在次级债危机爆发后，恢复金融市场稳定和防止经济萧条成为美联储优先关注的问题，加之通胀压力受次级债危机的影响而缓解，美联储获得一定的降息空间。在向市场连续注入流动性的同时，美联储先后将贴现率和基准利率都调低了半个百分点，标志着其货币政策从适度偏紧变为中性偏松。由于美联储的政策倾向是各国中央银行的风向标，受美联储降息影响，全球的货币政策可能再次朝偏松的方向发展。预计2008年里日本银行不大可能采取紧缩的货币政策，目前超低的利率水平有望继续维持，从而有利于国内的投资和消费。

**4. 日元难以走强**

预计2008年日元仍然难以走强，有利于日本的出口。首先，即使美联储在

2008 年继续降息，日元和美元之间的利差仍将非常巨大。而欧洲央行一贯将通货膨胀视为货币政策的主要关注点，2008 年存在为了抑制物价上涨而再次调高利率的可能，这会进一步打压日元汇率。

其次，日本居民的资产需求也会影响日元走势。随着日本老龄化的加剧，养老基金的获利压力不断增加，但是日本国内利率很低，所以日本机构投资者不得不购买高收益国家的金融资产，这导致越来越多的资金投向海外，使得日元在中期内面临抛压。此外，日本退休潮的来临可能还会加快资金外流的速度。在日本第一批“婴儿潮”中所诞生的人已经接近 60 岁的退休年龄，这将产生总额约 50 万亿日元的一次性退休补偿金，其中会有很大部分流入高资产收益国家，加剧资金流出。

再次，套利交易将继续盛行。虽然次级债危机引发国际金融市场剧烈震荡，但没有撼动其根基。全球金融制度不会因为这场危机而进行重新安排，这就保证了国际金融市场的长期稳定。预计 2008 年里次级债危机的负面影响将逐步减弱，虽然股市、债市很难继续近年来的火热局面，却也不会大幅恶化。在国际金融市场基本稳定的前提下，日元套利交易作为一种盈利模式将会长期存在，投资者依然会不断地把借入的日元换成其他货币，造成日元长期供大于需的格局。

最后，日本政府放任日元疲软，希望借此来刺激出口进而拉动经济增长，也会成为 2008 年日元难以走强的重要原因。

**参考文献**

Cabinet Office，Government of Japan，Monthly Economic Report.

IMF，*World Economic Outlook*，October，2007.

# 新兴市场经济体：经济快速增长，金融风险需要防范

程伟力*

**摘　要：**2007 年新兴市场经济体继续保持快速增长的趋势。但几乎所有国家都面临国际资本快速流入带来的信用膨胀、资产价格上升、本币升值和经济过热等问题，这些问题对稳定物价形成了巨大压力，同时国际金融风险容易传导到这些国家。预计 2008 年这些国家仍然保持旺盛的增长态势，但增速有所回落，金融风险需要高度关注。

**关键词：**国际资本流入　通货膨胀　经常项目　升值　风险

2007 年新兴市场经济体继续保持快速增长趋势，据 IMF 测算，中国、印度和俄罗斯对世界经济增长的贡献占了一半。但所有的新兴市场经济国家都面临国际资本快速流入导致的信用膨胀、资产价格上升、本币升值和经济过热等问题，这些问题形成了巨大通胀压力。更为关键的是，国际金融风险可以在瞬间传递到这些国家的资本和金融市场，潜在风险不容忽视。本文首先对亚洲、拉美、欧洲以及独联体四个区域的新兴市场经济体做一总体分析，然后详细分析印度、俄罗斯、巴西和罗马尼亚等四个有代表性的国家。

* 程伟力，经济学博士，国家信息中心经济预测部助理研究员，主要研究方向为宏观经济模型和世界经济。

## 一　新兴市场经济体概述

### （一）亚洲新兴经济体表现出色

在中国和印度经济快速增长的带动下，亚洲国家经济继续保持快速增长的趋势（见表1）。国内旺盛的消费需求是推动印度经济增长的重要力量，消费拉动了投资，良好的投资收益又进一步推动了投资的快速增长。由于在国外工作人员汇款和政府支出的快速增长，菲律宾经济得以快速增长。工业部门的反弹促进了韩国经济增长，低利率和激增的国内需求带动了印度尼西亚的经济增长。泰国经济尽管受到政治不稳定因素的影响，但从2007年第三季度的经济形势来看这种影响在逐步削弱。

**表1　IMF对亚洲主要新兴国家和地区经济预测**

单位：%

| 年份 | 印度 | 巴基斯坦 | 孟加拉国 | 印尼 | 泰国 | 菲律宾 | 马来西亚 | 韩国 | 中国台湾 | 中国香港 | 新加坡 |
|---|---|---|---|---|---|---|---|---|---|---|---|
| 2007 | 8.9 | 6.4 | 5.8 | 6.2 | 4.0 | 6.3 | 5.8 | 4.8 | 4.1 | 5.7 | 7.5 |
| 2008 | 8.4 | 6.5 | 6.0 | 6.01 | 4.5 | 5.8 | 5.6 | 4.6 | 3.8 | 4.7 | 5.8 |

这一区域面临的主要问题是外汇的急剧增长。对中国香港、中国台湾、马来西亚和菲律宾而言，贸易顺差是外汇增长的主要原因，而这些顺差主要来源于外商直接投资企业的出口。外汇的快速增长可以促进投资和经济增长，但给本币升值、通货膨胀、资产价格上涨和货币供给带来很大压力。同时，贸易顺差国也需要警惕全球经济形势逆转以及国际金融市场变化的冲击。

### （二）拉美新兴经济体受到美国经济影响

2006年拉美经济增长达到5.5%，增长速度超过预期。但2007年和2008年这一局面难以为继，预计2007年为5%，2008年为4.8%。美国是拉美国家对外出口的主要国家，同时在美国工作的拉美移民的汇款是当地居民的重要收入，在美国经济增长放缓的情况下出口和汇款必将受到影响。石油和原材料出口国如秘鲁、委内瑞拉、阿根廷、乌拉圭、哥伦比亚等受到供给能力的限制，出口增长速度将从2006年的高峰回落。加勒比海地区激增的宾馆建设已经接近尾声，它对经济增长的影响大大削弱。IMF对拉美主要新兴国家和地区的经济预测见表2。

**表2 IMF对拉美主要新兴国家和地区经济预测**

单位：%

| 年份 | 阿根廷 | 巴西 | 智利 | 乌拉圭 | 哥伦比亚 | 厄瓜多尔 | 秘鲁 | 委内瑞拉 | 墨西哥 |
|---|---|---|---|---|---|---|---|---|---|
| 2007 | 7.5 | 4.4 | 5.9 | 5.2 | 6.6 | 2.7 | 7.0 | 8.0 | 2.9 |
| 2008 | 5.5 | 4.0 | 5.0 | 3.8 | 4.8 | 3.4 | 6.0 | 6.0 | 3.0 |

拉美国家同样面临外汇激增的问题，各国央行都采取了积极的措施。例如，哥伦比亚要求投资于证券的外汇的40%储蓄六个月而且不支付利息，阿根廷对普通商品出口也采取了类似措施。但这些措施的收效甚微，外汇过多的弊病在拉美国家全部表现出来，这一问题将会继续困扰各国政府。

## （三）欧洲新兴市场国家经济失衡孕育着金融风险

欧洲新兴市场国家新增生产能力和建筑业的繁荣促进了投资，波罗的海国家银行宽松的跨国信贷金融环境以及可支配收入增长刺激了消费需求，作为它们主要贸易伙伴的西欧，其经济的快速增长拉动了该区域的出口，上述因素共同促进了欧洲新兴市场经济体以较快的速度增长。IMF预计该区域2007年增长率为5.8%，2008年为5.2%。

由于国内需求旺盛，商品进口超过出口，欧洲新兴市场每个国家都保持着不同程度的经常项目赤字，经济失衡现象比较严重。其中拉脱维亚2006年贸易赤字占GDP的21%，其他波罗的海国家的比例也在10%～16%之间，2007年贸易状况继续恶化，2008年也不存在好转的迹象。IMF对欧洲新兴市场经济国家经济增长及经常项目/GDP的预测见表3。经常项目的赤字可以由资本项目的流入抵消，波兰、匈牙利、捷克、斯洛伐克等中欧国家吸引外资投资于可贸易部门，外商直接投资的出口在很大程度上改善了这些国家的贸易状况，同时促进了经济增长。但其他国家并非完全如此，大量的外资流入了房地产部门和证券市场，这导致了房价和股票价格的快速上升，给经济安全增添了隐患。

表 3　IMF 对欧洲新兴市场经济国家经济增长及经常项目/GDP 的预测

单位：%

| 类别 | 年份 | 土耳其 | 爱沙尼亚 | 拉脱维亚 | 立陶宛 | 匈牙利 | 波兰 | 斯洛伐克 | 保加利亚 | 克罗地亚 | 马尔他 | 罗马尼亚 |
|---|---|---|---|---|---|---|---|---|---|---|---|---|
| 经济增长 | 2007 | 5.0 | 8.0 | 10.5 | 8.0 | 2.1 | 6.6 | 8.8 | 6.0 | 5.6 | 3.2 | 6.3 |
| | 2008 | 5.3 | 6.0 | 6.2 | 6.5 | 2.7 | 5.3 | 7.3 | 5.9 | 4.7 | 2.6 | 6.0 |
| 经常项目/GDP | 2007 | -7.5 | -16.9 | -25.3 | -14.0 | -5.6 | -3.7 | -5.3 | -20.3 | -8.4 | -9.4 | -13.8 |
| | 2008 | -7.0 | -15.9 | -27.3 | -12.6 | -5.1 | -5.1 | -4.5 | -19.0 | -8.8 | -8.2 | -13.2 |

1997 年亚洲经济危机爆发之前的状况和该地区目前的状况类似，经常项目严重赤字、房价高企、本币升值以及资本项目具有大量盈余，经济理论和历史经验表明这一状况是不可持续的。国际金融市场的波动很容易波及这些国家，美国次级抵押贷款危机爆发后，国际资本快速撤离新兴资本市场，股价迅速下跌，本币也随之贬值。另一方面，如果这些国家爆发金融危机，它们同样会影响国际金融市场的稳定，这种情况发生的可能性并非不存在。为了维护经济的安全和稳定，预计欧洲新兴市场国家在 2008 年会实施软着陆的经济措施，如加强银行监管，紧缩货币信贷，实施紧缩性财政政策等等。

## （四）独联体经济快速发展，但受到多重因素困扰

由于独联体国家具有丰富的石油和矿产资源，石油和原材料价格的上涨推动了该区域经济快速增长。出口商品价格的上升提高了国民收入，收入的提高促进了消费，在工业发展能力不足的情况下消费成了拉动该区域经济快速增长的重要动力。不过，这也揭示了该区域经济发展的脆弱性，独联体自主发展能力不强，其经济增长同世界经济发展高度相关。事实上，美国次级抵押贷款危机对独联体国家的冲击超过任何新兴市场经济体，该区域潜在的金融风险不容忽视。IMF 预计该区域 2007 年增长率为 7.8%，2008 年为 7.0%。

外资快速流入构成了独联体国家的巨大隐患。独联体国家本币持续升值又保持较高的利率，因而国际资本纷纷流入这一区域。事实上，一些本国银行对外资的流入起了推波助澜的作用，比如，俄罗斯一些银行从国际上借入美元，然后兑换成卢布，从高利率和卢布升值中获取利益。这种金融游戏的效果之一是在增加货币

供应量的同时给通货膨胀增添新压力，效果之二是加快本币升值，而对一个国家的经济健康发展是不利的。在美国次级抵押贷款危机爆发之后，这种外资比真正的外资逃得更快，从而加剧金融风险，这也是独联体受次贷影响比较严重的原因之一。

通货膨胀是困扰独联体国家的重要问题。2006 年独联体国家的消费者价格指数上升达到 9.4%，预计 2007 年很难低于 9%。国内消费需求旺盛是推动物价上涨的主要力量，但其他因素也不可忽视，事实上像乌克兰这样的国家已经出现劳动力供给紧张的局面，在这种情况下形成了成本推动型通货膨胀。石油美元收入使得一些国家有能力扩大财政支出，从而加剧需求推动的通货膨胀。

自主生产能力不足影响独联体的进一步发展。由于独联体国家工业生产能力脆弱，消费领域的商品也不能同国外商品竞争，因而，独联体国家大量进口资本品和消费品，进口增长速度远远高于出口增速。这一局面如果持续下去，必将削弱该地区的自主创新能力和生产能力，不利于长期发展。

## 二　印度：经济强劲增长，潜在风险不容忽视

### （一）2007 年印度经济分析

2007 年前两季度经济增长分别达到 9.1% 和 9.3%，增长速度超出预期，是新兴市场经济体增长速度最快的国家之一。不过，印度存在较高的经常项目赤字和财政赤字，证券市场同全球资本市场联系密切，潜在的金融风险不容忽视。

**1. 工业增长势头强劲，但将受到高利率等因素影响**

2007 年印度工业生产保持旺盛的增长趋势，除 6、7 月份以外其他各月增速都在 10% 以上。工业快速增长的主要原因在于国内的强劲需求，需求直接拉动了投资的增长。另外，国际产业向印度转移也将刺激印度工业发展，2006 ~ 2007 财政年度外商直接投资为 180 亿美元，同比增长 250%。不过，印度工业发展也面临一些不利因素。为了控制通货膨胀，印度政府不断提高利率，这在很大程度上抑制了投资，本币不断升值也削弱了工业品的国际竞争能力，印度开发区的建设同当地居民发生了正面冲突。

**2. 对外贸易快速增长，但贸易逆差持续扩大**

2007 年印度对外贸易继续保持快速增长趋势，前 8 个月累计出口 914 亿美

元，同比增长 21%；进口 1382 亿美元，同比增长 33%；贸易逆差 468 亿美元，同比增长 65%。贸易逆差持续扩大的根本原因在于国内需求的旺盛，不过，国际原油价格的上涨影响也很大，印度炼油厂所需原油的 70% 需要进口。在这种情况下，贸易赤字逆转的可能性并不太大。

**3. 多管齐下抑制通货膨胀**

通货膨胀一直是困扰印度的难题，为抑制通货膨胀，政府竭尽全力。2007 年 1 月 31 日印度央行上调隔夜贷款利率 25 个基点，至 7.5%。2 月 13 日，央行又宣布将把存款准备金率提高 50 个基点。与此同时，印度政府宣布 2007 年禁止小麦出口、降低建材进口关税以抑制通胀。3 月 30 日，为了进一步抑制通胀，央行将回购利率提高了 25 个基点至 7.75%，同时也将银行存款准备金比率提高了 50 个基点至 6.5%，8 月 4 日再次提高 50 个基点。截至 10 月 6 日，印度通货膨胀率（周同比批发价格指数）为 3.07%，成功地将通胀控制在目标范围之内，这是印度综合利用货币政策和财政政策的效应，其做法可资借鉴。

**4. 国际资本流入带来多重压力**

在对外贸易出现严重赤字的情况下，印度外汇储备却不断上升。增加的外汇储备显然来自于资本项目。短期内大量资本流入说明大多数资本并非产业资本，这些资本在短期内可以弥补贸易赤字，但从长期来看对经济的健康发展未必有利，最为直接的影响是它可能严重扰乱资本市场。受到美国次级抵押贷款市场的不良影响，部分外资撤离，印度证券市场 BSE 30 指数从 2007 年 7 月 24 日的高点不断下滑，至 8 月 17 日累计下跌 12.5%，其中 8 月 16、17 日两天下跌 8%。伴随着欧日美为资本市场注资，印度股市也开始上扬。国际资本对印度资本市场的冲击由此可见一斑。

为了抑制国际资本的过快流入，8 月 7 日，印度财政部规定，每家印度企业在每个财政年度从海外借贷的资金不得超过 2000 万美元，而且，借贷企业必须向印度储备银行证明它们所借的资金是进口所需，或是用在与外汇交易有关的开支项目上。面对外资大举流入及股市急升，印度政府 10 月 17 日发出咨询文件，计划限制外资机构投资当地股市。

## （二）2008 年印度经济展望

受国内需求旺盛的影响，2008 年印度经济仍将保持快速增长趋势，但受到高利率和全球经济增长放缓的影响，增长速度有所回落，估计在8%～8.5%之间。物价将得到有效控制，但贸易赤字不会有明显改善，证券市场仍将受到国际资本的冲击，金融风险不容小觑。

## 三 俄罗斯：工业实现跨越式发展，通货膨胀再创新高

### （一）2007年俄罗斯经济分析

2007年1～8月俄罗斯国内生产总值同比增长7.7%，工业生产加速，就业状况得到明显改善，但通货膨胀再创新高，出口增长乏力，证券市场受到国际金融市场的牵连。

**1. 投资推动工业快速增长和就业的提高**

2007年1～8月俄罗斯工业生产同比增长6.6%，其中6月份达到10.9%的水平，初步摆脱工业生产停滞不前的被动局面。投资是推动工业发展的主要动力，上半年俄固定资产投资同比增长22.3%，其中6月份同比增长27.2%。工业的繁荣促进了就业的快速增长，俄罗斯失业率2006年1月份为7.8%，8月下降到5.7%。

**2. 贸易顺差持续收窄，“荷兰病”现象需要警惕**

2007年上半年受到油价回落的影响，俄罗斯出口增长速度缓慢，贸易顺差持续收窄，1～8月份俄罗斯贸易顺差为823亿美元，与2006年同期相比减少了176亿美元，下降幅度为18%。8月份国际油价不断攀升，但出口增长速度并没有明显提高，仅为9.7%，而进口增长则高达39.2%，二者形成了鲜明对比。出口增速没有明显增长的表面原因在于上年同期油价已经很高，深层原因在于自主创新能力不够，出口结构单一。如果俄罗斯不改变经济增长方式，将来难以逃脱“荷兰病”的厄运。

**3. 多重原因推动通货膨胀再创新高**

1～9月份，俄罗斯累计通胀率为7.5%，9月份的通货膨胀率达0.8%，创造了2000年以来通胀率纪录。俄罗斯持续高通胀现象从经济理论上也是可以解释的。石油美元收入提高了国家和居民的收入，收入的提高必然刺激不可贸易品尤其是公共服务的需求，由于国内不可贸易品的供给是有限的，从而导致国内通

货膨胀。工资增长速度过快和财政支出膨胀从成本和需求两方面加大了通胀压力。国际因素也不容忽视，尽管俄罗斯国内粮食并不短缺，但受到国际粮价上涨的影响，食品价格也大幅上升。另外，国际资本的大量涌入导致货币供应量被动快速增加也是通胀的重要原因。

**4. 国际资本冲击俄罗斯金融市场**

从整体上看，俄罗斯卢布处于升值状态，国际资本不断流入俄罗斯。2007年上半年的资本流入量达671亿美元，而2006年全年不过为409亿美元。但是，这种资本具有不稳定性，经俄罗斯中央银行核算，在美国次级抵押贷款出现问题之后，两周内俄罗斯流失了92亿美元。事实上美国次级贷市场危机让俄罗斯股市遭受重创。尽管俄罗斯央行一周内向金融市场注入440亿卢布资金，但这笔资金并没能阻止俄股市危机的爆发。据俄金融分析人士估算，美国次级贷市场危机导致俄股市缩水至少2000亿美元，该数额约占俄国内生产总值的1/6。在这种情况下，俄罗斯金融市场出现危机征兆，俄罗斯中央银行将存款准备金率从目前的4%～4.5%降低为3%～3.5%。不过，2008年初这些资金又将交还给中央银行，降低准备金率的政策只实行3个月。

### （二）2008年俄罗斯经济展望

2007年的部分投资将在2008年形成生产能力，预计工业将继续保持旺盛的增长势头，但本币升值将抑制商品出口，贸易顺差将继续萎缩。同时外资流入对金融市场的潜在影响将继续存在。预计2008年俄罗斯经济增长在7%左右，通货膨胀仍将维持较高水平。

## 四　巴西：贸易顺差收窄，降息以促进经济增长

### （一）2007年巴西经济分析

自1990年以来，巴西经济一直处于低速增长阶段，个别年份甚至是负增长，只有1994年和2004年两个年份的经济增长率超过了5%。2006年政府预期增长目标为3%，舆论一致认为不可能实现，事实上增长3.7%。2007年上半年，巴西经济比上年同期增长4.9%，预计全年经济增长仍然会突破4.8%的政府目标。

不过，巴西本币升值幅度较大，贸易顺差持续收窄，就业状况有所改善，但失业率仍然很高。

**1. 降息以促进经济增长**

为控制通货膨胀，巴西一直保持着较高利率，2007 年 1 ~ 9 月，巴西消费价格指数累计上涨 2.99%，预计全年通货膨胀率不会突破 4.5% 的目标水平。8 月份失业率虽然同比降低 1.1 个百分点，但仍然高达 9.5%。为了促进投资，繁荣工业，加快经济增长，解决就业问题，7 月 18 日将基准利率下调 0.5 个百分点之后，9 月 5 日又下调 0.25 个百分点，目前基准利率为 11.25%。

**2. 工业持续增长，前景比较看好**

2007 年 1 ~ 7 月，巴西工业产值累计增长 5.1%。虽然速度不高，但前景比较看好。利率的下调将促进工业增长，与此同时，外国直接投资也在拉动工业增长，1 ~ 8 月，巴西吸收外国直接投资 264.8 亿美元，比 2006 年同期 101.5 亿美元增长 160%。巴西国家经济社会发展银行预测 2007 年巴西投资额将达到 GDP 的 17.6%，2008、2009 年达到 19.3%、21.1%，投资的增长必将推动工业的快速增长。

**3. 贸易顺差收窄**

受到本币升值以及初级产品价格涨幅回落的影响，巴西贸易顺差持续收窄。1 ~ 9 月，贸易顺差额为 309.47 亿美元，比 2006 年 1 ~ 9 月的 342.1 亿美元减少 9.5%；1 ~ 9 月出口 1165.99 亿美元，比 2006 年同期增长 15.5%，进口 856.52 亿美元，比 2006 年同期增长 28.3%。由于初级产品和以初级产品为原料的半制成品出口仍占较大比重，外贸绩效对国际市场和初级产品价格仍有较强的依赖性。

**4. 外汇储备急剧上升**

由于看好巴西增长前景，各类外资纷纷流入巴西。2007 年 7 月 16 日巴西央行宣布，巴西拥有的外汇储备突破 1500 亿美元，达到 1506.9 亿美元，比 2006 年底增加了一倍。巴西目前的外汇储备已经超过巴西联邦政府的中长期外债总额，后者为 1450 亿美元。外汇储备的上升推动了巴西货币雷亚尔的不断升值，截至 7 月 16 日，雷亚尔对美元比价上涨了近 14%，为七年来的最高点。

### （二）2008 年巴西经济展望

受到利率下调和投资增长的双重影响，2008 年巴西经济将保持良好增长态势，预计在4.5%以上。预计2008 年巴西会进一步降低利率、加快投资、减少公共开支、降低公共债务、优化出口结构，防范金融风险。

## 五　罗马尼亚：经常项目赤字严重，增长能力接近极限

### （一）2007 年罗马尼亚经济分析

2007 年上半年，罗马尼亚降水偏少，干旱严重，主要农作物受灾面积达 400 万公顷，占总播种面积的 2/3，其中 100 万公顷绝收，农业产值同比下降了 5.9%；受此影响，GDP 的实际增长率为 5.8%，而上年同期实际增长了 7.4%。罗马尼亚工业表现良好，但经常项目赤字依然严重，通胀压力也比较大，预计 2007 年全年罗马尼亚经济将增长 6.1%，低于年初预计的 6.5% 的增速，但高于上半年的 5.8%。

**1. 工业生产超预期**

2007 年上半年，罗马尼亚工业生产总体增幅为 6.1%，工业表现仍然超过预期。工业增长的动力之一在于房地产价格不断上涨推动了建筑业和相关产业的繁荣。2007 年上半年罗马尼亚建筑业同比实际增长了 31.4%，超出了市场的普遍预期，也是经济增长的最主要拉动力量。建筑业在国民经济中所占比重由 2006 年上半年的 4.1% 提高到 2007 年上半年的 6.7%，提高了 2.6 个百分点。

**2. 经常项目继续恶化，金融风险需要警惕**

罗马尼亚国家银行公布的数据显示，2007 年 1 ~ 8 月，罗马尼亚国际收支经常项目赤字达 102.28 亿欧元，同比增长了 69%，继续保持高速增长。外贸赤字的增加依然是造成经常项目巨额赤字的主要原因，达 107.14 亿欧元，同比增长了 73.1%。其中，仅货物贸易赤字一项就高达 108.64 亿欧元，同比增长了 69%，继续成为罗贸易和经常项目赤字居高不下且不断恶化的首要原因。预计 2007 年的经常项目赤字将达到 GDP 的 14%，超出了国家银行 11% ~ 12% 的控制目标。由于必须不断通过资本流入来弥补日益扩大的经常项目赤字，罗马尼亚政

治局势动荡和国际收支严重不平衡的状况，可能使其受美国次级抵押贷款危机影响的程度超过大多数中东欧国家。国际金融危机对罗马尼亚的冲击值得高度警惕。

**3. 通货膨胀有所下降，但压力仍然很大**

2007 年上半年，受国家银行继续实行从紧的货币政策以及非食品价格持续下降等原因影响，罗马尼亚的通货膨胀率继续呈现下降趋势，平均通胀率为 3.8%，首次降到了 4% 以下。但通胀的压力仍然很大。首先是工资上涨远远超过劳动生产率的上涨，其次是在农业歉收的情况下国际粮食价格不断上升，三是财政赤字居高不下。

**4. 就业情况改善**

截至 2007 年 6 月 30 日，罗马尼亚全国人口总数约 2160 万人；登记就业人员总数为 474 万人，比 2006 年同期增加了 13 万人，增幅近 2.8%；失业人数为 35.5 万人，失业率为 4%，创最近 15 年来的新低。上次失业率在 4% 以下的时间为 1992 年 4 月，当时的失业率为 3.9%；2006 年同期，登记失业率为 5.2%。

就业的改善得益于经济的快速增长，以建筑业为例，快速的发展使得罗马尼亚建筑业不得不面临劳动力短缺问题。罗当前工业领域需要 20 万 ~ 30 万名工人，建筑公司即使愿付欧盟水平的工资，也很难找到合格的建筑工人。这意味着罗马尼亚目前已经非常接近其经济增长的极限，如果经济增速超过了罗马尼亚的潜在增长率，将会引发较大的通货膨胀压力。

## （二）2008 年罗马尼亚经济展望

2007 年是罗马尼亚加入欧盟后的第一年，由于盟内贸易关税的取消和统一市场的建立，罗自欧盟进口大量增加而出口却增长迟缓，加之本币的强烈升值，罗贸易及经常项目逆差均大幅增长；由于缺乏可行性项目，对欧盟资金的吸纳有限，上半年自欧盟获取拨款低于向欧盟缴纳的会费数额；劳动力成本的提高导致传统的来料加工工业的日渐萎缩和转移；实施欧盟严格的环境、卫生法规致使部分企业不堪重负，破产或转产；政党斗争此起彼伏，政府重组，总统遭弹劾，在野党对政府提出不信任案，部分领域改革有所放缓，司法、农业等领域改革达不到欧盟要求。有专家分析认为，到目前为止，罗马尼亚入盟后的经济成本和社会成本高于所得收益。预计 2008 年上述状况不会有明显好转，预计 2008 年经济增长低于 2007 年，在 6% 左右。

## 参考文献

〔美〕保罗·R. 克鲁格曼：《国际经济学》（第六版），中国人民大学出版社，2006。

〔美〕吉利斯：《发展经济学》（第四版），中国人民大学出版社，1998。

http：//mospi. nic. in/.

http：//www. cbr. ru/eng.

http：//br. mofcom. gov. cn/.

http：//ro. mofcom. gov. cn/ztdy/ztdy. html.

# 2007～2008年国际油价走势回顾与展望

牛　犁*

**摘　要：** 2007年，国际油价呈现出先抑后扬的走势，预计全年纽约市场西得克萨斯（WTI）原油期货年均价格为每桶70美元左右，同比上涨6%左右，为最近五年来最小涨幅。2008年，尽管美国次贷危机增加了全球经济增长的不确定性，但全球经济基本面依然良好；地缘风险、投机炒作、天气变化等不确定因素始终存在，国际油价难有实质性回落，预计纽约市场WTI原油期货年均价格将为每桶65～75美元。国际油价高位运行会加大我国石油进口负担，增加企业生产成本和消费者支出，增大通货膨胀压力。应采取积极措施应对国际油价的大幅波动，保障我国石油供给安全。

**关键词：** 国际油价　反弹　展望

## 一　2007年以来国际油价基本走势特征

2007年以来，国际油价呈现出触底反弹、先抑后扬的走势（见图1）。年初下探至50美元之后，在3月份开始出现稳步持续反弹，7月份加速上扬并刷新纪录，此后虽受美国次贷危机的冲击出现短暂下挫，9月份国际油价重拾升势，9月13日，纽约市场西得克萨斯（WTI）原油期货价格突破80美元，10月19日盘中突破90美元大关，较年初最低点大幅反弹约八成。但前10个月WTI原油期货价格平均为每桶67.7美元，同比仅微幅上涨1%。

* 牛犁，国家信息中心经济预测部宏观经济研究室副主任，高级经济师，主要研究宏观经济、能源、国际油价等问题。

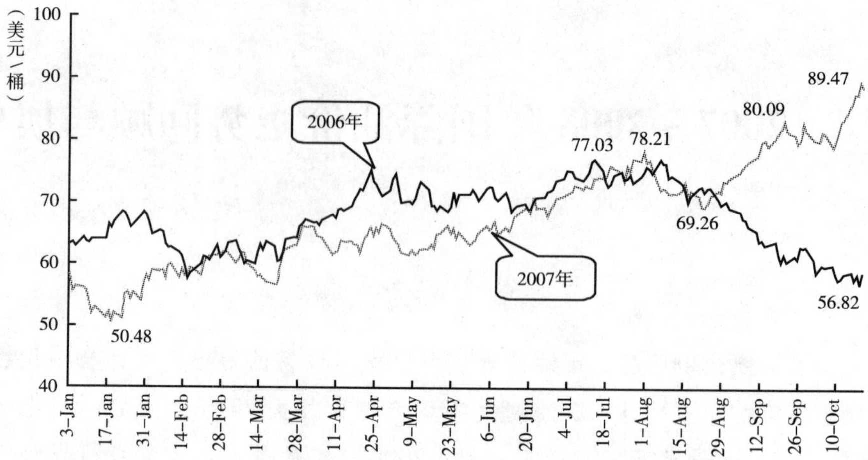


**图1　2006～2007年纽约市场原油期货（WTI）价格对比图**

数据来源：美国能源情报署。

## （一）年初国际油价出现大幅下挫

2007年伊始，国际油价连续大幅下挫。在供求基本面、地缘风险、游资投机等因素相对稳定的情况下，天气成为影响油价走势的最重要因素。暖冬导致取暖用油需求减少，库存高于预期，推动年初国际油价出现了大幅下挫，1月18日，纽约市场WTI原油期货价格下挫至每桶50.48美元，与2006年7月份创下的77.03美元的历史高位相比跌去了34.5%，跌至近20个月以来的最低价位。

## （二）3月份国际油价开始稳步持续反弹

美国全国性暴雪激发取暖油需求，天气突变成为国际油价反弹的契机，2月份国际油价重回60美元平台。3～6月份，一方面，天气逐渐转暖，美国石油库存状况改善；另一方面，道达尔美国公司、英国石油公司和雪佛龙公司均因出现故障导致石油产出减少。各种因素交织在一起，导致国际油价在56.5～66美元之间宽幅震荡。

## （三）下半年开始国际油价加速反弹并创新高

7月份开始，国际油价加速上扬。尽管美国经济出现减速，但是欧洲和日本经济增长明显好于预期，特别是中国、印度等国家经济快速增长，全球石油市场需求旺盛；美国汽油供应紧张以及炼油厂问题一直困扰着国际油市；伊朗核问题和尼日利亚紧张局势加剧、纽约和美国海湾输油管道泄漏等因素影响，国际油价呈现震荡上扬的走势，至 6 月下旬已接近 70 美元，7 月 31 日达到每桶 78.21 美元，突破了上年创下的历史最高位。

8 月份受美国次贷危机的影响国际油价出现短暂大幅下挫后，9 月份国际油价重拾升势。欧美各国央行采取的给金融市场注资的联合干预措施，在一定程度上稳定和缓解了次贷危机的影响；同时，形成于大西洋的热带风暴“迪安”袭击墨西哥湾中部地区，可能会对当地石油生产设施会造成威胁，影响到石油供应，国际市场原油期货价格再次反弹上扬。至 9 月 13 日，纽约市场 WTI 原油期货价格突破了 80 美元，10 月 19 日盘中突破 90 美元，收于 89.47 美元，创出历史新高。

从 11 月份起欧佩克增产 50 万桶/天，对缓解石油需求压力的作用不会太大，全球石油供求仍处于相对紧张状态，美国商业石油库存的下降加剧这一状态，美国次贷危机后续影响成为国际油价新的不确定因素，国际油价仍将在较高水平上波动。综合上述分析，2007 年全年西得克萨斯原油期货年平均价格约为每桶 70 美元左右，较上年微涨 6%，预计这将是最近五年来的最小涨幅（见表 1）。

**表 1　2000～2007 年 WTI 原油期货价格变化表**

| 年　份 | 2000 | 2001 | 2002 | 2003 | 2004 | 2005 | 2006 | 2007 |
|---|---|---|---|---|---|---|---|---|
| WTI 美元/桶 | 30.3 | 26.0 | 26.2 | 31.0 | 41.5 | 56.7 | 66.3 | 70.0 |
| 同比涨幅(%) | 56.8 | -14.2 | 0.8 | 18.5 | 33.8 | 36.7 | 16.8 | 5.7 |

注：2007 年数据为预测数。

数据来源：美国能源情报署。

## 二　2008 年国际油价走势展望

### （一）全球经济保持良好增长势头

2008 年，世界经济仍将保持良好的增长态势，特别是中国、印度、东盟等新兴市场国家经济增长强劲。根据国际货币基金组织（IMF）预计，2008 年中国、印度经济分别增长10%和8.4%，尽管增速略有放缓，但仍是世界经济增长的主要动力之一。从三大经济体来看，虽然次贷危机加大了美国经济运行的不确定性，通货膨胀压力和经济下行风险使得货币政策左右为难。但是，美国经济抵御风险和自我调节的能力要远强于其他经济体，其成熟的市场经济体制和比较完善的社会保障制度将会继续促进美国私人投资和居民消费实现温和增长；失业率处于历史较低水平，有助于提高居民收入水平，稳定消费支出；9月降息稳定了金融市场的预期，增强了市场对美国经济增长的信心；同时，由于全球经济处于20世纪60年代以来最快的增长阶段，对美国商品和服务的需求也会增加。因而美国经济经过一段时间调整之后，2008年仍将保持稳步增长。国际货币基金组织（IMF）预计，2008年美国经济增长1.9%，与2007年基本持平。欧元区国家结构性问题得到一定缓解，通货膨胀在可控范围内，特别是德国等国财政改革取得成效，财政赤字大大减少，经济活力得到增强。预计2008年欧元区经济增长2.1%，较上年略有放缓。日本经济逐步走出了通货紧缩状态，金融等领域改革为经济增长提供较好的支持，同时外需多元化对美国市场依赖降低，使日本出口有望保持良好态势，2008年日本经济增长1.7%（见表2）。

**表2　主要经济体经济增长预测表**

单位：%

| 年　份 | 1989～1998 | 1999～2008 | 2006 | 2007 | 2008 |
|---|---|---|---|---|---|
| 世　界 | 3.2 | 4.4 | 5.4 | 5.2 | 4.8 |
| 发达经济 | 2.7 | 2.6 | 2.9 | 2.5 | 2.2 |
| 美　国 | 3 | 2.6 | 2.9 | 1.9 | 1.9 |
| 欧元区 | — | 2.1 | 2.8 | 2.5 | 2.1 |
| 日　本 | 2 | 1.6 | 2.2 | 2 | 1.7 |
| 中　国 | 9.6 | 9.7 | 11.1 | 11.5 | 10 |
| 印　度 | 5.7 | 7 | 9.7 | 8.9 | 8.4 |

资料来源：IMF 2007年10月《世界经济展望》。

## （二）世界石油需求依然旺盛

全球经济保持稳定快速增长导致石油需求旺盛。国际能源署10月份报告显示，2008年全球石油需求量为8800万桶/天，同比增加210万桶/天，增长

2.4%。欧佩克在10月份石油月报中预计，2008年全球石油需求量为8700桶/天，同比增加135万桶/天，增长1.6%。而美国能源情报署10月份短期能源展望月报预计，2008年全球石油需求量为8715万桶/天，同比增加137万桶/天，增长率为1.6%。其中，石油需求增量主要来自发展中经济体，非OECD国家和地区日均石油需求增量为127万桶/天，占全球需求增量的九成以上，而OECD国家石油需求增量占比不足一成。从国别来看，中国石油需求增量占34%，美国增量占13%，两国需求增量占到全球增量的接近一半。

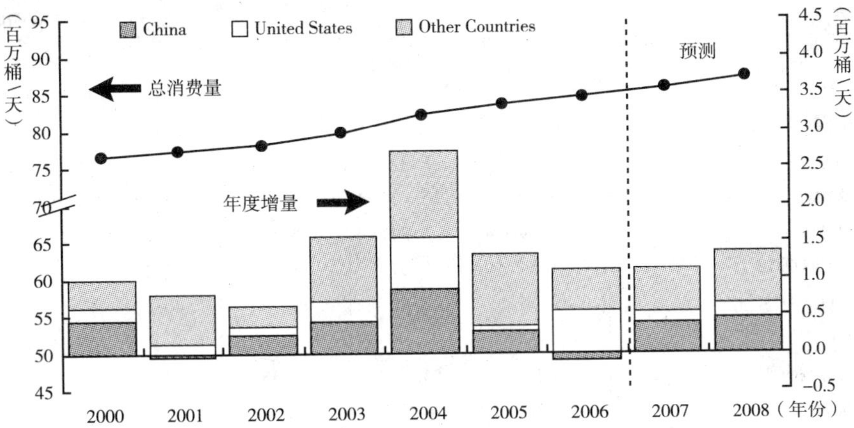


**图2　世界石油需求量走势图**

资料来源：美国能源情报署，2007年10月。

尽管三大国际机构预测增幅不完全一致，但都认为2008年国际石油需求将保持稳定增长的基本趋势。2004～2008年全球石油供需情况见表3。

**表3　全球石油供需平衡表**

| 年　份 | 2004 | 2005 | 2006 | 2007 | 2008 |
|---|---|---|---|---|---|
| 供给（百万桶/天） | | | | | |
| OECD | | | | | |
| 美国 | 8.7 | 8.32 | 8.3 | 8.45 | 8.7 |
| 加拿大 | 3.14 | 3.09 | 3.29 | 3.42 | 3.59 |
| 墨西哥 | 3.85 | 3.78 | 3.71 | 3.53 | 3.32 |
| 北海 | 5.63 | 5.18 | 4.78 | 4.57 | 4.32 |
| 其他OECD | 1.5 | 1.51 | 1.48 | 1.52 | 1.5 |

续表 3

| 年　份 | 2004 | 2005 | 2006 | 2007 | 2008 |
|---|---|---|---|---|---|
| OECD 合计 | 22.81 | 21.88 | 21.56 | 21.48 | 21.44 |
| 非 OECD | | | | | |
| OPEC(不含伊拉克) | 32.87 | 34.3 | 33.87 | 33.12 | 34.19 |
| OPEC(含伊拉克) | 33.92 | 35.56 | 35.31 | 34.86 | 36.34 |
| 前苏联地区 | 11.35 | 11.77 | 12.16 | 12.61 | 12.98 |
| 中国 | 3.66 | 3.78 | 3.85 | 3.89 | 3.88 |
| 其他非 OECD | 11.39 | 11.64 | 11.71 | 11.88 | 12.42 |
| 非 OECD 合计 | 60.31 | 62.75 | 63.02 | 63.24 | 65.62 |
| 世界总供给 | 83.12 | 84.63 | 84.58 | 84.72 | 87.06 |
| 消费(百万桶/天) | | | | | |
| OECD | | | | | |
| 美国 | 20.73 | 20.8 | 20.69 | 20.81 | 20.99 |
| 加拿大 | 2.3 | 2.3 | 2.24 | 2.3 | 2.21 |
| 欧洲 | 15.49 | 15.61 | 15.56 | 15.35 | 15.37 |
| 日本 | 5.29 | 5.31 | 5.16 | 5.16 | 5.23 |
| 其他 OECD | 5.2 | 5.31 | 5.24 | 5.31 | 5.21 |
| OECD 合计 | 49.36 | 49.66 | 49.24 | 49.26 | 49.37 |
| 非 OECD | | | | | |
| 前苏联地区 | 4.04 | 4.07 | 4.33 | 4.48 | 4.67 |
| 欧洲 | 0.68 | 0.7 | 0.72 | 0.73 | 0.74 |
| 中国 | 6.44 | 6.72 | 7.27 | 7.68 | 8.15 |
| 其他亚洲 | 8.37 | 8.53 | 8.58 | 8.67 | 8.76 |
| 其他非 OECD | 13.44 | 13.97 | 14.51 | 14.95 | 15.45 |
| 非 OECD 合计 | 32.97 | 33.99 | 35.42 | 36.51 | 37.78 |
| 世界总消费 | 82.33 | 83.65 | 84.66 | 85.78 | 87.15 |

资料来源：美国能源情报署，2007 年 10 月。

## （三）世界石油供给有所改善

世界经济的强劲增长使得石油实际需求非常旺盛，同时高额利润必然会刺激新增投资。为了保证世界经济发展的需要，欧佩克国家计划在 2010 年前投资 1200 亿美元着手扩大石油生产能力，初步计划将原油日生产能力由 2005 年的 3170 万桶提升至 2010 年的 3690 万桶（不包括伊拉克），增长 16% 以上（见图 3）。同时，欧佩克大幅扩大精炼能力，精炼日产能由 2006 年的 1230 万桶扩大至 2011 年的 1770 万桶，提高近 50%。2006 ~ 2011 年欧佩克下游产能扩张计划见图 4。

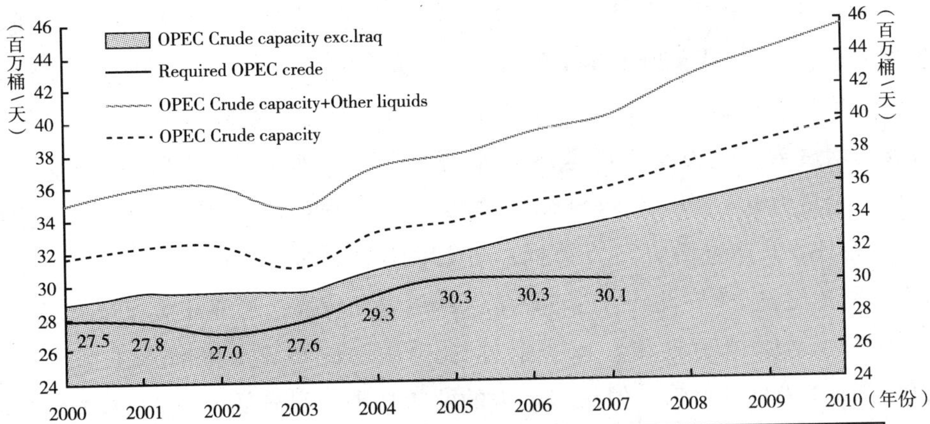


| 年份 | 2000 | 2001 | 2002 | 2003 | 2004 | 2005 | 2006 | 2007 | 2008 | 2009 | 2010 |
|---|---|---|---|---|---|---|---|---|---|---|---|
| Crude Capacity | 31.7 | 32.4 | 32.4 | 30.9 | 33.1 | 33.8 | 34.9 | 35.7 | 37.3 | 38.6 | 39.7 |
| NGls+Other liquds | 3.3 | 3.6 | 3.6 | 3.7 | 4.0 | 4.1 | 4.3 | 4.6 | 5.3 | 5.7 | 6.0 |
| Total | 35.0 | 36.0 | 36.0 | 34.6 | 37.1 | 37.9 | 39.2 | 40.3 | 42.6 | 44.3 | 45.7 |

**图 3　2000～2010 年欧佩克上游（原油）产能扩张计划**

资料来源：欧佩克。

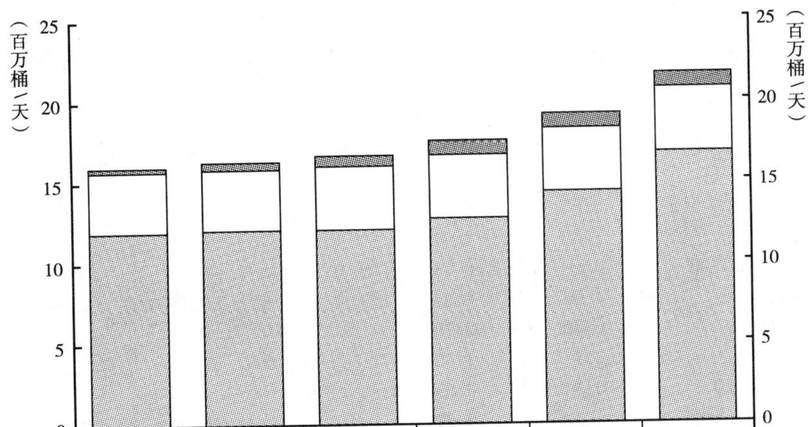


| | 2006年 | 2007年 | 2008年 | 2009年 | 2010年 | 2011年 |
|---|---|---|---|---|---|---|
| Distillation | 12.0 | 12.1 | 12.1 | 12.9 | 14.4 | 16.8 |
| Conversion+Treating | 3.7 | 3.8 | 3.9 | 4.0 | 4.0 | 4.0 |
| Condensate | 0.3 | 0.4 | 0.6 | 0.9 | 0.9 | 0.9 |

**图 4　2006～2011 年欧佩克下游产能扩张计划**

资料来源：欧佩克。

根据国际权威机构的研究，2008 年全球石油产量有望得到较快增长。美国能源情报署报告预计，2008 年全球石油供给量为 8706 万桶/天，同比增加 234 万桶/天，增长率为 2.8%，增速较上年大幅提高。其中，欧佩克国家日产量增长 4.2%，增量为 148 万桶，占全球增量的 63.2%；非欧佩克国家日产量增长 2.1%，增量为 104 万桶，占全球增量的 36.8%。非欧佩克国家中，巴西产量增长非常迅速，日产量增加 34.5 万桶，同比增长 14.9%；美国石油日产量增加 25 万桶，同比增长 3%；此外，前苏联地区产量增加较快，阿塞拜疆和哈萨克斯坦日产能分别增加 10 万桶和 8.1 万桶，同比分别增长 11.6% 和 5.6%；俄罗斯尽管也有 19.1 万桶的增量，但仅与过去的两年持平，明显低于 2003 ~2005 年 60 万 ~80 万桶左右的增量水平。但是，受储量等因素的限制，墨西哥、英国、挪威等国的产量在逐年下降（见表 4）。

**表 4　世界主要国家和地区石油产量预测表**

单位：百万桶/天

| 国家/地区 | 产量 | | | 产量增加 | | |
|---|---|---|---|---|---|---|
| | 2006 年 | 2007 年 | 2008 年 | 2006 年 | 2007 年 | 2008 年 |
| 欧佩克国家 | 35.31 | 34.86 | 36.34 | -0.25 | -0.44 | 1.48 |
| 北美 | 15.30 | 15.40 | 15.62 | 0.10 | 0.10 | 0.22 |
| 加拿大 | 3.29 | 3.42 | 3.59 | 0.20 | 0.13 | 0.18 |
| 墨西哥 | 3.71 | 3.53 | 3.32 | -0.08 | -0.18 | -0.21 |
| 美国 | 8.30 | 8.45 | 8.70 | -0.02 | 0.15 | 0.25 |
| 俄罗斯、里海 | 11.89 | 12.35 | 12.73 | 0.40 | 0.46 | 0.38 |
| 阿塞拜疆 | 9.68 | 9.86 | 10.06 | 0.16 | 0.19 | 0.19 |
| 哈萨克斯坦 | 0.65 | 0.86 | 0.96 | 0.21 | 0.21 | 0.10 |
| 俄罗斯 | 1.39 | 1.44 | 1.52 | 0.05 | 0.05 | 0.08 |
| 其他前苏联 | 0.18 | 0.18 | 0.19 | -0.02 | 0.00 | 0.01 |
| 拉美 | 4.56 | 4.62 | 4.91 | 0.15 | 0.06 | 0.29 |
| 阿根廷 | 0.80 | 0.79 | 0.77 | 0.00 | -0.02 | -0.02 |
| 巴西 | 2.17 | 2.32 | 2.66 | 0.13 | 0.15 | 0.34 |
| 哥伦比亚 | 0.54 | 0.53 | 0.51 | 0.01 | -0.02 | -0.02 |
| 厄瓜多尔 | 0.54 | 0.51 | 0.50 | 0.00 | -0.02 | -0.02 |
| 其他拉美 | 0.51 | 0.48 | 0.48 | 0.01 | -0.03 | 0.00 |
| 北海 | 4.78 | 4.57 | 4.32 | -0.40 | -0.21 | -0.24 |
| 挪威 | 2.79 | 2.59 | 2.54 | -0.19 | -0.19 | -0.05 |
| 英国 | 1.60 | 1.60 | 1.43 | -0.17 | 0.00 | -0.17 |
| 其他北海 | 0.39 | 0.37 | 0.35 | -0.04 | -0.02 | -0.01 |
| 其他非欧佩克 | 12.75 | 12.93 | 13.14 | -0.05 | 0.18 | 0.22 |
| 世界总量 | 84.58 | 84.72 | 87.06 | -0.05 | 0.14 | 2.34 |

资料来源：美国能源情报署，2007 年 10 月。

全球剩余产能得到一定的恢复，2008 年全球剩余产能预计约为 250 万桶/天，将接近过去十年的平均水平（见图 5）。剩余产能与国际油价有着密切的关联关系，剩余产能的恢复有助于稳定国际市场油价。

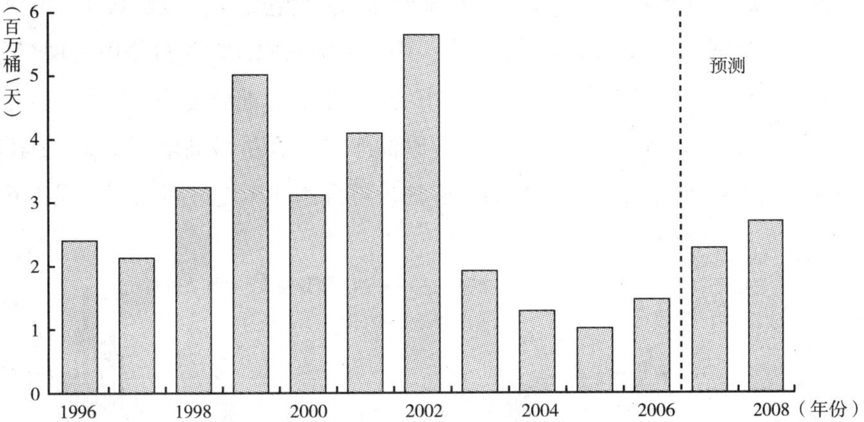


**图 5　全球石油剩余产能走势图**

资料来源：美国能源情报署，2007 年 10 月。

## （四）伊朗核问题仍然是影响国际油价的最大变数

中东等产油地区地缘政治风险始终存在，特别是伊朗核问题始终是困扰 2008 年国际油市的重大不确定性因素。根据 BP 能源统计，伊朗拥有 189 亿吨石油探明储量，占世界总量的 11.4%，仅次于沙特居世界第二位，储采比高达 86.7；天然气探明储备高达 28.1 万亿立方米，占世界总量的 15.5%，仅次于俄罗斯居于世界第二位。目前，伊朗为欧佩克第二大产油国，石油日产量超过 400 万桶，而且超过 60% 的石油出口国际市场，年出口石油在 1.2 亿吨左右。

由于伊朗拥有丰富的油气资源，油气出口量、地理上所处战略位置，以及面临的石油供求趋紧的环境等因素，使得伊朗核问题更为复杂，解决这一问题需要时间更长，对国际油价的影响更为巨大。

## （五）国际游资炒作的作用仍不可小视

石油作为最重要的战略资源，具有不可再生性、难以替代性、经济高度依赖性，以及储产与消费在地域上和产品结构上分布严重不均等特性。数以万亿计的国际游资在高度发达的现代金融市场上，兴风作浪、推波助澜，明显放大了供求、地缘政治、库存等因素对油价的影响作用。

在现代金融市场体系中，巨额国际游资在不断冲击各种市场，国际原油期货市场也不能例外。2007 年初纽约商品交易所基金原油期货持仓量一度大幅减少，出现了净空头持仓，随之国际油价出现了大幅跳水，西得克萨斯原油期货价格由每桶 65 美元左右一度跌至 50 美元。3 月份以来，纽约市场投机资金原油期货持仓量明显回升，国际油价也出现明显反弹。在 7 月末，基金原油净多持仓量最高增至 1.2 亿桶以上，超过当时日原油消费总量近 50%，而国际油价再次刷新历史最高纪录（见图 6）。

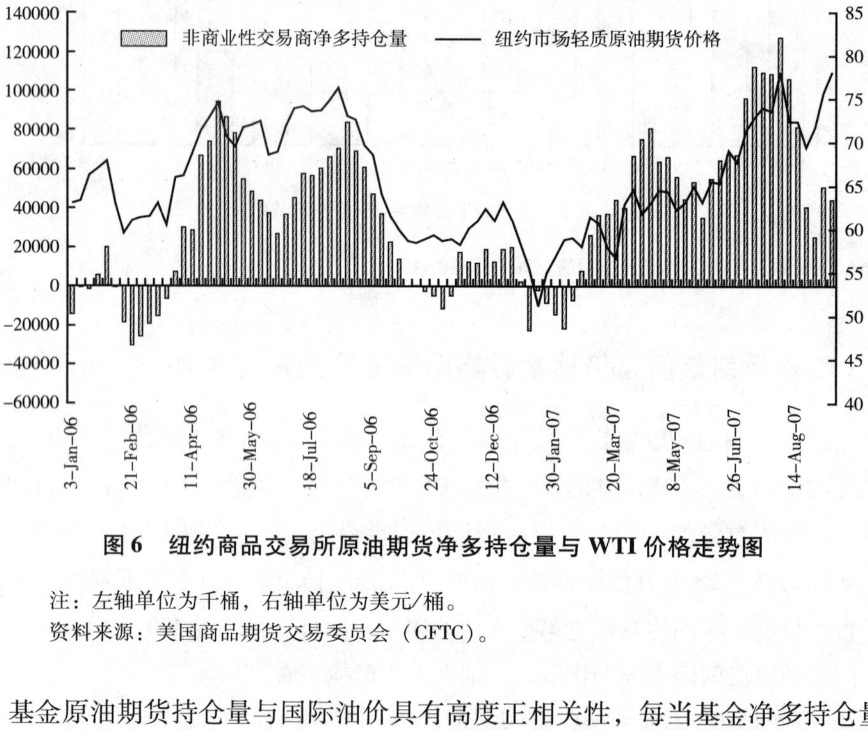


**图 6　纽约商品交易所原油期货净多持仓量与 WTI 价格走势图**

注：左轴单位为千桶，右轴单位为美元/桶。

资料来源：美国商品期货交易委员会（CFTC）。

基金原油期货持仓量与国际油价具有高度正相关性，每当基金净多持仓量大幅增加，国际油价随之飙升，而当基金大幅减仓时，国际油价便会出现快速下挫。影响国际油价的各种因素都会成为国际游资炒作的题材，因而国际游资仍将会对油价起到推波助澜的作用。

## （六）美元持续贬值有一定推高油价作用

美国面临着巨额财政和贸易双赤字的沉重压力，预计双赤字在短期内不会消除，因而美元在较长一段时间内仍将处于弱势。目前世界石油市场交易中主要采用美元结算，近年来美元的持续贬值使得石油出口国实际石油收入缩水，这在一定程度上促使欧佩克等产油国抬高油价。

## （七）基本结论

总体来看，2008年，全球石油供求仍处于相对紧张状态，良好的经济基本面支持国际油价在高位运行。如果伊朗核问题等地缘政治风险没有明显恶化，不发生重大突发事件，国际油价年平均价位将在每桶65～75美元左右的高位运行。但是，如果伊朗核问题演变为美伊军事冲突，或出现飓风袭击等重大突发事件，那么短期内国际油价将会出现大幅飙升；如果次贷危机不断恶化，逐步演变成为严重的金融危机，使美国经济乃至全球经济出现明显减速，那么国际油价也存在大幅回落的可能性。

由于近来国际油价出现持续明显反弹，国际权威机构不断调高国际油价走势的预测。9月26日，路透社调查的35家国际权威机构的预测显示，分析师将其对2008年布伦特和WTI原油均价预估调升至66.7美元和67美元（见表5），较6月份调查结果高出5美元左右。美国能源情报署在10月份短期能源展望报告中，将2008年纽约市场WTI油价调高至73.5美元，较5月份预测高出13%以上。

**表5　国际机构对国际油价走势的预测表**

单位：美元/桶

| 预测机构 | Brent | WTI | Brent | WTI |
|---|---|---|---|---|
| | 2007年 | 2007年 | 2008年 | 2008年 |
| 高　盛 | 70.8 | 70.3 | 85 | 85 |
| 巴莱克资本 | 69.4 | 68.8 | 75.6 | 77 |
| 雷曼兄弟 | 70 | 68 | 75 | 73 |
| 美国能源情报署 | — | 68.8 | — | 73.5 |
| 美国银行 | 66.8 | 64 | 62.5 | 60 |
| 美林商品 | 65 | 64 | 66 | 66 |
| JP摩根 | 61.04 | 61.04 | 59.25 | 59.75 |
| 花旗集团 | 63.73 | 61.71 | 60 | 60 |
| 路透社调查机构平均值 | 67.31 | 66.07 | 66.7 | 67 |

资料来源：路透中文网。

## 三　国际油价走势对中国经济的影响

国际油价高位运行对我国经济运行和居民生活到来一定的负面影响，高油价不仅增加外汇支出、加大企业成本、增加居民消费支出，同时加大通货膨胀压力。

### （一）高油价导致国民财富的净溢出

随着我国经济的快速发展和居民生活水平的不断提高，石油需求持续稳步增长，而国内石油产量增长潜力有限，对外依存度在不断提高，目前有近一半的石油需要从国际市场进口。因而油价上涨必然导致更多的外汇支出，这意味着我国国民财富的净溢出。石油是目前我国单一商品最大的逆差项目，仅2006年逆差就达720亿美元。

### （二）高油价带来通货膨胀压力

尽管目前国内成品油定价机制在一定程度上抑制了国际油价对国内物价的冲击，但是，价格倒挂使得国内成品油价格存在一定的上调压力和空间，而且节能减排的艰巨任务以及国内市场的供求状况要求油价同国际接轨。因而成品油价格的上调或者上调的预期都会带来通货膨胀的潜在压力。

### （三）增加居民消费支出

个人消费者将直接成为高油价的承受者，2007年以来，由于国际油价不断上涨，明显增加了部分消费者的支出，导致实际消费紧缩。油价倒挂使得部分地区出现了供油紧张现象，影响了居民的正常生活。

### （四）加大相关企业生产成本

国际油价大幅攀升必将给国民经济各行业带来较大的影响。交通运输业和农业受到的冲击较大，油价上涨，导致交通运输业单位运输成本大幅增加，推升了农用化肥、农药、塑料薄膜等农资的涨价及灌溉、耕田、运输等农机具用油的成本。石油加工及炼焦业成本压力较大，炼油行业继续亏损。高油价影响消费者的购车选择，节油型汽车成为未来汽车市场上的新宠，加快了汽车产业发展格局的调整。石油和天然气开采业景气与油价同步，从油价上涨中直接受益。

### （五）促进替代能源行业的发展

部分行业在直接感受到来自油价上涨压力的同时，新能源、替代能源将迎来新的发展契机。高油价使得替代能源逐步具有经济可开发性，并会促使更多新能源技术的研发投入。

## 四　政策建议

### （一）摆脱部门藩篱、推出燃油税政策

燃油税对于节约石油资源、提高能效的重要作用在日本和欧洲等地区得到了充分证明，而且在国内被社会各界普遍认可。出台燃油税政策，以燃油税取代养路费，用油越多的车辆交的税也越多，这是用经济杠杆有效推进节油的最重要手段之一。燃油税这种简单有效的政策工具在我国争论长达十多年难以出台，有部门利益、中央与地方之间利益、各群体承受力、高油价等多种因素，但归根结底是多头管理、部门间扯皮的结果。我国经济社会快速发展，石油需求增长很快，为了抑制燃油消耗，必须坚决打破部门利益，果断推出燃油税政策。开征燃油税并不必然导致油价上涨，起初税率可以定的低一些，逐步调整到适当的水平，当然要考虑到对不同领域的影响。

### （二）打破行业垄断、推进石油市场流通体制改革

尽管 2006 年底商务部出台了《原油市场管理办法》和《成品油市场管理办法》，而且出台了一系列《非公 36 条》的配套政策，但是，石油行业特别是上游领域的垄断问题比较严重，也比较复杂。当前最为突出的就是如何解决油源问题，包括国内市场原油批发经营以及石油进出口问题。因此必须打破垄断、加快石油行业体制改革。

### （三）完善定价机制、逐步实现成品油市场化定价

随着国际油价的不断攀升和中国石油进口依存度逐步上升，中国的石油安全正受到严重挑战，建立科学、合理的石油价格体系刻不容缓。我国已经正式采用

“原油加成本”的成品油定价机制。新机制有助于保障炼油行业的利益，稳定国内成品油市场供应。但是，新机制存在着炼油行业平均成本和平均利润难以确定、仍然不能够如实反映我国能源供给状况、国产原油加工成本如何计算等难题。因此，新机制仍然是一个过渡性机制，必须抓紧推进石油市场体系以及政府监管体系的建立和逐步完善，为实现成品油市场化定价做好准备。

### （四）加快制度创新、全面推进石油储备体系建设

中国已彻底告别了没有战略石油储备的历史，开始尝试运用战略石油储备来维护自身的石油安全供给，保障国民经济持续快速健康发展。但是，这并不表示中国就已经建立起了石油储备体系，建立战略石油储备是一项复杂的系统工程。美日欧等国经过近30年的时间才建立起较为完备的体系。我国构建石油储备体系还有一系列工作要做，像石油战略储备相关法律法规的制定、储备运营管理机构的设立、储备油品的来源、储备资金的来源、新储备基地的选址、符合中国需求的储备规模等都需要进一步研究。

# 供需紧张和投机炒作
# 推动国际大宗商品价格普涨

李继峰*

**摘　要：**2007 年大宗商品价格普遍上涨，一方面是因为受到全球经济繁荣、需求旺盛刺激，另一方面是因为世界流动性过剩、投机资金横行。2008 年全球经济依然处于“黄金时期”，尤其是新兴经济体的高速发展，会带来更庞大的需求；此外投机资金规模也在不断扩大。在没有特殊事件发生的情况下，预计 2008 年全球大宗商品市场价格总体上仍然会持续上涨。

**关键词：**大宗商品市场　价格走势　供需紧张　投机炒作

大宗商品贸易在国际市场中占有重要地位，对世界各国经济的影响巨大，对越来越多国家的经济系统有支撑作用。目前，随着现货和期货两个市场都越来越成熟，且具有相互影响，无论是国家还是相关企业在关注大宗商品的国际交易之时，都需要同时关注这两个市场上的变化趋势及影响因素。

本文的内容主要分为三部分，第一部分是对近期大宗商品国际市场进行描述，包括总体情况及重点产品的走势；第二部分着重分析影响大宗商品价格走势的重要原因；第三部分对 2008 年走势进行展望。

---

* 李继峰，管理学博士，2007 年毕业于清华大学公共管理学院。现为国家信息中心经济预测部助理研究员，主要从事宏观经济分析，数量经济模型开发及应用，以及国际商品市场研究。

## 一　2007 年国际大宗商品的市场表现

### （一）国际初级产品指数的中长期表现

从 2002 年以来，在全球经济蓬勃发展的大环境下，国际大宗商品市场日趋繁荣，市场价格呈现总体上扬态势。图 1 描绘了路透社发布的 RJ-CRB 期货指数（19 种大宗商品的期货指数）①、CRB 现货指数（22 种大宗商品）②。RJ-CRB 指数从 2002 年 1 月的 187.29 持续上升至 2006 年 7 月的 349.83，达到迄今为止的峰值，之后受原油价格大幅回落的影响，迅速走低，2007 年 1～8 月基本稳定在 312 左右，相信随着 10 月以来国际油价突然高涨，该指数会再次走高。如果不考虑石

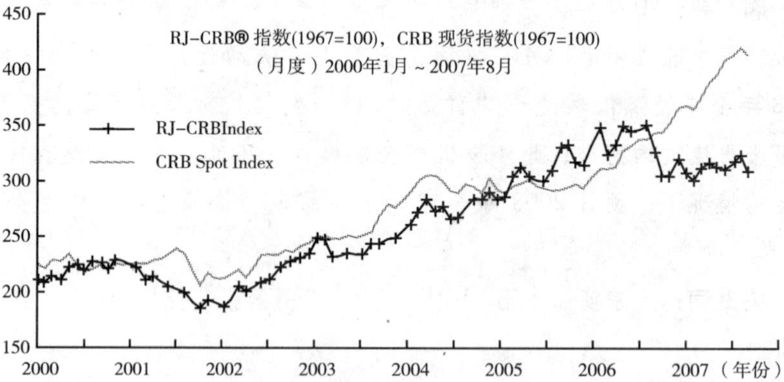


**图 1　路透社 RJ-CRB 期货指数及 CRB 现货指数关系图**

资料来源：路透社 CRB 指数。

---

① RJ-CRB 指数为期货指数，目前所包含的 19 种大宗商品按照对指数的重要性分为四级，第一级为石油类产品——WTI 轻质原油、燃料油、无铅汽油，总权重 33%，其中 WTI 原油权重占 23%，燃料油和汽油各占 5%；第二级为强流动性产品，包括天然气、玉米、大豆、活牛、黄金、铝、铜，各占 6%，总权重 42%；第三级为次重要的强流动性产品，包括原糖、棉花、可可及咖啡，各占 5%，总权重 20%；第四级主要为丰富指数的含义，包括镍、小麦、活猪、橙汁和银，各占 1%，总权重 5%。资料来源：http://www.jefferies.com/.

② CRB 现货指数，包括 23 种商品，其中工业原材料品包括皮革、牛油、废铜、废铅、废钢、锡、铅、锌、粗麻、棉花、印花布、羊毛和橡胶；粮食类包括活猪、活牛、猪油、黄油、豆油、可可、玉米、堪萨斯小麦、明尼阿波利斯小麦和糖，资料来源：http://www.crbtrader.com/crbindex/，下同。

油产品的影响，初级商品市场会呈现出如图 1 中 CRB 现货指数曲线描述的情况，呈现出一路高攀之势，从 2002 年 1 月的 212. 32 上升到 2007 年 7 月的 420. 73。

## （二）2007 年主要大宗商品的价格走势

### 1. 2007 年粮食类商品的走势

从 2006 年 10 月起，国际粮价开始普涨，2007 年继续了这一趋势。CRB 现货指数显示，2007 年 8 月的粮食类综合指数比 2006 年 9 月累计上涨了 19%，其中 1 ~ 8 月就累计上涨了 14%。用中价国际指数[①]衡量有同样的结果，以 A 指数为例，2007 年 8 月农产品综合指数比 2006 年 9 月累计上涨了 19. 5%。

（1）小麦。

2007 年的小麦价格比上年有较大涨幅。根据 IMF 的数据，美国墨西哥湾的 1 号硬麦现价（FOB）在 2006 年底经过一波上涨之后，于 2007 年年初略有下降，1 月份价格为 196. 07 美元/吨，比上月降了 4%，且一直到 5 月份，价格都稳定在 195 ~ 200 美元/吨之间。但到了 6 月份价格突然猛增 14%，达到 223. 04 美元/吨的历史新高。此后，价格纪录不断被刷新，7 月涨到 238. 4 美元/吨，8 月达到 259. 73 美元/吨，最新数据显示，9 月份现价高达 326. 5 美元/吨，与 8 月相比涨幅超过 20%（见图 2）。在现货价格上涨的同时，期货价格也在上涨。根据芝加哥商品交易所软红冬小麦价格数据显示，9 月份小麦期货价的月涨幅也有 24. 7% 以上。

2007 年 6 月及 9 月小麦价格两次上涨都是因为市场对供给的悲观预期。6 月份的涨价主要是受美国农业部下调 2007/2008 年度小麦产量预测的影响。美国农业部 5 月发布的《美国农业部小麦展望报告》认为，全球 2007/2008 年度小麦产量预计达到 6. 17 亿吨，库存 1. 13 亿吨，但是 6 月份这两个数字被调低到 6. 10 亿吨和 1. 12 亿吨。该库存预计为近 30 年来（1978/1979 年度以来）的最低值，使得全球小麦库存消费比为 18. 07%，是 1960/1961 年度以来的最低水平，接近联合国粮农组织（FAO）认为的粮食安全警戒线。因此市场反应强烈，价格随之被抬高。9 月份的价格上涨同样也是市场对全球小麦供应情况进一步担忧的表现。由于 FAO 根据澳大利亚干旱严重的情况再次下调 2007/2008 年度全球小麦的预计供应量，预期供需进一步紧张，使得期货价格走高，同时拉升现货价格。

① 关于中价指数的说明，请参见中国价格信息网，http：//www. chinaprice. gov. cn，下同。

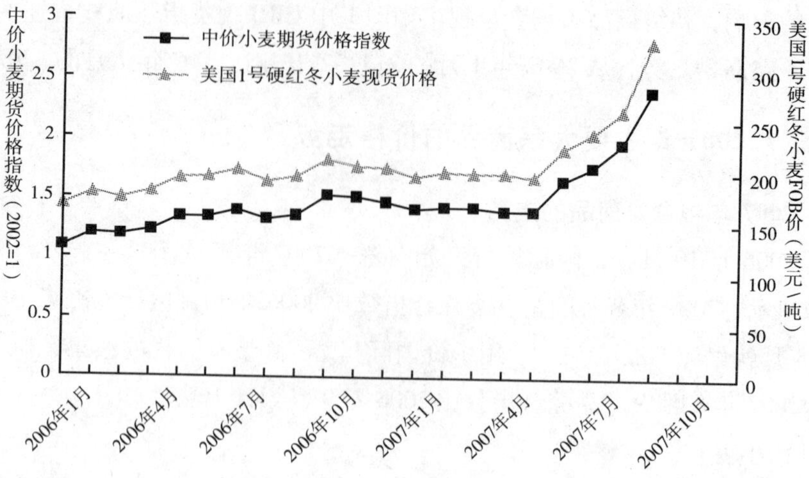


**图 2　小麦的现货及期货价格走势**

资料来源：美国 1 号硬红冬小麦现货价格摘自 IMF 数据库；中价 B 指数。

（2）玉米。

2007 年玉米价格进入了高位平台期。1 月和 2 月继续了从 2006 年 9 月开始的涨价狂潮，从 3 月至今则处于高位震荡态势。根据 IMF 的现货价格数据，美国 2 号黄玉米的墨西哥湾现货价（FOB）在 2007 年 2 月达到了历史高点，为 177. 35 美元/吨，相比 2006 年 9 月价格上涨近 50%，此后经过 3、4 月两个月，回落到 150 ~ 160 美元/吨的范围内①。中国发改委公布的中价玉米期货指数也显示了与现货价格相同的趋势，如图 3 所示。

年初玉米价格上涨的主要原因是部分国家宣布大规模推广玉米制生物乙醇的计划，使得需求急速扩大，造成供需不平衡，拉高价格。除此之外，年初全球玉米的库存数量明显减少，也为价格上升提供了依据。但也正是基于这样的预期，使得美国玉米的种植面积大幅增加，中西部许多农户转种玉米，使玉米种植面积创下近 60 年来最高纪录，从而稳定住了玉米价格，使得 3 月份至今价格都基本稳定。

除了小麦和玉米，大豆、大米、棉花等初级农产品的价格也都呈现上升态势。

**2. 2007 年金属矿产走势**

金属矿产品分为贵金属和基本金属两大类。前者主要用于投资保值，而后者

① 数据来源：IMF，http：//www. imf. org/external/data. htm，下同。

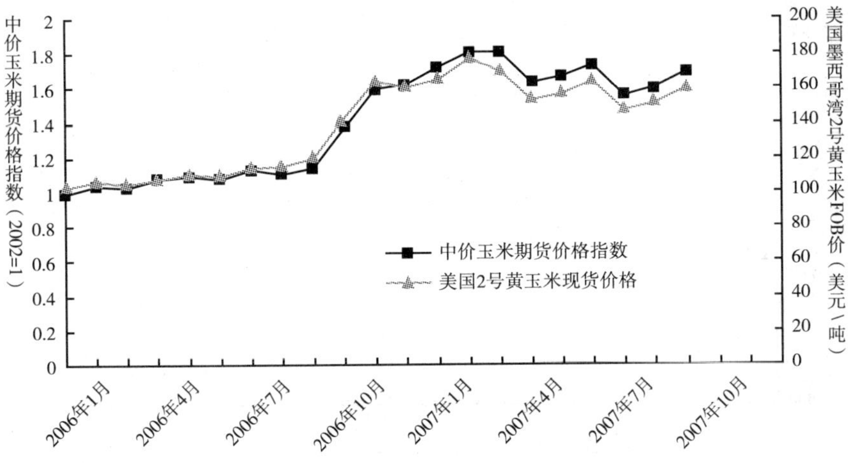


**图3　玉米的现货及期货价格走势**

资料来源：美国 2 号黄玉米现货价格摘自 IMF 数据库；中价 B 指数。

则是经济活动必不可缺的生产资料，由于用途的巨大差别，这两类金属在市场表现上存在不同趋势。

（1）贵金属。

贵金属是重要的抵御通货膨胀的保值产品。由于流动性过剩，通货膨胀成为全球普遍存在的问题。在这样的大环境下，贵金属成为人们竞相追逐的投资品。目前全球流通的贵金属主要有黄金、白银、铂金等，其中又以黄金最为主要。如图 4 所示，2007 年国际金融市场上的黄金价格震荡上扬，特别在 7 月后受次贷危机影响，美元大幅贬值，金价涨幅加大。9 月后更是在油价猛涨的拉动下，黄金价格突破 700 美元/吨大关。预计在国际油价持续高位的支持下，以及全球通胀压力较大的局势之下，黄金需求依然强劲，2007 年第四季度金价可能将维持在 700 美元/吨以上的高位。

（2）基本金属。

国际基本金属产品价格从 2005 年底进入上涨周期，2006 年 12 月的 CRB 金属价格相比 2005 年 11 月份刚好翻了一番，2007 年仍然延续了该势头，8 月的数字相比 1 月上涨了 29%。基本金属市场上，以铜、铝两种最为重要。

2007 年年初，国际铜价延续上年底的下滑势头，跌入谷底，1 月 LME 的 A 级铜月平均现货价格跌至 5642.4 美元/吨，比 2006 年 7 月的顶点价格低了 26.8%。此后铜价绝地反弹，7 月铜价达到了 2007 年的顶峰，为 7975.9 美元/

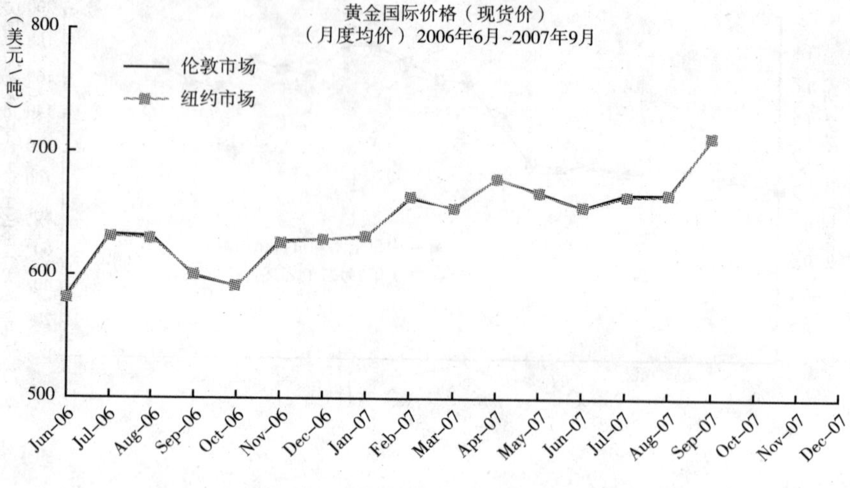


**图4　黄金的现货、期货价格走势**

资料来源：LME、NYMEX。

吨，同比上涨了3.4%，根据最新数据，9月铜价为7649美元/吨，维持高位（数据来源：根据LME定期公布的A级铜现货交易结算价数据系列整理得来）。

2007年，铝及铝合金产品走势平缓，价格波动不大，1到9月，LME的A级铝价格始终在2500~2850美元/吨的范围内徘徊，整体形势先上升再下降，均价为2700美元/吨。铝合金月度均价更是近乎静止，始终在2100~2250美元/吨之间很小范围内波动（见图5）。

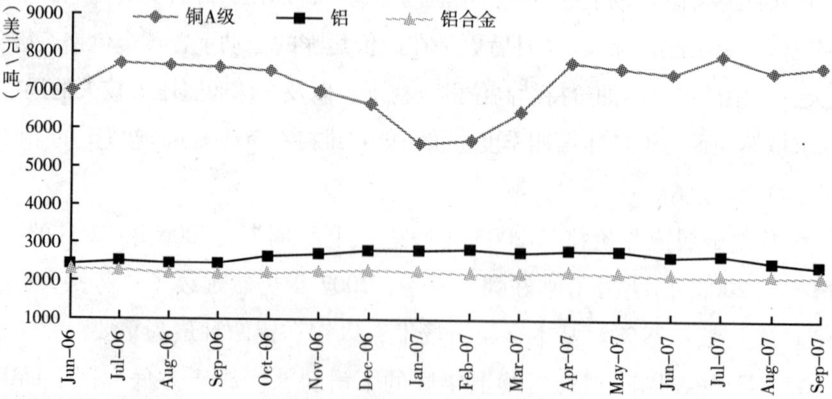


**图5　基本金属的现货价格走势**

资料来源：LME。

## 二　大宗商品价格变化的原因分析

根据对中价指数中A指数及B指数的研究[①]，发现大宗商品的现货价格与期货价格互为Granger原因，这意味着两个市场可以相互影响。影响现货价格的原因会很快作用到期货市场，产生同向的影响，而期货市场上价格的波动也会很快改变现货市场上供需双方预期的心理价位，迅速调整价格，最终显示的结果就是绝大部分商品的现货价格与期货价格都同步变化，如图2、图3、图4以及图6所示。这从事实上证明了全球大宗商品贸易的高成熟度。所以，在关注大宗商品的价格调整、分析未来走势的研究中，就既需要从现货市场与期货市场两个层面上发现原因，又需要注意同一个原因在两个市场上引起的累加效应。

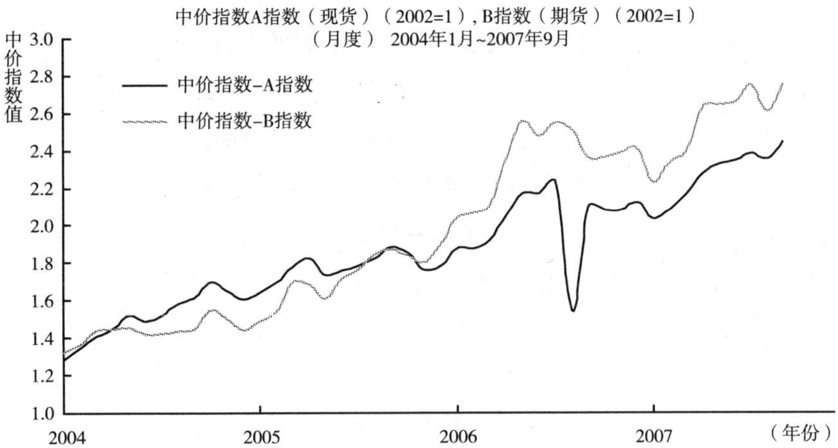


**图6　中价指数A指数及B指数走势图**

资料来源：中国价格信息网A指数、B指数。

据此，我们认为近年来影响大宗商品价格的原因主要有四个方面。首先，供需基本面的变化是影响价格的根本因素，也是长期影响因素；其次，由于期货市场普遍存在投机资金炒作，使得商品期价变化更剧烈，连带造成现货商品市场价

---

① 本文选取其中的A、B指数进行比较，是由于二者的商品范围大致相当，权重设置相当，适于比较。

格的波动；第三，目前国际各种大宗商品交易基本上都以美元作为交易货币，因此美元强弱会直接影响商品价格；第四，影响各种商品的非经济原因。例如粮食作物价格往往受到天气变化的影响，国际油价往往受到中东政治局势的影响，铜、黄金等金属也经常受到产地国的政局影响，铁矿石价格受供需双方谈判能力的影响。

## （一）基本面的变化是决定价格走势的根本原因

所谓基本面，有两层含义，一层具有长期意义，即全球经济发展往往带来商品需求量的扩大，供应能力的增长能否赶上需求的增长速度是决定价格长期走势的根本因素；另一层含义则是短期供需矛盾，主要的考量指标就是商品市场上库存的变化趋势，库存减少意味着供应能力不足，价格就会短期上涨，库存增长表明短期内生产过剩，价格也会应声而落。

目前世界经济处于扩张的“黄金周期”，需求增加推动各种商品价格普涨。按照IMF的统计，自2002年初摆脱新经济泡沫破灭带来的经济衰退，进入新一轮增长周期后，世界经济已经连续5年保持4%以上的增速，其中2006年达到5.5%，2007年预计为5.0%左右，2003~2007年年均高达4.9%，是20世纪70年代以来最为强劲的增长期。经济增长引起不断增长的需求和有限增长的供应之间的矛盾，使得近年来大宗商品价格不断上升。从大宗商品总体来看，如图1中的RJ-CRB期货指数和CRB现货指数所描述的全球初级商品市场走势，这两个指数的2002~2007年平均增长率分别为8%和12%。

从各种商品的自身基本面来看，供应增长赶不上需求增加也是推动价格上涨的主要原因。

例如2007年的美国玉米市场。美国是世界上玉米产量最大的国家，2006年产量在3亿吨左右，约占全球玉米产量的60%。根据美国农业部（USDA）的2007年初发布的报告中，预计用于制取生物乙醇的玉米使用量将增加到8636万吨，比上年增加3175万吨，增长率高达58%；虽然美国玉米种植面积从2006年的7830万英亩提高至9050万英亩，增长16%，但显然跟不上制取乙醇所用的玉米需求增速。USDA预计新增种植面积带来的4877万吨新增玉米中有65%都将被用于乙醇行业，因此美国2007年玉米库存仅能比上年增加25.4万吨，达到2400万吨，库存占消费总量的比重下降到20%，比2006年低了5个百分点。作为全球最大的玉米生产地，供应增速还赶不上需求，导致库存持续走低，这必然造成世界玉米的供需紧张，直接导致2007年玉米价格维持高位。

此外，生物质能源引起的粮价上涨还不仅限于玉米，由于生物柴油盛行，油菜籽播种面积急剧扩大，影响了小麦的种植面积的扩张，进而影响了小麦的供应能力。加拿大是全球小麦的主要产区之一，但是因为转种油菜籽，使得小麦种植面积减少了10%，导致产量也相应减少了10%左右。

2007年的铜市价格大涨，也是因为供应缺口的存在。国际铜业研究小组（ICSG）9月份公布了2007年上半年世界铜供需情况[①]。主要数据显示，精炼铜的消费量持续超过生产量。

上半年，精铜预计消费量同比增长8.4%，其中中国的消费量同比增长了37%，且进口量增长了245%，达到85.3万吨，此外印度、俄罗斯消费也分别增长了15%和4%。受到资源约束，2007年上半年世界铜矿生产同比只增长了5%。分地区数据显示，亚洲增长了15%，拉美增长7%，非洲增长1%，而北美则减少了2%，欧洲和大洋洲分别减少了2%和4%。受铜矿生产增长的约束，世界精炼铜总产量同比只增长了4.3%，其中智利增长10%，中国7%，日本4%，印度21%，俄罗斯85%，而美国生产则下降了2.3%。需求增长快于供应，使得6月份铜市供需缺口达到5万吨，而整个上半年累计供应缺口达34万吨。

### （二）国际投机资金的炒作

目前大宗商品市场都是现货与期货两个市场同时存在，而期货市场上存在着大量国际投机资金，它们的冲击会对期货价格和现货价格产生短期的剧烈影响。现实中投机资金的炒作题材往往取自基本面变化，但其引起的价格波动远远超出基本面变化而造成的影响程度。据美国商品期货交易委员会公布的持仓报告数据显示，对原油、小麦、玉米、大豆、棉花拥有国际市场定价权的美国期货市场，2006年投机基金的持仓量基本上都在一半以上，而这些投机持仓并不是商品的实际需求者。

投机炒作最明显的例子是2007年10月以来国际油价的大幅攀升。根据往年的经验，在度过了第三季度的飓风危机和夏季石油需求旺盛期之后，第四季度国

① 数据来源：ICSG报告，http://www.icsg.org/.

际油市主要是平淡期。但是10月以来，油价一路高歌猛进，截止到10月18日纽约原油期货已经突破90美元/桶。显然10月份的基本面变化是不足以支撑如此剧烈的价格波动的，事实上，真正的“黑手”主要来自于投资机构，如一些对冲基金。目前正是美元对欧元比价处于有史以来最低水平上，大量买进以美元定价的期货，是千载难逢的良机，由此大量热钱涌入商品期货市场。根据NYMEX公布的数据，目前进入原油期货交易市场的投机资金数额高达数百亿美元，控制的原油期货交易合约总量超过10亿桶，甚至超过美国原油商业储备及战略储备的总和。

众多分析机构对此分析意见也基本一致，路透社指出油价高企的重要因素是“强劲的投机买卖”，石油输出国组织欧佩克也认为基本面并不能支撑当前的高油价，油价的不断上涨，主要缘于市场投机客所为。

## （三）美元贬值的影响

2002～2006年，反映美元兑欧元、日元、英镑、加拿大元、瑞典克朗、瑞士法郎等六个国家货币平均汇率走势的美汇指数逐年贬值幅度分别为1.4%、12.3%、11.4%、1.4%、0.3%，与2001年水平相比，贬值24.7%。2007年上半年，美汇指数平均为83.2点，比2006年水平再贬值3.9%。下半年，受美国次贷危机影响和美国政府的默许，美元兑欧元等主要币种的汇率仍一直处于下挫的过程中。图7显示了2006～2007年美元兑欧元的汇率走势。

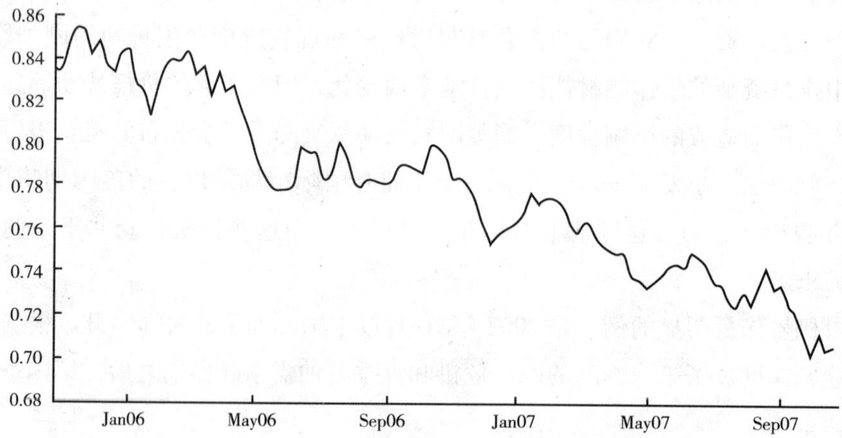


**图7　2006～2007年美元兑欧元汇率走势**

由于大多数大宗商品以美元计价，美元的疲软导致大宗商品价格上升。一方面，随着美元的贬值，商品生产者倾向于削减供应以应对其美元收入实际价值的下降。另一方面，因为美元的贬值实际意味着商品更为便宜，非美元地区对商品的需求有所上升。这两方面的作用都推动着以美元定价的商品价格上涨。

在各种大宗商品中，对于美元汇率下挫而带来的价格影响，黄金最为显著。因为黄金除了具有普通商品的特性之外，还肩负着为投资者资产保值的责任。在美元汇率下降时，投资者的美元资产会随之贬值，如果换成黄金，则会免予损失。因此每当美元贬值，黄金的价格就会明显上升，呈显著的负相关性。

### （四）各种不同商品价格变化的非经济原因

除去上面所说的三类经济原因之外，对国际大宗商品价格产生影响的因素还有非经济因素，例如粮食生产受到气候变化的影响，石油贸易受到地缘政治的影响，铜、铝、锡、铅、镍等金属矿产品又受到产地国的局势影响，铁矿石价格受供需双方的谈判能力影响。

2007 年粮价走高的诱因正是全球粮食生产广泛受到恶劣气候变化的不利影响。例如欧洲、加拿大、澳大利亚及阿根廷等主要产区的小麦生产由于遭受干旱、暴雨等恶劣天气，产量受到严重影响，有些国家的产量大幅下降。例如北非摩洛哥，因为干旱小麦减产达 1400 万吨。

地缘政治因素是长期困扰国际大宗商品市场的主要不确定因素之一。比较典型的例子就是中东地区政治局势动荡对石油、天然气等能源产品的影响。2007 年下半年伊朗核问题一直是支持油价处于高位的话题，而 10 月土耳其－伊拉克库尔德地区的争端又为本来紧张的局面火上浇油，并成为投机资金炒作油价的引子。

总的来说，现实中这四条原因在影响商品价格时往往是掺杂在一起。由于期货市场的发展，以及投机资金的大举进入，来自基本面的任何诱因都会像投入水中的石子一样，在期货市场上引起放大了的价格波动。而期货价格的剧烈变化又必然作用于未来现货定价，从而产生连锁影响。

## 三　2008 年大宗商品市场走势判断

2008 年，经济运行中的潜在经济发展不平衡问题和次级债风险依然存在，世界经济增长可能减慢，但支撑经济快速增长的基本条件没有发生变化，世界经济仍处于快速增长期。虽然美国受次贷危机拖累，经济显露疲态，但日、欧经济稳步增长，新兴市场经济体（以中国、印度、俄罗斯为首）仍保持强劲发展态势。预计2008年世界经济增长率为4.8%左右，略低于2007年的5%。

其次，全球流动性过剩与经济失衡仍然存在，只要有丝毫机会，投机资金就会兴风作浪，在股市、汇市、期货市场上掀起波澜。由于国际油价逼近100美元，为产油国带来了大笔财富，越来越多的石油美元已经成为国际游资的重要组成部分。此外持有大量外汇储备的国家也在逐渐调整外汇管理思路，海外投资成为解决储备过多的出路。这笔钱中也有一部分进入全球金融市场。预计2008年投机资金的规模将更加庞大，对全球大宗商品价格的影响将更显著。

第三，就美元而言，目前美元兑欧元处于有史以来的最低位，其原因是金融市场动荡和美联储采取的一系列降息措施。不过最近3年以来，美元汇率一直处于平稳下跌过程。IMF主席拉托在10月20日表示，美元在国际外汇市场的贬值是有序的，与经济基本面一致，表示中期内美元将进一步贬值。刚刚召开的G7会议上，也没有对美元近期贬值提出任何异议。此外，从美国经济来看，2008年还会继续受次级债影响拖累，经济形势不会比2007年更好。综合国际及美国两方面考虑，正常而言，美元弱势的局面不会改变。

第四，非经济因素方面，仍然面临诸多不确定性。除去气候变化的影响难以预计之外，国际政治局势上也存在众多可炒作题材，中东伊朗核问题、伊拉克问题的发展走势都是难以预料的。这些非经济因素往往更容易被投机资金利用，在期货市场上掀起各种震荡。

根据以上分析，我们认为2008年国际贸易中大宗商品市场价格总体上仍将持续2007年的上涨态势，但部分产品因为需求稳定或者萎缩也会出现价格稳定或下调的情况。

### （一）粮食产品

生产方面，9月FAO的最新预测显示，由于干旱持续恶化，澳大利亚小麦产量预估下调900～1350万吨，进而使得2007/2008年度小麦产量预估也下调到6.01亿吨。2007/2008年度粗粮产量预计为10.51亿吨，比上年度增长7.1%。其中主要的增量来自于玉米，占增量总量的70%。另外大米产量的预测约有

4.29 亿吨，比上年略增加 0.6 个百分点，基本达到 2005 年水平。[①]

消费方面，2007/2008 年度世界粮食消费量仍将保持旺盛增长势头，预计同比增长 2.2%，达到创纪录的 21.14 亿吨。所增加的消费量主要是粗粮，预计增加 4.2%。其根本原因是大量玉米被用于制取生物乙醇。FAO 的数据表明在 2007/2008 年度工业用粗粮总量预计增加 9%，而其主要来自美国[②]。未来玉米的能源属性受到越来越多国家的重视，但在目前的粮食生产技术水平下，如果不谨慎对待，有可能进一步导致玉米库存水平过低，诱发粮食危机。

基于以上基本面的分析，预计 2008 年小麦价格仍将维持上涨，但 2007 年后市投机资金获利了结及多头平仓将对小麦期货价格形成打压；随着 2008 年新玉米进入收割上市季节，市场供应增加，2007 年年末玉米价格继续上扬将面临一定压力，但到了 2008 年压力释放，价格仍旧可能上涨；而国际大米价格将继续维持稳中上升走势。

## （二）基本金属

2007 年全球铜、铝等基本金属价格的涨势有很大程度上是新兴市场经济体发展引起的。刚刚结束的一年一度的伦敦金属交易所年会上，参与者基本达成了共识，即只要有新兴市场经济体的需求存在，金属价格就难以下降。而显然这些国家的经济 2008 年仍将高速发展，对基本金属的市场需求不会放缓。另一方面，供给中断的忧虑却仍将持续。供需之间的矛盾将助推 2008 年的基本金属价格。

国际铜业研究小组（ICSG）于 2007 年 10 月召开的第三十届例会对 2008 年铜的市场走势进行了分析。预计 2008 年铜矿产量有望增加到 1700 万吨，比 2007 年增加 121 万吨，增长 7.6%，因此精铜产量有望达到 1895 万吨，比 2007 年增长 4.6%。受新兴市场经济体需求拉动，精铜需求量预计达到 1870 万吨。供需大体平衡，预计库存还能增加 25 万吨。该预测有利于维持 2008 年铜价的稳定，对我国来说是个利好消息。

铁矿石市场方面，由于产能的增长受到资金、成本以及劳动力的限制，滞后于中国、日本和韩国的旺盛需求，三大消费国在铁矿石价格谈判中仍然会处于比

① FAO，Crop Prospects and Food Situation，2007，No. 5.

② 资料来源：FAO，Crop Prospects and Food Situation，2007，No. 5.

较被动的地位，铁矿石价格 2008 年大幅提升将不可避免。而且，这种供需紧张的形势可能一直会保持到 2009 年。

其他金属方面，铅市场 2008 年前景良好，镍、铝、锌市场价格持稳。受美元贬值、油价价格上涨的作用，2008 年黄金市场需求还将持续增加，必然带动金价持续上扬。

### （三）小结

总体来说，世界各国的经济发展，特别是新兴经济体的高速发展，必然对粮食、能源和基本金属等初级产品产生巨大的需求，从而刺激其价格不断上涨，长期来看这种趋势不会逆转。中国目前正处于高速发展期，对大宗商品需求很大。然而在目前的高价时期，不等于我们只能任人宰割。经验表明，将大的需求市场整合起来争取定价主动权，或者直接投资参与到供应端享受高价的收益，都是很好的应对策略。

**参考文献**

IMF，*World economic outlook*：*Globalization and Inequality*，October 2007.

FAO，Crop Prospects and Food Situation，2007，No. 1，No. 2，No. 3，No. 4，No. 5.

# 产业发展篇

## 2007年农村经济形势分析与2008年展望

方　言*

**摘　要：** 2007年，我国粮食生产稳定发展，粮价继续上扬；棉花产量有望超过上年，但产需仍有缺口；油料生产下滑，供求缺口加大；生猪、奶牛养殖出现波动，肉禽价格上升。如果各项政策措施落实到位，2008年农业发展环境应是有史以来最好的。但是，2008年粮食区域矛盾仍然存在，猪肉可能出现供大于求。确保农业持续发展，必须在推进规模养殖和保护耕地之间找到平衡点。

**关键词：** 农业　粮食　展望

近两年，我国处于城乡关系快速变革中，农业生产和农村经济形势发生了很多变化。主要农产品由供过于求转为供求偏紧或供不应求，个别产品产需缺口加大，对国际市场的依存度上升。虽然2007年农村经济形势总体尚好，但由于气候、疫病、成本收益等方面原因，农业生产不稳定因素增加，农产品价格起伏跌宕，影响到居民消费价格指数，影响到国民经济发展，引起了党中央、国务院和全社会的关注。

* 方言，国家发展和改革委员会农经司副司长，主要从事农业经济研究与管理工作。

## 一　2007 年农村经济形势

### （一）粮食生产稳定发展，粮价继续上扬

**1. 粮食生产保持好势头，产量有望超过上年**

夏粮连续第四年增产，单产创历史最高水平。2007 年夏粮面积 3.97 亿亩，比上年增加 220 万亩，产量 11534 万吨，增产 146 万吨；其中冬小麦面积为 3.24 亿亩，比上年增加了 290 万亩，产量 1 亿吨，比上年增产 50 万吨。夏粮单产达到 288 公斤，比上年提高 3 公斤，为历史最高水平。早稻面积略减，产量持平。2007 年早稻播种面积约 8740 万亩，比上年减少 200 万亩。由于早稻播种以来，光热条件较为适宜，单产 365 公斤左右，比上年增加 10 公斤。总产量 3195 万吨左右，与上年持平。秋粮面积增加，产量可保持上年水平。2007 年秋粮播种面积约 10.96 亿亩，比上年增加 400 万亩左右。秋粮生长期灾害性天气增多，北方和南方晚稻区都出现较重旱情，气象条件总体不如上年，但由于一季稻和玉米面积增加，亩产仍保持在上年水平，预计全国秋粮产量 3.5 亿吨左右。

**2. 全年粮食面积增加，小麦、水稻产量略增，玉米持平略减**

初步预计全年粮食播种面积 15.9 亿亩，比上年增加 700 多万亩；粮食总产量约 49800 万吨。分品种看，预计小麦产量超过 10600 万吨，比上年增加 120 万吨；稻谷面积 4.4 亿亩，产量近 18700 万吨，比上年增加 400 多万吨，主要是黑龙江增 200 万吨，重庆恢复性增产 140 万吨；玉米 4.28 亿亩，产量约 14500 万吨，比上年略减 50 万吨，主要是东三省减产 400 多万吨。

**3. 粮食价格高位运行，玉米涨幅较大**

虽然 2007 年粮食产量较为乐观，但粮价仍呈上涨态势。1～6 月份三种粮食综合平均每 50 公斤收购价格为 75.7 元，比上年同期上升 8.9%，其中除粳稻下降 3.0% 外，小麦、早籼稻、晚籼稻分别上升 7.5%、6.8%、7.6%；玉米上升 22.1%。6 月份夏收在即，但粮食企业稻谷、小麦和玉米三种粮食综合平均收购价格仍为 76.8 元，同比上升 8.0%。

7 月下旬早稻上市后，价格明显上涨。2007 年新早稻一上市，广东、福建、浙江等主销区粮食储备企业和用粮企业纷纷到产区高价收购早稻，从而带动产区

早稻收购价格迅速上升。湖南、江西 7 月中旬早稻收购价 74、73 元，7 月 30 日 75 元，8 月 20 日涨到 79 元。目前广东汕头的早稻收购价格已经涨到 100 元，同比提高 10 元；浙江西部的衢州涨到 87 元。2006 年以来稻谷分品种价格走势见图 1。

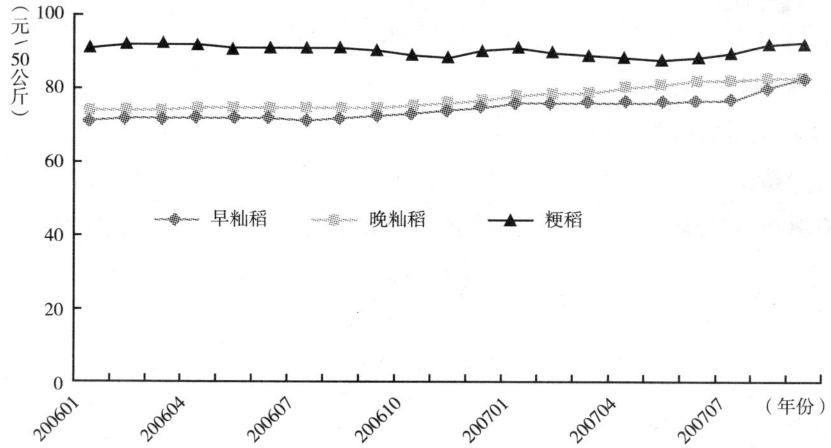


**图 1　2006 年以来稻谷分品种价格**

早稻价格上涨的主要原因：一是水稻生产成本上升。2007 年化肥、种子等价格较高、病虫害偏重发生，导致农药和人工投入增加，推动早稻生产成本上升，广西、湖南等省早稻亩均生产成本均比上年增加 50 多元。二是粮食企业抢抓粮源，抬高价格。南方稻区双季改单季，晚稻播种面积有所减少，一些粮食企业预计 2007 年稻谷可能减产，纷纷入市收粮，竞相抬价。三是农民观望惜售。农民对 2007 年稻谷价格走势看好，普遍存在惜售心理；加上一些粮农担心晚稻歉收增加预留口粮，减少了出售数量，市场粮源明显少于上年，一些企业不得不提高收购价格。粳稻价格由于 2007 年黑龙江水稻面积扩大较多，产量增加 230 万吨，因而相对稳定。

玉米价格继续上涨。玉米涨价除国际市场价格拉动外，主要是玉米精深加工发展过快，玉米价格与能源价格挂钩，并随能源价格飙升，玉米转化为乙醇的利润空间很大，很多地方大力发展这个产业。据统计，2004 ~ 2006 年我国深加工消耗玉米由 1650 万吨提高到 3589 万吨，年均增长 29.5%，远高于玉米产量 7.9% 的平均增长速度。如果照这个势头发展下去，两三年后即使吉林这样的玉米大省也将没有玉米调出，这将直接影响全国玉米的供求格局。

## （二）棉花产量有望超过上年，但产需仍有缺口

**1. 棉花面积扩大，产量将超过上年水平**

2006年棉农增产增收，2007年种棉积极性较高。据有关部门预计，2007年全国棉花种植面积8220万亩，比上年增加100万亩，增长1.3%。全国棉花产量有望达到690万吨。

**2. 棉花需求持续增长**

虽然纺织业面临着人民币升值、出口退税率降低、环保及人工成本上升等压力，但2006年度我国纺织生产继续较快增长。全国纺织工业规模以上企业产值27364亿元，同比增长21.3%；实现利润超过1000亿元，同比增长31.9%。纺织品服装出口1616亿美元，同比增长21.4%。据国家统计局统计，2006年度全国纱产量1902万吨，同比增加300万吨，增长18.6%。2006年度棉花需求量1120万吨，比上年度增加170万吨。

**3. 棉花价格略有上涨**

2007年1～5月国内市场棉价（标准级）基本稳定，从上年新棉上市时的每吨12600元缓慢上升至13000元，6～7月间升至14300元，比上市时上涨6%。而同期国际市场棉价上涨了15%。目前棉花价格稳定在13500元/吨。市场棉价的稳定，主要是国家加强了调控，当国内市场棉价较快上涨时，国家及时抛售30万吨储备棉，抑制了棉价的大幅上扬。但由于美国棉花减产，全球农产品价格处于上升趋势，而我国棉花产需又存在较大缺口，预计进口量在230万吨左右，因此，市场棉价将高于上个年度。

## （三）油料生产下滑，供求缺口加大

预计全年油料作物种植面积2亿亩，比上年略有减少，产量3000万吨左右。

**1. 夏收油菜籽减产**

2007年夏收油菜籽面积9260万亩，比上年减少270万亩，是继上年面积减少后的再次下滑；预计产量1140万吨，比上年减产50万吨，减幅4.2%。主产省中，江苏、安徽两省播种面积下降，分别减产36万吨和15万吨；江西省增产7万吨；湖北、湖南、四川三省产量基本持平。近两年油菜籽种植面积持续减少的主要原因是，油菜种植比较效益下降。近年受进口大豆等因素影响，油菜籽价格下跌，上年

长江流域冬小麦又纳入了小麦良种补贴范围，油菜效益明显低于小麦。加上小麦收获机械化水平较高，而油菜机械化水平低，费工费时，农民缺乏生产积极性。

**2. 大豆面积减产已成定局**

2007 年大豆种植面积为 1.25 亿亩，比上年减少 1100 多万亩，预计产量 1330 万吨，比上年减少 240 万吨。大豆减产的主要原因是种植面积减少。大豆效益远远低于玉米水稻，2007 年东三省扩种玉米、水稻，压缩大豆，仅黑龙江就减少 600 万亩。加上东北地区旱情较重，单产下降，先是春旱，春播推迟，入夏后北部、西部降水量比常年同期少 5 成，作物发育迟缓，预计单产减少 2 成以上。

**3. 油籽及食用油价格上升**

由于连续两年减产，2007 年以来油菜籽、大豆价格已明显回升。5 月油菜籽主产区每百斤 156 元，同比上涨 41.8%。1～6 月大豆平均收购价上升 12.6%。其中 6 月份大豆上升 26.5%。目前大豆价格已升至每百斤 180 元。

食用植物油价格在连续两年低迷之后，也从上年 11 月份以来开始上涨。据发改委价格监测中心监测，10 月 30 日 36 个大中城市散装菜籽油、豆油每 500 克平均零售价格已达 5.08 元和 4.91 元，比上年同期分别上涨 47.2% 和 46.5%。

## （四）生猪、奶牛养殖出现波动，肉禽价格上升

2007 年上半年全国肉类总产量 4390 万吨，同比增长 2%；禽蛋产量 1350 万吨，同比增长 2.5%；奶类产量 1350 万吨，同比增长 8.1%，肉蛋奶增幅均有所回落。预计全年肉类总产量增长 3%。

**1. 生猪供应量减少，猪肉价格大幅上涨**

由于 2006 年玉米价格及饲料价格上涨，而猪肉价格不涨反跌，猪粮比价跌破 5.5∶1 的盈亏平衡点，挫伤农民养殖积极性，大量散养户宰杀母猪，贱卖仔猪；加上南方地区发生猪蓝耳病疫情，年底生猪存栏减少了 1.8%。2007 年饲料价格继续上涨，猪蓝耳病疫情蔓延至 25 省，母猪流产和仔猪大量死亡，全国母猪存栏下降近 20%，生猪存栏又比上年底减少了 1800 万头，影响到生猪的出栏。南方省区由 4 月开始由南向北抢购生猪，推动猪肉价格升至近年最高点。8 月上旬 36 个大中城市猪肉价格涨到每市斤 13.95 元，同比上涨 80%。虽 8 月中旬以后价格有所下降，9 月份仍维持在 12.94 元（见图 2）。

猪肉价格上涨带动了牛羊肉等副食品价格上涨和价格总水平上升。9 月份 36 个

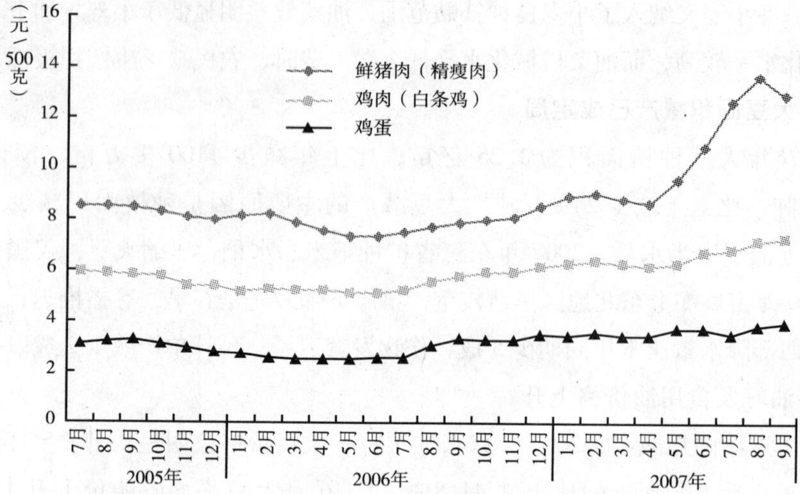


**图2　2005年7月~2007年9月36个大中城市集市平均价格**

大中城市鲜牛肉、鲜羊肉、鸡肉价格分别为每市斤12.47元、14.02元和7.23元，比4月底上涨19.1%、14.26%和18.14%，比上年同期上涨27.9%、24.18%、25.52%。

**2. 奶牛效益下降，部分省区集中宰杀奶牛**

奶牛养殖经过7年高速发展后，转入了调整阶段。2006年内蒙、河北、山西等地出现了集中宰杀奶牛现象，除了正常淘汰老、弱、病和低产母牛外，还有一些母牛犊也被宰杀。其主要原因是，前几年在伊利、蒙牛等龙头企业带动下，奶牛价高利大，牛群迅速扩张，2006年乳品加工能力已过剩，主产区鲜奶收购秩序混乱，饲料、人工、防疫等饲养成本的上升未能传导到原料奶价格上，奶牛饲养效益大幅度下滑，年产奶量4.5吨以下的奶牛已经基本不赚钱。由于宰杀奶牛较为集中，部分地区已出现奶源紧张和提价现象。江西南昌市鲜奶零售价每250毫升提高0.1~0.15元；北京三元公司从8月份开始提前季节性提价，原料奶收购价格每公斤提高0.1元；国内三鹿公司婴儿奶粉已提价11%；内蒙、东北等主产区原料奶收购价格到10月中旬，已达到每市斤2.4元。

## （五）农民现金收入增速加快

农民现金收入增长继续加快。根据国家统计局抽样调查，前三季度农民现金收入人均3321元，同比增加559元，实际增长14.8%，比上年同期加快3.4个百分点。比一、二季度增速提高 1.5 个百分点。现金收入增长的主要原因在于工资性收入和农民出售农产品的收入保持较快增长，其中工资性收入增长 20.2%，源于务工工资水平快速提高；农民出售农产品的现金收入增长 19.8%，增速比上年同期提高 14.2 个百分点，主要得益于农产品价格大幅上涨，扣除出售量减少使售出收入人均减少 54 元，涨价因素使售出收入人均增加 288 元。转移性收入人均 172 元，增长 21.2%，政策性补贴增加。预计全年农民人均收入增长 7% 以上。

### （六）农村基础设施继续得到改善

2007 年安排用于农村建设的投资约 660 亿元，占国债和中央预算内资金的 48%，比上年初增了 125 亿元。其中用于直接改善农民最直接、最迫切、最急需设施建设 360 亿元，水电气路 300 亿元。

## 二　农村经济运行中的问题

### （一）农产品价格推动居民消费价格指数上涨

2007 年以来，在猪肉等副食品价格上涨的拉动下，全国居民消费价格指数大幅上涨，1～8 月份涨幅达 3.9%，食品类价格上升 9.8%，影响价格总水平上升 3.3 个百分点，占全部涨价因素的 84.6%。其中，粮食价格同比上涨 6.3%，食用油价格同比上涨 22%，猪肉价格同比上涨 42.9%。初步测算，由于食品价格上涨，城市居民平均月支出同比增加约 12 元，其中低收入居民平均增加支出约 10 元。猪肉等副食品价格上涨，已经成为社会各方面关注的热点。

2007 年以来的农畜产品大幅上涨，主要受国际市场、国内需求和国内生产成本三重影响。其一受国际市场价格拉动，主要体现在粮食品种上。8 月份，国际市场大米、玉米、小麦现货价格同比分别上涨了 9.2%、32.3% 和 77.5%。其二受供求关系的影响，主要体现在棉油和玉米。棉花、油脂已连续几年国内供给不足，其进口依存度已占消费量的 1/3 和 1/2 强；玉米深加工发展过快，产销区不均衡，拉动价格上升。其三是受生产资料价格、人工费用等生产成本推动，种植业成本上升，导致粮食价格攀升，进而影响到畜产品价格。对不同产品而言，涨价有单一因素推动，也有多重因素并存。

## （二）农村劳动力由富余转为紧缺，农民整体素质呈下降趋势

随着我国工业化和城镇化的推进、农民外出务工增加和农民收入多元化，我国劳动力供求出现了一些新变化、新趋势。有资料表明，1990 年以后，全国农业劳动力占全社会就业人员的比重由 60.1% 下降至 42.6%，下降了 17.5 个百分点，同时，农业劳动力数量也从 1990 年的 3.89 亿人下降到上年的 3.26 亿人，减少了 6300 万人。这与 1978～1990 年期间，劳动力虽然比重下降但劳动力数量仍在增加的情况有所不同。由于农村劳动力减少，从事农业生产的大多是中老年和妇女，农民整体素质下降。一些农业主产区青壮年农民，特别是有一定文化知识的青壮年农民大多外出务工，不愿种粮养猪从事传统的农业生产劳动。湖南耒阳市水东江乡和马水乡中青年农民外出务工的超过 80%。浙江等一些经济发达地区反映，由于其他收入渠道较多，种粮甚至被认为是致富无门的表现，愿意种粮的农民更是少数。这种状况延续下去，不仅影响农业综合生产能力，而且影响农村的社会发展。提高农村劳动力素质，培育新型农民，将是一个长期艰巨的任务。

## （三）农产品质量安全隐患依然存在

近年来国家加大了农产品质量安全监测力度，农产品质量安全问题有所改善。据农业部监测，2006 年与 2001 年相比，北京、天津、上海、深圳等 4 个城市的蔬菜农药残留检测合格率从 62.5% 提高到 91.5%，上升了 29 个百分点。农业部近期组织的第二次农产品质量安全例行监测结果显示，全国 37 个城市蔬菜、畜禽产品及水产品总体抽检合格率保持在 90% 以上，其中蔬菜农药残留监测合格率为近年来最高，达 94.3%。据国家质检总局对 28 类 525 种食品的抽样监测，2006 年合格率达到 90.4%，比 2001 年提高了 30 个百分点。

但是，我国总体环境质量没有改观。目前全国有 70% 以上的河流湖泊受到不同程度的污染，受重金属污染的耕地已占全国耕地总面积的 1/6，约 65% 的耕地有污水的污染。国家环保总局土壤污染调查显示，发达地区的蔬菜、稻谷和水果生产基地不同程度地存在着土地污染问题，如珠江三角洲有近 40% 的菜田重金属超标，其中 10% 属严重超标。2007 年太湖、巢湖发生蓝藻，水体污染，养殖环境堪忧，水产品卫生质量不能得到保证。2006 年由于猪蓝耳病不属于一类动物疫病，未列入扑杀补贴范围，因而部分患病生猪被流动商贩收购流入市场，

只有少量规模化养猪场病猪被进行无害化处理。虽然全国 2743 个有畜产品产出的县及 8000 多个重点乡镇均建成了动物防疫检疫设施，防疫能力大大加强，但由于人员素质不高，经费不足，工作难以开展。

## 三　2008 年农村经济形势展望

### （一）主要农产品产量预测

粮食：由于粮食生产扶持政策得力，粮食面积可稳定在 15.9 亿亩，产量保持在 2007 年水平。从秋冬种情况看，越冬粮食作物 3.89 亿亩，比上年增加 200 万亩，冬小麦播种 3.28 亿亩，比上年增加了 400 万亩。越冬粮食作物适时播种，为 2008 年粮食生产打下良好基础。

棉花：2007 年度，受人民币升值、出口退税率降低、环保及人工成本上升的影响，预计我国纺织生产和纺织品出口增速会有所减缓，但纺织用棉需求仍将继续增加。如果按 2007 棉花年度全国纱产量增长 10% 计算，全国纱产量将达到 2100 万吨左右，比上年度增加 200 万吨左右；棉花需求量将达 1200 万吨左右，比上年度增加 80 万吨左右，增长 7.1%。因此，棉花面积不应低于 8100 万亩，预测产量在 680 万吨以上。

油料：近几年食用植物油供应偏紧，国内供给不足，进口增加。2007 年油菜大豆减产，近期价格已涨至历史最高水平，加上国家近期又出台了生产扶持政策，农民生产积极性有所恢复，冬种油菜籽面积比上年增加了 600 多万亩。预测 2008 年油料面积回升，产量预期在 3000 万吨以上。

糖料：目前糖蔗主产区暂无大规模的糖蔗转化酒精项目，糖蔗生产保持相对平稳。

肉类总产量将保持 3% 的增长，奶类产品增速回落但仍在 10% 以上。

农民人均纯收入预期增长 6% 以上。

### （二）农业和农村经济发展环境分析

近年来从中央到地方高度重视农业和农村工作，连续下发了 4 个中央一号文件，从农民增收、提高农业综合生产能力，到建设社会主义新农村、推进现代农业，政策覆盖到农村的各个方面，构成了农村发展的良好环境。如果各项政策措施落实到位，2008 年农业发展环境应是有史以来最好的。但是，农村经济发展中存在的问题也不容忽视。

**1. 粮食区域矛盾仍然存在**

从粮食总量（扣除大豆）看，我国基本产需平衡，但从粮食区域分布看，地区性矛盾有加剧的趋势。随着沿海地区经济发展较快、种粮比较效益明显偏低，西部退耕还林等生态项目的推进，以及国家对粮食主产区的扶持，粮食生产向优势区域的集中度大大提高，粮食跨省流通的数量逐年增加。目前国家粮食库存的 70% 集中在 13 个粮食主产区；主销区只占全国的 12%。科学合理地进行粮食调运、吞吐，保障西部生态建设区和东南沿海销区粮食供应是个难题。

**2. 2008 年春节前后猪肉可能出现供大于求**

目前全国猪粮比价达到 6.6∶1 左右，养猪已成为养殖业中的暴利行业。5 月份北方地区规模养猪户就开始跟风补栏，母猪存栏出现增长势头；8 月份由于疫情得到控制，南方养殖户补栏也很积极。据农业部门对全国 20 个省、60 县、3600 个养殖户（场）调查，9 月份生猪存栏比上年同期增加 10.4%，环比增加 4.2%。按生猪生长周期，明年春节前后这批生猪将集中上市，届时可能会出现阶段性供过于求，从而可能会使猪肉价格下降过多，影响养殖户收入。

**3. 如何解决推进规模化养殖与占用土地的矛盾**

我国生猪、奶牛养殖以农户分散饲养为主，奶牛饲养户规模不足 20 头的占 76.7%，进入小区饲养的奶牛只占全国奶牛存栏的 21.4%。生猪养殖户出栏不足 100 头的占总饲养量的 72%。饲养管理粗放，猪肉质量、原料奶卫生难以保证，推进规模化养殖迫在眉睫。但是，推进规模化养殖首先是用地问题，养殖小区建设更是涉及乡镇用地，如何在推进规模养殖和保护耕地之间找到平衡点，是需要认真研究的。

## 四　政策措施建议

### （一）继续落实各项支农政策

一是落实各项补贴政策，目前粮农直补、良种、农机、农业生产资料综合补贴等四项补贴政策已达502亿元，比上年增加193亿元。要进一步完善补贴办法，调动农民的生产积极性。二是建立农业保险制度，除了开展生猪、奶牛等产品的保险外，应将高投入高风险的水产养殖业纳入政策性保险范围。三是完善粮食最低收购价政策，进一步研究适应市场经济的农产品价格机制。

### （二）抓好粮油猪生产，保证农产品供应

千方百计抓好粮油生产，保持粮油生产稳定。要稳定粮食种植面积，保护基本农田，继续实施优质粮食产业工程，建设大型商品粮基地和长江流域油菜基地，提高抗御自然灾害的能力，加强农作物病虫害防治和田间管理，争取粮食产量稳定和油料增产。抓好生猪奶牛养殖，稳定猪肉和牛奶价格。尽快落实母猪补贴政策，能繁母猪和优质后备母牛给予一次性补贴，扩大生猪、奶牛冻精补贴规模，提高优质奶牛冻精补贴标准，提高良种覆盖率。切实做好动物疫病防治工作，加强蓝耳病等猪多发病的防治。研究扶持生猪规模化饲养的政策措施，加快推进畜牧业生产方式转变。

### （三）加大基础设施投入

虽然经过几年建设，农村基础设施落后的状况有所好转，但城乡在公共设施方面的差距依然很大。2006年农村固定资产投资占全社会固定资产比重比2000年又有所下降，因此，加大政府对农村公共设施的投入是推进城乡统筹、建设小康社会的关键一步。投资重点仍是加强水利设施建设，提高抗御自然灾害的能力；抓好粮食、棉花、油菜等大宗基地建设；加强农村环境设施整治，发展沼气等清洁能源，减少牲畜粪便及废弃物污染；保障人畜饮水安全；以及改善生态环境等方面。

### （四）加强宏观调控

市场信息不充分，数据不准确，是影响农产品供求关系的重要因素。要尽快建立大宗农产品信息披露制度，正确引导农民生产。要加强市场监控，适时适度把握农产品进出口节奏，合理吞吐。增加中央地方储备，真正发挥储备的蓄水池作用。

# 2007 年农产品市场运行分析及 2008 年展望

张 峰*

**摘 要**：2007 以来，我国农业生产稳定增长，但受市场需求、自然灾害和疫病的影响，粮食和生猪价格出现较大幅度的增长，导致通货膨胀压力加大，对国民经济的平稳运行产生了一定影响。从发展趋势看，在中央持续加大对三农支持力度的作用下，在国家加强对农产品市场调控的影响下，在效益回升对农产品生产的刺激下，预计 2008 年，我国农产品市场将呈现平稳发展态势，主要农产品市场价格增幅将有所减缓。

**关键词**：农产品　生产　需求　价格

## 一　2007 年农产品市场运行分析

2007 年以来，我国农业生产保持稳定。夏粮产量达到 11534 万吨，比上年增长 1.3%；秋粮可望继续增产，粮食生产将连续第四年获得丰收。随着国家各项政策的逐步落实，生猪生产有序恢复；猪、牛、羊、禽肉总产量继续增长。目前，全国秋冬种已由北向南全面展开。农业部近日提出了 2007 年秋冬种工作的具体目标：力争秋冬种粮食播种面积稳定在 3.8 亿亩。1～8 月，我国农产品出口额 231.3 亿美元，同比增长 20.6%，进口 254.8 亿美元，同比增长 16.6%，出口增速高于同期进口增速，贸易逆差同比小幅下降。

在农产品生产呈现良好发展态势的情况下，由于国际市场涨价、国内市场需

* 张峰，经济学硕士，国家信息中心经济预测部产业经济研究室，高级经济师，主要研究产业经济。

求增强、自然灾害和疫病的影响，2007 年以来，我国粮食价格呈持续上涨态势：油菜籽价格高开高走，食油价格明显上涨；生猪、家禽产品价格出现较大幅度增长。从消费领域看，9 月份，居民消费价格总水平同比上涨 6.2%，其中，粮食价格上涨 6.5%，油脂价格上涨 34.5%，肉禽及其制品价格上涨 43.0%，鲜蛋价格上涨 17.7%，水产品价格上涨 7.5%，鲜菜价格上涨 12.0%，鲜果价格上涨 4.5%，调味品价格上涨 4.1%。从生产领域看，前三季度全国农产品生产价格同比上涨 17.4%，其中，粮食生产价格同比上涨 7.7%。第一、二、三季度同比分别上涨 7.3%、7.6%、8%；棉花生产价格下降 1.6%，第一、二季度分别下降 3.5%、0.9%，第三季度上涨 4.9%；油料生产价格上涨 24.3%，第一、二、三季度分别上涨 13%、28.5%、23.7%；糖料生产价格下降 0.3%；蔬菜生产价格上涨 4.0%，水果生产价格下降 2.1%；生猪价格上涨 40.2%，第一、二、三季度分别上涨 18%、25.7%、64.8%。肉牛生产价格上涨 11.4%，活羊生产价格上涨 13.8%，家禽生产价格上涨 15.7%，禽蛋生产价格上涨 14.9%；海水产品生产价格同比上涨 11.1%，淡水产品上涨 3.2%。从国际市场价格看，国家发改委价格监测中心编制的国际市场商品价格指数显示，1 ~ 9 月农产品现货、期货价格分别比上年同期上升 10.18%、25.97%。其中粮食、大豆等价格涨幅较大，食糖价格下降。主要农产品市场运行态势如下。

**1. 稻米市场价格稳定增长**

2007 年以来，在国家一系列政策的刺激下，我国稻米产量连续增长，据国家粮油信息中心预测，2007 年我国稻谷产量将达到 18650 万吨，较上年增长 2.15%。尽管市场供给充裕，但 2006 年底以来，国内稻米市场随着粮食价格的上涨也出现了持续上扬态势，在稻米消费持续有所回暖的影响下，当前部分地区稻米价格已经接近历史高位（见图 1）。1 ~ 9 月份，全国大宗集贸市场籼稻价格同比涨 10.56%；粳稻价格同比上涨 4.47%。籼米与粳米价格同比分别上涨 8.86%、8.61%。从发展趋势看，随着国内稻米季节性品种特点开始逐步明显，以及国家采取措施保证后期粮油市场供应稳定，总体来说，2007 年后期国内稻米价格将延续前期稳中有涨的态势。

**2. 小麦市场价格平稳略升**

2007 年以来，我国小麦产量呈现增长态势。9 个小麦主产区夏粮播种面积增长 2.5%；小麦单产提高 1.1%，亩产达到 764 斤的历史最好水平，品质也有较

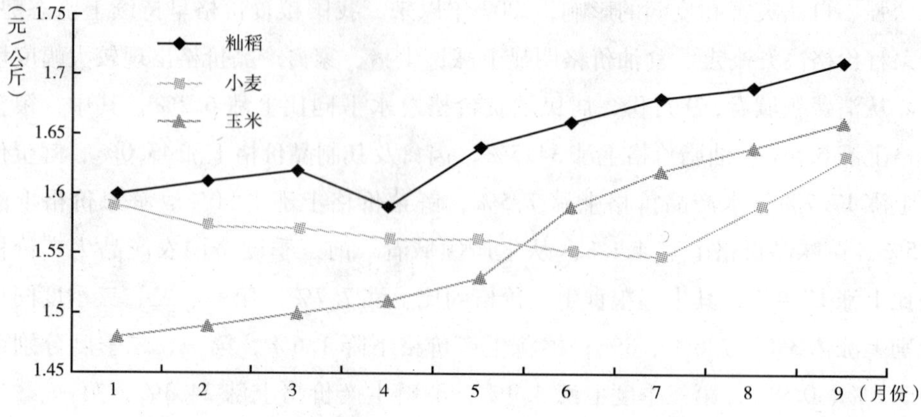


**图1　全国大宗集贸市场价格月度走势**

大提高。受国家托市政策的支撑、市场多元主体积极收购以及山东、河北等地农民惜售等因素影响，小麦价格6月份以来逐步走高（见图1），前9个月，全国大宗农产品集贸市场价格每公斤1.58元，比上年同期提高8.5%。国际市场价格受澳大利亚主要产区产量预期不断下调的影响，9月份小麦期现货价格继续大幅上涨，且环比涨幅、同比涨幅均创历史最高。从发展趋势看，为保证后期粮油市场供应和稳定，9月下旬以来国家增加了储备粮油投放数量，并在不低于最低收购价的前提下适当降低了小麦和稻谷拍卖底价，将促进2007年后期国内小麦市场整体仍将平稳运行。

**3. 玉米市场价格高位增长**

从2007年我国玉米供需面来看，虽然玉米主产区受天气影响，单产有所下降，但由于国内玉米播种面积的增加，全年玉米总产比上年仍能有所提高；虽然上年玉米市场备受工业题材炒作，价格有所上涨，但政府开始对玉米工业消费进行限制，导致玉米需求有所减少，玉米供需呈现紧平衡态势。从市场价格来看，自2006年以来玉米价格升势强劲，2007年以来价格涨势有所趋缓，但仍实现高位增长（见图1）。前9个月，全国大宗农产品集贸市场价格每公斤1.53元，比上年同期提高15.19%。同时，国际玉米价格保持小幅回升。从发展趋势看，2007年后期随着玉米收获期的到来，国内生猪养殖业恢复缓慢，玉米深加工受到政策限制，加之东北地区玉米出库的压力，预计国内外市场价格将震荡下行。

**4. 大豆市场价格一路走高**

最近两年由于大豆种植收益不断减少，农户种植大豆积极性持续下降，大豆单产普遍降低，国内大豆产量呈现快速下降的局面。国家粮油信息中心预计，2007年我国大豆播种面积为880万公顷，减幅为5.2%；全年大豆的产量为1440万吨，较上年下降9.81%。从市场价格看，在美国大豆减产、全球生物柴油需求增加等因素的推动下，国际大豆及制品在震荡中不断走高，逐步接近2004年3月22日387元/吨的历史最高价。随着我国大豆的大量进口。国产大豆价格一方面与国际大豆价格具有较强的相关性，另一方面，在大豆产量减少以及养殖业快速恢复的情况下，国内大豆和豆粕价格出现持续加快上涨态势（见图2）。截至9月21日，黑龙江油用大豆收购价同比提高49.7%，山东四级豆油出厂价同比提高52.6%；山东中等豆粕出厂价同比提高57.7%。从发展趋势看，2007年后期国内大豆价格将保持高位，但随着国产新豆大量上市以及大豆进口关税下调，国内大豆价格将出现高位震荡。

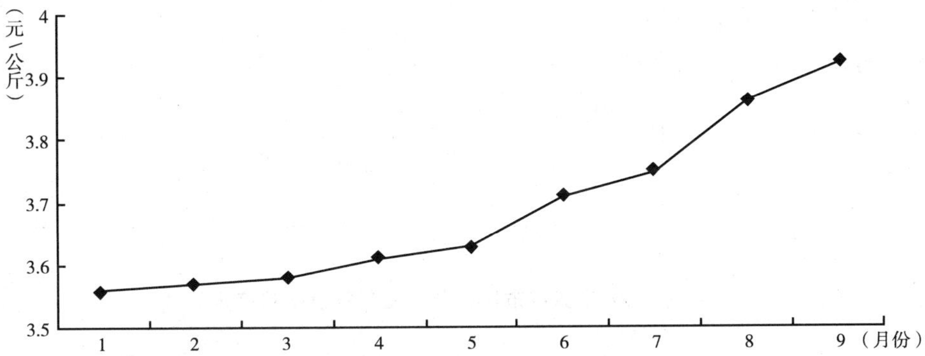


**图2 全国大宗集贸市场大豆价格月度走势**

**5. 棉花市场价格冲高回落**

从供给来看，2006年度（2006年9月1日~2007年8月31日）棉花种植面积8113万亩，产量673万吨，增产102万吨。考虑到新疆棉花实际产量比统计公布产量多出101万吨，这样国内棉花实际产量约为774万吨。从需求来看，2006年度棉花需求量1120万吨，比上年度增加170万吨。从进出口来看，我国是世界第一纺织生产大国，棉花消费需求占全球45%左右，棉花进口是长期的。

但2007年出现国内和国际棉花市场价格倒挂，导致1~9月我国进口棉花190万吨，同比下降40.0%，影响了棉花供给的增加。

从市场价格来看，国际棉花市场2007年以来价格走牛，9月国际棉价CotlookA指数平均为68.15美分/磅，较上年同期上涨15.78%。而2006年新棉大量上市时，国内棉花价格一度回落，国家及时收储后，促进了市场价格的回升。2007年6月份之后受国内资源偏紧等因素影响，国内市场棉花价格上升较快。进入9月，受国家抛售储备棉、纺纱量放缓及预计棉花丰收、新棉上市等因素影响，国内棉花价格由升转降（见图3）。前9个月全国大宗农产品集贸市场价格每公斤5.71元，比上年同期提高2.2%。从发展趋势看，全球棉花产不足需的情况依然存在，国内棉花产量虽有所增加，但产需缺口仍然较大，2007年后期棉花市场价格将保持稳定增长。

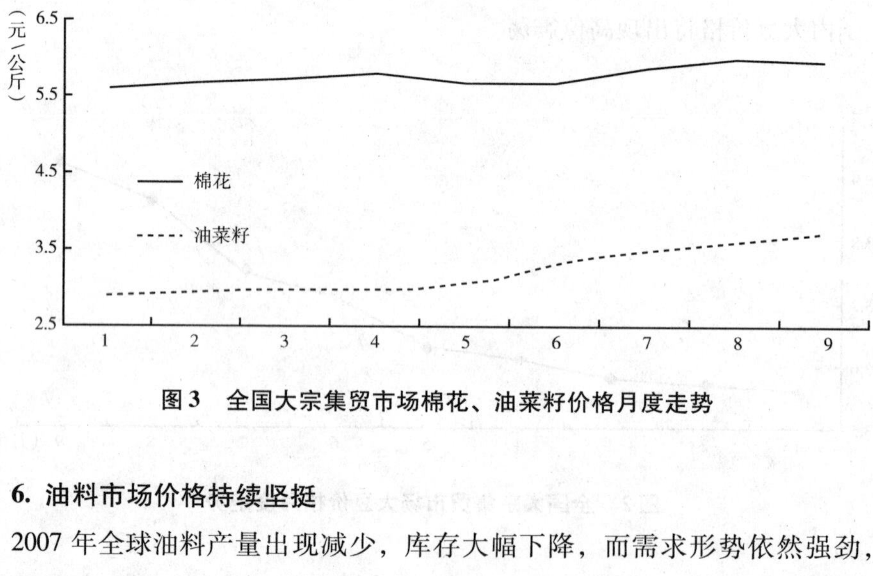


**图3　全国大宗集贸市场棉花、油菜籽价格月度走势**

### 6. 油料市场价格持续坚挺

2007年全球油料产量出现减少，库存大幅下降，而需求形势依然强劲，导致国际油料价格继续攀升。而近年来我国油料种植面积下滑，产量持续减少，而消费需求迅速增长，导致产需矛盾不断加剧，长期需要进口弥补，也使得国内油料价格涨幅持续加大（见图3）。前9个月，全国大宗农产品集贸市场价格中，普通油菜籽价格比上年同期上涨28.47%；花生仁价格上涨16.41%；豆油价格上涨26.1%；菜油价格上涨31.36%；花生油价格上涨21.42%。食用油方面，随着国际豆油、棕榈油以及其他农产品期货价格全面上扬，国内食油价格大幅上涨。从发展趋势看，2007 年后期我国油料市场价格仍将保持坚挺。

**7. 糖料市场价格处于低位**

2006/2007 年制糖期，我国制糖行业创造了产糖量、销糖量、食糖消费量的历史最好水平。其中，截止 8 月末全国共产糖 1199.41 万吨，为历史以来最好水平；9 月末全国累计食糖消费量为 1286.58 万吨，累计同比增长 19%。在进口糖方面，至 2007 年 8 月末，全国累计进口食糖 82.68 万吨，出口食糖 9.54 万吨。不仅国内市场处于供大于求的状况，国际糖业组织（ISO）估计 2006/2007 制糖年全球的食糖供给过剩量将达到 900 万吨的水平，使国内外糖价、食糖价格总体呈下降走势。到 9 月末，2006/2007 年制糖期国内累计平均食糖售价为 3776.88 元/吨，同比减少 582.29 元/吨；9 月国际糖价、食糖价格均价为 9.47 美分/磅，比上年同期下降 17.4%。从发展趋势看，糖料市场价格的回升有待时日。

**8. 畜产品、水产品市场价格以升为主**

2007 年以来，粮食价格特别是玉米价格上升带动了猪肉、家禽、蛋品价格的明显上涨，使近 10 年来肉类、禽类、蛋类市场价格过低的局面得到一定程度的修正。（1）受前几年生猪生产下滑的影响，造成近期猪肉市场供应偏紧的局面，4 月份以来价格出现较大幅度上涨（见图 4）。随着国家扶持生猪生产政策的逐步落实到位，9 月份生猪供应偏紧局面开始逐步缓解，猪价进一步大幅上涨的可能性不大，但由于生猪生产受到母猪繁育时间的制约，一段时间内生猪仍将相对缺乏，价格还会较高。（2）我国牛羊肉市场保持较快发展态势，牛肉和羊肉价格上涨幅度较大。受猪肉替代消费和季节性消费带动，秋冬两季牛羊肉消费量将有所增加，2007 年后期价格仍将保持上行趋势。（3）在食品类市场价格总体水平上升幅度很大情况下水产品价格没有明显上升，导致水产品的消费群迅猛扩大，使得市场价格也比上年同期有一定幅度的上涨。从发展趋势看，一方面，水产品价格在粮食以及动物源性食品价格大幅提高的影响下必然继续保持上涨态势，但另一方面，水产品生产旺季的到来以及价格继续上涨已近高位，将导致未来水产品市场价格总水平环比可能有所下降。（4）受饲料价格大幅上涨、禽流感疫情以及鸡蛋市场长期低迷的影响，蛋种鸡饲养场亏损而纷纷淘汰种鸡，致使种源不足，带动了 2007 年以来家禽产品价格的上涨（见图 5）。价格的持续上涨导致养殖户补栏积极性较高，今后一段时期家禽产品供应逐渐充足，预计后期家禽产品价格涨幅将有所趋缓。

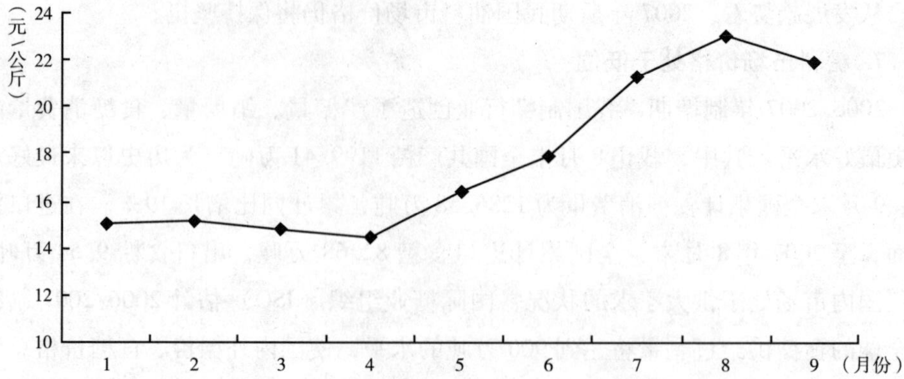


**图 4　全国大宗集贸市场猪肉价格月度走势**

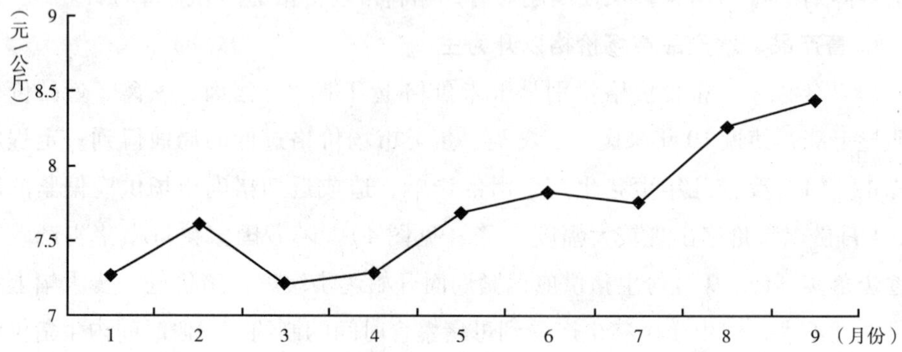


**图 5　全国大宗集贸市场鸡蛋价格月度走势**

## 二　农产品供求关系的影响因素分析

### 1. 影响农产品需求的因素分析

第一，国民经济持续快速增长增加了对农产品的需求。根据国家信息中心预测，2008 年国民经济将继续较快增长，消费增长高位运行，城乡居民收入持续增加，居民消费结构进一步升级，必然会促进农产品消费需求增长。但物价上涨、社会收入水平提高、费用的提升也会提高农产品生产、运输、加工、销售的成本，影响农产品价格的稳定。

第二，工业化和城镇化进程加快增加了对农产品的需求。工业化进程加快，以大宗农产品为主的原料需求不断增加，同时大量农业生产者变成了商品农产品消费者，农产品的商品需求量不断增加。

第三，全球农业发展变化加剧了对农产品的需求。总体而言，目前世界粮食产量下降，粮食需求持续增长，全球小麦、大豆、玉米等商品的库存消费比已经降至数十年以来的较低水平，供求关系的紧张，为农产品市场发展提供了一个良好环境，也奠定了农产品价格上涨的主线。而随着对外开放的不断深入，我国农业和世界农业的联系越来越密切，受世界农产品供求关系变化的影响越来越直接，这必将影响我国农产品需求的增长变化，带动我国农产品价格上涨。

第四，农产品深加工转化增加了对农产品的需求。国内、国际能源紧张，石油价格上涨，促进了生物能源加快发展，特别是乙醇产业的快速发展，导致玉米工业转化量猛增，促使玉米需求快速增长，不仅改变了玉米供求总量平衡关系，而且更加大了产销区玉米供求矛盾。不仅如此，全球生物能源的兴起，也使得油料、油脂需求增加，导致供给有所偏紧。

第五，农产品需求总体平稳增长，但结构差异较大。从消费结构看，口粮消费稳定增加，饲料消费比重不断上升，工业转化用粮快速增长；从消费品种看，居民对大米尤其是优质大米的需求量比较大，呈增加态势，面粉消费平稳，玉米、大豆、油脂消费快速增长。

**2. 影响农产品供给的因素分析**

第一，资源对提高农产品供给能力的约束不断加剧。当前，耕地、淡水等农业资源约束与提高农产品供给能力的矛盾越来越突出。而且，随着全球气候变暖和生态环境恶化，气象灾害对农业生产的危害总体呈加重趋势，严重影响农产品的生产发展。

第二，我国农村劳动力素质相对下降、农业发展缺乏金融支持、农业生产经营方式不适应现代农业发展的要求等都会影响农业生产能力的提高。

第三，世界经济贸易保持良好增长态势，有利于我农产品出口发展。据 IMF 等国际组织预测，2008 年世界经济贸易增长速度与 2007 年大体持平，继续保持较高增长，为世界农产品贸易保持较快增长创造了条件，为我国农产品出口提供了更多的发展机遇。但 WTO 多哈回合谈判中止，标志着农产品贸易自由化进程受阻，贸易保护主义抬头，技术性贸易壁垒有制度化趋势。近年来，我国的虾、大蒜、桔子罐头等优势产品纷纷遭遇欧美反倾销、保障措施等贸易争端。未来随着我国农产品出口规模的进一步扩大，可能会引发越来越多的贸易限制措施。

第四，市场心理因素推动。当农产品价格坚挺、社会库存下降或发生严重灾害的时候，市场参与者的惜售和看涨心理，导致购销行为发生转变，使得农产品供给降低，需求放大，供求关系趋于紧张，推动农产品市场价格的上涨。

**3. 政策因素分析**

从粮食生产政策看，近年来国家出台了一系列含金量高、推动力大、操作性强、受益面广的支农惠农政策，财政支农力度进一步加大，调动了农民生产积极性，对于提高农产品产量发挥了重大作用；最低收购价格和竞价拍卖政策，提高了对农产品市场的调控能力，确保了粮价相对稳定；从进出口政策看，现阶段国家正在通过调整关税和出口退税进行农产品各品种的进出口调节。总体来看，出口优惠补贴政策将不再享有；玉米出口将继续减少，进口将增加；小麦出口将增加，进口将减少；稻米进口将增加，出口将保持稳定；大豆和油脂进口将继续增加，而出口仍将保持低水平。

## 三　2008 年农产品市场展望

综合以上因素分析，在国家支农政策力度进一步加大，农民生产积极性提高的作用下，如果不发生大的自然灾害，预计 2008 年我国农产品生产将保持稳定发展态势。在需求刚性的作用下，预计 2008 年我国农产品市场价格将呈现平稳发展态势。

**1. 稻谷市场展望**

从国内因素分析，2007 年农业部提出力争秋冬种粮食播种面积保持稳定的要求，尤其是要求优质品种播种面积有所扩大。在天气条件基本正常的情况下，2008 年我国稻谷产量将比上年略有增长。从国际环境来看，据美国农业部 9 月份预测，2007/2008 年度全球大米产量为 4.1849 亿吨，比上年度增长 0.08%；全球大米消费量为 4.2469 亿吨，比上年度增长 1.5%。全球大米产不足需，期末库存下降为 7099 万吨，比上年度减少 620 万吨。全球大米库存消费比为 16.7%，比上一年度下降 1.7 个百分点，创出近年来的新低。综合国内外市场分析，考虑到我国稻谷需求基本稳定，而目前全国稻谷库存消费比在 28%，因此预计 2008 年稻谷市场价格将保持稳定，回落的可能性不大。

**2. 小麦市场展望**

从国内因素分析，2008 年我国小麦将再度获得丰收。据国家粮油信息中心预测，2007/2008 年度冬小麦产量 10200 万吨，较上年增加 3.42%，春小麦产量 500 万吨，较上年减少 14.24%。同时，小麦消费总量比上年度略增，其中食用消费基本平稳，受国内畜牧业发展及生物能源加工需求等因素拉动，饲料消费和工业消费增长较多。从国际环境来看，根据美国农业部预测，全球 2007/2008 年度小麦产量为 6.005 亿吨，上年为 5.931 亿吨；全球小麦消费量 6.162 亿吨，上年为 6.18 亿吨。全球小麦期末库存预计为 1.07 亿吨，上年为 1.227 亿吨，出现大幅减少。总的来看，2008 年我国小麦市场将呈现产大于需的状态，小麦价格将会稳中有降。

**3. 玉米市场展望**

从国内因素分析，一方面，随着玉米价格不断上涨，农民种植玉米的积极性不断提高，中央财政又进一步加大了玉米良种补贴的发放力度，更刺激了农民的种植积极性，我国玉米生产将呈现良好发展态势。另一方面，玉米饲料占玉米总消费量的 2/3，随着我国养殖业逐步恢复，饲料消费有望出现恢复性增长，导致玉米需求将稳步增长。同时现有玉米深加工企业的稳定发展、原油价格高企刺激玉米酒精产量的增加，都将促进国内玉米市场需求将进一步提高。从国际环境来看，据美国农业部预测，2007/2008 年度全球玉米产量为 7.69 亿吨，高于 2006/2008 年度的 7.034 亿吨；需求量将达到 7.637 亿吨，上年为 7.214 亿吨，多年来将首次出现产略大于需的局面，供需矛盾略有改善，将对国际玉米市场价格产生一定影响。全球玉米期末库存预计为 1.104 亿吨，上年为 1.05 亿吨，库存水平仍然维持低位。综合分析，2008 年我国玉米市场供需呈紧平衡状态，将支持我国玉米市场价格中长期继续上行，但国家调控粮价及出口形势不容乐观等因素会在一定程度上抑制玉米价格的上行空间。

**4. 大豆市场展望**

国内大豆消费基本依赖进口，国际市场行情将主导国内大豆价格。据美国农业部发布预测，2007/2008 年度全球大豆产量 2.21 亿吨，比上年度减 6.3%；全球大豆消费量 2.34 亿吨，比上年度增 4.6%；年度期末库存 5035 万吨，比上年度下降 20.2%。全球大豆供给将由强转弱，市场价格必将继续上升。此外，2008 年我国大豆仍将继续面临减产的可能，而大豆压榨加工和消费需求将持续增长，必然导致国内大豆需求缺口进一步扩大，进一步拉动 2008 年市场行情。

**5. 棉花市场展望**

从国际供给环境来看，根据国际棉花咨询委员会（ICAC）预测，全球棉花产量较上年小幅减少，但消费小幅增长。预计 2007/2008 年度全球棉花产量为 2541 万吨，同比下降 2.3%，其中预测中国棉花产量将达到 710 万吨；棉花消费量为 2697 万吨，同比增长 2.5%。全球棉花生产不能满足需求，预计期末库存同比下降 12.5%，至 1093 万吨，为 2004/2005 年度以来的最低水平。从国内需求因素分析，一方面，我国棉花进口依存度达到 40% 左右，全球棉花减产将影响我国弥补供需缺口。另一方面，受人民币升值、出口退税率降低、环保及人工成本上升的影响，预计我国纺织生产和纺织品出口增速会有所减缓，但纺织用棉需求仍将继续增加，棉花产需缺口仍然较大。此外，由于进口配额和滑准税，棉花进口存在着很大的变数。总的来看，2008 年国内棉花价格将维持高位震荡。

**6. 油料市场展望**

从国内因素分析，目前为抑制油料生产萎缩，鼓励油料生产发展，国务院出台了扶持油料生产的 11 项政策措施，极大地调动了农民种植油料的积极性，预计 2008 年秋冬油菜播种面积将有所增加，但同时，油料需求继续刚性增长，使得保障供给的压力继续加大。从国际环境来看，美国农业部预测 2007/2008 市场年度全球油料产量 3.909 亿吨，比上年度减少 3.6%；全球油料压榨量 3.40 亿吨，比上年度增长 2.9%；全球植物油产量 1.260 亿吨，比上年度增长 3.7%；预计全球植物油消费量 1.263 亿吨，比上年度增长 3.8%。全球食用油期末库存 770 万吨，比上年度减少 9.3%。全球油料产量下降，食油库存减少，将导致国际价格高位波动。综合来看，预计 2008 年我国油料市场将保持坚挺。

**7. 糖料市场展望**

从国内因素分析，2008 年我国糖料面积将有所增加，食糖产量有望再创历史新高。同时食糖消费将保持快速增长势头，国内市场供求基本平衡。从国际环境来看，国际糖业组织 ISO 预计，2007/2008 榨季全球食糖产量将创下 1.69584 亿吨的历史新高，比上榨季增加 407.6 万吨；食糖消费量较上榨季增长 2.3%，达到 1. 58784 亿吨；全球食糖过剩量将达到 1080 万吨，高于 2006/2007 榨季的 1028. 8 万吨，食糖库存将进一步增长，但受能源、基金等因素的影响，预计 2007/2008 榨季国际糖价下跌幅度有限。总的来看，考虑到种植成本以及其他农作物比较效益的上升趋势，预计 2008 年糖料市场价格低于上一榨季的可能性不大。

## 参考文献

农业部网站：2007 年 9 月市场监测信息。

国家粮油信息中心：《中国农产品月度供需状况报告》。

# 2007～2008年产业运行分析与展望

陈　强*

**摘　要：**2007年以来，在国民经济持续快速增长的背景下，我国主要工业行业效益继续改善，利润增速继续保持较高水平，工业行业发展呈上游行业利润继续快速增长、中游原材料行业利润水平稳步提升、下游行业利润有所回落的格局。2008年伴随着固定资产投资增速的回落，周期性投资品行业的景气将继续回调；在贸易摩擦等一系列负面因素的影响下，出口导向型行业盈利将受到较大冲击；消费对于经济的拉动作用将有所增强，非周期性消费品行业将保持稳定增长。

**关键词：**产业　周期　趋势

## 一　2007年行业运行基本格局

过去几年上下游固定资产投资速度的差异以及产能的释放，使我国行业的供求关系发生显著变化。2007年以来，随着原材料价格的提升，上游采掘业、中游原材料工业的景气优势有所巩固或正在提升，而下游加工业的比价优势进一步下降，尤其是钢铁、水泥等原材料价格的趋势性提升，对下游的加工工业如设备制造、电力等行业的景气造成较大侵蚀，行业发展基本上呈上游行业利润继续快速增长、中游原材料行业利润水平稳步提升、下游行业利润有所回落的格局。

### （一）上游开采业利润增长分化明显

2007年，随着安全成本、环保成本、人工成本的上升，再加上国家对资源

---

* 陈强，经济学硕士，国家信息中心经济预测部高级经济师，主要研究产业运行分析、景气监测等问题。

性产品出口政策的收紧，我国开采业利润高速增长的势头有所减弱。在外部需求受到一定抑制的背景下，国内下游行业的需求支撑力度成为决定行业利润增速快慢的主要因素，煤炭开采、黑色金属矿采选成为整个开采业的亮点，利润增长速度明显领先于其他开采行业。

**1. 煤炭开采业和黑色金属矿采选业利润增长大幅提高**

总体来看，目前煤炭行业供需呈紧平衡状态。1 ~ 8 月，我国生产原煤 14.72 亿吨，同比增长 11.2%，预计全年煤炭产量增长 11%，煤炭需求同比增长 12% 以上。1 ~ 8 月，我国进口煤炭 3499 万吨，增长 51.7%，出口煤炭 3353 万吨，下降 19.8%，我国已由煤炭出口大国转变为煤炭净进口国。受高煤价的影响，1 ~ 8 月份，煤炭行业利润同比增长 41.2%，增幅比上年同期提高 28.93 个百分点。

2007 年，在国际铁矿石价格居高不下和钢铁生产稳定增长的背景下，黑色金属矿采选业利润持续大幅增长。1 ~ 8 月份黑色金属矿采选业实现利润 153 亿元，同比增长 78.5%，增幅比上年同期提高 74.96 个百分点，黑色金属矿采选业利润相对钢铁行业利润的比值已上升到 1∶8.14，达到近年来的最高水平。

**2. 有色金属矿采选业和非金属矿采选业继续快速增长**

相比上年有色金属价格单边上扬和大幅走高的态势，2007 年以来我国有色金属价格大多呈高位震荡格局，有色金属行业利润增长随之由过去的高增长转向适度增长，利润增幅较上年同期明显回落。1 ~ 8 月份，有色金属矿采选业利润同比增长 43.1%，增幅比上年同期回落了 22.24 个百分点。

在水泥、玻璃价格恢复性上涨的基础上，非金属矿采选业的生产经营环境继续好转。1 ~ 8 月累计，非金属矿采选业利润同比增长 36%。但由于上年同期基数较高，增速比上年同期回落 4.82 个百分点。

**3. 石油和天然气开采业**

原油价格整体上有所回落直接降低了石油开采业的利润水平，使得 2007 年以来石油开采行业的经济效益有所下滑，行业利润同比出现下降。1 ~ 8 月石油天然气开采业全行业累计完成销售收入 5219.7 亿元，同比增长 2.34%；累计实现利润 2252.9 亿元，同比下降 16.23%。与上年同期相比，行业销售收入的增长速度比上年同期下降了 32.44 个百分点，行业利润则有所减少，改变了上年同期利润大幅度增长的格局。这一方面是由于上年同期，油价正处于加速上升阶段，促进了行业利润增长过快，加大了 2007 年的增长基数；另一方面也是由于国家开始自2006年4月开始对石油开采业增收特别收益金以调节石油开采业的巨额收益，这样2007年1~8月相对于上年同期多收了4个月的特别收益金，这也在一定程度上降低了行业利润的增长速度。

2007年1~8月开采业利润增长情况见表1。

**表1　2007年1~8月开采业利润增长情况**

单位：亿元，%

| 类　别 | 利润总额 | 增长速度 | 增速较上年同期增减 |
|---|---|---|---|
| 煤炭开采和洗选业 | 553.93 | 41.22 | 28.93 |
| 石油和天然气开采业 | 2252.90 | -16.23 | -56.4 |
| 黑色金属矿采选业 | 152.90 | 78.47 | 74.96 |
| 有色金属矿采选业 | 304.46 | 43.05 | -22.24 |
| 非金属矿采选业 | 57.63 | 36 | -4.82 |
| 其他采矿业 | 0.20 | 113.26 | -141.99 |

资料来源：国家统计局。

## （二）中游原材料和投资品行业利润增长速度加快

### 1. 钢铁行业

2007年以来，我国钢材出口增长迅速，国内主要用钢行业生产增长加快，企业和社会库存均保持较低水平，国内钢材市场价格呈现稳步上升态势，企业效益大幅度改善。2007年1~8月累计，全行业共完成利润总额1245亿元，同比增长58.88%，增速比上年同期加快61.33个百分点，钢铁行业仍成为拉动工业利润增长的重要动力。

### 2. 建材行业

尽管受到原材料、燃料、电力、运输价格上涨等不利因素影响，2007年建材行业实现利润总额仍将比上年有较大幅度增长。其中水泥行业生产经营情况良好，重点联系水泥企业产销率超过100%，价格也有所上涨；玻璃行业的产销量增长，玻璃价格稳中有升，重点联系企业2007年的累计产销率达到96.92%，产销基本平衡。从利润完成情况看，1~8月份，整个行业利润同比增长63.98%，增速比上年同期提高14.93个百分点。

### 3. 石油加工、炼焦及核燃料加工业

1~8月石油加工及石油制品制造业累计实现盈利314.49亿元，扭转了上年

同期的巨额亏损局面。原油成本有所回落是行业经济效益大幅度改善的主要原因，国家提高成品油价格对行业经济效益提高也起到了一定促进作用。2007年1月国家下调了一次成品油价格，1～2月份石油加工业就整体实现盈利138.39亿元，到了5月份石油加工业累计实现利润达到了302.77亿元。2007年下半年开始，原油价格再次出现较大的上升态势，使得石油加工业的利润增长速度明显放慢。可见，在我国成品油价格依然不能紧随国际市场原油价格波动而调整的话，炼油行业的盈利水平将随原油价格的波动而变化。

#### 4. 化工行业

国内经济增长较快和投资的快速增长，拉动了对化工产品的需求，并推动了化工产品价格整体提高，同时原油价格整体稳定回落降低了化工行业的生产成本，促进了化工行业利润增速大幅度上升，使得化工行业景气度明显上涨。2007年1～8月份，化学产品制造业累计利润总额实现1016.13亿元，同比增长52.27%，增速比上年同期大幅度提高了37.18个百分点。子行业中，基本化学原料制造业的增势最为迅猛，1～8月累计利润增长速度达到133.31%，比上年同期提高了110.59个百分点。化肥行业和合成材料行业的利润增速也有大幅度的提升，增幅分别比上年同期提高了28.33和46.99个百分点。

2007年1～8月主要原材料和投资品行业利润增长情况见表2。

**表2 2007年1～8月主要原材料和投资品行业利润增长**

单位：亿元，%

| 类别 | 利润总额 | 增长速度 | 增速较上年同期增减 |
|---|---|---|---|
| 石油加工、炼焦及核燃料加工业 | 314.49 | 188.45 | 804.08 |
| 化学原料及化学制品制造业 | 1016.13 | 52.27 | 37.18 |
| 化学纤维制造业 | 87.58 | 114.99 | 67.83 |
| 橡胶制品业 | 108.12 | 59.74 | 45.81 |
| 非金属矿物制品业 | 521.38 | 63.98 | 14.93 |
| 黑色金属冶炼及压延加工业 | 1245.05 | 58.88 | 61.33 |
| 有色金属冶炼及压延加工业 | 663.80 | 25.9 | -79.27 |

资料来源：国家统计局。

### （三）机械电子工业利润稳定增长

在高耗能行业利润增幅全面回落的同时，市场需求较好，受“两高一资”宏观调控政策影响较小的机械装备行业利润增长表现出了良好的稳定性，是带动整个工业利润增长的稳定因素。1~8月份，机械装备行业利润同比增长49.2%。在六大类机械行业中，交通运输设备制造业、电气机械及器材制造业、通用设备制造业利润增幅上升，分别为66.5%、41.3%、35.9%，专用设备制造业、仪器仪表及文化办公用机械制造业、金属制品业利润增幅略有回落，分别为62.8%、32.5%、28%。

分子行业看，工程机械和船舶制造业利润增长最快。1~8月份，工程机械行业利润同比增长1.5倍，利润总额首次超过100亿元；船舶制造业利润同比增长1.25倍，其中金属船舶制造业利润增长1.86倍，船舶修理及拆船业利润增长80.9%，船用配套设备制造业增长8.5%。同时，在城乡居民收入水平不断增长的情况下，汽车制造业利润也保持了高速增长的势头。1~8月份，汽车制造业利润同比增长64.2%。其中，汽车整车制造业利润增长60.2%，汽车零部件及配件制造业利润增长67.9%，摩托车制造业利润增长38.7%。

2007年1~8月机械电子工业利润增长情况见表3。

**表3　2007年1~8月机械电子工业利润增长情况**

单位：亿元，%

| 类　别 | 利润总额 | 增长速度 | 增速较上年同期增减 |
| --- | --- | --- | --- |
| 通用设备制造业 | 679.62 | 35.86 | -4.57 |
| 专用设备制造业 | 433.25 | 62.78 | 11.08 |
| 交通运输设备制造业 | 967.95 | 66.49 | 13.49 |
| 电气机械及器材制造业 | 672.40 | 41.31 | -2.95 |
| 通信设备、计算机及其他电子设备制造业 | 756.33 | 22.48 | -5.64 |
| 仪器仪表及文化、办公用机械制造业 | 148.54 | 32.54 | 8.46 |

资料来源：国家统计局。

## （四）下游消费品行业利润增速稳中趋升

### 1. 食品制造业

在原材料价格持续大幅度上涨的情况下，农副食品加工业和食品制造业利润仍保持较高增幅。1~8月农副食品加工业和食品制造业利润分别增长42.47%、37.11%，但受制糖业效益明显下滑的影响，农副食品加工业利润比上年同期下降4.15个百分点。

**2. 纺织服装业**

尽管纺织行业出口受到美欧贸易摩擦的干扰，以及出口退税政策调整、人民币升值等不利因素影响，但依靠产业进步和转变增长方式，特别是深加工企业竞争力提升，中国纺织行业继续呈现加速增长和效益提升的态势。在产销平稳增长的基础上，纺织业和服装业的利润完成情况继续较快增长。其中，纺织业累计实现利润总额411.99亿元，同比增长30.6%。纺织服装、鞋、帽制造业利润总额同比增长29.08%，增速比上年同期提高1.12个百分点。

**3. 饮料制造业**

2007年以来，我国饮料制造业效益继续好转，行业盈利能力进一步提高。2007年1～8月，饮料制造业利润总额同比增长41.19%，增幅比上年同期提高19.65个百分点。其中，白酒制造业实现利润总额为92.75亿元，同比增长59.43%；啤酒制造业完成利润总额50.5亿元，同比增长29.65%，增速比上年同期提高12.33个百分点，软饮料行业实现利润总额110.14亿元，同比增长35.77%。

**4. 造纸业**

2007年木材价格上涨幅度达到20%，高于10%的市场预期，造纸行业的生产成本压力明显增大，各纸种都呈现价格提高的趋势。但纯粹的造纸子行业仍未能摆脱长期利润平均化的趋势，毛利率仍处于较低水平。2007年1～8月份，造纸行业累计实现利润总额207.54亿元，同比增长37.77%，增速比上年同期降低7.99个百分点。

2007年1～8月主要消费品行业利润增长情况见表4。

**表4　2007年1～8月主要消费品行业利润增长情况**

单位：亿元，%

| 类　别 | 利润总额 | 增长速度 | 增速较上年同期增减 |
|---|---|---|---|
| 农副食品加工业 | 435.75 | 42.47 | -4.15 |
| 食品制造业 | 211.32 | 37.11 | 3.38 |
| 饮料制造业 | 288.32 | 41.19 | 15.2 |
| 烟草制品业 | 459.22 | 36.98 | 19.65 |
| 纺织业 | 411.99 | 30.55 | -4.31 |
| 纺织服装、鞋、帽制造业 | 190.19 | 29.08 | 1.12 |
| 造纸及纸制品业 | 207.54 | 37.77 | -7.99 |

资料来源：国家统计局。

## 二 行业运行中存在的主要问题

### （一）低要素价格对利润的支撑难以持续

1～8月份，全国规模以上工业企业实现利润15623亿元，同比增长37%。工业经济效益综合指数206.56，比上年同期提高21.57点，生产效率明显提高。但与此同时，1～8月份规模以上工业的主营业务增速只有27.4%，低于同期利润增速。表5显示了2007年1～8月销售收入与利润增速差距最大的10个行业。在国家统计局分类统计的39个工业行业中，有32个行业的利润总额增长速度高于其产品销售收入增长速度。导致这一不正常情况的因素主要有两个：一个是资源使用成本低，部分行业生产经营的政策、资源、环保等成本构成不合理。据估计，因为国内水、电、油、天然气等生产要素价格低估，国内企业至少不合理地节省了20%～40%的生产成本。二是产品销售价格上涨过快。2007年以来，随着供求关系的改变和上游行业景气向中下游行业的延伸，我国部分周期性增长行业纷纷进入增长的高峰阶段，而支撑这些行业利润高增

**表5　2007年1～8月销售收入与利润增速差距最大的10个行业**

单位：%

| 类　别 | 产品销售收入增速 | 利润总额增速 | 增幅差距 |
|---|---|---|---|
| 石油加工、炼焦及核燃料加工业 | 17.37 | 188.45 | -171.08 |
| 化学纤维制造业 | 25.89 | 114.99 | -89.1 |
| 其他采矿业 | 75.71 | 113.26 | -37.55 |
| 交通运输设备制造业 | 32.19 | 66.49 | -34.3 |
| 专用设备制造业 | 30.34 | 62.78 | -32.44 |
| 黑色金属矿采选业 | 46.39 | 78.47 | -32.08 |
| 木材加工及木、竹、藤、棕、草制品业 | 40.61 | 71.58 | -30.97 |
| 橡胶制品业 | 28.99 | 59.74 | -30.75 |
| 非金属矿物制品业 | 33.63 | 63.98 | -30.35 |
| 医药制造业 | 24.73 | 48.76 | -24.03 |

资料来源：国家统计局。

长的因素并不主要是来自于生产效率的提高和技术进步的推动，行业发展的后劲并不乐观。

## （二）高耗能、高污染行业的出口和投资增长过快

1～8月累计，黑色金属冶炼及压延加工业出口交货值1660.61亿元，同比增长65.5%，增速居制造业第二位；化学纤维制造业出口交货值199.27亿元，同比增长46.68%，增速居第四位；化学原料及化学制品制造业出口交货值1511.77亿元，同比增长28.26%，增速居制造业第十位；非金属矿物制品业出口交货值815.22亿元，同比增长24.57%，增速居制造业第12位；有色金属冶炼及压延加工业出口交货值697.61亿元，同比虽然只增长8.79%，但增幅比2007年同期提高了54.73个百分点（见表6）。

**表6　2007年1～8月累计主要高耗能行业出口增长情况**

单位：亿元，%

| 类　别 | 出口交货值 | 同期比 | 增幅变化 |
| --- | --- | --- | --- |
| 黑色金属冶炼及压延加工业 | 1660.61 | 65.50 | 22.83 |
| 化学纤维制造业 | 199.27 | 46.86 | 42.85 |
| 化学原料及化学制品制造业 | 1511.77 | 28.26 | 17.71 |
| 非金属矿物制品业 | 815.22 | 24.57 | 24.91 |
| 有色金属冶炼及压延加工业 | 697.61 | 8.79 | 54.73 |
| 石油加工、炼焦及核燃料加工业 | 236.47 | 19.33 | -18.86 |

从投资上看，近几年来，我国基础产业中的一些行业在宏观经济持续增长的背景之下相继出现了投资过热和投资过度波动的局面，对国民经济的健康发展造成了一些负面的影响。2007年1～8月累计，在上述五大高耗能行业中，除黑色金属冶炼及压延加工业外，其他5个行业的固定资产投资在高利润的驱使下都有较大幅度的增长。其中，石油加工、炼焦及核燃料加工业，非金属矿物制品业，有色金属冶炼及压延加工业等三个行业的投资增速远远高于2007年前8个月全国城镇固定资产投资的平均增长速度（见表7）。这种趋势如不加以遏制，必将对全国节能减排任务的完成产生十分不利的影响，更不利于经济结构的调整和经济增长方式的转变。

表7　2007 年 8 月末主要高耗能行业投资增长情况

单位：亿元，%

| 类　别 | 投资额 | 同比增长 | 类　别 | 投资额 | 同比增长 |
|---|---|---|---|---|---|
| 石油加工、炼焦及核燃料加工业 | 569.38 | 31.8 | 非金属矿物制品业 | 1083.67 | 43.2 |
| 化学原料及化学制品制造业 | 1526.24 | 27.3 | 黑色金属冶炼及压延加工业 | 1327.5 | -1.4 |
| 化学纤维制造业 | 107.07 | 18.8 | 有色金属冶炼及压延加工业 | 573.79 | 37.5 |

资料来源：国家统计局。

## （三）工业经济结构越变越重

2001 年以来，我国投资率一直在 38% 以上，高耗能产业的快速膨胀，使得重工业在整个工业中的比重不断上升，我国经济结构不但没有像期待的那样升级，由“重”变“轻”，反而越来越“重”。高耗能产业盲目发展再次抬头，不仅牵涉到“十一五”节能减排任务的完成，更是关系到中国经济结构调整和可持续发展能力。近年来，重工业增加值占规模以上工业的比重逐年增大，2006 年达 69.5%，比 2005 年提高 0.5 个百分点。2007 年 1～8 月，规模以上重工业增加值比上年同期增长 19.4%（见表 8），增幅比上年同期高 2.3 个百分点，比同期轻工业高 3.4 个百分点，重工业增长增幅领先于轻工业的优势呈扩大趋势，重工业比重也进一步提高。从 39 个大类行业看，5 月份工业增加值较上月增速加快的行业有 27 个，主要是黑色金属矿采选、交通运输设备、有色金属矿采选、非金属矿采选、木材加工、造纸等，增长较快的行业主要集中在资本密集型的重工业。

表8　2007 年 1～8 月工业增加值增长速度变化

单位：%

| 指标名称 | 2007 年 8 月 | 2007 年 1～8 月累计 |
|---|---|---|
| 工业增加值 | 17.5 | 18.4 |
| 其中：轻工业 | 14.6 | 16 |
| 重工业 | 18.8 | 19.4 |

资料来源：国家统计局。

## 三　2008年行业运行趋势展望

在宏观经济及企业盈利增速下降的背景下，2008年行业景气状况将发生较大变化。伴随着固定资产投资增速的回落，周期性投资品行业的景气将继续回调；在贸易摩擦等一系列负面因素的影响下，出口导向型行业盈利将受到较大冲击；消费对于经济的拉动作用将有所增强，非周期性消费品行业、基础设施和公共服务类行业仍将保持稳定增长；随着人民币汇率机制调整时机的日趋成熟，人民币升值预期对相关行业景气的影响将在2008年逐步体现。

### （一）周期性投资品行业景气将有所回落

近两年投资的高速增长，与我国企业盈利的显著改善和信贷政策的松动是分不开的。但是，目前企业盈利增速开始下滑，而信贷控制也相对偏紧，投资的两大资金来源——企业自有资金和银行信贷都将受到一定影响，后续投资增长必将受到一定制约。同时，在节能减排的压力下，政府将加大对钢铁、石化、有色金属等高耗能产业以及房地产行业的调控，相关行业投资增速必将继续回落，从而对投资的增长也将产生一定影响。根据国家信息中心预测，2008年我国全社会固定资产投资增速将从2007年的25.5%回落至23.5%左右，周期性投资品行业拉动经济增长的主导力量将逐步减弱。首先，随着投资增速的回落以及政府对高耗能行业调控力度的加大，基础原材料的需求增速将出现回落态势；与此同时，近几年基础原材料价格的持续上涨所产生的获利效应吸引了大量资本进入相关领域投资，这些投资所积累的产能在今后几年内将逐步释放，因此，石化、钢铁、有色金属、煤炭等周期性投资品行业供求不平衡的格局将发生逆转，这些行业的业绩将不可避免地逐步见顶回落。其次，2008年，稳定房价仍将是宏观调控的重要内容，房地产业将面临一个较长的调整期。作为国民经济的先导性行业，房地产景气的收缩将造成建材、钢铁、建筑施工、工程机械、有色金属等相关行业景气的回落。

### （二）出口导向型行业的政策和市场压力增大

2007年，出口对我国经济增长的拉动作用进一步增强，主要出口行业利润继续保持了快速增长的局面。但是，与此同时，我国与美国及欧盟等发达国家的摩擦明显升温，出口导向型行业持续增长的风险开始增大。为了配合国内经济结构的优化和调整，2007 年我国的出口政策正在发生一些转变：一是大力抑制“高耗能、高污染、资源性”产品的出口，2007 年 7 月，我国调整了 2831 项商品的出口退税政策，取消了 553 项“高耗能、高污染、资源性”产品的出口退税，降低了 2268 项容易引起贸易摩擦的商品的出口退税率，将 10 项商品的出口退税改为出口免税政策；二是外贸政策从单纯追求扩大出口和外贸顺差，转向统筹内外需、追求外贸效益的方向，支持和培育具有高附加值、自主知识产权和自主品牌的商品出口。这些政策的出台将增加相关行业的出口成本，对相关行业的利润增长带来一定的负面影响。根据国家信息中心预测，2008 年，我国出口同比增长 19%，增速比 2007 年下降 7 个百分点。出口增速回落将导致出口导向型行业如办公和自动数据处理设备、通讯录音设备、电力设备、衣物、纺织品、化工产品（含医药）、工业机械设备等行业的盈利受到一定影响。

### （三）非周期性消费品行业仍将保持稳定增长

2008 年，政府宏观调控将着力通过结构性调控来实现经济结构的优化。因此，在投资和出口增速放缓的情况下，为实现经济平稳较快增长，政府将加大对消费的支持力度，提高城乡居民消费能力，增强消费对经济增长的拉动作用。目前居民消费和可支配收入增长势头良好，中国经济持续高增长所积累的购买力也将逐步释放，消费品行业在未来几年内都将保持稳定增长。根据国家信息中心预测，2008 年，伴随着经济增长的回落，消费增速也将有所放慢，但消费增速的调整要小于投资和出口，名义增长仍将处于 15.5% 左右的较快增长区间，实际增长也将继续高于 GDP 的增速。在消费需求稳定上升的前提下，与吃、用相关的食品饮料、纺织服装行业的市场需求将保持稳定增长，而与居民消费结构升级有关的汽车、房地产、旅游、文化休闲等行业将获得长期稳定发展的机遇。但是，消费需求上升是一个长期的、缓慢的过程，相关行业难以出现爆发式的增长，而这些行业严重过剩的产能将制约这些行业业绩的提升，稳定增长是消费品行业未来发展的主基调。

## 四 促进行业协调发展的对策建议

目前，我国行业发展过程中出现了一些值得关注的情况和问题。这些情况和问题既有长期积累的体制性、结构性的问题，也有加强宏观调控后出现的新情况和新问题。因此，既要解决目前出现的新情况和新问题，又要抓住当前宏观调控的有利时机，努力推动经济增长方式转变，促使工业行业协调发展。

## （一）控制过剩行业的扩张，引导结构调整和升级

由于投资增势难减，经济发展对投资品和原材料的需求仍然旺盛，市场压力不足，因此，对产能过剩行业和潜在过剩行业的结构调整任务仍十分艰巨。要确保调控的有效性，必须强化落实已出台的钢铁、电解铝、煤炭、焦化、水泥、电石、纺织等行业发展规划和产业政策。通过清理整顿在建和拟建项目，对不符合国家有关规划、产业政策、供地政策、环境保护、安全生产等市场准入条件的项目，依法停止其建设。另外，要充分发挥行业协会的作用，健全行业信息发布制度，加强对行业运行的动态跟踪。通过发布产品供求、现有产能、在建规模、价格变化及原料供应等信息，引导企业的投资预期。当前，无效产能过剩与有效产能不足的结构性矛盾已经成为过剩行业内部的突出问题。如钢铁行业中高质量的钢材产品供不应求，仍需大量进口；汽车行业由于资源配置不合理，各细分车型之间的产能无法互相利用，导致产品结构性失衡。因此在控制过剩行业增长速度的同时，一方面要加快淘汰落后产能，另一方面要鼓励行业内的并购、重组和技术升级，引导、推进产业结构的调整和升级。

## （二）严控高耗能行业，推动工业节能降耗

据测算，钢铁、有色、化工、电力、石油加工及炼焦、建材等6个高耗能行业的增加值占规模以上工业的33%左右，用电量占工业用电量的64%左右，能耗占全国工业能耗的70%左右，如果高耗能产业增长趋势不加以遏制，势必对全国节能减排任务的完成产生十分不利的影响。解决高耗能产业的调整，既要控制好增量，又要调整好存量。首先，灵活运用经济杠杆。加快能源的市场化改革，价格要体现资源价格、完全成本和市场供求的关系；加大能源差别价格的“差幅”，按用电规模制定级差累进系数，加大用电大户的边际成本，使其生产超规模后“只赔不赚”，让高耗能产业的热衷者无利可图。其次，坚持行之有效的“地区环评限批”；对重点地区、重点行业可以考虑推行“能耗超限地区工业项目限批”的办法，让“两高一低”的产业冲动强制刹车。同时，加强对中小

企业的节能信贷支持力度，完善中小企业信用担保体系，加快建立和完善中小企业信用担保机构风险控制和补偿机制。

### （三）加强资源性、垄断性行业的监管

虽然能源价格一直处于上升态势，但是从反映能源的稀缺程度和市场供求关系来看，未来能源价格仍有较大上涨空间。为了促进上下游行业之间的公平竞争，对于适合竞争的能源和资源行业，应通过放宽市场准入条件，通过竞争形成平均利润；对必须实行垄断性经营的能源行业，应加强利润和收入分配的监管和控制，防止本应归全体公民所有的利润转化为小集团或个别人的利益和薪酬福利，并积极探索超额垄断所得向全民所有者的转移机制，将超额利润上缴财政或转化为国有资本金。

# 2007年煤炭行业运行分析及未来展望

王　硕*

**摘　要：**国民经济增长速度有所加快，增大了全社会的能源需求，煤炭市场呈现产销两旺的态势。由于近年来煤炭行业投资增长较快，煤炭产能稳步提高，煤炭生产保持稳定增长，受市场需求拉动的影响，同时煤炭行业政策性因素推动了成本上升，煤炭价格保持稳中趋升，促进了行业经济效益的大幅度改善。由于煤炭价格上涨，煤炭运输瓶颈作用依然较强，煤炭一度出现净进口局面。总体上未来煤炭供需会维持相对均衡的格局，煤炭供给会逐渐趋于宽松，煤炭行业经济运行质量将进一步改善。

**关键词：**煤炭　价格　结构调整

2007年以来，煤炭行业保持了平稳快速的增长势头，国民经济增长速度有所加快，增大了全社会的能源需求，煤炭市场呈现产销两旺的态势。由于近年来煤炭行业投资增长较快，煤炭产能稳步提高，煤炭生产保持稳定增长，受市场需求拉动的影响，同时煤炭行业政策性因素推动了成本上升，煤炭价格保持稳中趋升，促进了行业经济效益的大幅度改善。煤炭运力不足依然影响着煤炭行业的发展，受此影响2007年煤炭一度出现净进口的局面，但总体上我国煤炭供应保障充足，以销定产的格局不会改变。从未来发展来看，煤炭价格将在开采成本提高的情况下维持适度上扬的态势，煤炭行业的结构调整会短暂影响到产能变化，但国民经济整体的节能减排工作不断深入，煤炭需求的增长速度也将稳中趋弱，总体上煤炭供需会维持相对均衡的格局，煤炭供给会逐渐趋于宽松，煤炭行业经济运行质量将进一步改善。

* 王硕，经济学硕士，国家信息中心经济预测部高级经济师，主要研究产业经济预测与分析、行业景气分析模型、国际商品市场与全球化进程等问题。

# 一　2007 年 1 ~ 8 月份煤炭行业经济运行分析

## （一）煤炭行业工业产值增长稳定快速

受国民经济保持快速增长的带动，2007 年前 8 个月煤炭行业继续保持稳定快速的增长势头，行业工业生产增长速度呈现稳中有升的运行格局。1 ~ 8 月份煤炭开采和洗选业实现现价工业总产值 5578.87 亿元，同比增长 26.51%，增速较快，与上年同期相比，增长速度提高了 2.23 个百分点；累计实现工业销售产值 5476.98 亿元，同比增长 27.23%，增长速度比上年同期提高了 2.91 个百分点，销售增速提升相对较快。行业产值销售率达到 98.17%，产销衔接良好。

子行业中，烟煤和无烟煤生产业在煤炭行业中占据绝对主导地位，1 ~ 8 月烟煤和无烟煤开采和洗选业累计工业总产值和工业销售产值分别同比增长 24.78% 和 25.88%，增长速度分别比上年同期提高 1.15 和 1.78 个百分点，保持了稳定快速的增长格局。褐煤生产业出现了较为快速的增长势头，煤炭行业整体的景气上升带动了褐煤生产的快速增长，同时煤化工行业在我国开始进入快速发展阶段，也拉动了褐煤的需求上升。1 ~ 8 月份褐煤开采和洗选业累计工业总产值和工业销售产值分别同比增长 70.68% 和 61.14%（见表 1），增速迅猛，与上年同期相比增速分别提升了 29.55 和 31.88 个百分点。

**表 1　2007 年 1 ~ 8 月煤炭行业工业增长情况**

| 类　别 | 工业总产值 | | 工业销售产值 | |
|---|---|---|---|---|
| | 实际值(亿元) | 增长(%) | 实际值(亿元) | 增长(%) |
| 煤炭开采和洗选业 | 5578.87 | 26.51 | 5476.98 | 27.23 |
| 烟煤和无烟煤开采洗选业 | 5310.84 | 24.87 | 5214.26 | 25.88 |
| 褐煤开采洗选业 | 265.09 | 70.68 | 259.82 | 61.14 |

资料来源：国家统计局。

## （二）煤炭产量保持稳定增长趋势

近年来煤炭产能得到很大提高，受市场需求稳定增长的拉动，煤炭产量保持了稳定快速的增长势头。8 月份，全行业原煤产量 19397 万吨，同比增长 8.1%；1～8 月份，全行业累计生产原煤 14.72 亿吨，同比增长 11.23%，增长速度与上年同期基本持平，煤炭产量保持了较为快速的增长。库存方面，8 月末全国煤炭社会库存量达到 1.59 亿吨，比年初增长 10.5%，全国煤炭企业库存 4250 万吨，比年初增长 2.4%。相对产量规模而言，煤炭库存较小，销售形势保持旺盛。

2007 年以来国民经济持续快速增长，上半年 GDP 增长速度达到 11.5%，固定资产投资保持较快增长，1～8 月份全国累计固定资产投资同比增长 26.8%，比上年全年的增长速度提高 2.8 个百分点。在此带动下，主要耗煤产品产量出现快速增长。电力行业方面，1～8 月份全国发电量同比增长 16.29%，其中火力发电同比增长 17.51%；钢铁行业方面，1～8 月份全国生铁、钢和钢材的产量分别同比增长 16.34%、17.74% 和 24.1%；建材行业方面，1～8 月份水泥和平板玻璃的产量分别同比增长 14.95% 和 14.35%；化工行业方面，1～8 月份化肥、合成氨的产量分别同比增长 12.3% 和 6.1%，甲醇和电石的产量分别同比增长 38.4% 和 22.87%（见表 2）。主要耗煤产品产量增长快速，带动了煤炭需求快速增长。

**表 2　2007 年 1～8 月份煤炭及主要耗煤产品产量及增长**

| 类　别 | 累计产品产量 | 同期比（%） | 类　别 | 累计产品产量 | 同期比（%） |
|---|---|---|---|---|---|
| 原煤（万吨） | 147207 | 11.23 | 水泥（亿吨） | 85643 | 14.95 |
| 发电量（亿千瓦小时） | 20861 | 16.29 | 平板玻璃（万重量箱） | 32639 | 14.35 |
| 火电（亿千瓦小时） | 17639 | 17.51 | 化肥（万吨） | 3767 | 11.75 |
| 生铁（万吨） | 30753 | 16.34 | 合成氨（万吨） | 3397 | 4.87 |
| 钢（万吨） | 32053 | 17.74 | 精甲醇（万吨） | 630 | 38.40 |
| 成品钢材（万吨） | 36697 | 24.10 | 电石（万吨） | 934 | 22.87 |

资料来源：国家统计局。

## （三）煤炭价格整体呈现小幅上涨格局

2007 年以来，国家放松了对电煤价格的管制，年初的煤炭订货合同价出现上涨，长期偏低的电煤合同价格和市场需求较大的炼焦煤价格都有适度上调，同口径电煤合同价格同比上调15～16元/吨。焦煤、肥煤价格上调20～30元/吨，考虑到新投产机组所订购煤炭价格相对较高，全部电煤合同平均价格上调幅度接近20元/吨。电煤价格的上涨奠定了2007年煤炭价格整体上涨的基础。

根据统计，1～8月份，煤炭开采和洗选业出厂价格指数为103.8，煤炭产品出厂价格同比平均上涨3.8%。据安监总局数据，上半年原中央财政煤炭企业商品煤平均售价316.53元/吨，增长3.9%。其中电煤平均售价230.23元/吨，增长5.7%。全国煤炭主产省动力煤、炼焦煤、化肥用煤平均出厂价格分别为309.4元/吨、587.8元/吨、543.5元/吨，分别比上年同期上涨5.13%、7.42%、7.52%。

市场交易煤炭价格同比更是出现明显上涨，根据秦皇岛港煤炭价格行情，2007年8月份，市场交易煤炭平均价格426.5元/吨，同比上涨38.75元/吨，增长10%。其中发热量在6000大卡/千克以上和5500大卡/千克的优质动力煤价格平均分别达到500元/吨和460元/吨，同比分别增长9.89%和10.31%。考虑到海运费用的增加，在广州和上海港煤炭的提货价格涨幅更大。

## （四）煤炭行业经济效益增长显著

受需求增长旺盛，煤炭价格上涨的影响，煤炭行业2007年以来经济效益增长显著，1～8月份煤炭行业累计完成产品销售收入5758.58亿元，同比增长31.25%，增速比上年同期提高6.74个百分点；全行业累计实现利润553.93亿元，同比增长41.22%，增速比上年同期提高28.93个百分点（见表3），利润增长速度大幅度提升，经济效益显著改善。

**表3　2007年1～8月煤炭行业工业增长情况**

| 类　　别 | 销售收入 | | 利润总额 | |
|---|---|---|---|---|
| | 实际值(亿元) | 增长(%) | 实际值(亿元) | 增长(%) |
| 煤炭开采和洗选业 | 5758.58 | 31.25 | 553.93 | 41.22 |
| 烟煤和无烟煤开采洗选业 | 5482.6 | 29.73 | 508.04 | 36.72 |
| 褐煤开采洗选业 | 273.1 | 70.75 | 45.87 | 122.82 |

资料来源：国家统计局。

子行业中，褐煤开采洗选业经济效益大幅度上升，累计销售收入和利润分别同比增长 70.75% 和 122.82%，增速分别比上年同期提高 50.06 和 85.23 个百分点。烟煤和无烟煤开采洗选业累计收入和利润分别同比增长 29.73% 和 36.72%，分别比上年同期提高 5.11 和 25.57 个百分点。

随着小煤矿的关停，煤炭资源逐渐向大企业集中，煤炭生产技术水平得以提高，煤炭行业的结构调整取得初步成效，行业盈利能力有所提高，1~8 月份煤炭行业平均销售利润率为 9.61%，比上年同期提高了 0.6 个百分点。盈利能力增强和产品产量稳定增长，促进了行业经济效益的大幅度提升。

### （五）煤炭进口增长快速，出口同比下降，一度呈现净进口格局

2007 年以来，我国煤炭进出口形势发生了显著的变化，1~8 月份，全国煤炭累计出口 3353 万吨，同比下降 19.8%；进口 3499 万吨，同比增长 51.7%。进出口相抵，净进口 146 万吨，而上年同期为净出口 1870 万吨，进出口环节同比相当于国内新增煤炭资源 2016 万吨。这一变化改变了我国长期的煤炭净出口格局，2007 年我国首次成为煤炭净进口国。

从我国煤炭进出口形势的发展沿革来看，事实上自 2004 年以来，我国煤炭净出口的数量就整体上呈现逐渐递减的趋势，2003 年我国煤炭净出口量为 8312 万吨，到了 2006 年我国煤炭净出口量大幅度下降为 2498 万吨。到了 2007 年，煤炭进出口格局发生了从量变到质变的转折。其根本原因在于随着我国国民经济重工业化趋势的日益明显，煤炭的国内需求增长快速，特别是 2002 年以来，我国煤炭产量年均增长 14.6%，同期国民经济年均增长 9.44%，经济增长进入新的稳定快速增长时期，而同期重化工业发展迅速，特别是高耗能产业产能释放较快，2002~2006 年间，我国火力发电量年均增长 14.4%，钢铁产量年均增长 21.56%，这两大主要煤炭消耗行业增长明显加快，增加了对煤炭的需求，使得煤炭的国内需求增长加快，相对减少了出口，同时国内煤炭运力不足使得南方煤炭需求适度寻找国际市场煤炭资源以弥补供给缺口，相对开始增加进口，从而在煤炭的进出口格局上呈现出煤炭出口量整体上逐年减少的趋势，而同期煤炭进口量逐渐增大，造成我国煤炭净出口量逐年下降。

2007 年前 8 个月煤炭整体依然呈现净进口局面，但从月度变化来看，煤炭净进口规模并不是直线上升，上半年累计煤炭净进口 395 万吨，但下半年以来，

煤炭净进口量开始减小。从单月的煤炭进出口上看，7、8 月份煤炭出口重新超过进口（见表4）。整体上，我国煤炭进出口动态变化主要是由于国内外煤炭的价格差来决定的，上半年国际市场煤炭价格相对较低，刺激了国内进口的增加，但下半年以来国际市场煤炭价格开始回升，国内煤炭进口受到一定抑制。整体上，由于煤炭经济运行环境的变化，我国煤炭进口增加已经成为一种趋势，但这并不会影响我国的能源安全，国内煤炭资源供应具有充足的保障，以销定产的格局不会改变，进口煤炭可以起到适时补充国内煤炭供应、调节供求关系的作用。

**表4　2007 年 1～8 月我国单月煤炭进出口情况**

单位：万吨

| 类　别 | 出口量 | 进口量 | 净进口 |
| --- | --- | --- | --- |
| 1 月 | 329 | 470 | 141 |
| 2 月 | 442 | 393 | -49 |
| 3 月 | 371 | 567 | 196 |
| 4 月 | 446 | 492 | 46 |
| 5 月 | 343 | 374 | 31 |
| 6 月 | 382 | 410 | 28 |
| 7 月 | 573 | 389 | -184 |
| 8 月 | 468 | 402 | -66 |

资料来源：海关总署。

## 二　未来煤炭行业发展展望

### （一）煤炭市场需求会保持适度增长，但增速会逐渐趋缓

2007 年以来，我国国民经济整体上保持了快速的发展，但经济增长显示出了一定的过热势头，通货膨胀有所加剧，为此国家已经决定将进一步加大宏观调控力度，控制投资规模，降低物价上涨速度，因此未来国民经济的增长速度将有所放慢，固定资产投资增速将整体回落，能源和原材料需求增幅也将逐渐走低，整体上煤炭消费需求增长速度将逐渐趋于放缓。同时，国家加大了节能减排的推进力度，上半年全国单位 GDP 综合能耗同比下降 2.78%，其中煤炭行业综合能耗同比下降 7.76%，耗煤较高的钢铁、建材、化工、电力等行业的综合能耗分

别同比下降 6.49%、7.84%、5.17%、2.57%，整体上能源消耗强度开始减弱，经济增长对煤炭需求的增长速度也将因此有所调整。

据此，初步预计 2007 年全国煤炭产量会达到 22.93 亿吨，同比增长 11%。2008 年全国煤炭产量达到 25.22 亿吨，同比增长 10%。

### （二）煤炭价格将保持高位运行，维持小幅上涨

2007 年煤炭价格出现一定上涨，主要是由于政策性因素增加了煤炭企业的生产成本，推动了煤炭价格的走高。为了保证煤炭工业的可持续发展，2006 年 11 月，财政部、国土资源部、国家发展和改革委发布了《关于深化煤炭资源有偿使用制度改革试点的实施方案》，根据这一方案我国开始在山西、内蒙古、河南、陕西等 8 个煤炭主产省区进行煤炭资源有偿使用制度改革试点。试点省区出让新设煤炭资源探矿权、采矿权，除特别规定之外，一律以招标、拍卖、挂牌等市场竞争方式有偿取得。此前企业无偿占有属于国家出资探明的煤炭探矿权和无偿取得的采矿权，必须对剩余资源储量评估作价后，缴纳探矿权、采矿权价款。同时，试点省区煤矿企业要依据矿井服务年限或剩余服务年限，按煤炭销售收入的一定比例，分年预提矿山环境治理恢复保证金，并列入成本，以保持矿山的可持续发展，促进资源的节约利用。

首先，2007 年山西省开始征收煤炭可持续发展基金、煤矿转产发展基金、矿山环境治理恢复保证金。2007 年 3 月 10 日，《山西煤炭可持续发展基金征收管理办法》正式出台，按煤种征收标准暂定为动力煤 14 元/吨、无烟煤 18 元/吨、炼焦煤 20 元/吨，并按照矿井核定产能规模进行调节；2007 年 4 月份，山西省开始征收 10 元/吨的矿山环境治理恢复保证金和 5 元/吨的煤矿转产发展基金。再加上资源补偿费、探矿权和采矿权价款、安全费用提取等，煤炭生产成本大幅提高。初步测算，在这些政策性因素的影响下，煤炭行业平均生产成本每吨将增加 70～90 元。

其次，其他基金的征收政策也将陆续出台，并会在试点一段时间后推广到全国。从目前发展形势上看，一些不在试点范围内的省区已经开始征收煤炭可持续发展基金和环境治理保证金。另外，还有部分地方省区开始征收煤炭出省价格调整基金，以及一些水土保持费、水利基金、环境检测费用等名目繁多的地方行政事业性收费，这些政策性因素直接推动了煤炭生产成本的上涨。

最后，2007年以来国家提高了对煤炭开采行业的资源税征收标准，进一步提高了煤炭行业的生产成本，推高了国内煤炭价格。从2007年2月1日开始，国家将主焦煤及肥煤的资源税从3.2元/吨调高到8.0元/吨。

从整体的发展趋势看，提高资源税水平，加大对煤炭行业的税费调控，已经成为我国的长期发展趋势。为促进煤炭行业的可持续发展，促进资源的节约利用，推动环境保护，煤炭行业安全生产方面的投入也面临政策性的强制性增加，因此煤炭行业面临的政策性增加成本因素仍将会继续增强。同时，2007年年初国家放松了电煤合同价格的管制，也清楚地表明了国家将逐渐淡出煤炭价格管制的态度，煤炭价格将根据成本因素、市场供需形势，逐渐靠近其合理的价值。这样，在国内经济增长形势良好，煤炭需求保持稳定增加的情况下，煤炭价格势必会保持高位运行、适度上涨的态势。特别是在煤炭行业的结构调整中，我国将推动煤炭行业的资源集中，发展大型煤炭企业集团，并加大关停小型煤矿的力度，这些将有助于我国煤炭企业提高在市场定价中的谈判能力，也将有助于煤炭价格的适度上涨。因此，在政策性因素推动成本上升的情况下，市场供求力量对比也将支撑煤炭价格高位运行，并存在进一步上扬的可能。

### （三）煤炭运力不足的瓶颈作用会逐渐有所缓解

我国煤炭资源主要集中在山西、内蒙、陕西等西北地区，而煤炭需求增长较快的主要是南方沿海地区，特别是2003年以来，南方电网处于电力缺口较大的供应紧张状态，电力投资增长较快，拉动了煤炭需求增长。长期以来，“北煤南运”始终存在运输瓶颈，尽管国家加大了铁路运输投资，但整体上铁路运力依然呈现紧张状态，影响了煤炭行业的生产。2006年，受铁路运输瓶颈制约，全国有2亿吨以上的煤炭生产能力未能发挥出来；而运输条件相对较好的煤矿，超能力生产达1.23亿吨。北方煤炭除需要经过铁路运输以外，还需要从北方港口经海运到达南方港口上岸，运输里程较远，同时由于铁路运输运量相对较小，难以形成规模经济，增大了运费成本。

2007年以来，大秦铁路等主要干线扩能改造后，铁路煤炭运力有所增强，同时秦皇岛港煤炭吞吐能力也有所增加，2007年上半年，大秦铁路煤炭运输量同比增长了17%，主要港口煤炭转运量同比增长17.2%，北方煤炭外运的能力有所增强，华北主要煤炭产区的煤炭外运量大幅度增加。2007年，大秦线运力将在2005、2006年两年增加1亿吨的基础上再增加5000万吨，侯月铁路和朔黄铁路的煤炭运力也将总共增加3500万吨，秦皇岛港、唐山港和天津港等主要港口的煤炭转运能力也将增加3000多万吨，整体上华北地区向华东、华南的煤炭调运能力将大幅增强。

从运力看，预计2007年铁路运输对煤炭供应的制约程度有望进一步减轻，但铁路运输制约煤炭供应的基本格局难以根本改变。2007年1～7月份全国铁路煤炭运输量同比增长10.9%，仍略低于同期煤炭产量的增长速度。整体上目前的运力增加主要集中在几条干线上的挖潜改造上，大多数铁路的煤炭运能并没有明显增加，山西中南部、陕西、宁夏等省区仍将受到铁路运输能力的严重制约，煤炭资源、铁路运力和需求市场之间的矛盾依然突出。在煤炭供应总体宽松的情况下，局部地区和部分时间仍存在煤炭供求的不均衡，这将进一步加剧煤炭价格的波动。

### （四）产能增长较快，煤炭行业面临阶段性过剩压力

近年来，我国煤炭需求一直保持旺盛的态势，特别是2002年以来，随着我国重化工业的快速发展，火力发电、钢铁、水泥等高耗煤行业保持了稳定快速的增长，同时近年来我国煤化工项目大量上马，化肥、合成氨的生产对煤炭的需求快速增加。煤炭需求的旺盛拉动了煤炭行业投资的快速增长，2002～2006年间我国煤炭行业投资年均增长45.6%，新增产能在6亿吨以上，煤炭产能扩张十分明显。2006年底，我国煤炭产能已经达到24.31亿吨。根据国家发改委的最新调查统计，目前包括新建、改扩建、技术改造和资源整合在内的全国煤矿在建规模高达11亿吨左右。未来几年将是这些新增产能的集中释放期，产能增长速度明显快于国内煤炭的需求增长速度。尽管国家加大了小煤矿的关停力度，但并没有影响煤炭产能的扩张。从长期来看，我国煤炭需求将保持稳定增长的局面，目前的煤炭产能可以满足未来几年的发展需求，产能过剩的规模并不大，长远来看这些产能都将随经济的增长而消化。但从阶段性来看，目前煤炭行业存在一定的产能过剩的压力。特别是2007年以后，我国新建煤炭产能开始进入投产高峰期，产能将大幅度增加。但煤炭需求只能保持稳定的增长，而且随着宏观调控力度的加强，节能减排工作进一步取得成效，高耗能产品的过快增长将受到抑制，煤炭需求增速将有所回落。这样，煤炭的产能将出现一定的相对过剩。这需要国

家加强对煤炭行业的投资管理，利用产能相对宽松的大好时机，推动煤炭行业的结构调整，转变生产增长方式，促进煤炭行业建立起安全、清洁、高效的生产方式。

## （五）国内煤炭市场与国际市场一体化程度逐渐加深

2007年以来煤炭呈现了净进口的格局，重要的原因是由于国家的政策环境发生了很大变化。随着环境保护、资源节约、节能降耗等压力的不断增大，国家调整了煤炭的税费政策，主要是提高煤炭开采业的资源税，并新征多种煤炭行业可持续发展基金。在关税上，取消了煤炭的出口退税政策，并对煤炭加征5%的出口关税，同时将各类煤炭进口税率由3%～6%降低到0～3%左右。这些税费政策的调整改变了国内和国际市场煤炭的比价关系，整体上抑制了煤炭等资源性产品的出口，有利于保护国内的资源，促进节约利用，同时实施鼓励煤炭进口的政策，有利于局部煤炭供应紧张的地区企业利用国际煤炭资源发展生产。

煤炭进出口关税的调整，加深了国内煤炭市场和国际市场一体化的程度，我国煤炭进口将保持活跃的趋势。在国内煤炭价格存在较强的上涨压力情况下，适时利用国际煤炭资源以补充国内的煤炭供应，有利于保证煤炭市场供求关系的稳定。2007年以来，国际煤炭市场供求关系趋缓，价格稳中有降，整体上开始略低于国内煤炭价格，进口煤炭在价格上日益显示一定的竞争力。亚太地区其他煤炭生产国，如澳大利亚、印度尼西亚、越南近年来都增加了煤炭的生产，并寻找出口市场，在我国煤炭市场由过去的供给过剩、有余出口逐步转为供求相对均衡的情况下，煤炭进口的增加将成为发展趋势。特别是在煤炭关税调整、人民币升值加快的情况下，国内煤炭企业开始面临来自国际煤炭市场的竞争。

国内运力的不足也将推动国内煤炭市场和国际接轨的步伐，在煤炭进口限制取消以后，进口煤炭除了在质量、价格上体现出较强竞争力以外，运输优势也逐渐凸显出来。目前，进口煤炭的企业主要集中在广东、福建等南方沿海地区，其中大多是拥有自备码头的电力、化工等企业，进口煤炭分别来自印度尼西亚、越南、澳大利亚等国。从运输里程来看，从我国北方主要煤炭码头秦皇岛到南方港口，运输距离在1500海里左右，但从越南经海运到达我国南方港口，运距相对较短，即使从印尼装船达到我国南方港口，运距也不过2000海里左右，海运部分国内运距并不具有绝对优势。同时，北方煤炭需要经过火车运到煤炭港口，这部分内陆运输运力紧张，同时单位运量相对较小，比起万吨轮船的海运来说，火车运输难以形成规模经济，经过火车运输到港口库存、海运装卸这一过程，国内煤炭运输的费用成本相对较高，而进口煤炭由于采取万吨级货轮，运输规模较大，降低了单位运输成本，因此相对于我国南方地区而言，进口煤炭在运输方式上具有一定的成本优势，在国内煤炭价格上升和关税成本降低的情况下，进口煤炭对南方沿海地区用户更具吸引力。目前煤炭运输成本已经成为煤炭终端消费价格的重要组成部分，国内秦皇岛到广州的煤炭运输价格已经占煤炭到港价格的20%左右。由于国内铁路运力瓶颈短期难以消除，增大了煤炭国内物流成本，相对降低了国内煤炭的竞争能力，对我国煤炭的进出口格局的变化产生了重要影响。

在国内煤炭运输相对紧张的情况下，南方地区适当进口将成为发展趋势，这将使国内煤炭市场的运行越来越多地受到国际市场的影响，同时我国是世界第一煤炭生产大国，如果我国煤炭出口受加征关税的影响而减少的话，也将影响国际市场上的煤炭价格。整体上，我国是煤炭生产和消费的大国，煤炭的出口和进口都对国际煤炭市场产生重要的影响。同时，国际市场煤炭资源开始净流入我国，国内煤炭市场价格和国际市场煤价的相互作用将进一步增强。

## （六）煤炭行业的结构调整将进一步深化

我国目前煤炭行业总体生产力水平依然很低，行业平均生产规模较小，布局分散，生产装备技术水平相对落后。目前我国现有的生产煤矿中，中小型煤矿依然占据绝对多数。据统计，2006年我国矿井的平均生产规模为12.35万吨，低于世界先进水平。其中大型煤矿数量不足2%，生产能力占40%以上，平均矿井规模270万吨/年；中型煤矿数量占2.6%，生产能力占13%，平均矿井规模为63万吨/年；而小型煤矿在数量上占95.5%，占生产能力的45.6%，平均矿井规模仅有5.9万吨/年。大多数小型煤矿装备技术水平差、生产效率低、安全隐患多，影响了我国煤矿行业总体的运行质量。

根据《煤炭工业十一五发展规划》，在“十一五”期间我国要加大煤炭行业的结构调整力度，以煤炭整合、有序开发为重点，对中小煤矿实施整合改造，继续关闭1万多处小型煤矿，发展大型煤炭企业集团，实现煤炭资源和生产要素的重组整合，使资源向大型煤炭企业集中。在大型煤炭基地内，一个矿区原则上由一个主体开发，推进企业整合。鼓励大型煤炭企业整合重组和上下游产业融合，提高产业集中度，力争形成6~8个亿吨级和8~10个5000万吨级大型煤炭企业集团，煤炭产量占全国的50%以上。“十一五”期间，全国新开工大中型煤矿主要分布在大型煤炭基地内，重点建设10个千万吨级现代化露天煤矿和10个千万吨级安全高效矿井。2010年，大型煤炭基地产量将占全国产量的86%。因此，未来煤炭行业将加快淘汰落后产能的速度，推进资源整合的进度，煤炭行业的结构调整将进一步深化。

# 2007年电力行业运行分析及2008年形势预测

董月鲜*

**摘　要：** 2007年，我国电力行业运行良好，供应紧张的局面得到明显缓解，行业盈利能力稳步提高，节能减排成效显著。预计2008年电力供给能力将进一步增强，全国性供电紧张形势基本得到解决。针对当前电源结构不合理、电网建设滞后、价格形成机制尚未理顺等问题，为了促进电力行业可持续发展，满足经济发展对电力的需求，必须坚持电力适度超前发展的原则，优化电源结构，加快电网建设，全面推进电价改革，同时要采取多种措施，进一步巩固电力行业节能减排效果，建立资源节约型、环境友好型的电力行业。

**关键词：** 电力　预测　可持续发展

## 一　2007年我国电力行业运行情况

### （一）供需紧张形势明显缓解

2007年，全国电力呈现供需两旺的局面。从电力供应能力来看，发电量增速较前两年明显加快。2007年1～8月份，全国规模以上电厂发电量20860.94亿千瓦时，同比增长16.3%，较2005、2006年同期分别加快2.9和3.5个百分点。从电力供给结构来看，火电一直在我国电力供给中居主导地位，1～8月份，火电发电量17638.58亿千瓦时，同比增长17.5%；水电2771亿千瓦时，同比增长

* 董月鲜，产业经济学硕士，国家信息中心经济预测部经济师，主要研究方向有消费经济、产业经济等。

9.1%；核电发电量扭转了2006年以来的负增长状况，1～8月累计发电量390.52亿千瓦时，同比增长9.3%，增速较上年同期加快9.6个百分点。在发电增速屡创近年新高的情况下，由于装机集中投产，全国发电设备利用小时数出现回落态势。1～8月份，全国发电设备累计平均利用小时数为3358小时，比上年同期降低136小时。其中，火电设备平均利用小时数比上年同期降低173小时，水电设备平均利用小时数比上年同期降低47小时。

从电力需求情况看，受工业增长加快尤其是重工业增速加快的影响，全社会用电需求增长较快。2007年1～8月，全国规模以上工业完成增加值同比增长17.5%，比上年同期加快0.2个百分点，其中重工业完成增加值同比增长18.8%，比上年同期加快0.5个百分点。由于工业、特别是耗电量比较大的重工业增速回升，电力需求增速有所加快。2007年以来全社会用电量累计增幅一直维持在15%～16%左右，为近三年来最高。由于上年用电增长呈逐月加快之势，2007年1～8月累计增幅达到15.2%，较上年又高出1.5个百分点，表明电力需求非常旺盛。其中，全国工业用电量为15997.88亿千瓦时，同比增长16.7%，占全社会用电量的75.5%，工业用电仍然是全社会用电的主要部分；在工业用电中，重工业用电增幅为18.2%，高于轻工业7.8个百分点，用电结构重型化趋势明显。与此同时，受居民消费结构升级的推动，我国生活消费用电平稳增长，1～8月份城乡居民生活用电量2331.61亿千瓦时，同比增长10.3%。从各区域的用电量增长情况来看，用电量同比增长超过全国平均水平的省份共有16个，其中内蒙古、山西、海南、云南、宁夏等省份用电量同比增长超过20%。

2007年各月份全国电力工业生产情况见表1。

**表1　2007年电力供需情况**

| 月份 | 发电量（亿千瓦时） | 同比（%） | 全国发电设备平均利用小时数 | 同比增减 | 全社会用电量（亿千瓦时） | 同比（%） |
|---|---|---|---|---|---|---|
| 2007.2 | 4479.70 | 16.61 | 774 | -29 | 4677.27 | 16.75 |
| 3 | 7011.71 | 15.53 | 1174 | -64 | 7189.12 | 14.92 |
| 4 | 9507.30 | 15.63 | 1619 | -49 | 9766.67 | 15.47 |
| 5 | 12082.44 | 15.79 | 2011 | -86 | 12422.67 | 15.83 |
| 6 | 14850.28 | 16.03 | 2437 | -100 | 15149.54 | 15.56 |
| 7 | 17849.46 | 16.46 | 2858 | -109 | 18167.36 | 15.68 |
| 8 | 20860.94 | 16.3 | 3358 | -136 | 21181.82 | 15.2 |

数据来源：中国电力企业联合会，《2007年各月份全国电力工业生产简况》。

随着新增机组的不断投产和发电增速的加快，我国电力供应紧张的局面明显缓解，全国仅个别地区、个别时段出现拉闸限电的现象，未出现大规模电力供应不足现象。2004 年，全国城市用户由于缺电原因造成的停电时间平均达到 9 小时 25 分钟，2005 年下降为 6 小时 55 分钟，2006 年继续降为 18 分钟，2007 年前三季度全国城市用户拉闸限电平均仅为七分半钟，表明全国性供电紧张形势得到了有效和明显的缓解。

## （二）行业盈利能力稳步提高

2007 年，规模以上电力企业效益稳定增长，实现利润增速达到 2003 年以来同期最高水平。2007 年前 8 个月，全国电力行业实现利润总额 1099. 29 亿元，同比增长 41. 9%，较 2006 年同期加快 4. 7 个百分点（见图 1）。其中，电力生产业实现利润 674. 39 亿元，同比增长 24. 2%；电力供应业实现利润 443. 58 亿元，同比增长 76. 4%，较 2006 年同期加快 34. 1 个百分点。近两年电力行业利润的回升主要得益于 2005 年 5 月和 2006 年 7 月实施的两次煤电联动政策。加上 2006、2007 年煤价涨幅低于 2005 年煤价涨幅，也对这两年电力行业企业盈利能力的提高起到了一定的作用。

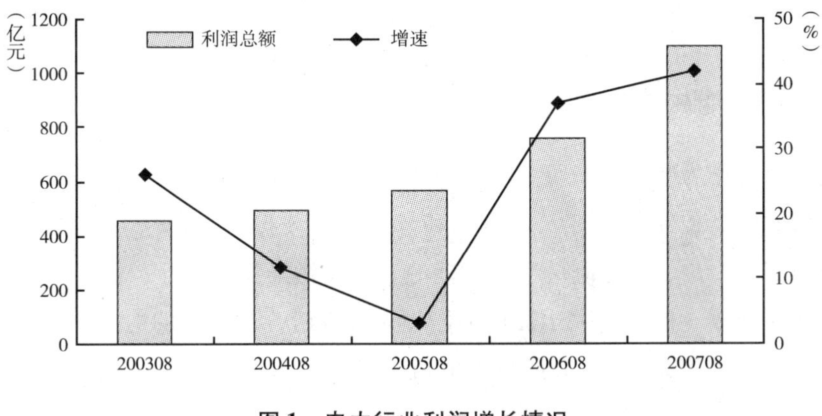


**图 1　电力行业利润增长情况**

## （三）投资增速低位平稳增长

2004 年以来，电力热力生产与供应业投资增速呈现高位回落的态势，

2006~2007年，行业投资增速的波动幅度逐渐缩小，2007年前8月，各月投资增速基本稳定在11%~15%之间（见图2）。1~8月份，全国电力热力生产与供应业累计完成固定资产投资4607.26亿元，同比增长11.5%，比增速较快的2004年同期（48.8%）下降37.3个百分点。与同期全国城镇固定资产投资26.7%的平均增速以及第二产业投资29.5%的增长水平相比，电力热力行业前8月的投资增幅处于相对较低的增长水平，其占城镇固定资产投资的比重由2006年的7.9%下降到6.9%。

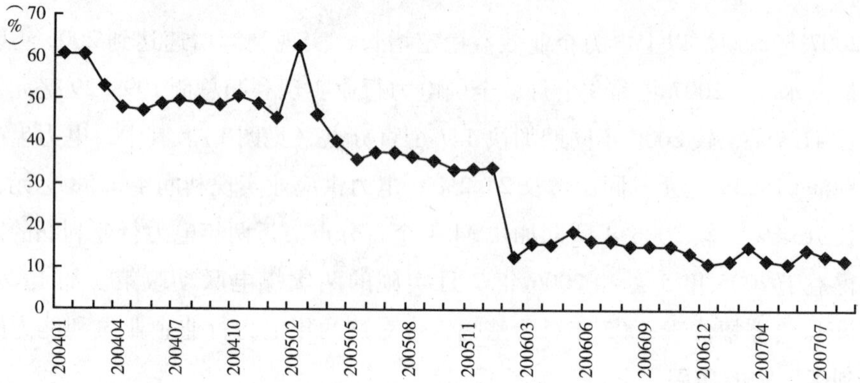


**图2　2004年以来电力热力生产与供应业的投资增长情况**

## （四）节能减排取得明显成效

电力行业作为能源转换行业和污染物排放大户，在能源转换过程中，转换效率的高低和污染控制的好坏，对资源和环境有重要影响。2007年以来，电力行业积极落实党中央、国务院关于节约能源、减少污染物排放的工作部署，节能减排取得明显成效。根据《关于加快关停小火电机组若干意见的通知》要求，“十一五”期间将关停5000万千瓦小火电机组，2007年要关停1000万千瓦。1~9月，电力工业已关闭253台高耗能、高排放的燃煤小火电机组，合计关闭装机容量903万千瓦，完成2007年关停任务的90%。小火电机组关停后，同等电量由大机组代发，对减少原煤消耗和二氧化硫、二氧化碳等污染物的排放起到了重要作用。加之火电厂烟气脱硫设施建设及投运速度明显加快，电力行业二氧化硫排放量的增长势头得到有效遏制。2007年上半年，在火电发电量增长18.3%的情况下，二氧化硫排放量同比下降了 5.2%。与此同时，节能降耗取得显著成效，1~8 月份，全国供电煤耗率为 354 克/千瓦时，比上年同期下降 10 克/千瓦时。

## 二　影响我国电力行业可持续发展的问题

### （一）电源结构不合理，火电比重过大

从表 2 中的电源结构可以看出，我国电力供给结构不合理的状况没有根本性改善。火电发电量的比重自 2000 年以来一直保持在 80% 以上的水平；水电由于受自然条件影响波动较大，供给处于不稳定状态；由于建设周期较长，核电发电量占全部发电量的比重上升缓慢，在 2003、2004 年达到 2.3% 后又出现了回落的态势；可再生能源主要是风电和太阳能发电，总量微乎其微。

**表 2　我国电力供给结构发展状况**

单位：%

| 年　份 | 1990 | 1995 | 2000 | 2001 | 2002 | 2003 | 2004 | 2005 | 2006 | 2007.1~8 |
|---|---|---|---|---|---|---|---|---|---|---|
| 水　电 | 20.4 | 18.9 | 16.4 | 18.9 | 17.6 | 14.8 | 16.0 | 15.9 | 15.2 | 13.3 |
| 火　电 | 79.6 | 79.8 | 82.2 | 80.0 | 80.9 | 82.7 | 81.5 | 81.9 | 82.7 | 84.6 |
| 核　电 | — | 1.3 | 1.2 | 1.2 | 1.5 | 2.3 | 2.3 | 2.1 | 1.9 | 1.9 |
| 发电量 | 100 | 100 | 100 | 100 | 100 | 100 | 100 | 100 | 100 | 100 |

数据来源：2004、2005、2007 年中国统计年鉴。

从目前在建规模的结构来看，火电比重过大的局面今后可能进一步加剧。2007 年 1~8 月份，全国电源建设新增生产能力（正式投产）5976.57 万千瓦，其中火电 4905.19 万千瓦，比重为 82%。预计“十一五”期间，将有 1.4 亿千瓦以上的火电项目开工。而且，由于核电、水电建设周期长，今后 5 年投产的机组绝大多数是燃煤火电机组。所以经过这一轮电站建设以后，电源结构中火电比重有可能进一步上升。这将给煤炭生产、运输和大气排放带来很大压力。

### （二）电网建设相对滞后成为制约电力发展的瓶颈

最近几年，经济发展加大了对电力的需求，在巨额利润的吸引下，全国建立

了大量规模不一的电厂，但是电网建设和改造速度相对不足，在新机组集中投产的情况下，电网建设滞后于电源点建设的问题更加突出。电网建设和发展落后已经成为制约我国电力行业发展的瓶颈，其弊端正日益显现。

**1. 电网建设与电源点建设不协调使得电网所承载的压力越来越大**

目前我国很多区域的电网都在靠牺牲电网的安全性和设备的可靠性艰难维持运行，各级电网都靠超负荷运载来满足市场的供需平衡关系，这种超负荷运行存在巨大的安全隐患。

**2. 电网建设滞后限制了电网对电力资源的调配能力，造成大量资源的浪费**

由于电网建设和发展相对滞后，网间交换能力明显不足，造成水火互济和跨流域补偿作用不强。我国现有的交流 500 千伏跨省、跨区同步互联电网联系薄弱，系统稳定水平低，输电能力严重不足，不但难以满足西部和北部能源基地大规模、远距离电力外送的需要，而且造成了许多输电“瓶颈”，制约了跨省、跨区电网综合效益的发挥。

## （三）与市场机制相配套的价格形成机制尚未理顺

价格改革是电力市场化改革的核心，目前我国的电价体系、电价联动机制都不健全，电价信号对电力消费和生产的市场引导作用远没有发挥出来。

**1. 对输配电环节的定价缺失不利于电网建设和发展**

厂网分开后，我国的电价形成了由发电侧的上网电价和供电侧的销售电价两个环节组成的体系，却没有独立的输配电价，输配电价空间依赖于电网企业的购售电价格差。尽管国家已经出台了电价改革中有关输配电价的实施办法，但是独立的输配电价体系还远没有形成。当上网电价上涨而销售电价无法上涨时，势必压缩输配电价格而影响电网公司利润，从而加剧电网建设不足的压力。有比较显示，我国的发电电价水平中等偏上，而输配电价水平则偏低。就发电电价和输配电价在销售电价中的比例而言，我国发电电价占销售电价的比例达 75.3%，为所比较的国家之最，而输配电价的比例（24.7%）则为这些国家之末。较低的输配电价不仅影响了电网行业的投资回报率，也使得电网企业难以引进必要的投资资金，造成电网发展后劲不足。

**2. 销售电价与上网电价的联动机制尚未建立，市场机制的作用受到限制**

“十五”期间我国建立了煤电联动机制，并于 2005 年和 2006 年实行了两次煤电联动，在一定程度上反映了发电成本和能源紧缺的信号。但是，与电力市场机制相适应的价格联动机制还没有建立，发电侧通过竞价形成的市场价格波动，还不能通过销售电价传递到用户侧。电价信号没有及时反映供需关系和资源的稀缺程度，不利于促进用户节能。

**3. 销售电价模式缺乏弹性，峰谷调节能力差**

目前我国的电价模式仍然缺乏弹性，还没有推出有效的峰谷差别电价来调节用电时间，使得用电过于集中在峰时，提高了峰时负荷载量，从而不得不在用电高峰期实行拉闸限电，切平峰值。应该说我国现有的电力装机容量，足以满足大部分时间的用电需求。如果加大装机容量只为短时间内满足高峰负荷、而绝大部分时间存在过多富余容量的话，显然增加数十亿投资是没有效率的。经济有效的办法是改进现有的电价模式，进行有效的电力需求管理，实行峰谷差别电价。

## 三　2008 年电力行业发展趋势预测及对策建议

### （一）2008 年电力供需形势预测

截止到 2006 年底，全国发电装机容量达到 6.24 亿千瓦，装机容量和发电量已经连续十二年位列世界第二位。2007 年前三季度全国新增装机 6000 万千瓦，预计全年新增发电装机容量将超过 9000 万千瓦，到年底装机总容量将达到 7 亿千瓦。随着大量新增机组的投产，全国电力供给能力将有较大提高，预计 2007 年全年发电量可达 3.32 万亿千瓦时左右，同比增长约 15.8% 左右。2008 年，全国新增发电装机约 8000 万千瓦，随着前几年投资形成的生产能力陆续投产，全年发电量将达 3.75 万亿千瓦时，增长 13%。由于装机容量提高较快，电力供应能力增强，未来几年电力供需形势将进一步缓和，发电机组利用率有可能继续下降。

2007 年，钢铁、有色、化工、建材四大行业呈现加快发展态势，产品产量、价格、出口和利润增长都比较高，成为带动全社会用电量快速增长的主导力量。预计 2007 年全国电力需求增速为 15% 左右，全社会用电量将达到 3.3 万亿千瓦时。受国家宏观调控的影响，2008 年高耗能行业的增长将进一步放缓，对全社会用电增长的拉动作用将逐步减弱。预计 2008 年全国全社会用电量将达到3.7万亿千瓦时，增长12.5%左右。预计2008年全国性供电紧张局势将基本得到解决。

## （二）促进电力行业可持续发展的对策建议

为了促进我国电力行业的可持续发展，满足经济发展对电力的需求，保证电力的稳定、充足供应，必须坚持电力适度超前发展的原则，优化电源结构，加快电网建设，全面推进电价改革，同时要采取多种措施，进一步巩固电力行业节能减排效果，建立资源节约型、环境友好型的电力行业。

**1. 坚持电力适度超前发展的原则**

一方面，我国目前相对缓和的电力供需状况仍然是一种低水平的平衡，考虑到电力结构、备用容量和电力建设周期等特征，在供需相对缓和的情况下，适度发展仍然是我国电力行业的首要任务。另一方面，目前我国人均用电水平仍然较低。2006年，我国人均用电量约2149千瓦时，大致相当于美国的1/7，日本的1/4，韩国的1/3；人均生活用电量仅为246千瓦时，大致相当于美国的1/20，日本的1/10。预计到2020年，我国年人均用电量将达到3000～3500千瓦时，年人均生活用电量为600～700千瓦时（这一人均用电水平仍然低于发达国家在类似发展时期的水平）。因此，未来很长时间内我国的电力仍需要保持较快的发展速度。电力适度超前发展，包括电源超前发展，要有必要的备用容量；电网超前发展，保证电网有足够的输电和配电能力；电源和电网协调发展，保证整个系统的供电可靠性。

**2. 大力发展水电、风电、生物质能发电等可再生能源，进一步优化电源结构**

世界上不论发达国家还是发展中国家在能源资源利用上，一般都优先考虑开发本国的水能资源。发达国家境内水能资源已基本开发完毕。尽管我国已多次提出“大力发展水电”、“优先发展水电”的方针，但由于种种原因，我国目前的水能资源开发程度依然很低。我国水电资源有3.7亿千瓦可利用开发，目前已开发的仅1亿千瓦，预计到2020年水电可达2.45亿千瓦，建议政府积极推进水电建设流域梯级综合开发，大幅度提高水电开发率，在西部建设大型水电基地，通过强大的电网将西部水电基地的电力电量输送到东部负荷中心地区。

风能作为可再生资源，具有很好的开发前景。中国的发电量居世界第2位，但风电仅为57万千瓦，居世界等9位，不及印度的1/3。国家应加大对风力发电的政策支持，从融资、税收、电价上对可再生能源的开发实行优惠政策。

核电是一种长期战略性能源，是可以大规模代替化石燃料的清洁性能源。在国内优质能源（石油和天然气）短缺的形势下，加快发展核电是优化能源结构，解决国内环境问题，缓解我国中期能源供应安全压力的必然选择。世界上多数发达国家都将发展核电作为能源供应的重要内容，油价的高涨也促使世界范围内掀起核电建设的高潮。我国应通过国产化、规模化提高建设和运行管理水平，降低投资成本和运行成本；对核电投资体系进行改革，实现投资多元化，吸收国内外各方面的投资，加快核电的建设。

目前我们的电力结构当中，燃煤的机组占了75%左右，对环境保护、电力发展的压力比较大。为了着力提高可再生能源、清洁能源和新能源在整个电力装机当中所占的比例，要尽快形成比较完善、配套的支持可再生能源发展的政策体系，并重点解决好一些阻碍水电、风电开发的突出问题。一是通过建立节能、环保、经济的发电调度方式，优先调度可再生能源、核电等清洁能源发电，鼓励高效、环保机组多发电。二是制定合理的、有利于水电和风电开发的水电、风电上网电价形成机制。三是尽快调整水电的增值税率，解决水电的实际税负远高于火电的问题。四是加快推进风电设备国产化的步伐，提高风电设备的国产化率。

**3. 加强电网建设，促进电力资源在全国范围的优化配置**

加大跨省、跨区电力交易是缓解电力供应压力的有效途径。我国能源资源和生产力发展呈逆向分布，能源丰富地区远离经济发达地区。目前用电需求的增长态势对电网的输配电能力提出了严峻要求，为了实现更大范围的资源优化配置，提高区域内电力电量互济能力和城乡配网供电能力，加大力度进行电网建设和改造优化势在必行。建议从以下四方面入手，加强电网建设，促进电网电源协调发展。（1）加快研究电网与电源协调发展的比例关系，保持电源与电网、输电与配电的协调同步发展，实现电力的适度超前发展。（2）将电网规划纳入当地发展总体规划中，在征地、拆迁等环节对线路走廊、站址占地予以优先安排。（3）在未来电价体系的制定上应保证电网企业能够获得足够的利润空间、具备再投资能力、进行设备的更新改造，避免出现长期投资能力不足导致电网资产缺乏更新改造而出现的停电事故，确保发电能力和输配电能力的协调均衡发展。（4）要注重电网改造与优化并举，把电网建设成布局结构合理，供电能力强，运行、调度灵活，安全可靠，电能质量好，网损低的优化电网。

**4. 全面推进电价改革**

（1）建立有利于促进电网健康发展的输配电价格机制。输配电价格机制的建立应该有利于促进电网的可持续发展，以合理成本、合理利润的原则核定好电网输配电价，适当调高输配电价的比重。尤其是大区、跨区送电输电电价，力争电网还本付息电价在电价方案中得到全面体现。

（2）逐步建立销售电价与上网电价的联动机制。

（3）实行峰谷差别电价，增强电价的结构性调整。实行峰谷差别电价是发达国家普遍采取的管理措施，美国电价的季节性变化就体现了这一点。为了缓解时段性的用电紧张压力，我国实行峰谷差别电价已经势在必行。峰谷电价差的确定必须能够弥补企业调整生产时间所付出的成本，这样才能有效调动企业调整生产时间的积极性，避免出现集中的用电高峰。尤其是对高耗电企业，推出有效的峰谷差别电价更有意义。通过具体调查安排合理的生产时间，减少高峰的用电负荷，现有的发电能力才能充分利用，减少峰时发电能力严重不足、谷时发电能力过于闲置的情况所造成的损失。

**5. 进一步巩固电力行业节能减排成果**

节能减排是电力行业发展的永恒主题。只有加快发展清洁能源和可再生能源，加强脱硫设施建设，建立电力需求侧管理的长效机制，才能建立起资源节约型、环境友好型的电力行业。

（1）建立节能减排目标责任制和评价考核体系，规范政府行为。要实行严格的目标责任制，将能耗和排污指标纳入各地经济社会发展综合评价和考核体系。只有将节能减排当作硬指标，才能充分调动地方政府的积极性。

（2）通过电源结构调整促进电力行业节能减排。合理的电源结构和机组结构是电力节能、环境保护的基础，是解决电力能耗高、排放高的治本之道。因此，一方面，要大力发展水电、风电等可再生能源和清洁能源，促进电力产业优化升级，真正走出一条节约、清洁的电力发展之路。另一方面，要加快优化燃煤发电结构，严格贯彻执行关停小火电的规定，提高大容量机组比重。目前，国内一台5万千瓦的燃煤小火电机组，供电煤耗高达450克标煤/千瓦时，而一台60万千瓦高效超临界机组，供电煤耗只有270克标煤/千瓦时。因此，贯彻执行国家关于关停小火电的规定，对于降低单位国内生产总值能源消耗和二氧化硫排放总量具有非常关键的作用。

（3）加强脱硫设施建设，确保实现二氧化硫减排目标。一是完善烟气脱硫技术规范，根据《火电厂烟气脱硫标准体系》，加快制定火电厂烟气脱硫相关行业标准。二是加强烟气脱硫后的评估工作。

（4）完善差别电价配套政策，确保差别电价政策执行到位，防止高耗能行业抬头。

（5）进一步加强电力需求侧管理工作，出台相关政策措施，建立电力需求侧管理的长效机制，促进节能降耗。力争到 2010 年实现节省发电装机约 6000 万千瓦、标煤 1 亿吨的目标。

# 石油化工行业增长形势分析及展望

王　硕*

**摘　要**：2007 年以来，国际市场原油价格整体上保持稳定，并有所回落，平均的油价水平低于上年同期，这使得原油开采行业增长速度出现较大调整；由于成品油价格整体有所上升，炼油行业经济效益大为改善，全行业整体实现扭亏为盈；国民经济出现加速增长的势头，带动了化学工业的需求增长，使得化工产品价格稳步上涨，这些因素促进了化学工业整体景气度的快速上升。随着国家加大了宏观调控力度，并进一步调整了出口退税政策，以及欧盟 REACH 标准正式实施，这些因素都将使化学工业高涨的景气度逐渐降温。

**关键词**：石油　化工　价格

石油化工行业的增长景气同国际市场原油价格以及国民经济的整体走势具有较强的相关关系，2007 年以来，国际市场原油价格整体上保持稳定，并有所回落，尽管进入 9 月份原油价格重新创下了历史新高，但平均的油价水平仍低于上年同期，这使得原油开采行业的增长速度在 2006 年的基础上出现较大调整。由于原油价格整体有所下降，同时国家自 2006 年以来几次提高成品油价格，使得炼油行业的成本压力获得极大的缓解，2007 年以来原油加工和石油制品制造业整体上改变了 2006 年大幅亏损的格局，实现扭亏为盈，炼油行业的经济效益获得极大改善，行业景气明显回升。原油价格高位有所回落降低了化学工业的成本，同时国民经济出现加速增长的势头，带动了化学工业的需求增长，使得化工

* 王硕，经济学硕士，国家信息中心经济预测部高级经济师，主要研究产业经济预测与分析、行业景气分析模型、国际商品市场与全球化进程等问题。

产品价格稳步上涨，这些因素促进了化学工业整体景气度的快速上升，化学工业在2007年前几个月实现了快速的增长，行业经济效益大幅改善。随着国家加大了宏观调控力度，并进一步调整了出口退税政策，以及欧盟REACH标准正式实施，这些因素都将使化学工业高涨的景气度逐渐降温，行业增速将有所回落。

## 一 1~8月份石油化工行业增长形势

### （一）原油开采和加工业增速高位回落，化学工业生产增速稳定上升

2006年国际市场原油价格走势呈现先扬后抑的态势，前三季度单边快速上扬，到了2006年第四季度原油价格大幅度回落，而2007年以来原油价格呈现稳步回升的势头，但整体上2007年1~8月份国际市场原油价格比上年同期有所下降，1~8月份WTI和布伦特原油平均价格分别为64.53美元/桶和66.12美元/桶，分别比上年同期下降6.2%和3.4%。受原油价格整体相对回落的影响，石油及天然气开采业景气出现较大下降，行业生产增速出现明显的回落。1~8月累计，石油天然气开采业实现工业总产值5090.53亿元，同比增长0.43%，累计完成工业销售产值5044.78亿元，同比下降0.42%。与上年同期相比，行业工业生产总值的增长速度下降了33.84个百分点。这主要是由于上年同期原油价格快速上涨直接促进了行业增速的快速提升，使得上年同期石油及天然气开采行业的工业增长速度在前8个月达到了34.27%，这样的高增速直接增大了2007年的增长基数，而同时由于2007年以来原油价格整体上有所回落，对行业工业产值的促进作用大幅降低，这使得行业生产的增速出现较大调整。

炼油业方面，由于国家对成品油价格实行严格的控制，2007年以来国内成品油价格保持相对稳定，没有明显上升趋势，同时由于国家采取了限制成品油出口的关税政策，成品油出口大幅度下降，而国际市场成品油价格远高于国内市场，这打击了炼油行业的生产积极性，对炼油行业的生产增速形成较大的抑制作用，使得炼油行业的生产增速也出现一定的回落。1~8月原油加工和原油制品制造业累计完成工业总产值9735.6亿元，同比增长13.67%，比上年同期下降了19.37个百分点。出口减少以及国内成品油供应趋紧，也使得原油加工和原油制品制造业的销售产值增长速度大幅度下降，1~8月原油加工制造业销售产值同

比增长13.8%，比上年同期下降17.31个百分点。

2007年以来国民经济出现加速增长的态势，特别是投资保持较高的增长速度，直接带动了化工产品的市场需求，促进了化工产品价格稳定上升，同时2006年以来形成的新增生产能力在2007年得到有效释放，这使得化学工业行业实现了快速的增长。1~8月份化学产品制造业累计完成工业总产值16857.42亿元，同比增长29.72%（见表1），累计完成销售产值16417.93亿元，同比增长29.87%，产销率水平达到97.39%。与上年同期相比，工业总产值的增长速度提高4.32个百分点，增速比上年同期明显上升。其中合成材料制造业和化学肥料制造业的工业生产增长速度提高幅度相对较大，分别比上年同期提高了14.09和6.63个百分点，反映出国民经济快速增长和新农村建设取得成效对化工产品需求增长形成了有力的拉动作用。日用化学产品制造业行业的工业生产增长速度也比上年同期提高了4.13个百分点，体现了居民消费增长加快对化工行业也形成了积极的促进意义。

**表1　2007年1~8月石油化工行业工业增长情况**

| 类　　别 | 工业总产值 | | 工业销售产值 | |
|---|---|---|---|---|
| | 实际值(亿元) | 增长(%) | 实际值(亿元) | 增长(%) |
| 石油及天然气开采业 | 5090.53 | 0.43 | 5044.78 | -0.42 |
| 石油加工及石油制品制造业 | 9735.60 | 13.67 | 9663.88 | 13.8 |
| 化学产品制造业 | 16857.42 | 29.72 | 16417.93 | 29.87 |
| 基本化学原料制造业 | 4541.45 | 27.83 | 4455.66 | 28.07 |
| 化学肥料制造业 | 2237.08 | 24.54 | 2199.99 | 25.14 |
| 化学农药制造业 | 629.62 | 20.69 | 604.21 | 22.81 |
| 涂料油墨颜料制造业 | 1577.63 | 28.08 | 1533.68 | 28.18 |
| 合成材料制造业 | 2971.14 | 37.93 | 2879.34 | 36.44 |
| 专用化学产品制造业 | 3769.44 | 36.21 | 3666.98 | 37.06 |
| 日用化学产品制造业 | 1131.06 | 16.39 | 1078.06 | 15.89 |

资料来源：国家统计局。

## （二）原油开采业利润同比减少、炼油业扭亏为盈、化学工业经济效益增速上升

原油价格整体表现有所回落直接降低了石油开采业的利润水平，使得2007

年以来石油开采行业的经济效益有所下滑，行业利润同比出现下降。1～8月石油天然气开采业全行业累计完成销售收入5219.7亿元，同比增长2.34%；累计实现利润2252.9亿元，同比下降16.23%。与上年同期相比，行业销售收入的增长速度比上年同期下降了32.44个百分点，行业利润则有所减少，改变了上年同期利润大幅度增长的格局。这一方面是由于上年同期，油价正处于加速上升阶段，促进了行业利润增长过快，加大了2007年的增长基数；另一方面也是由于国家自2006年4月开始对石油开采业增收特别收益金以调节石油开采业的巨额收益，这样2007年1～8月相对于上年同期多收了4个月的特别收益金，这也在一定程度上降低了行业利润的增长速度。

原油价格整体回落降低了炼油行业的生产成本，同时国家对成品油价格的调控政策总体上提高了成品油价格，这使得炼油行业在2007年整体实现扭亏为盈，经济效益大幅度改善。1～8月石油加工及石油制品制造业累计产品销售收入同比增长13.65%，增速比上年同期下降18.89个百分点；利润方面，全行业累计表现为盈利230.72亿元，扭转了上年同期的巨额亏损局面。原油成本有所回落是行业经济效益大幅度改善的主要原因，国家提高成品油价格对行业经济效益的提高有一定促进作用，但行业经济效益的走势仍根本上取决于原油价格的波动。2007年1月国家曾下调了一次成品油价格，但1～2月份石油加工业就整体实现盈利138.39亿元，到了5月份石油加工业累计实现利润达到了302.77亿元，但由于2007年下半年开始，原油价格再次出现较大的上升态势，这使得石油加工业的利润增长速度得到很大抑制，行业亏损重新增大，到了1～8月份石油加工业累计实现利润缩小到230.72亿元，可见一旦原油价格重拾升势，炼油行业的经济效益就开始恶化，行业盈利情况存在较大的不稳定性。因此尽管整体上，炼油行业实现扭亏为盈，但由于原油价格重新走高，并再次创出历史新高，如果油价不能有效得到抑制并有所回落的话，炼油行业的盈利情况面临较大的不确定性。如果我国成品油价格依然不能紧随国际市场原油价格波动而调整的话，炼油行业的盈利前景将继续受到原油价格波动的主导。

化学产品制造业经济效益增长速度大幅度上升，主要得益于国内经济增长较快和投资的快速增长，拉动了对化工产品的需求，并推动了化工产品价格整体提高，同时原油价格整体稳定回落降低了化工行业的生产成本，促进了化工行业利润增速大幅度上升，使得化工行业景气度明显上涨。2007年1～8月份，化学产品制造业累计实现销售收入16528.66亿元，同比增长30.02%，增速比上年同期提高4.3个百分点。累计实现利润总额1016.13亿元，同比增长52.27%（见表2），增速比上年同期大幅度提高了37.18个百分点。子行业中，基本化学原料制造业的增势最为迅猛，1~8月累计利润增长速度达到133.31%，比上年同期提高了110.59个百分点。由于基本化学原料制造业直接受原油价格的影响，其利润的大幅增长反映了原油价格回落对行业经济效益的直接促进作用。化肥行业和合成材料行业的利润增速也有大幅度的提升，分别比上年同期提高了28.33和46.99个百分点。

**表2　2006年1~8月份石油化工行业利润增长情况**

| 类　别 | 1~2月份 | | 1~5月份 | | 1~8月份 | |
|---|---|---|---|---|---|---|
| | 实际值（亿元） | 增　长（%） | 实际值（亿元） | 增　长（%） | 实际值（亿元） | 增　长（%） |
| 石油及天然气开采业 | 490.72 | -18.57 | 1318.93 | -18.32 | 2252.9 | -16.23 |
| 石油加工及石油制品制造业 | 138.39 | — | 302.77 | — | 230.72 | — |
| 化学产品制造业 | 189.74 | 80.05 | 616.84 | 69.38 | 1016.13 | 52.27 |
| 基本化学原料制造业 | 62.96 | 207.42 | 179.22 | 295.66 | 281.01 | 133.31 |
| 化学肥料制造业 | 22.55 | 61.37 | 90.54 | 34.21 | 139.68 | 30.78 |
| 化学农药制造业 | 5.34 | 53.41 | 22.91 | 45.05 | 38.55 | 45.04 |
| 涂料油墨颜料制造业 | 15.91 | 49.78 | 51.86 | 25.09 | 95.06 | 25.31 |
| 合成材料制造业 | 18.41 | 50.47 | 70.89 | 68.08 | 112.49 | 44.63 |
| 专用化学产品制造业 | 43.05 | 57.51 | 138.08 | 42.78 | 239.37 | 39.35 |
| 日用化学产品制造业 | 21.52 | 24.69 | 63.34 | 14.59 | 109.97 | 24.88 |

资料来源：国家统计局。

2006年化工行业经济效益一度跌入低谷，全行业利润水平低下，第一季度利润表现为同比下降，2006年化工行业的经济效益的变化趋势呈现逐渐回升的态势，到了第四季度利润增速才开始回升。这样的走势使得2007年化工行业的利润增长基数相对较低，特别是上半年，使得2007年1~2月份和1~5月份的利润增长速度分别达到80.05%和69.38%，但随着行业利润的增长基数变大，2007年化工行业的利润增速呈现逐渐下降的趋势。另一方面，2007年以来国民经济呈现有所过热的增长态势，国家加大了宏观调控力度，这些调控措施的政策效应将在下半年逐渐显现出来，同时国家在7月1日再次调整了出口退税政策，化工产品受影响较大，这将影响到下半年化工行业的增长速度。因此，化工行业较高的经济效益增长水平将逐渐有所调整，整体上增速将呈现高位回落的态势。

### （三）主要石化产品产量稳定增长

原油生产方面，1～8 月全国累计生产天然原油 12465 万吨，同比增长 1.33%；全行业累计原油加工量完成 21575 万吨，同比增长 7.05%，原油加工量增长速度相对较快，国内原油生产与原油需求增速的差距进一步拉大，原油的进口依存度提高。

成品油产量方面，1～8 月份全行业汽油产量累计完成 3992 万吨，同比增长 8.83%；煤油产量完成 768 万吨，同比增长 17.47%；柴油产量完成 8153 万吨，同比增长 6.3%。燃料油产量完成 1507 万吨，同比增长 10.73%。煤油产量增长速度明显较快，增速比上年同期大幅度回升，得益于航空煤油需求增长快速。

无机化工产品产量增长速度稳定，其中烧碱产量 1124 万吨，同比增长 16.09%；纯碱产量 1109 万吨，同比增长 8.55%。硫酸产量 3448 万吨，同比增长 10.29%；浓硝酸产量 130 万吨，同比增长 17.03%；盐酸产量 483 万吨，同比增长 3.64%。

有机化工产品产量增长较快，其中乙烯 1～8 月产量累计完成 691 万吨，同比增长 14.74%；纯苯产量累计完成 296 万吨，同比增长 29.85%。全国精甲醇产量继续保持快速增长，累计产量完成 630 万吨，同比增长速度为 38.4%。冰醋酸产量累计完成 100 万吨，同比增长 5.44%。

化学肥料和化学农药产品产量增速平稳快速，1～8 月全国农用化肥产量累计完成 3767 万吨，同比增长 11.75%。化学农药 1～8 月累计产量 118 万吨，同比增长 22.35%。

合成材料的产量上，1～8 月累计，聚氯乙烯树脂、聚乙烯树脂和聚丙烯树脂产量分别完成 632 万吨、454 万吨和 462 万吨，分别同比增长 20.97%、16.45% 和 21.71%；合成橡胶的产量累计完成 142 万吨，同比增长 14.05%。合成纤维单体产量增速较快，1～8 月累计同比增长 31.28%，聚酯产量同比增长 16.97%（见表 3）。

表3　2007 年 1～8 月石油化工行业主要产品产量

单位：万吨

| 类　别 | 第一季度末 | | 第二季度末 | | 1～8 月份 | |
|---|---|---|---|---|---|---|
| | 产量 | 同比(%) | 产量 | 同比(%) | 产量 | 同比(%) |
| 天然原油 | 4604 | 1.47 | 9331 | 1.71 | 12465 | 1.33 |
| 原油加工量 | 7836 | 5.59 | 16070 | 6.98 | 21575 | 7.05 |
| 汽　油 | 1471 | 5.50 | 2980 | 8.01 | 3992 | 8.83 |
| 煤　油 | 254 | 0.67 | 552 | 14.02 | 768 | 17.47 |
| 柴　油 | 2924 | 4.03 | 6065 | 6.16 | 8153 | 6.30 |
| 润滑油 | 146 | 5.49 | 315 | 7.50 | 427 | 12.73 |
| 燃料油 | 502 | -7.60 | 1082 | 3.77 | 1507 | 10.73 |
| 硫　酸 | 1209 | 10.39 | 2578 | 11.76 | 3448 | 10.29 |
| 浓硝酸 | 48 | 14.35 | 96 | 15.29 | 130 | 17.03 |
| 盐　酸 | 180 | 4.49 | 366 | 5.91 | 483 | 3.64 |
| 烧　碱 | 408 | 17.28 | 840 | 17.34 | 1124 | 16.09 |
| 纯　碱 | 414 | 9.12 | 835 | 10.74 | 1109 | 8.55 |
| 尿　素 | 615 | 16.52 | 1242 | 14.07 | 1631 | 11.81 |
| 乙　烯 | 265 | 27.10 | 528 | 18.66 | 691 | 14.74 |
| 纯　苯 | 106 | 25.15 | 222 | 28.97 | 296 | 29.85 |
| 精甲醇 | 236 | 48.25 | 460 | 34.15 | 630 | 38.40 |
| 冰醋酸 | 34 | -7.38 | 73 | 1.58 | 100 | 5.44 |
| 农用化学肥料 | 1331 | 15.10 | 2878 | 12.26 | 3767 | 11.75 |
| 化学农药 | 35 | 20.37 | 86 | 25.57 | 118 | 22.35 |
| 聚氯乙烯树脂 | 219 | 22.51 | 474 | 22.49 | 632 | 20.97 |
| 聚乙烯树脂 | 173 | 20.67 | 347 | 19.77 | 454 | 16.45 |
| 聚丙烯树脂 | 173 | 23.37 | 345 | 20.89 | 462 | 21.71 |
| 合成橡胶 | 51 | 6.89 | 109 | 14.16 | 142 | 14.05 |
| 合成纤维单体 | 241 | 23.86 | 498 | 29.65 | 680 | 31.28 |
| 聚　酯 | 244 | 13.02 | 507 | 14.63 | 680 | 16.97 |

资料来源：国家统计局。

## （四）原油进口增速稳定，成品油出口增长快速，化工进出口贸易增速大幅度提升

原油进出口方面，1～8 月份我国累计进口原油 11040 万吨，同比增长 15.3%，增长速度与上年同期基本持平；1～8 月份原油进口金额达到 497.62 亿

美元，同比增长11.8%，增长速度比上年同期下降39.7个百分点。原油出口方面，我国1~8月累计出口原油218万吨，同比下降47.3%；原油出口金额累计实现7.99亿美元，同比下降54.3%。2006年底国家对原油出口加征5%的出口关税，以抑制原油出口和保障国内能源供应，导致2007年以来原油出口继续下降，降幅比上年同期大幅度增大，原油出口快速增长的势头得到有效遏制。

成品油进出口方面，成品油出口增长快速，进口同比小幅度下降。1~8月份，成品油出口量出现大幅度增长，改变了上年同期出口下降的局面，成品油累计出口量为1028万吨，同比增长25.3%。其中汽油出口增长速度最快，1~8月汽油累计出口385万吨，同比增速达到68%；煤油出口量为295万吨，同比增长32%；柴油出口量49万吨，同比下降24.5%；其他燃料油出口量199万吨，同比增长15.5%。进口方面，1~8月份全国累计成品油进口量达到2428万吨，同比下降5.7%。其中汽油进口规模很小，煤油进口量累计达到322万吨，同比下降4.3%，柴油的进口规模为36万吨，同比增长37.8%。其他燃料油进口量达到1866万吨，同比下降9.2%（见表4）。尽管国家取消了成品油出口退税，并对成品油进口实行零关税，以鼓励成品油进口，限制出口，但2007年以来成品油仍出现了快速增长，而进口不活跃，主要是因为国内成品油价格与国际市场价格差距拉大，国内成品油价格不能随原油价格的稳步攀升而及时上涨，导致成品油价格低于国际市场价格很多，这极大地刺激了成品油企业的出口以换取高额利润，同时限制了成品油进口，在国际市场原油价格波动巨大的情况下，国内关税政策的调整对成品油进出口的调控作用有限，如果国内成品油价格和国际市场价格差不能有效消除，成品油出口快速增长的局面难以有效遏制。

**表4　2007年1~8月原油及成品油进出口情况**

| 类　别 | 出口量(万吨) | 同比增长(%) | 进口量(万吨) | 同比增长(%) |
|---|---|---|---|---|
| 原　油 | 218 | -47.3 | 11040 | 15.3 |
| 成品油 | 1028 | 25.3 | 2428 | -5.7 |
| 其中:汽油 | 385 | 68 | 7.12 | 93.1 |
| 　　煤油 | 295 | 32 | 322 | -4.3 |
| 　　柴油 | 49 | -24.5 | 36 | 37.8 |
| 　　其他燃料油 | 199 | 15.5 | 1866 | -9.2 |

资料来源：海关总署。

化工及相关产品的进出口贸易活跃，进出口增长速度均有较大上升，其中出口增势迅猛，进口增长速度大幅度回升。1～8月累计，化工产品进出口总额达到767.25亿美元，同比增长27.8%，其中进口444.96亿美元，同比增长23.7%，增速比上年同期提高了16.1个百分点；出口322.29亿美元，同比增长34.2%，增速比上年同期提高了19.6个百分点。2007年以来国内经济持续快速增长，促进了化工产品进口增速提高，同时由于世界经济增长保持强势，国际市场化工产品需求也保持旺盛，价格高涨，这使我国化工产品出口贸易出现了快速增长的势头。同时，近些年我国化工行业投资保持较高增速，陆续有大型化工设备投产，国际石化产业也加快了向我国转移的步伐，这些都促进了近年来我国石化产能快速扩张，推动化工行业加大出口力度。另外，上半年因国内普遍存在国家再次调整出口退税政策预期，进出口贸易异常活跃，也刺激了化工企业提前出口的积极性，导致化工产品出口增速大幅度上升。进出口增长较快的产品主要集中在苯乙烯、乙二醇、化肥、合成树脂等，这些产品的进口和出口增速均在20%以上。

## （五）行业投资增长保持快速

1～8月份，石油及天然气开采业完成投资1081.04亿元，同比增长10.5%，增速比上年同期有一定下降，石油及天然气开采行业的投资增长波动相对较大，与行业生产特点有关。近年来，为保证国内能源供应和国家的能源安全，石油及天然气开采业的投资保持了稳定快速的增长，增速保持在20%以上，但随着基数的扩大，投资增长速度会有所下降。

石油加工行业的投资增长稳定上升，1～8月份石油加工及炼焦业的投资完成额为765.4亿元，同比增长34.4%，比第一季度和上半年均有明显上升，比上年同期相比也有小幅度的提高，由于需求增长快速，石油加工业为扩大生产规模以及节能减排的需要，投资力度保持强劲，以缓解国内成品油供应短缺的局面。

化工行业投资增长水平稳定提高，1～8月份化学产品制造业投资完成2015.91亿元，同比增长32.1%，投资增长速度有所加快，比上年同期提高了4.8个百分点。2006年由于化工市场低迷，化工行业投资相对较低，2007年以来由于市场快速回暖，经济增长形势良好，化工行业的投资增长速度呈现逐渐提升的势头，企业经济效益的大幅改善促进了化工行业的投资增长，同时化工行业处于结构调整的重要阶段，为提高国内化工行业的竞争力，在产品结构的升级以及技术改造的过程中，化工行业的投资规模将继续保持较高的水平。

## 二　石油化工行业未来发展展望

### （一）国民经济的稳定增长是石化行业发展的坚实基础

2007年石化行业总体呈现稳定快速的增长态势，主要得益于国民经济的平稳较快发展，上半年经济增长速度达到11.5%，1～8月份投资增速达到26.7%，这为石化行业的增长提供良好的宏观环境。当前经济增长的主要矛盾是伴随着人民币升值步伐的加快，货币流动性增长过快，形成了国内资产价格的快速上涨，在巨大的财富效应刺激下消费出现较快增长，同时投资增速继续保持较高态势。这种过剩的流动性推动的经济加速增长对潜在经济增长能力有所偏离，已出现通货膨胀的趋势，因此国家连续采取措施收紧货币流动性，防止投资增速进一步加快。从经济增长的趋势来看，我国国民经济已经存在增长过热的势头，国家加大了宏观经济的调控力度，经济增长速度将会逐渐有所调整，以保证经济又好又快的可持续增长，预计2008年经济增长率将回落到10.8%左右。

从世界经济的增长形势来看，2007年以来世界经济总体保持了强劲的增长，美国经济出现良好增长态势，日本经济继续回暖，欧盟经济保持稳定，新兴经济体继续其快速的增长势头，但2007年下半年以来，世界经济增长出现一定的乏力态势，特别是美国次级贷危机发生后，为世界经济的增长前景蒙上一层阴影。但世界经济向好的势头并不会发生根本改变，新兴经济体特别是中国经济的快速增长已经成为世界经济增长的重要动力，尽管美国经济存在降温的势头，但中国、印度和俄罗斯等新兴经济体继续保持快速的增长，将抵消美国经济存在的增长困难，根据IMF的预测，2007年世界经济增长率为5.1%，2008年世界经济的增长速度会保持在4.9%的水平上。

因此，从国内外的经济环境来看，经济的稳定增长趋势不会改变，石化行业仍将得到良好的经济环境的支持，良好的增长景气将继续保持。但由于国内经济过热的增长势头将逐渐降温，世界经济的增速也将有所调整，这使得石化行业的快速增长也将放慢，未来石化行业的增长速度将会有所调整。

## （二）原油价格波动是石化行业发展的最大变数

2007 年以来国际市场原油价格呈现平稳攀升的势头，在美国次级贷危机发生、美联储降息前后，国际原油价格受此影响出现急剧的拉升，重新回到 80 美元/桶上方。原油价格是决定石化行业成本变化的直接因素，2007 年上半年由于原油价格保持相对平稳，并有所回落，促进了炼油行业和化工行业的经济效益大幅度上升，炼油行业实现扭亏为盈，化工行业经济效益出现高速增长。但随着原油价格的逐级上升，炼油行业的盈利规模开始缩小，化工行业利润的高增速也已经开始逐渐下降，因此未来原油价格的走势将直接决定石化行业的增长态势。

受美元币值、商业库存、气候变化、地缘政治、投机等因素的影响，原油价格的波动难以预测，但整体上世界已经进入了高油价的时代，并且不能排除原油价格继续创新高的可能。在油价成本高企的情况下，炼油行业和化工行业的增长态势存在较大不确定性。从炼油行业来看，尽管国家发改委确定了国内成品油价格和国际市场价格联动的机制，以准确反映油价的变化，但在实际执行上，考虑到油价变动对经济社会的整体影响较大，国内成品油价格的调整始终未能及时反映国际市场油价的波动，这使得炼油行业始终面临原油成本上涨的压力。如果未来原油价格维持在 80 美元上方波动，并继续创出新高，炼油行业的盈利规模将会继续缩小，而化工行业的成本压力将会再次增大，盈利能力将大幅下滑，化工行业利润的高速增长也将难以为继。

## （三）出口退税下调对化工行业影响较大

2007 年 7 月 1 日，国家再次大面积调整了出口退税政策，在涉及的 2831 项产品中，石油化工类产品超过 500 种，化工行业是受此影响较大的行业之一，涉及调整的产品范围广泛。其中，被取消出口退税的化工产品有：无机盐、溶剂油、液化丙烷、液化丁烷、液化石油气等矿产品；肥料；氯和染料等化工产品；金属碳化物和活性炭产品。被调低出口退税的化工产品有：橡胶及其制品出口退税率从 13% 下调至 5%；其他部分化学品出口退税率下调至 9% 或 5%。此次出口退税政策的调整，使得无机化工、有机化工、染料、橡胶、化肥、农药等化工行业均遭受到不同程度的影响。一些利润率较低的资源类产品和附加值较低的产品，出口退税率下调幅度较大，甚至全部取消，将直接影响这些产品的出口，相当一部分企业的利润将出现较大幅度的下滑，尤其对生产成本较高，利润率微薄的企业将会造成沉重的打击，针对此次出口退税率的调整，部分化工行业上市公司已经发布了相关的影响报告，其中已经显示出出口退税政策的调整给行业增长带来的压力。

出口退税政策的调整，将给2007年下半年化工行业的增长形成一定的阻力，也将加剧化工行业增速调整的幅度。虽然国内企业可以通过提价来消化一部分出口退税率下调所带来的损失，但附加值较低的产品提价策略难以实行。同时，国内不少低端化工产品产能过剩，需要通过出口来消化过剩的产能，出口退税政策的调整无疑加大了出口压力，这将使行业生产增速出现较大下滑。从未来发展来看，出口退税政策的调整有利于加快化工行业结构调整的步伐，激励行业的自主创新，改进生产方式，提高产品的技术含量和附加值，促进我国化工行业整体竞争力的提升。

### （四）欧盟REACH法案出台将增大化工行业未来的发展困难

欧盟REACH法案于2007年6月1日开始正式生效，这将对我国化工行业未来的发展带来深远影响。根据REACH法案，欧盟境内所有生产量或进口量在每年1吨以上的化学品需要进行注册登记，并需提供这些化学品对人类健康及环境影响的评估资料，不能通过注册、评估的化工产品和使用这些化工产品为原料的其他产品均不能进入欧盟市场。REACH法案的注册评估程序烦琐，评估检测费用高昂，这些费用都将由生产企业承担，这将直接提高我国对欧盟的出口成本。据欧盟估算，每一种化学物质的基本检测费用约需8.5万欧元，每一种新物质的检测费用约需57万欧元，据估计，由此增加的费用，将使我国对欧盟石油化工产品的出口成本普遍提高5%以上。更重要的是，REACH法案涉及的不仅仅是3万多种化工产品，而且包括使用这些化工产品为原料的几百万种下游产品，包括轻工、纺织、电器等我国重要的出口产品。

欧盟是我国第一大贸易伙伴，目前我国对欧盟的出口占我国出口贸易总量的18%以上。其中，我国化工产品对欧盟出口额占化工产品出口总额的15%以上。受REACH法案影响，我国化工产品出口和大量使用化工产品的制成品出口均会受到影响，这将对化工行业的市场需求造成很大伤害。从我国目前对欧盟出口的化工产品结构上看，大多数为大宗、低附加值、资源类、污染耗能较为严重的产品，而且大多数是中小化工企业生产的产品，这些产品往往达不到欧盟的技术标准，而且在提供评估数据上存在较大困难，REACH 法案的实施，将大大削弱这些产品的竞争力，对这些产品出口形成直接的打击。其他以这些化工产品为原料的其他工业中间产品和制成品都面临同样的注册、评估程序，整体上我国对欧盟的出口成本将提高，并且 REACH 法案形成的技术壁垒将对我国整体的出口形成很大的障碍，势必影响国内对化工产品原料的市场需求，从而进一步降低化工行业的增长速度。

从发展上看，我国化工及下游相关产品的出口将面临越来越多的困难，从欧盟启动 REACH 法案的研究以来，美国、日本也都开始了类似的化学品注册检验制度的建立研究，虽然目前没有正式实施，但发展上已经形成了新的建立化工产品贸易技术壁垒的趋势，如美国自 2007 年 6 月 1 日起执行新的《轮胎测试标准》，这一标准的安全参数比现行的标准更加严格，将影响到我国一些规模较小、产品质量较差的轮胎企业的出口增长，可见化工品未来的国际贸易环境存在恶化的倾向。

### （五）节能减排压力逐渐加重，产业结构调整的速度将加快

节能减排已经成为我国目前产业结构调整的重点，“十一五”规划提出了到 2010 年单位 GDP 能耗降低 20%、主要污染物排放总量减少 10% 的目标，同时国务院颁布了《节能减排综合性工作方案》，要加大产业结构调整的力度，以推动节能减排工作取得明显进展。石油和化工行业是主要的高能耗产业，污染问题也比较突出，整体上我国石化行业工艺技术仍相对落后，节能减排的任务非常重。随着国家节能减排力度的加强，化工产业的结构调整将加快推进，一些能耗高、污染重的中小化工企业面临成本增加或被迫关停的风险，行业产能将向优势企业集中，那些技术先进、管理水平突出的优势公司将会获得长足的发展，我国化工产业的行业集中度将进一步提高。

2006 年 11 月底，我国正式发布了《“十一五”化学工业科技发展规划纲要》，该规划纲要提出了今后 5 年化工行业科技发展的总体目标，其中包括重点骨干企业达到 5%，高新技术企业达到 8%，精细化工产值率达到 48% 左右，科技贡献率要达到 60%。这一规划纲要的贯彻实施，将进一步加快淘汰

高能耗的落后工艺和技术，促进产业技术升级，那些技术水平先进、节能降耗达标并具备循环经济模式的企业将在中国化工产业的结构调整中获得持续成长。

综合以上分析，我们预计，2007 年我国原油产量将达到 1.86 亿吨，同比增长 1.6%；原油加工量达到 3.27 亿吨，同比增长 7%；化工行业工业生产增长速度达到 25%。2008 年，我国原油产量 1.89 亿吨，同比增长 1.5%；原油加工量 3.44 亿吨，同比增长 5%。化工行业工业生产增长速度为 20% 左右。

# 2007年钢铁行业运行分析及展望

范 敏*

**摘 要：** 国内钢铁产能进一步释放，新增资源继续快速增长，在国内需求和出口旺盛拉动下，国内钢铁市场并未出现预期中的供大于求，相反，市场供需相对偏紧，价格总体呈上涨走势，行业效益增长良好，增速呈现回落趋势。行业已经进入高成本时代，产业集中度仍在下降，总能耗仍有所上升。随着调控政策效果的逐步显现，2008年钢铁行业增长将适度放缓，价格仍将在高位运行，但行业效益分化将加剧。

**关键词：** 钢铁 调控 放缓

## 一 2007年以来国内钢铁行业运行特点

### （一）产量继续快速增长，国际国内需求旺盛

国内钢铁产能进一步释放，产量保持快速增长，2007年1~8月份，粗钢产量达到3.2亿吨，同比增长17.74%，钢材产量达到3.67亿吨，同比增长24.1%。从增速来看，前8月国内钢铁产量增长与2006年同期以及全年水平基本相当，但由于基数上升，因此产量增长的绝对量超过2006年同期（见表1）。2007年，除中国外的世界其他地区钢产量增长缓慢，1~8月，全球67个产钢国生产粗钢86971.9万吨，扣除中国的钢产量，其他国家粗钢产量为54919.4万吨，同比仅增长2.3%，我国钢产量占世界总产量的比重由2006年的35%进一步提高到36.8%。

* 范敏，经济学硕士，国家信息中心经济预测部经济师，主要研究产业经济预测与分析、产业组织、产业政策、产业规划等问题。

表 1　钢铁产量及增长变化情况

| 年份和月份 | 粗　钢 | | 钢　铁 | |
|---|---|---|---|---|
| | 累计产量（万吨） | 同比增长（%） | 累计产量（万吨） | 同比增长（%） |
| 200312 | 22000.00 | 21.15 | 23500.00 | 21.53 |
| 200412 | 27245.64 | 23.19 | 29738.69 | 23.49 |
| 200512 | 34936.14 | 24.56 | 37117.01 | 24.13 |
| 200608 | 27249.64 | 18.55 | 29889.98 | 23.75 |
| 200612 | 41878.19 | 18.48 | 46685.43 | 24.45 |
| 200702 | 7425.41 | 23.12 | 7900.80 | 25.41 |
| 200703 | 11470.42 | 22.34 | 12634.42 | 26.23 |
| 200704 | 15509.28 | 21.19 | 17220.79 | 24.35 |
| 200705 | 19562.02 | 19.97 | 21909.47 | 23.91 |
| 200706 | 23758.06 | 18.92 | 27024.67 | 23.93 |
| 200707 | 27891.25 | 18.47 | 31868.95 | 24.28 |
| 200708 | 32052.53 | 17.74 | 36697.06 | 24.1 |

资料来源：国家统计局。

尽管新增资源增长快速，但 2007 年以来国内钢铁市场并未出现预期中的供大于求局面，相反，钢厂库存和社会库存持续维持在低位运行，市场供需相对偏紧，总体呈现出良好的景气态势。

从原因来看，主要是国际国内需求形势较好。一方面 2007 年世界经济继续保持强劲增长，国际钢铁需求，特别是亚洲、拉美等一些新兴经济体市场的需求旺盛，拉动国内钢材出口大幅增长，消化了绝大部分的资源增量，统计显示，2007 年前 8 月我国出口钢材 4508 万吨，同比增长达到 83.9%，出口钢坯 561 万吨，同比增长 11%，坯材合计净出口折算粗钢 4088 万吨，同比增长达 135.2%，净出口量占前 8 月国内粗钢总增量 4829 万吨的 85%，净出口增量 2350 万吨，占前 8 月粗钢总增量的近 50%。2007 年以来我国钢铁产量增长的大部分都通过出口流入到国际市场，旺盛的国际需求是拉动国内钢铁产量快速增长的最主要动力。另一方面，2007 年国内钢铁需求也较为旺盛。尽管在持续的宏观调控以及建设节约型社会的政策导向下，从 2006 年开始我国钢铁需求已呈现出从前几年的高速增长过渡到平稳增长的特征，但由于 2007 年国内经济加快增长，相应带动国内钢铁需求的加快，上半年我国 GDP 增长达到 11.5%，比 2006 年同期加快了 0.5 个百分点，造船、房地产、机械、汽车等主要用钢行业增长良好，几大行业产品产量增长都达到或超过20%，对钢铁需求形成了强有力的支撑。从大致反映国内钢铁可供资源的表观消费量来看，1～8月份，国内市场钢材表观消费量为33344万吨，增长17.5%，落后于下游行业的产量，市场资源供应呈现偏紧态势。

## （二）出口由大幅增长转向平缓，政策效果逐渐显现

产能不断上升、国内外价差拉大以及产品竞争力的逐渐提升，促使我国近年来钢铁外贸一直呈现出出口不断增加，进口不断减少的趋势，2006年我国钢铁出口首次大于进口，从多年的净进口国变成净出口国。2007年，这一趋势继续延续，出口继续大幅增长，进口加速下降，导致净出口总量不断攀升。上半年，在国际市场需求强劲拉动及国内外价差的驱动下，钢铁产品出口保持强劲态势，累计出口钢材3379万吨，同比增长97.7%，出口钢坯437万吨，增长41%；进口钢材869万吨，下降7.7%，进口钢坯14万吨，下降33.3%。进出口相抵，净出口钢材2510万吨、钢坯423万吨，折合钢相当于出口粗钢3093万吨，与上年同期相比，粗钢净出口增加1987万吨，增长高达179.7%。

从6月份开始，我国钢铁出口开始回落，6～9月我国钢材出口量分别为636万、594万、538万、444万吨，环比持续下降，且下降的速度逐月加快。前8个月累计，钢材和钢坯出口同比增幅分别为83.9%和10.7%，比上半年的增幅分别回落了14个百分点和30个百分点。将钢材和钢坯的进出口折合成粗钢计算，9月份我国净出口钢353万吨，环比下降达到21.3%，9月份日均净出口钢为11.8万吨，而4月份的水平是22.4万吨，在5个月的时间内下降高达47.5%，降幅明显。

导致下半年我国钢铁出口回落的因素较多，包括产量增幅下降、贸易摩擦不断、国内钢价上涨后国内外价差的缩小等，但最主要的原因还是第二季度国家连续四次密集出台限制钢铁产品出口的调控措施。4～6月份，我国相继推出降低出口退税率、加征出口关税、实施出口许可证管理等“组合拳”，4月15日起，将部分特种钢材及不锈钢板、冷轧产品等76个税号出口退税率降为5%，另外83个税号的钢材取消出口退税；6月1日起，对部分商品进出口暂定税率进行调整。目前大部分中国钢铁产品出口退税已基本回归到零，还有钢坯等一些钢铁产品加征了出口关税，最高达到15%。

## （三）价格总体呈上涨走势

2007 年截止到 9 月份，国内钢材价格除了在 5～7 月间出现一波下跌行情之外，其余月份基本上保持较为强劲的上涨走势。反映在钢材价格综合指数上，前 9 个月除了 6 月和 7 月钢价指数环比有所下降外，其余大部分月份指数环比都有所上升。与 2006 年同期比，2007 年以来钢材价格明显上涨，钢材价格综合指数除了在 6 月份低于上年同期外，其他月份指数都在上年同期之上。截至 9 月末，国内钢材价格综合指数达到 115.14 点，比 2006 年末的 105.15 点上升 9.99 点。其中，长材价格升幅明显高于板材。9 月末长材价格指数达到 113.09 点，比 2006 年末上升 21.32 点，比 2006 年同期上升 20.73 点；9 月末板材价格指数为 118.04 点，比 2006 年末上升 6.91 点，比 2006 年同期上升 5.99 点，价格涨势的差异造成国内长材和板材之间的价格差距缩小（见图 1）。

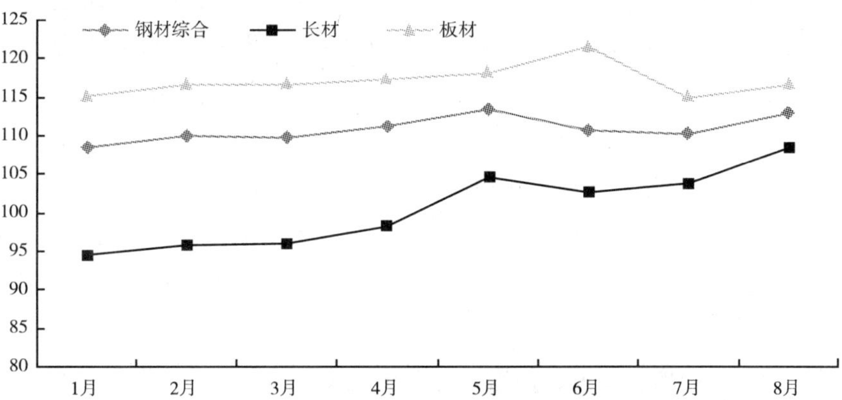


**图 1　2007 年以来钢铁价格指数变化**

注：图中纵轴为价格指数，横轴为月份。
资料来源：中国钢铁工业协会。

从原因来看，大量出口后国内市场供应偏紧是推动 2007 年以来钢材价格上涨的最主要原因。长材价格升幅较大程度上高于板材，也主要受到各自供求关系变化的影响。2007 年以来，长材产量增速回落，而板材产量增长加快，1～8 月份我国长材产量 14977 万吨，同比增长 17.3%，比上年同期下降了 6.3 个百分点。板材产量增长明显加快，1～8 月份累计产量 13861 万吨，同比增长33.7%，比上年同期增加了7.5个百分点。而从需求来看，2007年由于大量出口目的地是亚洲和拉美等一些新兴经济体，这些国家进口的主要是用于大规模基础设施建设的长材产品，因此长材出口的增幅明显高于板材产品，加剧了国内长材资源的紧张。另外，原材料、燃料以及航运价格2007以来大幅上涨，造成钢铁生产成本压力大增，也是支撑国内钢价居高不下的重要原因。

### （四）行业效益增长良好，增速呈现回落趋势

在产销增长以及价格上涨条件下，2007年以来国内钢铁行业效益增长良好，1~8月份规模以上钢铁企业累计实现利润1253亿元，同比增长58.9%，而2006年同期利润同比为下降2.58个百分点。从大中型钢铁企业来看，利润增长更为明显，1~8月钢协统计的77户大中型钢铁企业实现利润1030.46亿元，比上年同期增长77.53%，已超过2006年全年利润水平；大中型企业主营业务利润率为12.28%，比上年同期（11.19%）上升1.09个百分点；销售收入利润率8.03%，同比上升1.88个百分点；成本费用利润率8.70%，同比上升2.14个百分点，主营业务利润率、销售收入利润率和成本费用利润率三项指标均保持同比较大上升。利润增长的同时，亏损企业家数和亏损金额都比上年同期减少，大中型企业中，1~8月份累计有6户亏损企业，比上年同期减少6户，亏损面6.25%，亏损企业累计亏损额1.30亿元，同比下降61.62%。

尽管行业效益增长快速，但增速呈现出逐步回落的趋势。前5个月，国有大中型企业的实际完成利润总额处于逐月攀升态势，5月份77家重点大中型钢铁企业实现利润157亿元，但5月份以后重点钢企的利润逐月下滑，6月份为123.7亿元，7月份76家钢企利润为116.3亿元，到8月份76家大中型钢企利润总额只有110亿元，利润缩减趋势明显。反映在增速上，规模以上钢铁企业和大中型钢铁企业前5月利润增长分别达到120%和154%，但到8月份增速则急剧回落到58.9%和77.53%，下降了一半。从原因来看，一方面是2006年同期利润总体前低后高，基数上升；但另一方面也是最主要的原因在于，2007年以来，钢铁行业原材料和航运等成本上涨非常快，加之出口创汇受到了出口税调整的影响，行业利润空间逐渐被压缩。

## 二 2007 年钢铁产业发展中的问题和挑战

### （一）成本压力越来越大，行业进入高成本时代

近年来，随着国内外钢铁需求的上升，钢铁行业对各类生产要素的需求急剧增加，原材料、燃料以及运输等价格也随之大幅上涨。从 2007 年以来的情况看，这种上涨的态势仍在进一步加强，钢铁行业发展遭遇到越来越大的成本压力。

2007 年钢铁生产原材料价格全面攀升。从铁矿石来看，2007 年以来无论是国产还是进口铁矿石，价格增长都相当迅猛，2006 年末，我国华北地区国产 66% 干基铁精粉价位在 730 元/吨左右，而截止到 2007 年 10 月 12 日，同等铁精粉价格已经上扬到 1200 元/吨以上，涨幅超过 60%。印度 63.5% 品位矿粉天津车板价在上年末为 670 元/吨，而到 2007 年 10 月 10 日已经上扬到 1280 元/吨，上扬 91%。从海关进口统计来看，2007 年 8 月份我国进口的全部矿石均价为 89.76 美元/吨，较 2006 年 12 月份的 69 美元/吨增长 30.3%。海运价格大幅攀升，是 2007 年以来进口铁矿石到岸价大幅上升的重要原因。2007 年以来海运费除了在 5～6 月份有所回调外，其余期间都在上扬，特别是 7 月份以后，运费持续暴涨。9 月 10 日，巴西图巴朗至中国北仑的铁矿石海运费为 71.62 美元/吨，比年初上涨 37.979 美元/吨；西澳至中国北仑的海运费为 27.58 美元/吨，比年初上涨 11.81 美元/吨，涨幅分别高达 112.9% 和 74.89%。高运费已成为中国钢铁业的沉重负担。

除铁矿石价格不断飙升以外，其他原材料价格涨幅也较大。2006 年末全国主要产焦区二级冶金焦平均价格为 1015 元/吨，而截止到 10 月 10 日，二级冶金焦均价已经上扬到 1318 元/吨，上涨近 30%。铁矿石、焦炭等主要原材料价格的上涨，使得钢铁生产成本显著上升，统计显示，上半年钢铁企业的炼钢生铁制造成本同比上升了 8.34%，仅进口铁矿石一项全行业就增加成本 188.94 亿元，前 8 个月，我国平均每吨粗钢生产成本比 2006 年平均值上升了 110 美元。

从目前的形势来看，我国钢铁业进入高成本时代已无可回避：（1）新一轮铁矿石价格谈判将在 2007 年 11 月展开，长期合同价格在 2005～2007 年已涨升逾 120%，而目前普遍的预期是新一轮谈判后价格将再次上涨 15%～25% 甚至更

高；（2）目前国家对矿产资源的重视程度越来越大，加之环保要求，使得国内矿产资源的开采成本将不断提高，今后要廉价获得矿产资源的机会越来越少；（3）煤焦炭的价格由于政府不断增加税收，包括提高资源税、征收可持续发展基金、矿山环境治理恢复保证金、煤矿转产发展基金等，价格也将保持长期上涨态势；（4）随着国家逐步加快推进资源价格体制改革，许多资源性产品成本将会升高，电价、水价等资源性产品价格提高已是必然；（5）为了防止中国经济由偏快转向过热，中央银行已经连续多次提高金融机构贷款利息，预计今后还会有加息举措出台，贷款利息的提高，将提高钢铁行业资金成本，增加利息等财务费用的支出；（6）国内产业工人工资福利水平不断提高，随着国家“以人为本”发展战略的逐步深入，今后若干年内，随着中国经济的快速发展，中国钢铁工人的工资水平、福利水平将逐步向发达国家靠拢，这一进程将呈现加快趋势。

## （二）产业集中度继续下降

近几年我国钢铁业每年以20%左右的速度增长，但我国的钢铁产业集中度却不断呈下降趋势：2004年，我国钢铁产量前10位的钢铁企业的产量占总量的34.7%，2005年下降至33.6%，而2006年则下降到了29%；2007年上半年，我国钢铁总产量为2.3758亿吨，同比增长18.92%，但从产量上分析，产业集中度继续呈下降趋势。上半年年产钢500万吨以上的21家大企业产钢量占总产钢量的50.54%，比上年同期下降了2.05%；年产钢100万吨的大中型企业产量增长为14.52%，比全行业增长低4.34个百分点；上半年地方中小企业钢产量增加36.8%，比全行业增长高17.89个百分点。

钢铁产业发展迅速，但产业集中度却长期不升反降，是目前我国从钢铁大国走向钢铁强国最大的障碍。产能过于分散，对我国钢铁产业健康发展非常不利，一方面使得我国在国际原材料采购中长期缺少话语权，利益损失巨大，另一方面，虽然具有巨大的国内市场，但产能分散使得产业整体难以发挥规模经济效益，增加了产业技术改造升级的难度，造成对资源能源消耗的巨大浪费。

与国内产业相比，国际钢铁产业的集中度远远超过我国，但即使这样，国际钢铁巨头仍在积极寻找并购重组机会，进一步扩大产能规模，目前触角已伸入到我国。这种形势下，必须坚决加快和加大我国钢铁产业兼并重组的步伐和力度，提高产业集中度。2007年以来，虽然根据《钢铁产业发展政策》确定的目标，我国加快了行业整合重组的步伐，1 月宝钢集团重组新疆八一钢厂之后，于 7 月 23 日又与包钢签订了战略联盟协议，为下一步双方在资产联合等更深层次和更广阔领域合作奠定了基础。8 月 1 日，又有武钢以 48.41% 持股比例相对控股与昆明钢铁集团重组联合，但这些举措仍未能改变我国钢铁业重组联合缓慢造成的产业集中度低的局面。

### （三）总能耗仍在上升，节能减排任务艰巨

2007 年以来，虽然中国钢铁行业单位能耗有所下降，但由于中国钢产量增长过快，总能耗仍在上升，钢铁行业节能减排任务仍相当艰巨。根据对纳入钢协的 77 户大中型钢铁企业的统计表明，1 ~7 月份，吨钢综合能耗 625.98 千克标煤/吨，同比下降 3.49%；吨钢可比能耗 610.5 千克标煤/吨，同比下降 3.35%，与此同时，1 ~7 月大中型企业吨钢耗用新水 5.75 吨/吨，同比下降 16.22%；外排废水总量下降 9.2%。在污染物排放方面，大中型企业二氧化硫排放总量下降 2.4%，烟尘排放总量下降 4.94%，粉尘排放总量下降 3.88%，外排废水中的化学需氧量下降 8.26%。但是，虽然我国钢铁行业单位能耗有所下降，但总能耗仍在上升。受中国钢产量增长过快影响，1 ~7 月份钢铁行业总能耗同比上升 10.51%。由于中国钢铁行业的产业集中度低，产品结构不合理，产业布局不尽科学，具有自主知识产权的核心技术和技术创新能力不足，高附加值产品比重小等因素，全行业的发展还没有根本改变依靠能源、资源消耗增加支撑钢铁工业发展的模式，因此当前国内钢铁行业节能减排任务还相当艰巨，继续加大节能降耗力度刻不容缓。

## 三　钢铁行业未来发展预测

### （一）2007 年后期国内钢铁市场供需将由偏紧转向基本平衡

从 2007 年以来钢铁行业运行的趋势特点来看，后几个月国内钢铁市场总体将保持较为平稳的态势，市场供求将由前期略有偏紧转向基本平衡，但受成本居高不下的支撑，钢价将继续在高位运行。需求方面，后几个月国内固定投资受下半年密集的宏观调控措施影响，增速预计会有所回落，但由于政策效果的发挥需

要一个过程，不会很快在年内体现，因此，投资增速回落的幅度会较小，全年预计投资增速仍能保持在约26%左右的高水平，另外，进入9月份以后历来是国内各类施工项目的高峰期，钢铁需求受“金九银十”等因素的影响会有所加快，总体来看，需求增长年内还将有所上升。2007年上半年，国内粗钢表观消费量同比增长9.5%，前8月上升到9.7%，预计全年增速水平将进一步上升到11%，按照2006年全年粗钢消费3.98亿吨水平计算，2007年全年粗钢表观消费约在4.42亿吨。供给方面，国家加快淘汰落后产能的政策已经初步取得了实效，2007年以来粗钢产量增速一直呈下降趋势，目前政策仍在进一步加大力度，预计这种趋势将持续较长一段时间，前8月钢产量增速为17.7%，预计全年增速将进一步回落到15%左右，全年产量约4.88亿吨。后几个月，出口将继续消化部分产能，但出口增速将继续回落，考虑到目前的国际国内价格差，预计后几个月钢材出口约能保持在月均400万吨的水平，全年净出口坯材折合粗钢约在5200万吨左右，因此2007年国内粗钢可供资源大约在4.36亿吨，与消费需求基本平衡。

### （二）2008年国内钢铁行业增长将适当放缓

2007年以来，外贸顺差过大、货币流动性增长过快、固定资产投资持续高位运行等因素，推动经济加速增长，CPI持续高出年初设定的目标值，已出现通货膨胀的趋势，为防止经济从偏快向过热转变，国家下半年果断加快了宏观调控的步伐，货币政策方面连续几次加息，存款准备金率调整更为频繁，信贷控制更趋严厉，财政政策方面连续出台外贸出口调控政策，大规模降低出口退税等。一系列“组合拳”的出台，对经济增长和产业发展产生重大影响，目前来看，部分政策效果已经开始显现，但受时滞的影响，政策效果将在2008年得到更为充分的体现，经济增长速度将会有所调整，预计2008年经济增长率将回落到10.4%左右，固定资产投资增速回落到23%。就钢铁行业来说，作为政策调控的重点行业，政策效果的进一步显现将对其市场运行产生较大影响。

首先从需求来看，钢铁需求与经济增长速度，特别是固定资产投资的增长速度具有很强的相关性，2008年增速的回落将影响到全年钢铁的需求。除此以外，近两年来全社会钢铁消耗系数呈现出下降趋稳趋势。统计资料显示，在2001年我国钢铁工业出现爆炸式增长之前，我国粗钢消费量同比增速曾长期在10%上下波动。2001～2005年，我国粗钢表观消费量同比增速除2004年降至10.7%外，其余4年均在20%以上，其中最高的2003年达到25.7%，而2006年表观消费量大幅度下降到13%，2007年前8月进一步下降到9.7%，全年估计在11%左右。以表观消费需求增长率与国民经济增长率和投资增长率比较，可以呈现出国内钢铁消耗系数的变动趋势：我国钢铁消费增长率与GDP增长率之比，在2006年前远大于1，而2006年下降到接近1左右，2007年前8月的情况表明比例已经进一步下降到低于1的水平。而钢铁消费增长率和固定资产投资增长率之比自2001年以来基本上呈下滑态势（2004年有小幅反弹），2006年已降至1/2左右，2007年前8月下降到略高于1/3左右，基本上呈下降趋稳趋势，因此，从趋势上来看，随着2008年国家节约型经济战略的继续实施，这一比例还会有所下降，但下降的幅度会减少。钢铁消耗系数下降，表明在经济增长率和固定资产投资率一定的情况下，钢铁需求增长将下降。综合考虑机械、建筑、家电、汽车等几个主要用钢行业目前的发展形势，初步估计2008年国内钢铁的表观消费需求大约增长10%左右，增速比2007年下降约1个百分点，全年需求量约4.86亿吨。

其次从供给来看，产量和出口将决定2008年国内钢铁的可供资源数量。2008年，我国钢铁产量增长将进一步回落：一是前两年钢铁行业投资增速明显放缓，2006年钢铁项目投资甚至出现负增长，钢铁产能释放的高峰已过；二是随着“节能减排、淘汰落后产能”政策实施力度的加大，我国钢铁落后产能淘汰速度加快，据国家发改委主任马凯在《关于节约能源保护环境工作情况的报告》中透露，2007年上半年我国淘汰落后炼铁能力1140万吨、炼钢能力870万吨，下半年将采取措施，确保全年淘汰落后炼铁产能3000万吨和落后炼钢产能3500万吨目标的实现；三是我国目前正在制定22项高耗能产品能耗限额标准，抬高主要耗能行业新建项目门槛，淘汰行业落后生产能力，强令高耗能行业节能减排，这其中就包括钢铁行业，这一标准将很快发布实施，将在一定程度上影响2008年的钢产量。初步预计，2008年，国内钢产量同比增长将回落到12%左右，全年粗钢产量5.47亿吨。出口方面，由于预期经济形势良好，国际钢铁协会近期将2008年全球钢铁需求的增速进一步调高到了6.8%，因此2008年国际钢材需求仍将非常旺盛，国内外钢价差进一步扩大的可能性很大，在足以消化2007年以来出口退税政策调整所导致的成本上升后国内钢铁出口将存在重新反弹的冲动，但是，一旦出口再次反弹，国家已经表示出将很快出台更为严厉的调控措施的信号，因此，2008 年钢铁出口增速大幅回落已是必然。考虑到政府已经基本能接受的出口占产量的 10% 的水平，估计 2008 年坯材折合粗钢出口大约在 5400 万吨左右，总量仍将维持在较高水平，但增速非常有限。粗略测算，2008 年国内粗钢可供资源约 4.95 亿吨，略大于国内需求量，总体基本平衡。

### （三）钢铁价格仍将在高位运行，但行业效益分化将加剧

在供需基本平衡的条件下，2008 年国内钢铁行业仍将受到高成本的压力，从目前的趋势来看，铁矿石、焦炭和航运等原材料以及运输价格仍保持高位上涨态势，这将使得 2008 年国内钢铁市场在供给略超出需求的情况下，价格仍处在高位运行。不过，尽管价格仍在高位，由于产需规模增长放缓的原因，2008 年国内钢铁行业的效益增长将比 2007 年回落。行业效益的下滑，将加大 2008 年国内钢铁企业的分化，一些规模较小、技术设备相对落后而又不具有铁矿石等资源的钢企、将在成本不断增加、市场需求增速回落等外部环境因素变化情况下亏损甚至被迫退出市场，而大型规模钢企由于抗风险能力相对较强，一方面能够凭借其规模经济，消化掉部分成本，另一方面，这些企业大部分与国外签订长期矿石和运输合同，有的还拥有自己的矿场资源，能够抵御部分风险，再者，规模钢企往往通过不断的兼并重组，优化企业内部结构，降低内部交易成本，增强风险承受能力。

# 2007年汽车行业运行分析及展望

范　敏*

**摘　要**：在乘用车和商用车“双轮”驱动下，2007年汽车市场实现快速增长，各车型增长格局有所分化，部分车型呈现亮点，降价仍是主旋律，但行业效益增长良好，汽车行业已经进入一轮新的较快增长周期，2008年，汽车市场将继续保持较快增长速度，在基数以及一些短期因素的影响下，增速会有所调整。行业发展中仍存在一些长期和短期的问题需要解决。

**关键词**：汽车　增长周期　调整

## 一　2007年前三季度汽车行业运行状况及特点

### （一）汽车产销保持快速增长，商用车表现突出

2007年以来汽车市场保持快速增长势头，截至9月底，产销量双双超过640万辆，分别达到650.96万辆和645.80万辆，同比分别增长22.78%和24.46%，整体产销率达到99.2%，从增速看，前9月汽车销量增长基本上与2006年全年相当，呈现出高位稳定增长的态势（见图1）。分类别看，前9月乘用车销量增长24%，增速仍较快，但与2006年比有所回落；商用车表现突出，前9月销量增长达到26%，不但大大超过前几年，而且超过乘用车，成为拉动汽车总销量保持快速增长的重要因素。

经济增长加快，居民收入大幅增长，是2007年以来乘用车在总量规模不断攀升条件下，继续保持快速增长的主要推动力。前三季度我国GDP同比增长

---

* 范敏，经济学硕士，国家信息中心经济预测部经济师，主要研究产业经济预测与分析、产业组织、产业政策、产业规划等问题。

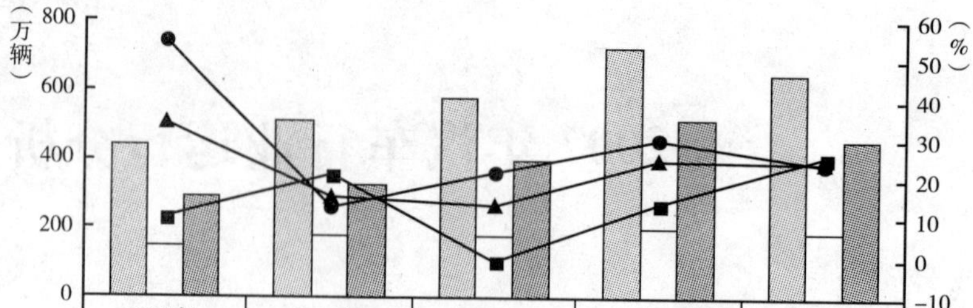


| | 2003年 | 2004年 | 2005年 | 2006年 | 2007年1~9月 |
|---|---|---|---|---|---|
| 汽车 | 439 | 507.2 | 575.8 | 722 | 645.8 |
| 商用车 | 149.4 | 180.1 | 178.7 | 204 | 187.5 |
| 乘用车 | 289.6 | 327.1 | 397.1 | 518 | 458.3 |
| 汽车增速 | 34.20 | 15.50 | 13.54 | 25 | 24.46 |
| 商用车增速 | 10 | 21 | -0.75 | 14 | 26.01 |
| 乘用车增速 | 55 | 13 | 21.40 | 30 | 24 |

**图1　2003年以来汽车销量及增长情况**

注：图中横轴为年份，左纵轴为销量，右纵轴为销量增长率。

资料来源：中国汽车工业协会。

11.5%，比上年同期加快0.7个百分点，城镇居民人均可支配收入扣除价格因素实际增长13.2%，增幅高于上年同期3.2个百分点，农村居民人均现金收入实际增长14.8%，高于上年同期3.4个百分点。居民收入水平大幅度增加，提高了居民的购买力。商用车取得超常规增长，一方面是在经济加快增长条件下，与商用车需求密切相关的固定资产投资居高不下，有力地拉动了重卡等车型的增长；另一方面，2007年以来，物流运输业增势良好，公路长途客运和货运周转都比上年同期明显加快，带动市场对客车和载货车的需求大增；另外，强劲的出口也是带动国产商用车需求大增的重要原因。

## （二）各车型增长格局有所分化，部分车型呈现亮点

乘用车中，轿车市场尽管仍保持较快增长，但增速与2006年同期比有较大程度回落，MPV和交叉型乘用车增长相对较为平稳，SUV增幅大幅攀升，是2007年乘用车中最大的亮点。商用车中，客车受出口拉动增长良好，增速比上年同期有所提高，其中，轻型客车表现出色，增速比上年同期较大提高；货车前9月保持稳定增长，其中重卡（含底盘和半挂牵引车）出现井喷式增长，是商用车中的最大亮点。

轿车市场前9月同比增长26%，比2006年同期增速下降达15个百分点（见表1）。从原因来看，一方面是上年同期基数较大，另一方面，1.0升以下和1.6升以下小排量车市场的急剧萎缩是造成轿车整体增速下滑的主要原因。统计显示，2005年，1.0升排量（含以下）车型销量同比增长超过60%，而2007年前9月同比却下降了29.54%。1.0~1.6升车型2006年销量同比增长达到46.88%，2007年前9月却只有26.97%。1.6升以下排量的轿车市场份额一直是轿车市场中份额最大的区域，其增长的回落直接造成了整体轿车市场增速的下滑，并降低了该区域轿车在整体轿车市场中的份额，使轿车需求呈现出向中高级车升级的趋势。统计显示，2005年1.6升以下轿车市场份额为64%，2006年下降到63%，而2007年前9月快速下降到58%，与此相对应，1.6升以上的中高级车市场份额则稳步上升，特别是1.6~2.0升的中级车市场份额明显上升，2005、2006年和2007年前9月分别为22%、26%和30%。尽管我国近两年来出台了不少鼓励小排量汽车的政策，如取消“限小”以及调整汽车消费税等，但小排量汽车需求反而萎缩，主要是因为成本上升利润微薄，车价下降空间已非常有限，厂家推出新车的积极性明显受到打击，而相对来说，中级车仍能获得一定的利润率，促使各汽车厂家加快在这一区域的争夺，价格不断下降，新车层出不穷，不断挤压小排量经济型轿车的市场份额。

**表1　2007年1~9月乘用车各车型增速变化情况**

单位：万辆

| | 2007年1~9月 | 同比增长(%) | 2006年1~9月 | 同比增长(%) | 增速变化(%) |
|---|---|---|---|---|---|
| 轿　车 | 343.87 | 25.76 | 272.38 | 41 | -15.24 |
| MPV | 16.53 | 20.75 | 12.67 | 28 | -7.25 |
| SUV | 25.17 | 51.72 | 16.2 | 18 | 33.72 |
| 微　车 | 72.68 | 9.56 | 63.85 | 7 | 2.56 |
| 乘用车 | 458.25 | 24 | 365.1 | 32 | -8.00 |

资料来源：中国汽车工业协会。

2007年SUV市场全线飘红，前9月累计销售25.17万辆，同比增长51.72%，远远超过了同期乘用车市场的平均增长，且增速大大超过前几年。在油价高位徘徊、汽车消费税调整等众多不利因素影响下，SUV的“井喷”主要原因在于：一是柴油版的SUV大批量上市，降低了油耗，柴油动力成为新的增长点；二是SUV市场的产品格局发生了很大变化，SUV市场的主体已经完成了从低端经济型SUV向城市紧凑型SUV的过渡，一批吻合消费者需求的城市SUV车型已经站稳市场，并带动了整个SUV市场容量的扩大；三是人们的汽车消费观念发生变化，“城市SUV”在消费者心目中的形象是油耗低、操控同于轿车、中等排量等，其时尚的外形，舒适便捷的操控性能，既符合了城市行驶中时尚个性的追求，又满足了野外休闲的需要；四是价位渐趋合理，统计显示，2007年前9月SUV平均价格比2006年末期下降了5%以上，新上市的不少SUV车型价位在11万~14万元的价位区间，正好是目前我国现阶段私家购车的首选区间。

重卡市场从2006年下半年开始复苏，2007年以来增速进一步大幅攀升，成为商用车中最主要的亮点，前9月重型货车销量同比增长达到75%，半挂牵引车同比增长达到80%，都比2006年同期大幅提高（见表2）。宏观环境和政策因素是推动其需求快速增长的主要原因。从宏观环境来看，2007年以来，固定资产投资居高不下，前三季度全社会固定资产投资同比增长仍高达25.7%，为重卡市场特别是自卸车提供了强有力的需求支撑，另外，政策因素的推动也是很重要的方面：公路货物运输计重收费政策2007年在全国逐步全面展开，改变了中重型货车需求格局，降低了中卡运输的经济性，导致了重卡对中卡的替代作用，这也是重卡行业从2006年底出现“井喷”的原因之一，用户新购及更新车辆出现集中释放。同时，欧III排放标准7月1日在部分地区开始实施，促使部分用户在上半年提前购买，在一定程度上促进了重卡的销售。

**表2　2007年1~9月商业车销量增长情况**

| 类别 | | 销量(辆) | 同比增长(%) |
|---|---|---|---|
| 客车 | 大型客车 | 20987 | 41 |
| | 中型客车 | 27592 | 26 |
| | 轻型客车 | 127403 | 20 |
| | 合　计 | 175982 | 23 |
| 货车 | 重型货车 | 69959 | 75 |
| | 中型货车 | 99573 | 3 |
| | 轻型货车 | 757835 | 21 |
| | 微型货车 | 214928 | 12 |
| | 合　计 | 1142295 | 19 |
| 半挂牵引车 | | 137083 | 80 |
| 客车底盘 | | 77344 | -6 |
| 货车底盘 | | 342808 | 21 |

资料来源：中国汽车工业协会。

## （三）汽车出口继续呈现出量增价升趋势

尽管面临人民币不断升值的外部环境，但随着国内汽车工业的快速发展以及自主品牌车实力的不断提高，2007 年以来，我国汽车行业继续呈现出口大幅增长、单车出口价不断攀升的势头，在国内市场竞争日渐激烈的大背景下，海外市场已成为国内各大汽车厂商新的增长点。前 8 月，汽车累计出口 35.49 万辆，同比增长 65.21%，出口量超过了 2006 年全年，累计出口创汇 41.02 亿美元，同比增长 1.2 倍，增速大幅度快于出口量的增长，单车出口价格进一步提高。在汽车出口主要品种中，轿车累计出口 10.58 万辆，同比增长 83.56%；载货车累计出口 14.60 万辆，同比增长 52.63%；客车累计出口 4.81 万辆，同比增长 2.3 倍。从数量上看，虽然汽车整车出口仍以商用车尤其是载重车、大中型客车和特种车为主，出口数量占汽车总出口的 54%，而小轿车、小客车和越野车占总出口的 46%。但小轿车出口所占份额正在不断提高，出口地区也呈现多元化发展，除在中东、亚洲、非洲和南美市场不断获取订单外，欧洲特别是东欧市场也得到了大力拓展。

## （四）降价仍是主旋律，乘用车价格持续下降

在激烈的竞争环境下，价格仍是汽车企业争夺市场份额的主要手段，2007 年以来，全国汽车市场价格继续走低。由于市场竞争重心越来越向中高级车型上移，提高了价格下降的空间，因此降幅相对于 2006 年同期更大。从前 9 个月来看，第一季度汽车价格降幅较深，月均降幅达 0.53%，第二季度价格走势较为平稳，进入第三季度受供给增加、淡季降价促销等因素影响，价格再次呈下降走势。据全国 36 个大中城市监测，1 ~9 月份国产汽车价格累计比 2006 年末下降 3.15%，月均降幅为 0.35%，除 6 月份价格与上月持平外，其余各月价格均呈平稳下降走势。

不同种类车型价格涨跌变化略有差异。乘用车价格以降为主，月环比连续 9 个月走低，至 9 月份环比累计比上年末下降 4.07%，月均降幅达 0.46%。其中轿车、SUV 价格降幅较大，分别比上年末下降 6.61% 和 5.16%。轿车多数车型降幅在 4% 以内，个别车型最大降幅接近 20%。微型客车受需求上升及成本增加等因素影响，价格比上年末上涨 6.65%，月均涨幅达 0.72%。商用车受货车价

格涨跌变化影响，价格呈振荡走低态势。1～4月份商用车价格持续走低，5、6月份价格小幅回升，其后价格小幅波动，至9月份环比累计比上年末下降2.24%，月均降幅为0.25%。其中客车价格以降为主，至9月份环比累计比上年末下降5.25%，轻型、大型客车价格分别比上年末下降4.97%和5.32%。货车受需求稳定及生产资料价格上涨影响，价格涨多跌少，除3月、7月、9月份价格环比分别下降0.57%、0.63%和0.49%外，其余各月均呈上涨态势。至9月份价格比上年末上涨3.12%，轻型、中型、重型货车价格分别比上年末上涨1.03%、1.35%和4.79%。

与国产汽车持续上涨趋势不同的是，前三季度进口汽车受进口车型日趋高档化及《进口汽车品牌销售管理办法》实施等因素影响，价格出现较大幅上涨，呈现大涨小落的走势特征，至9月份进口汽车价格比上年末上涨4.0%，月均涨幅为0.39%。其中进口轿车价格比上年末上涨6.42%，进口越野车价格比上年末略降0.12%。进口轿车价格的大幅上涨是拉动进口汽车价格持续走高的主要原因。

## （五）增产又增收，行业盈利大幅攀升

尽管汽车市场竞争激烈，价格下降幅度更大，但与2006年许多汽车厂家增产不增收的状况相比，2007年的汽车企业经济效益普遍要好于上年，增幅稳步攀升，多数企业盈利水平显著。数据显示，1～8月汽车工业重点企业（集团）累计实现利润总额391.02亿元，同比增长72.24%，多数企业实现利润保持较快增速，盈利水平明显，增长率超过两位数。盈利增长的主要驱动力包括：（1）需求快速增长，乘用车和商用车市场均表现出色。由于产销规模进一步提高，规模效应得到进一步的提升，产能利用率提高，毛利率从2006年同期的16%提升至17%，有效抵消了成本上升和价格下降带来的损失。利润增速大大超过主营业务收入29%的增速。（2）需求结构向高端演进，财富效应释放驱动中高端轿车快速增长，以中重卡为代表的商用车高端产品需求增速更快。2007年以来，受财富效应累计，以及消费升级的影响，轿车消费结构向中高端演进，排量在1.6升至2.5升之间的中高档轿车销量增长速度最快。1～9月，排量在1.6升到2.0升的轿车和排量在2.0升到2.5升的轿车同比增长分别达58%和78%，大大超出轿车的平均增速，而排量小于1升的微型轿车销售明显萎缩，

1～9月微型轿车累计销售19万辆，同比减少25%（见表3）。中高档轿车的利润空间明显高于小排量的经济型车，其快速增长明显改善了行业的盈利能力。（3）国际竞争力的提升导致出口快速增长，出口产品利润水平要高于内销。（4）国产化率提升改善成本结构。以国内制造和CKD的对比来看，CKD大幅下降，汽车国产化率提高。1～9月，国内制造车辆和CKD车辆分别销售637万辆（同比增加29%）和9万辆（同比减少65%）。

**表3　2007年1～9月份轿车按排量销量增长情况**

| 类　别 | 1～9月销量(辆) | 同比增长(%) |
|---|---|---|
| 排气量1.0升及以下 | 185321 | -25 |
| 排气量1.0～1.6升(含1.6升) | 1807361 | 29 |
| 排气量1.6～2.0升(含2.0升) | 1000845 | 58 |
| 排气量2.0～2.5升(含2.5升) | 341977 | 78 |
| 排气量2.5～3.0升(含3.0升) | 19689 | 8 |
| 排气量3.0～4.0升(含4.0升) | 9383 | 681 |
| 排气量4.0以上 | 677 | -6 |

资料来源：中国汽车工业协会。

## 二　汽车市场后期发展预测

### （一）2007年第四季度汽车市场预测

2007年前三季度汽车市场的良好发展为第四季度打下了坚实基础，从影响2007年汽车市场的各因素来看，后几个月国内汽车市场总体仍将保持快速增长水平，但乘用车和商用车趋势将有所分化。

乘用车方面，经济增速的适当回落对需求的影响不大。2007年以来，由于持续的贸易顺差导致货币流动性过快增长，出现了通货膨胀的趋势，经济增长从偏快到过热的风险加大，国家果断出台了多项措施，加大宏观调控的力度，后几个月，随着政策效果的逐步显现，预计经济增长速度将适当回调。但从几项主要宏观调控政策来看，对乘用车需求的影响都不大，一是加息，由于我国占消费主流的私家车消费中贷款购车的比重非常低，因此利率的上升对乘用车消费的直接抑制作用非常有限；二是出口退税政策，自2007年7月1日起，财政部和国家税务总局联合发布《关于调低部分商品出口退税率的通知》，调整了部分商品的出口退税政策。这次税率调整涉及行业广泛，其中汽车产品也在调整之列，部分产品退税率由13%下调至9%。但由于本次出口退税调整并没有涉及包含乘用车、商用车在内的整车企业，整车出口退税率仍保持在13%，反映出国家继续鼓励汽车整车出口的意图，因此，政策不但不会对汽车整车出口产生影响，反而通过政策调整有可能将居高不下的钢铁价格降下来，相应降低汽车行业的成本压力。另外，第四季度历来是乘用车消费的旺季，大量新车将集中上市，经销商为消化库存、回笼资金将加快价格下降的步伐，加上股市赚钱效应引发的轿车需求可能在年底爆发，因此乘用车需求将进一步加快，不过考虑到2006年第四季度轿车销量的基数非常高，估计轿车和乘用车增速将保持在前三季度的水平并略有上升。

商用车来看，第四季度增速预计将有所回落，一方面是由于2006年下半年开始的计重收费政策造成的重卡销量井喷，使得同比基数较大，另一方面宏观调控将使固定资产投资增速降低，新开工项目减少将影响到载货车以及自卸车等专用货车的需求，除货车外，商用车中的客车由于出口市场旺盛，需求将能够保持基本平稳。总体来看，第四季度乘用车仍将保持前三季度的增速水平，而商用车在货车需求下降条件下增速预计将出现一定回调。初步估计，全年乘用车销量增长将在25%左右，销量约647万辆，其中，轿车销量增长27%，销量约480万辆，全年商用车销量增长将在23%左右，销量约250万辆，其中，重卡增长约35%，销量17万辆，客车增长约30%。

### （二）2008年汽车市场发展趋势

在乘用车和商用车“双轮”驱动下，2007年汽车市场实现快速增长，考虑到2006年较为强劲的复苏态势，目前基本可以确定汽车市场已经进入了一轮新的较快增长周期，与2002年和2003年的爆发式增长周期不同，这轮周期呈现出的一些特征将使其具备更强的稳定性，持续的时间会更长。

首先，商用车市场的重新启动，使行业增长由上一轮的“单轮”推动转向“双轮”推动。在我国工业化水平尚低、工业化进程远未完成、第二产业在GDP中份额居高不下的背景下，运输能力从初级分散化阶段向高级大型化阶段过渡存在必然，经过多年来在产品性能、制造技术和成本控制方面的储备，目前商用车升级需求释放的时期已经到来，市场规模在未来相当长时间内将继续增长。

其次，汽车消费群体发生了改变，在多年快速的经济增长下，居民收入水平提高、汽车降价不断，轿车的主力消费群体由财富金字塔的塔尖移向中端。这部分人群，市场容纳力更强，消费也更稳定。

第三，汽车消费的区域格局发生了改变，二、三线城市成为消费增长的主力，广东、浙江、江苏、山东、北京等省份依然是轿车消费的主要区域，但在这一轮周期中，二、三线城市轿车消费增速已显著超过一线城市。国家信息中心数据显示，2006 年，二、三级市场汽车销售份额分别为 41% 和 28%，合计已将近 70%，而一级城市和四级城市汽车销售则只占整个国内市场的 12% 和 19%，在乘用车销量中，二、三级市场更是分别占到 47.2% 和 21.2%。二、三级城市更为广阔的市场空间以及日渐雄厚的经济实力为汽车消费持续较快增长打下了坚实基础。

第四，汽车出口市场份额有了很大的提高，“东方不亮西方亮”，出口占比的提高大大提高了汽车总需求增长的稳定性。以商用车为例，2007 年以来大中型客车出口量占总销量的比例达到了到 20%，而 2003 年这一比例还不到 5%，各类货车车型的出口占销量比基本上也达到了 10%，占比稳步提高。轿车等乘用车出口占比尽管仍比较低，但随着产品竞争力的不断提升，比例也在呈上升趋势。目前来看，国家对汽车整车出口仍持鼓励支持态度，预计出口占比还将进一步提高。

第五，汽车更新需求逐渐释放。随着我国汽车保有量的不断提高，目前国内汽车更新率已逐步提高到 20% ~30%，而上一轮周期由于大规模家庭购车刚刚开始，更新率非常低。我国汽车更新率将继续提高，若能达到 30% ~40% 的水平，虽然仍远低于国外发达国家 70% 的更新率水平，但是每年 350 万 ~400 万辆的更新规模将有力保证汽车市场的稳定增长。

2008 年，由于推动新一轮汽车增长周期的上述基本因素不会改变，因此，汽车市场仍将处在增长周期当中，保持较快增长的势头。不过，在基数以及一些短期因素的影响下，增速会有所调整。

一是随着宏观调控政策效果的进一步显现，经济增速将在 2007 年全年回落的基础上继续下降，固定资产投资难以继续保持在 2007 年的水平，预计 2008 年经济增长率将回落到11%以内，固定资产投资增速回落到23%左右，这对汽车需求特别是商用车市场将带来一定影响。

其次，国际油价近期来快速攀升，期货价格已经攀高到90美元/桶的历史高位，在原油价格大幅上涨的情况下，国内汽油柴油等成品油价格存在上调的压力。如果实施调价，将对汽车需求带来一定影响，部分消费者可能会延缓汽车购买。短期内会汽车消费增长将出现下滑。

另外，燃油税何时推出仍不确定，但在原油价格大幅攀升环境下，推出的信号已经越来越强，一旦推出，将对2008年汽车市场带来较大阶段性影响，至少在消费者适应新政策期间，汽车特别是商用车需求将会有一个震荡下滑期。燃油税的推出，主要目的在于引导汽车消费，而不是打压，因此，在适应期后，汽车需求将重新释放，但市场格局会有所改变，相对而言经济节能的商用和乘用车将获得更为广阔的市场。

在不考虑成品油调价和燃油税出台的情况下，初步预计2008年国内汽车的销量同比将增长约20%，产销量迈上1000万辆大关，其中，乘用车同比增长21%，产销约780万辆，商业车同比增长17%，产销约290万辆左右。

## 三　当前汽车行业存在的主要问题和建议

### （一）面对的主要长短期问题

汽车行业进入新一轮较快增长周期，但行业发展中仍存在一些长期和短期的问题需要解决。短期问题方面，主要是伴随近两年行业效益的大幅度上升，汽车产能扩张的冲动重新抬头，这将加剧行业潜在产能过剩风险，不利于汽车市场的稳定。其次，伴随着汽车出口的大幅增加，部分企业产品质量控制不严，引起了海外市场对中国汽车的质疑，2007年以来中国汽车在海外市场频频遭遇碰撞门事件，出口秩序亟待规范引导。

长期问题方面，我国自主品牌汽车在经过多年来的发展后，虽然获得了长足的进步，市场份额不断提高，但在核心技术能力方面与发达国家相比仍存在较大差距，竞争力仍主要停留在中低档小排量汽车领域，这使得自主品牌企业在这一轮市场需求由经济型小排量汽车向中高级车升级过程中处于不利地位，市场份额下降，利润增长下滑，因此，自主品牌企业迫切需要大力加强研发，加快技术和产品升级，大幅提高产品竞争档次，但是，目前不少企业遇到了资金匮乏的问题，缺少资金成为钳制汽车研发技术升级的重要因素。近几年来，对于毫无“外援”的自主品牌而言，表面上销量增速很快，但由于技术含量低，单车利润十分微薄，难以支撑整车研发的巨额支出，而不实现技术升级只能停留在市场的底层，这已成为国内汽车产业链条上一个明显的恶性循环。

### （二）对策建议

针对发展中遇到的潜在产能过剩问题，建议各级政府和汽车生产企业进一步落实2006 年年底发改委下发的《汽车工业结构调整意见的通知》，加快结构调整步伐，把产业组织结构优化升级作为当前发展和调整的主线，注重依靠市场机制，推动联合和兼并重组。针对出口质量问题，目前已引起了商务部对这一问题的高度重视，正在酝酿着一次新的出口秩序规划和调整，新的管理规定将在2007 年 3 月 1 日颁布的《关于规范汽车出口秩序的通知》基础之上，制定更加严格的出口管理规定，在出口资质以及出口产品等方面都将进行相关的调整。目前，新的管理规定还没有最终出台，但需要注意的是，对出口门槛的设定需要多方面调查研究，尽量做到既能刺激出口，又能有效防止质量不好的汽车产品“过关”。

提高自主品牌企业的技术实力和产品竞争力，应该从以下两方面着手。

一方面是解决其资金匮乏问题，促进自主品牌企业在现有的主流汽车制造技术体系内实现赶超，国家应充分利用资本市场，进一步疏通渠道，加快符合条件的自主品牌汽车企业上市步伐或进行再融资，拓展融资渠道。同时，对部分有较强技术研发潜力的汽车企业和技术开发项目提供贴息贷款，进行适当扶持。

另一方面，国家应该着手出台政策，引导并扶持自主品牌企业在新能源技术方面的研发。面对能源稀缺的现实，新能源技术和节能环保汽车的研发将成为未来汽车厂商取得竞争优势的最主要武器。我国汽车业属于后发型，虽然在汽车传统发动机技术方面落后于跨国公司，但是在国际新能源汽车研究方面，国内的技术与发达国家相差并不远。这就需要国家必须高度重视对自主品牌企业以及国内汽车相关科研机构在这一领域的投入和引导，以避免再次错失良机。目前我国上汽、奇瑞、吉利、东风、长安、江淮、比亚迪等多家汽车企业都在采取行动，欲在新能源汽车市场有所作为，采取的技术路线各种各样，比如有的采用小批量燃料电池车技术，有的采用混合动力技术等，而国际汽车界比较公认的未来汽车最为理想的驱动力是氢燃料电池车。目前，我国在发展电动车还是燃料乙醇、生物柴油等替代性能源这一问题上，相关部门还未达成共识，以致造成“百花齐放”的技术局面，在一定程度上造成了社会资源的一定浪费，同时也不利于形成合力有重点地加以发展，以抢占汽车行业未来的技术制高点。因此，国家应加快对国内繁多的新能源技术的考评进度，找出发展前景相对较好，且契合我国能源资源结构特点的技术加以重点推进和扶持，并明确指出重点的技术方向、技术发展路线以及支撑规划的技术政策。

# 2007 年房地产市场运行分析及 2008 年形势预测

董月鲜*

**摘　要：**2007 年，房地产市场运行出现了一些新的特点，房屋销售回温，房地产开发投资增速缓慢回升，经济适用房投资表现出加速增长的势头，房地产开发企业积极谋求多元化融资渠道，利用外资增速加快，预计 2008 年房地产投资增速将略低于 2007 年的增长水平，市场需求尤其是自主性需求仍然旺盛。针对房价上涨过快和住宅供给的结构性矛盾等问题，为了促进房地产市场的健康发展，未来对房地产市场的调控重点应继续落实增加住房供给、调整住房供给结构、加大住房保障力度、抑制房价过快上涨等各项政策措施。

**关键词：**房地产　调控　房价　预测

## 一　2007 年房地产市场运行的新特点

### （一）土地购置面积止跌回升，土地开发面积继续保持较快增长

受 2004 年以来土地紧缩政策的影响，2005 ~ 2006 年，房地产本年土地购置面积出现负增长，同比分别下降 3.8% 和 4.4%。自 2007 年 5 月开始，房地产开发企业本年土地购置面积扭转了 2005 年以来的下降势头。1 ~ 8 月，本年土地购置面积为 2.43 亿平方米，同比增长 15.2%，增幅较上年同期提高 19.4 个百分

* 董月鲜，产业经济学硕士，国家信息中心经济预测部经济师，主要研究方向有消费经济、产业经济等。

点。作为房地产发展的先行条件，土地购置面积增速的回升有利于增加房地产市场的长期供给量，缓解市场供求紧张的局面。

从土地开发情况来看，近几年，全国土地开发面积保持了较快增长。2006年，全国完成土地开发面积26605.6万平方米，同比增长17.3%，2007年1～8月，全国房地产开发企业完成土地开发面积1.62亿平方米，同比增长15.3%（见表1），增幅虽然低于上年同期水平，但比前7个月提高了4个百分点。与此同时，土地开发率（土地开发面积占同期土地购置面积的比重）也有所提高，2006年提高到74.2%，为2000年以来的最高值，2007年1～8月，土地开发率为66.6%，相当于2006年同期的水平。

**表1　土地购置面积与完成土地开发面积情况**

单位：万平方米，%

| 年　份 | 本年购置土地面积 | 增　速 | 完成土地开发面积 | 增　速 | 土地开发率 |
|---|---|---|---|---|---|
| 1998 | 10109.3 | 52.2 | 7730.1 | 4.9 | 76.5 |
| 1999 | 11958.9 | 18.3 | 9319.6 | 20.6 | 77.9 |
| 2000 | 16905.2 | 41.4 | 11666.1 | 25.2 | 69.0 |
| 2001 | 23409.0 | 38.5 | 15315.8 | 31.3 | 65.4 |
| 2002 | 31356.8 | 34.0 | 19416.0 | 26.8 | 61.9 |
| 2003 | 35696.5 | 13.8 | 22166.3 | 14.2 | 62.1 |
| 2004 | 39784.7 | 11.5 | 19740.2 | -10.9 | 49.6 |
| 2005 | 38253.7 | -3.8 | 22676.2 | 14.9 | 59.3 |
| 2006 | 36573.6 | -4.4 | 27128.4 | 19.6 | 74.2 |
| 2007.1～8 | 24290.1 | 15.2 | 16174 | 15.3 | 66.6 |

数据来源：1998～2006年数据根据2007年中国统计年鉴整理，月度数据根据2007年9月中国经济景气月报整理。

## （二）市场总体偏紧，房屋销售面积增速持续快于竣工面积增速

2000年以来，我国房屋销售面积增速连续7年多快于竣工面积的增长速度，自2005年开始，房屋销售面积大于同期竣工房屋面积，并且二者之间的缺口呈逐年加大的态势，2006年，受国家对房地产行业调控的影响，房地产供给和需求均受到不同程度的抑制，但全年房屋销售面积仍超过同期竣工房屋面积

6026.2 万平方米（见表 2）。2007 年前 8 月，在房价持续高企的背景下，房地产市场的需求大幅反弹，房屋销售面积达到 40572.8 万平方米，同比增长 29.3%，增速较上年同期加快 20 个百分点，接近同期竣工房屋面积增速的 3 倍。在市场供求偏紧、增量房市场难以满足需求的情况下，存量商品房被快速消化，截止到 8 月末，全国商品房空置面积为 1.19 亿平方米，同比下降 2.0%。其中，空置商品住宅 6029 万平方米，下降 9.3%。

**表 2　房地产供求情况**

单位：万平方米，%

| 年　份 | 本年新开工房屋面积 | 增速 | 竣工房屋面积 | 增速 | 房屋销售面积 | 增速 | 销售面积减竣工面积 |
|---|---|---|---|---|---|---|---|
| 1998 | 20387.9 | 45.3 | 17566.6 | 11.0 | 12185.3 | 35.2 | -5381.3 |
| 1999 | 22579.4 | 10.7 | 21410.8 | 21.9 | 14556.5 | 19.5 | -6854.3 |
| 2000 | 29582.6 | 31.0 | 25104.9 | 17.3 | 18637.1 | 28.0 | -6467.7 |
| 2001 | 37394.2 | 26.4 | 29867.4 | 19.0 | 22411.9 | 20.3 | -7455.5 |
| 2002 | 42800.5 | 14.5 | 34975.8 | 17.1 | 26808.3 | 19.6 | -8167.5 |
| 2003 | 54707.5 | 27.8 | 41464.1 | 18.6 | 33717.6 | 25.8 | -7746.4 |
| 2004 | 60413.9 | 10.4 | 42464.9 | 2.4 | 38231.6 | 13.4 | -4233.3 |
| 2005 | 68064.4 | 12.7 | 53417.0 | 25.8 | 55486.2 | 45.1 | 2069.2 |
| 2006 | 79252.8 | 16.4 | 55830.9 | 4.5 | 61857.1 | 11.5 | 6026.2 |
| 2006.1～8 | — | — | 18919.3 | 8.4 | 31384.6 | 8.9 | 12465.3 |
| 2007.1～8 | — | — | 20834.7 | 10.1 | 40572.8 | 29.3 | 19738.1 |

数据来源：1998～2005 年数据来自 2006 年统计年鉴；2006 年数据来自 2007 年统计年鉴，2006 年 1～8 月、2007 年 1～8 月数据来自中国经济景气月报。

### （三）调控未改房价增势，部分城市房价上涨过快

为了促进住房价格的基本稳定，2005 年以来，国务院及各大部委连续出台了一系列旨在稳定房价的政策措施，但时至今日，全国大部分地区房价快速上涨的势头仍未得到缓解。2005～2006 年，房屋销售价格指数分别为 107.6 和 105.5，其中住宅销售价格的涨幅高于非住宅销售价格的涨幅，已经连续 4 年超过 5%（见表 3）。从 2007 年的情况来看，面对不断加强的宏观调控，房价增势未改，且呈逐月加快之势，5 月份到 8 月份，全国 70 个大中城市房屋销售价格同比分别上涨 6.4%、

7.1%、7.5%和8.2%，其中新建商品住宅销售价格同比分别上涨6.6%、7.4%、8.1%和9%。分地区来看，近几年房价膨胀较快的地区主要有北京、天津、沈阳、厦门、青岛、深圳等城市，其房价涨幅在很多时候都超过全国平均水平（见表4）。

**表3　近年全国房屋销售价格指数**

| 年　　份 | 2000 | 2001 | 2002 | 2003 | 2004 | 2005 | 2006 | 2007.1～8 |
|---|---|---|---|---|---|---|---|---|
| 房屋销售价格指数 | 101.1 | 102.2 | 103.7 | 104.8 | 109.7 | 107.6 | 105.5 | 108.2 |
| 商品住宅 | 101.4 | 101.9 | 104 | 105.7 | 109.4 | 108.4 | 106.4 | 109 |
| 商品非住宅 | 98.7 | 101.2 | 101.3 | 102.7 | 107.1 | 105.6 | 104 | 106.2 |
| 存量住宅 | | | | | | 108.4 | 105.2 | 107.9 |
| 存量非住宅 | | | | | | 105.5 | 103.4 | 105.8 |

数据来源：年度数据根据2002、2005、2007年中国统计年鉴整理，月度数据出自2007年9月中国经济景气月报。

**表4　近几年房价上涨较快的城市**

| 年　　份 | 2004 | 2005 | 2006 | 2007.1～8 |
|---|---|---|---|---|
| 北　　京 | 103.7 | 106.7 | 108.8 | 112.1 |
| 天　　津 | 113.5 | 106 | 106.7 | 106.8 |
| 沈　　阳 | 115.9 | 107.5 | 106.6 | 105.2 |
| 杭　　州 | 111.7 | 109.7 | 102.6 | 108 |
| 厦　　门 | 107.3 | 108 | 107 | 106.9 |
| 青　　岛 | 115.3 | 110.9 | 106.9 | 106.6 |
| 深　　圳 | 104.6 | 107.2 | 112.3 | 120.8 |
| 全　　国 | 109.7 | 107.6 | 105.5 | 108.2 |

数据来源：同年度数据根据2005、2007年中国统计年鉴整理，月度数据出自2007年9月中国经济景气月报。

## （四）住房保障力度加大，经济适用房投资增速加快

我国从1998年开始推出经济适用住房，但是，由于我国住房保障制度尚未法制化，地方政府无法获得土地出让收入，而开发商利润也较低，各方均缺乏投资建设的积极性，因此，2000～2005年，经济适用房占房地产开发投资额的比重呈直线下滑的态势。经济适用房供给减少加剧了房地产供给结构失衡的程度，不仅弱化了对商品房价格的抑制作用，而且加重了大多数中低收入家庭的购房负担。针对这种

情况，自 2006 年开始，国家陆续出台了一些规范经济适用房建设、加快廉租房建设的规定，将加大住房保障力度作为政府工作的重点。在地方各级政府的配合下，自 2006 年以来，以中低收入阶层为主要需求对象的经济适用房投资增速由负转正，并出现了加快增长的良好势头。2007 年前 8 月累计，经济适用房投资增长 28.8%，增速较上年同期加快 10 个百分点（见图 1）。经济适用房供给的增加，有利于解决房地产领域供给结构失衡的问题，也有利于解决广大中低收入居民的住房需求。

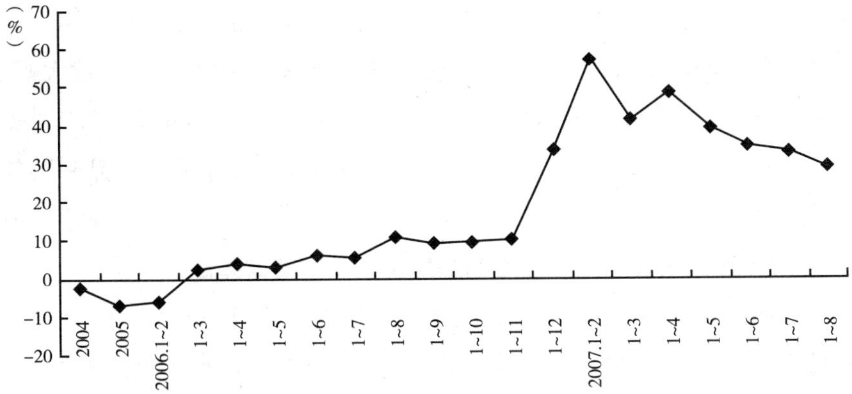


**图 1　2004 年以来经济适用房投资增长情况**

### （五）房地产开发企业谋求多元化融资渠道，利用外资增速加快

面对国内紧缩性的金融调控政策，房地产开发企业努力拓宽融资渠道，自 2006 年下半年以来，房地产开发投资资金来源中利用外资步伐明显加快。2006 年，利用外资同比增长 53%，增速较 2005 年加快 42.6 个百分点。2007 年以来，国内房地产开发利用外资的增速一直保持在 60% 以上。1～8 月，利用外资总额 371.08 亿元，同比增长 65.9%，相当于银行贷款增速的两倍。

## 二　房地产市场可持续发展亟待解决的两个问题

### （一）房价上涨过快成为我国经济运行中的突出问题

在经济快速发展、城市化进程加快、人民生活水平不断提高和资源有限的大环境下，我国房地产市场需求旺盛、价格适度上涨具有一定的必然性，但是，与我国居民的收入水平和支付能力相比，近几年，我国的房地产价格尤其是一些大城市的房价大大超过了大多数居民的购买能力。房地产价格的快速上涨已经成为我国经济运行中的突出问题，也是整个国民经济持续快速健康发展的不稳定因素。

**1. 房价上涨过快导致居民购房负担过重，抑制了居民的其他消费**

房价上涨过快不仅加大了物价上涨压力，而且导致居民购房负担日益加重。1998~2006年，以现价计算的中国城镇居民人均可支配收入平均增长10.2%，而现价住宅销售额的增长却达到32.6%。由于预期房地产价格将会继续大幅上升，许多家庭抑制其他消费，以积攒首付款和支付月供款。过高的首付款和月供支出明显挤出了工薪阶层的消费需求，绝大多数购房者纷纷削减了其他商品和服务的消费。这严重削弱了我国刺激内需的政策效果，成为扩大居民消费需求的重要障碍。

**2. 房价上涨过快加剧了地区之间和居民之间的贫富差距**

目前，我国收入分配的不平等状况已经相当严重，而房价大幅增长，特别是一些大中城市房价增长过快，意味着财富以货币和固定资产的形式向经济发达、居住环境较好的地区集聚，向少数高收入者，特别是投机购房者和房地产商手中集聚。而大部分居民和经营者的收入和财富则变相缩水，收入差距进一步拉大。低收入阶层居民收入的增长赶不上房价的增长，住房支付能力逐步下降，许多人被排斥在住房市场之外。人民银行2007年第一季度问卷调查显示，与家庭月收入在2000元以上的家庭购房意愿不断攀升的现状相比，月收入2000以下的居民购房意愿逐年下降。

**3. 房价持续过快上涨最终将导致房价下跌，从而直接威胁金融秩序的安全，进而给国民经济带来剧烈震荡**

**4. 房价的过快增长影响城乡统筹发展**

城市化进程加快是我国经济结构调整的重要内容之一。房价增长过快，增加了农村剩余劳动力向城镇转移的成本，抑制了城市化发展的进程，削弱了城市化对解决“三农”问题的重要作用。

**5. 房价的过快上涨将带动城市商务成本的提高，降低城市的综合竞争力**

由于高昂的房价加大了居住成本，也阻碍了优秀人才向大城市的聚集，对城市经济的长期发展不利。

### （二）住宅供给的结构性矛盾未得到根本性解决

从房地产市场供给结构来看，中低价位、中小户型住房供应不足问题依然突出。2006 年，国家提出了新审批、新开工的商品住房总面积中，套型建筑面积 90 平方米以下住房所占比重必须达到 70% 以上的规定，而目前这一比重远未达到政策要求。国家发改委数据显示，2007 年上半年，我国 90 平方米以下住房完成投资占住宅投资的比重仅为 19.5%，中小户型住宅供小于求的矛盾未得到有效缓解。

从保障性住房的供给情况来看，经济适用房建设规模仍然偏低。尽管自 2006 年以来，经济适用房投资增速出现了加快增长的良好势头，但是，受前几年增速下降的影响，目前经济适用房开发投资占全部房地产开发投资的比重仍处于 1998 年以来的历史较低水平。2007 年 1 ~ 8 月，经济适用房投资额占房地产开发投资额的比重为 3.1%，较 2000 年（比重为 10.9%）下降了 7.8 个百分点（见图 2）。与中等偏下收入户和低收入户占全部城镇居民家庭的比重（30%）相比，现有经济适用房的供给数量远远满足不了中低收入居民家庭的巨大需求。

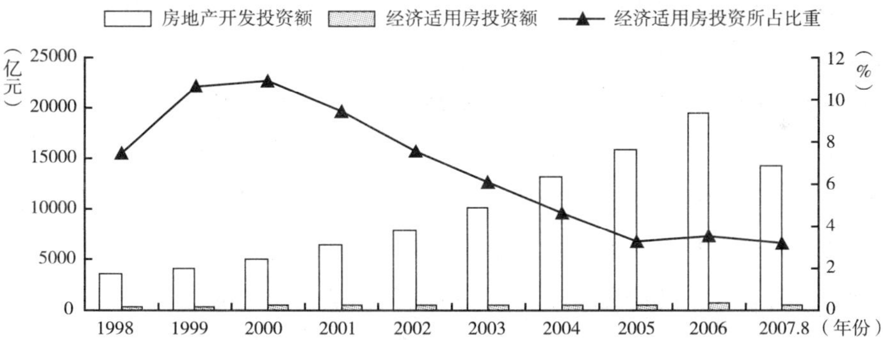


**图 2　1998 年以来经济适用房投资变化情况**

## 三　房地产发展趋势预测及对策建议

### （一）房地产市场供求形势预测

**1. 2008 年房地产投资增速将维持在 25% 左右**

从短期看，房地产投资将继续保持增长势头，根据 2007 年前 8 个月房地产开发投资发生的变化，以及房地产投资年度变化规律，预计2007年第四季度房地产投资的增长幅度不会发生大的波动，全年房地产投资增长约28%左右。2007以来，国家对房地产价格的调控从以需求调控为主转向增加供给、改善供给结构，加大了对经济适用房建设的支持，2008年小户型、经济适用房和廉租房等建设规模将有所扩大，成为房地产开发投资增长的主要动力。但从另一方面来看，由于房地产市场风险逐渐显现，加之美国次级贷款危机对我国起到一定的警示作用，银监会等管理部门已加大了对房地产贷款的审查力度，提高第二套住房贷款首付比例和其他审慎贷款政策将对开发商和购房者的资金来源产生一定限制，这将对2008年房地产投资增长产生下拉作用。综合分析，预计2008年房地产投资增速将低于2007年的增长水平，增速将维持在25%左右。

**2. 投机性需求继续受到抑制，自住性需求仍然旺盛**

随着房地产交易营业税和个人所得税政策的全面实施，以及近期提高第二套房的首付比例及贷款利率等调控政策效力的不断显现，住房投资和投机性需求将会继续受到抑制。

但是，自住性需求将继续增加。住房制度改革已实施10年时间，买房成为消费者唯一的选择。虽然我国实行计划生育政策已有多年，但是人口压力真正减轻至少要在2030年以后。而自1998年以来，我国每年以超过2个百分点的速度推进城市化，据估计，在2020年以前，我国的城市化率都将保持较快的增长。大量人口进城居住、就业，将形成巨大的住房需求。从消费结构升级的趋势来看，随着城镇居民收入水平的不断提高，居民消费的重点已经转向住、行和教育等方面，这将较大幅度地提高住房消费在居民消费中的比例，增加住房消费的总量。

## （二）2008年房地产市场调控的工作重点和建议

长期来看，房地产市场的健康发展还需要更多的配套措施加以深化、完善。未来房地产市场调控的重点应继续落实增加住房供给、调整住房供给结构、加大住房保障力度、抑制房价过快上涨等政策措施，主要建议有以下几个方面。

**1. 继续加大普通住宅的土地供应，保持住宅尤其是中小户型住宅的投资规模**

为了使居民不断增长的住房需求得到满足，保证广大居民能够安居乐业，必须继续加大普通住宅的土地供应，保持适度的住宅投资规模和住宅供应量。针对中低价位、中小户型住房供应不足问题，应推动各地政府从规划审批、土地供应等方面入手，确保中小套型、中低价位普通住房的投资规模，改善住房供应结构，确保“90/70”政策目标的实现。

为了促进土地的节约利用，缓解保护耕地与保证建设用地之间的矛盾，必须继续加大对闲置土地的清理力度，盘活和利用存量土地。目前，开发商囤地现象仍十分严重，从2006年上市公司年报看，一些房地产上市企业拥有大量的存量土地储备，土地储备总建筑规划面积多在300万平方米以上，个别企业超过1000万平方米，按目前的囤地企业年开发量计算，在没有新购土地的情况下，一般可供连续开发好几年，个别企业土地储备量可供开发6、7年，其他非上市开发企业也都有大小不等的土地储备。为了加快存量土地的开发速度，可以考虑采取以下措施：一是调高土地闲置费标准，对囤积土地的开发商征收惩罚性土地闲置费，通过经济杠杆压缩其囤地空间，加快土地开发和房屋建设速度；二是严格贯彻无偿收回闲置土地使用权这一处置措施，做到执法必严。另外，还可以探讨建立土地闲置超过一定规模和期限的房地产开发企业的退出机制。

**2. 完善住房保障制度，减轻中低收入居民购房负担**

住房保障是社会保障问题的重要内容，是建立和谐社会的一项重要的基础性工作。因此，未来政府的工作重心应更多放在完善住房保障体系，解决中低收入家庭的住房问题。对于商品房的房价问题，则更多地由市场决定。

完善的住房保障体系包括经济适用房和廉租房的供给。针对经济适用房开发投资比重偏低的状况，国家应采取有力措施，推动地方政府通过调控项目立项和土地供应，安排经济适用住房开发项目，可以考虑在商品房开发过程中规定一定比例的经济适用房开发规模。针对经济适用房买卖过程中存在的富人寻租行为，除严格控制供应对象外，应尽快落实《国务院关于解决城市低收入家庭住房困难的若干意见》，改变现在的经济适用房出售政策，对经济适用房实行封闭式管理，建立政府回购制度。符合条件的居民可以申请购买经济适用房，但如果需要出售经济适用房的话，只能按规定的价格卖给政府。为了解决廉租房房源不足问题，建议通过由政府承租一些年代久远的二手房，转租给低收入居民。

**3. 择机开征物业税，稳定房价**

目前，我国调控房地产市场的税收手段主要集中于住房交易环节的营业税和个人所得税。对房地产交易环节征收重税，虽然起到了加大住房投机成本、抑制投机需求的作用，但在目前供求紧张的市场环境下，这些税收成本最终必定转嫁到购房者身上，客观上反而助长了房价的上涨。而且，较高的交易税和零持有税使得一部分居民保有住房的意愿增强，也限制了存量房地产的正常流转，更加剧了住房供应矛盾。从国外的经验看，目前的税收调节只能作为一种权宜之计，房地产税收调节应该以物业税等保有阶段的税种为主。物业税不仅有利于打击房地产投机、稳定房价，而且有助于改善地方税收结构、推动城市可持续发展。

（1）由于我国现行房产税制度对居民自有自用房产不征收房产税，投机者“囤积”房地产的机会成本较低，投机性需求旺盛，造成房地产市场的虚假繁荣。对于投机者来说，开征物业税将是信心和预期的打击，通过提高房地产的保有成本，加大了“囤积”房地产的风险，可以达到抑制房地产投机的目的。

（2）较高的保有税率可以避免业主空置或低效率使用房产，以盘活现有的房地产存量，刺激存量房的流动，促进二级市场的发展，从而更好地实现住房“经济适用房——二手房——商品房”的梯级消费，满足不同收入阶层家庭的住房消费。

（3）对地方政府而言，一方面，由于物业税是永久的可持续的税收收入，可以为地方政府提供稳定的税收来源，有助于解决地方财政过度依赖土地出让收入的难题；另一方面，由于物业税随着当地房价上涨而增加，而当地房价的变动又取决于当地经济发展水平和城市环境、公共设施的完备情况等，这就可以有效引导当地政府重视对公共产品和服务的投入、重视长期规划和城市可持续发展。

为了尽可能减低普通消费者的居住支出，可以考虑借鉴国外的经验，对购买第一套自住房时免征物业税或实行极低的税率，对二套住房以上的所有者征收超额累进的物业税。

**4. 建立科学的住房消费模式，提倡“租、购并举”**

我国住房租赁市场不发达的主要原因在于，在现行制度下，房屋所有权往往与户口、子女就学密切联系在一起，在无形中限制了租赁市场的发展，许多刚刚步入工作岗位、积蓄无几的年轻人被迫加入买房者的队伍。租售比例不合理不仅阻碍着我国租赁市场的正常发育，而且使许多城市出现了“售后空置”与“租房困难”并存的现象，进一步加剧了目前城镇住房的供需矛盾。

因此，科学的住房消费模式的建立在很大程度上有赖于相关政策措施的不断完善。只有完善房屋租赁的配套措施，解决包括户籍管理、教育体制、社会保障在内的相关问题，摆脱传统体制对租赁市场发展的禁锢与阻碍，解除居民租房的后顾之忧，才能促进租售互补，充分、合理地利用房产存量资源。

**5. 加强信息体系建设，引导房地产合理生产和消费**

通过完善的房地产信息系统和定期公告制度，及时向社会提供真实完整的土地资源情况、房地产供求情况（包括新增房地产数量、存量房地产数量）、租赁市场的资源、房地产租售价格等信息，有助于合理引导房地产的生产和消费。我国除 1985 年住房制度改革之初做过住房普查外，几乎没有做过什么普查。房地产市场是一个动态的市场，经过 20 多年的建设，城市房屋的存量状况发生了很大变化。为了摸清家底，有必要在全国范围内进行一次房屋普查，通过加强信息体系建设，引导开发商理性开发，购房者理性消费，同时，为管理部门制定相关政策和房地产建设规划提供可靠依据，进而提高决策的科学性。

**6. 提高居民收入，增强购房能力，缓解住房供求矛盾**

长期以来，我国实行的都是低工资制度，人们的收入增长率长期落后于经济增长率，居民收入占国内生产总值的比重过低。改革前，由于住房、医疗、教育等由政府和单位统管，低工资的弊端没有显现。随着住房货币化的推进，一方面是基数巨大且快速上涨的房价，另一方面是工资制度改革滞后、住房补贴数额甚少，住房市场供需脱节问题不断凸显。因此，解决当前房地产市场的供求矛盾，一方面，要通过宏观调控，抑制房价过快上涨，另一方面，要通过提高居民收入，增强消费者的购房能力。

# 区域经济篇

## 2007～2008年区域经济发展趋势分析

胡少维*

**摘　要：** 近年来，区域经济协调发展取得了一定的进展，区域合作稳步推进，但制约区域经济协调发展的问题尚未根本解决。2008年，在区域协调发展战略的指引下，在主体功能区规划及相关政策的影响下，区域经济发展向好的态势将得以延续，区域合作将纵深推进。从四大区域板块看，固定资产投资中部继续领先增长，消费增幅相差不大，外贸出口东部沿海地区仍占据绝对地位。为促进区域经济发展，建议完善区域管理的法律法规体系，组建负责区域发展管理的综合性权威机构，加快建立开放公平的国内市场，加强区际横向联合，加大和改善财政转移支付。

**关键词：** 区域经济　区域政策　发展趋势　问题与建议

在区域协调发展战略的指引下，近年来中国区域经济发展态势良好，区域特色与优势得到有效发挥，区域经济发展全面加速，制约各地区发展的突出矛盾得到缓解，区域协调发展的基础逐步确立，重点地区和地带的引领和支撑作用进一步增强，以区域合作与联动为基础的一体化程度明显提高。胡锦涛总书记在十七大报告

* 胡少维，高级经济师，国家信息中心经济预测部，主要研究宏观经济、区域经济等问题。

中指出："要继续实施区域发展总体战略，深入推进西部大开发，全面振兴东北地区等老工业基地，大力促进中部地区崛起，积极支持东部地区率先发展。遵循市场经济规律，突破行政区划界限，形成若干带动力强、联系紧密的经济圈和经济带。加大对革命老区、民族地区、边疆地区、贫困地区发展扶持力度。帮助资源枯竭地区实现经济转型。更好发挥经济特区、上海浦东新区、天津滨海新区在改革开放和自主创新中的重要作用。走中国特色城镇化道路，促进大中小城市和小城镇协调发展。形成辐射作用大的城市群，培育新的经济增长极。"① 可以预见，随着区域政策的逐步细化，区域协调发展的良好势头将得以延续，增长极的扩散效应将有所增强。

## 一　2007年区域经济发展状况

### 1. 区域合作已成为区域经济的重要内容

近年来，通过各地区、各部门的重视和努力，地区经济合作紧紧围绕区域经济发展的主题，实现了由单一的物资合作向商品、要素和服务全方位的合作转变，由单纯注重本地经济发展向谋求地区间经济协调发展转变，由以政府行为为主向市场引导下的企业主动参与和政府推动相结合转变，由对内联合合作为主向对内对外两个开放并重转变，促进了地区经济结构的调整、统一大市场的逐步形成和区域经济的协调发展，为促进国民经济持续、快速、健康、协调发展发挥了积极作用。2007年9月21日，第二届泛珠三角九省（区）司法行政合作联席会议在海南省海口市召开，来自海南、福建、江西、湖南、广东、广西、四川、贵州、云南九省（区）司法行政系统的代表联合签署了《泛珠三角九省（区）省际边界人民调解协作联调协议》，这标志着泛珠九省（区）省际边界人民调解协作机制正式建立。长三角区域合作也取得积极进展。近年来长三角16个城市已在30多个领域开展合作，其中在规划、科技、信息、产权、人才、旅游、海关、港口、协作等9大领域取得积极进展。

### 2. 重点地区开发开放积极推进

2007年以来中国重点地区开发开放积极推进，对区域发展的带动作用进一

① 引自胡锦涛总书记在十七大开幕式上的报告。

步增强。重点地区开发开放步伐明显加快，重点地区在促进区域发展中的辐射带动作用进一步体现。天津滨海新区综合配套改革稳步推进。2007 年上半年，天津市人民政府向国务院报送了天津滨海新区综合配套改革试验总体方案。经国务院同意，国家发改委批准重庆市和成都市设立全国统筹城乡综合配套改革试验区。此外，诸多省市陆续提出了重点开发开放地区的战略部署，比如河北提出了加快以曹妃甸为核心的港口群建设，河北省人民政府组织编制了曹妃甸循环经济产业示范区规划，一批重大工程正在陆续建设。广西提出加快北部湾开发建设的发展思路，明确了开放开发的主要任务。福建加快推进海峡西岸经济区建设，2007 年 1 月福建省十届人大五次会议审议通过了《福建省建设海峡西岸经济区纲要》。此外，中原城市群、武汉城市群、长株潭地区、昌九工业走廊、皖江经济带、关中城市群等地区加快发展，也都成为有关省规划和建设的重点区域。

**3. 东部产业加速转移**

在社会资金较为宽裕、流动性增强的情况下，东部沿海地区的产业加快向中西部地区转移，利用省外资金成为推动中西部地区投资快速增长的一个重要力量，这种趋势对于促进区域协调发展产生了积极的影响。

2007 年 1 ~8 月份，中西部和东北地区投资增速快于东部地区，反映了东部投资向中西部地区和东北地区转移的态势（见表 1）。上半年，中西部地区实际吸引外资增长了 21.7%，与全国平均增长水平相比高了 9.5 个百分点。同时，与以往相比，向中西部地区产业转移的质量有所提高。比如 2007 年上半年，江西高新技术产品出口增长高达 209% 以上；湖南机电产品出口和进口额分别增长了 75.8% 和 44.0%，高新技术产品出口和进口额分别增长了 59.1% 和 29.7%。

**4. 中西部规模以上工业企业表现良好**

作为经济发展中最重要组成部分的规模以上企业工业增加值，近年来中西部地区的增长大多要高于东部地区，2007 年继续延续了这种格局（见表 2），与此相对应，高新技术产业产值中西部和东北的增幅在相关政策的支持下，增幅也明显高于东部地区（见表 3）。无疑，这是区域协调发展向好的一种表现，但这还不意味着增长格局的变化。因为一是中西部地区月报口径工业增加值占全口径的比重较低，意味着规模以下工业企业增加值占比较大，而规模以下工业企业增加值增速特别是在不发达地区相对是比较低的；二是产业结构不同，与东部发达地区相比，高增长的工业占比中西部地区相对比较低。

**表1　不同区域城镇固定资产投资情况**

单位：亿元，%

| 类　别 | 2007年1～8月 | | | 2006年1～8月 | 2006年1～12月 |
|---|---|---|---|---|---|
| | 绝对值 | 速　度 | 占　比 | 速　度 | 速　度 |
| 东　部 | 31247.15 | 21.18 | 47.47 | 23.34 | 19.09 |
| 中　部 | 13449.38 | 36.01 | 20.43 | 38.15 | 31.62 |
| 西　部 | 14846.21 | 29.45 | 22.56 | 31.81 | 25.86 |
| 东　北 | 6278.11 | 36.23 | 9.54 | 39.28 | 37.37 |
| 京津冀 | 6538.09 | 24.82 | 9.93 | 32.00 | 26.52 |
| 长三角 | 11203.14 | 15.91 | 17.02 | 16.11 | 15.45 |
| 广　东 | 4040.92 | 15.20 | 6.14 | 14.50 | 11.20 |
| 全　国 | 65820.85 | 27.19 | | 29.14 | 24.60 |

注：①西部为12个省份，即：广西、重庆、四川、贵州、云南、西藏、陕西、甘肃、青海、宁夏、新疆和内蒙古；

②东北地区为3个省份，即：黑龙江、吉林和辽宁；

③中部为6个省份，即：山西、安徽、江西、河南、湖南和湖北；

④东部为10个省份，即：北京、天津、河北、上海、江苏、浙江、福建、山东、广东和海南；

⑤这里的全国数为东、中、西部和东北合计。

数据来源：国家统计局月报及相关年份统计年鉴，下同。

**表2　各区域规模以上企业工业增加值情况**

单位：亿元，%

| 类　别 | 2006年1～8月 | 2006年1～12月 | | | 2007年1～8月 | 2006年 | |
|---|---|---|---|---|---|---|---|
| | 速　度 | 绝对值 | 速　度 | 占　比 | 速　度 | 工业占GDP比重 | 月度口径占全口径比例 |
| 东　部 | 20.1 | 55613.19 | 19.5 | 61.06 | 18.7 | 47.10 | 91.83 |
| 中　部 | 20.6 | 14407.2 | 21.1 | 15.82 | 22.4 | 41.96 | 79.44 |
| 西　部 | 20.5 | 12835.49 | 21.2 | 14.09 | 22.0 | 37.93 | 85.61 |
| 东　北 | 17.7 | 8219.86 | 18.2 | 9.03 | 20.0 | 45.06 | 92.53 |
| 京津冀 | 18.2 | 8164.27 | 18.2 | 8.96 | 17.9 | 40.21 | 85.00 |
| 长三角 | 19.2 | 21136.1 | 18.3 | 23.21 | 17.4 | 48.94 | 90.44 |
| 广　东 | 17.9 | 11780.89 | 18.3 | 12.94 | 18 | 47.70 | 94.25 |
| 全　国 | 20.0 | 91075.74 | 19.9 | | 19.8 | 44.39 | 88.79 |

表3　2007年1~8月份各地区高新技术产业发展情况

单位：%

| 类　别 | 工业销售产值 | | 出口交货值 | | 总产值 | | 新产品产值 | |
|---|---|---|---|---|---|---|---|---|
| | 比　重 | 速　度 | 比　重 | 速　度 | 比　重 | 速　度 | 比　重 | 速　度 |
| 东　部 | 87.22 | 18.59 | 96.54 | 18.9 | 86.91 | 18.43 | 84.96 | 9.81 |
| 中　部 | 4.99 | 27.29 | 1.20 | 24.99 | 5.06 | 26.45 | 3.73 | 54.07 |
| 西　部 | 4.87 | 21.5 | 0.79 | -9.05 | 5.03 | 21.06 | 8.00 | 41.59 |
| 东　北 | 2.92 | 32 | 1.47 | 23.12 | 3.00 | 34.44 | 3.31 | 33.67 |
| 京津冀 | 12.12 | 17.31 | 10.76 | 24.97 | 12.04 | 17.23 | 33.16 | 19.85 |
| 长三角 | 35.92 | 19.85 | 40.78 | 20.15 | 35.63 | 19.98 | 25.72 | -4.00 |
| 广　东 | 29.19 | 16.9 | 38.06 | 16.19 | 29.27 | 16.26 | 15.98 | 6.77 |
| 全　国 | | 19.49 | 1 | 8.74 | | 19.37 | | 13.74 |

## 二　区域经济发展中的难点与问题

虽然近年来区域经济发展出现了良好的势头，但不可否认区域经济发展过程中仍存在一些不容忽视的问题。

**1. 盲目发展的态势并未发生根本改变**

发展是硬道理，但如何发展却是个严肃的科学问题。目前看，对待发展问题，一些地方是有条件要上，没有条件要创造条件上。在所谓的创造条件中，有些地方挥斧砍伐防护林建设度假村；把淘汰的东西建在自己地盘上；招商竞争越演越烈，甚至出现零地价、负地价之怪事。生态环境脆弱的地方，非要大干快上一些重污染项目；在电脑尚未普及的地方，偏要发展信息等高新技术产业；粮食主产区却非要“工业强县”。一些地方在发展规划纲要中，都表现出强烈的区域合作需求，但在专项规划里，却还是打自家拳，而不是组合拳。有的地方甚至不顾资源等条件限制，追求“大而全”。非中心城市争当中心，不顾自身条件，竞相以“经济中心城市”为发展目标。

**2. 区域冲突的内在机制未见好转**

区域经济需要政府以市场经济机制为基础，按照要素流动和利益相关的客观要求去选择区域发展战略。同时，由于区域经济是在跨行政区划的前提下进行的，因此，更需要相关的地方政府提出和执行有利于跨省区要素流动的各项政策，甚至实行打破行政区界的经济管理机制。只有在区域内建立起政府与市场的良性互动关系，才能更合理、更有效地进行资源配置。但在目前中央与地方权力博弈的背景下，中国经济发展统一大市场和区域经济的内在要求与事实上的行政区经济的强化的冲突依然突出。近年来，地方保护主义的行为和现象不断以公开或隐蔽的形式出现，加剧了建立区域市场的难度。在地区差距存在的情况下，地方政府作为投资和产业发展的主体，为"保护"自身利益通常采取一种"理性行为"——实行地方保护，保护本地市场，使本地利益最大化。这种与市场经济背道而驰的地方主义行为，加剧了市场割据，对区域经济的健康发展构成了极大障碍。

**3. 区域合作仍然存在一些问题**

主要是省际、区域内城市间缺乏有力度的协调机制，跨地区合作仍受到多方面制约，区域合作组织发展不平衡，软环境建设落后于硬环境建设，有些地方把地区经济合作简单理解为招商引资活动，地区经济合作的作用还没有充分发挥出来。这其中既有旧体制遗留的历史的因素，也有市场机制发育不健全的因素，既有政府职能定位不清的影响，也有观念及相关工作不到位的影响。这些问题的存在，严重制约了区域经济的整合发展，制约了中国经济增长活力的进一步发挥。

另外，目前促进区域协调发展还面临着来自多方面的挑战：一是自然地理与历史差异在市场环境中形成的"马太效应"给区域协调发展带来了挑战；二是工业化与城市化的深入发展，在城乡二元结构环境下出现的"剪刀差依赖"给区域协调发展带来了挑战；三是转变经济增长方式、构建资源节约与环境友好型社会在经济转型的环境下形成的"两难困境"给区域协调发展带来了挑战；四是宏观调控政策实施在现行体制环境下出现的"效用销蚀"现象给区域协调发展带来了挑战等。①

## 三　2008 年区域经济发展趋势

### （一）区域经济政策判断

2007 年 7 月，国务院关于编制全国主体功能区规划的意见（国发〔2007〕

① 引自范恒山《正视促进区域协调发展面临的新挑战》，发展和改革委员会网站，2007 年 9 月。

21号）下发，意味着区域经济政策的制订、实施将更有针对性，这也是2008年区域政策变化中最为重要的。实施全国主体功能区规划，实现主体功能区定位，相关政策就会调整完善，主要有：以实现基本公共服务均等化为目标，完善中央和省以下财政转移支付制度，重点增加对限制开发和禁止开发区域用于公共服务和生态环境补偿的财政转移支付。逐步实行按主体功能区与领域相结合的投资政策，政府投资重点支持限制开发、禁止开发区域公共服务设施建设、生态建设和环境保护，支持重点开发区域基础设施建设。按照推进形成主体功能区的要求，研究提出不同主体功能区的产业指导目录及措施，引导优化开发区域增强自主创新能力，提升产业结构层次和竞争力；引导重点开发区域加强产业配套能力建设，增强吸纳产业转移和自主创新能力；引导限制开发区域发展特色产业，限制不符合主体功能定位的产业扩张。按照主体功能区的有关要求，依据土地利用总体规划，实行差别化的土地利用政策，确保18亿亩耕地数量不减少、质量不下降。对优化开发区域实行更严格的建设用地增量控制，适当扩大重点开发区域建设用地供给，严格对限制开发区域和禁止开发区域的土地用途管制，严禁改变生态用地用途。按照主体功能定位调控人口总量，引导人口有序流动，逐步形成人口与资金等生产要素同向流动的机制。鼓励优化开发区域、重点开发区域吸纳外来人口定居落户；引导限制开发和禁止开发区域的人口逐步自愿平稳有序转移，缓解人与自然关系紧张的状况。根据不同主体功能区的环境承载能力，提出分类管理的环境保护政策。优化开发区域要实行更严格的污染物排放和环保标准，大幅度减少污染排放；重点开发区域要保持环境承载能力，做到增产减污；限制开发区域要坚持保护优先，确保生态功能的恢复和保育；禁止开发区域要依法严格保护。针对主体功能区不同定位，实行不同的绩效评价指标和政绩考核办法。优化开发区域要强化经济结构、资源消耗、自主创新等的评价，弱化经济增长的评价；重点开发区域对经济增长、质量效益、工业化和城镇化水平以及相关领域的自主创新等实行综合评价；限制开发区域突出生态建设和环境保护等的评价，弱化经济增长、工业化和城镇化水平的评价；禁止开发区域主要评价生态建设和环境保护。①

具体到各大区域，东部地区区域政策的着力点在全面提升区域产业结构

① 引自国务院关于编制全国主体功能区规划的意见（国发〔2007〕21号）。

和总体竞争力上，通过更为严格的土地政策和产业政策促使产业结构加快升级。中部地区区域政策的着力点放在优化总体发展环境上，实施促进中部地区崛起的有关政策，进一步提升接受东部产业转移和外来投资的能力。西部地区区域政策的着力点放在稳步提高自我发展能力上，进一步加强基础设施、生态环境、公共服务和人才队伍建设力度，积极培育特色优势产业发展。东北地区区域政策的着力点放在区域创新能力和自我发展能力的恢复上，积极促进资源性城市可持续发展，抓好振兴装备制造业各项政策措施的落实。

## （二）区域经济发展趋势

依据上述区域政策的判断，我们对 2008 年区域经济发展趋势预测如下。

### 1. 东部发达地区经济增长可能再现领先局面

地区经济增长取决于资源配置能力。资源配置能力受区位条件、要素资源存在状况与资源配置方式的约束。东部沿海地区经济率先发展与持续增长主要源于区位优势所具有的地区资源集聚效应和体制转轨与技术进步所带来的地区资源配置效应。无疑，中西部地区具有资源、劳动力成本低的相对优势，而且国家对欠发达地区的物质、政策特别是政策支持力度也不断增大，这也是近年中西部地区与东部发达地区增长速度差距缩小的原因所在。但是，劳动力境内转移成本并不高，因而在劳动力成本方面发达地区的劣势并不是十分明显。与此同时，尽管中西部地区在软环境方面改进的速度在加快，但总的来说，在体制转轨、技术进步以及人文环境方面发达地区仍具有绝对优势。特别是作为近年带动经济发展的城市经济，东部地区又有比较明显的优势，基于此，东部发达地区在经济发展中的主角地位短时期内不会改变，若考虑到 2008 年环保政策对经济发展的影响以及紧缩性宏观调控政策的滞后影响（从历史经验看，越是发达地区其经济发展受调控政策的影响越小，反之亦然），预计 2008 年东部发达地区的经济增幅有望领先于其他地区，经济结构优化的步伐有所加快，区域间相对差距略有缩小，但变化不大。另外，由于在东部的几个大都市群内，新型产业、国际性高级人才和市场化信息情报处理机构相对集中，特别是由于研发能力上发达地区与欠发达地区存在着巨大的差距，这必然会直接影响到区域经济的竞争力和增长质量，因此，估计经济质量方面的差距会更明显一些。

**2. 高新区对区域经济增长的贡献不断增大**

目前，大中城市已基本完成了国家级高新技术产业开发区初创阶段的主要任务，初步建立了适合高新技术产业发展的经营管理体制和市场推进机制，奠定了产业发展基础，比较明显地体现了创新资源的聚集优势。城市高新技术产业发展迅速，多数高新区已经成为区域经济新的增长点。一批有创新能力和竞争实力的高新技术企业正在成长壮大，大量科技成果在高新区实现了产业化，具有自主知识产权的技术和产品达70%以上。2006年中国城市国家级高新技术产业开发区内已拥有45828个企业，从业人员达574万人，实现产值35899亿元，年出口额达1361亿美元。多数高新区已经成为区域经济新的增长点，为培育所在城市的新兴支柱产业和带动区域经济发展作出了重要贡献。随着国家鼓励自主创新政策的不断完善，高新技术区的扩散效应将进一步提升，对区域经济发展的拉动力不断上升。

**3. 区域物流发展加速**

从产业结构的角度看，区域物流在整体经济中的关联效应十分明显，物流水平的提升直接带动了产业结构升级和区域支柱产业的形成与发展，从珠江三角洲与长江三角洲的发展经验来看，物流水平与吸引外资的能力紧密相关，区域物流的高速发展必然会带来资本增值的预期，同时也塑造了区域的品牌与形象。应该讲，物流市场作为区域一体化进程中的一个重要部分，对区域一体化有重要的支撑作用，如京津冀区域合作在交通运输领域进展较快，已经超越了经济一体化进程而发挥出先导作用。而国内目前经济增长较快的长江三角洲和珠江三角洲，其物流园区在全国所占比重已经接近50%。目前看，区域物流已经成为区域经济合作中的重要一环，物流体系的建设有效地推动了区域其他各类体系间的协调运作。随着政府、企业的合作意识增强，2008年区域物流发展将进一步加速。

**4. 区域消费增幅基本相当**

2007年1~8月，西部、东北、中部和东部地区社会消费品零售总额同比分别增长了16.66%、16.78%、17.1%和16.39%，中部、东北和西部地区快于东部地区，表明欠发达地区的消费开始活跃，各地区消费增长差距趋于减小。2008年，随着国家公共财政体制的基本建立以及相应政策措施的实施，从区域的角度看，最大获益者可能是中西部地区。这是因为，实行这一制度将意味着中央财政支出结构要调整为追求公共产品和公共服务均等化，从而使得公共产品和公共服务严重不足的贫困地区所获得的财政转移支付规模不断扩大。由于中央财政支出方向的调整，相对降低了不同城乡居民在人均享受公共福利水平上的差距，将促使欠发达地区城乡居民的人均收入变相增长。这样，过去那种东部沿海发达地区领先增长的局面将发生变化，中西部地区消费增幅有望提升，各区域消费增幅基本相当，差距不断缩小。

**5. 固定资产投资增幅中部地区继续领先**

2008年，随着国务院部门落实中部崛起有关政策措施，中部地区投资有望继续保持领先增长。比如交通部联合中部6省交通主管部门编制出《促进中部地区崛起公路水路交通发展规划纲要》，全力构建高速公路骨架网络。到2020年，中部地区铁路建设总规模将达4500亿元左右，新建铁路6500公里，“十一五”期间，中部6省省会城市机场将全部进行改扩建。商务部决定选择中部地区作为全国投资促进规划准备工作的试点地区，制订中部地区投资促进规划，从而在未来3～5年内在中部地区建立起现代化的投资促进工作体系，探索和实施现代化的招商手段，切实改善中部地区的投资环境，提高吸引外资工作的质量。海关总署也出台10条措施，支持中部地区的进一步扩大开放，以推动中部6省的经济发展。西部和东北地区受政策以及东部产业转移的影响，也会保持比较高的增幅，而东部地区受土地资源的约束，增幅会略低一些。

**6. 东部沿海地区仍是对外贸易的绝对主力**

从进出口贸易增长来看，2007年1～8月，西部、东北、中部和东部地区出口贸易同比分别增长了35.86%、35.86%、37.61%和26.69%（见表4），中部地区增速领先，西部和东北地区也都超过了东部，从进口方面看，西部、东北、中部和东部地区进口贸易同比分别增长了30.35%、20.94%、44.48%和18.45%，也是中部地区增速领先。尽管中西部地区增长势头比较迅猛，但考虑到出口政策的变化以及它们产业结构的不同，2007年这种增幅差距可能在2008年有所缩小，东部沿海发达地区仍是中国对外贸易的绝对主力。

表4　2007年1~8月各区域进出口情况

单位：%

| 类　别 | 出口比重 | 出口增速 | 进口比重 | 进口增速 | 净出口比重 | 净出口增速 |
|---|---|---|---|---|---|---|
| 东　部 | 88.42 | 26.69 | 89.70 | 18.45 | 83.66 | 75.59 |
| 中　部 | 3.62 | 37.61 | 3.25 | 44.48 | 5.02 | 23.45 |
| 西　部 | 3.66 | 35.86 | 3.26 | 30.35 | 5.14 | 50.99 |
| 东　北 | 4.30 | 35.86 | 3.80 | 20.94 | 6.18 | 89.47 |
| 京津冀 | 8.67 | 28.47 | 19.30 | 12.42 | -31.01 | -3.54 |
| 长三角 | 39.31 | 27.85 | 35.15 | 21.99 | 54.86 | 44.43 |
| 广　东 | 30.14 | 25.40 | 27.58 | 18.30 | 39.71 | 48.51 |
| 全　国 |  | 27.74 |  | 19.60 |  | 71.30 |

## 四　促进区域和谐发展的对策建议

区域经济和谐发展是建立在区域间适度经济差距基础上的稳定、协调的可持续发展，是区域内各方面利益关系协调、经济和社会发展协调、城乡发展协调的可持续发展。区域经济和谐发展的基本前提是区域差异或区域分工，协同与合作是区域经济和谐发展的实践基础，区域经济和谐发展意味着一定程度的妥协、折中、放弃或牺牲。为促进区域协调发展，提出以下几方面建议。

**1. 完善区域管理的法律法规体系**

区域经济的协调运行需要完善的法律法规来保障，特别是在市场经济体制下，国家进行区域管理的有关行为和地方政府促进区域经济发展的相关政策，更是要在国家区域管理相关法律框架下进行，这是西方成熟市场经济国家进行区域管理的成功经验，也是中国区域管理制度基础完善的重要内容。法律法规体系在区域管理的制度体系中处于基础性的地位，主要职能是通过鼓励或限制性的措施，为区域内各经济活动主体的市场行为提供一个基本的活动框架和必须遵守的行为准则。区域管理法律法规体系具有不同的层次：区域经济发展与管理法是区域经济发展与管理法律法规体系的基础，具有最高的权威和地位；区域管理法规条例是区域管理法律法规体系必不可少的组成部分，主要是对中央区域管理的有关政策的落实做出具体安排部署。

**2. 加快建立开放公平的国内市场**

完善的市场机制是区域协调发展的基础。只有消除地区封锁，打破行政壁垒，建立国内统一开放的市场，促进各种要素流动，发展具有比较优势的产业，各地区才能从全国区域分工中获得更大的规模效益。政府应通过建立统一的体制环境，取消阻碍要素合理流动的区域壁垒，使各个区域按照市场规律的要求，自主发展，公平竞争，依据比较优势合理配置资源，实现区域协调发展。

**3. 积极引导沿海地区产业转移**

改革开放以来，由于东部地区的优越地理位置以及相对充裕的资金、人才和技术要素，为充分发挥集聚经济效益，减少不确定性，中国经济发展的区域布局主要是在东部地区创造更多的就业机会，吸引广大中西部地区的劳动力就业。但目前珠三角、长三角等地已经出现劳动力供应紧张甚至短缺的状况，而中西部和东北地区虽拥有大量的剩余劳动力，但就业岗位十分缺乏。因此，要解决这种劳动力与就业岗位分布之间的严重失衡状况，促进区域经济协调发展，应适时调整国家产业布局战略，着重在中西部和东北地区创造更多的工作岗位和就业机会，推进其工业化和城市化进程，实现各地区工作岗位与劳动力分布的相互协调和匹配，促进其经济发展与资源和环境承载能力相适应，促进人与自然和谐发展。这样，就应出台相关政策措施，鼓励沿海经济核心区加快产业升级，对到中西部和东北投资的外资和沿海企业给予相应的政策支持，如土地、财政贴息和税收刺激等，积极引导沿海地区产业转移。

**4. 加强区际横向联合**

区域间的横向联合，其根本动因在于区域间生产要素的差异以及比较优势的存在。区域经济的横向联合，有利于突破生产力要素流动的行政性障碍。在条块分割的条件下，区域内企业难以借助区域外部的生产条件，来克服资金、技术制约。而横向经济联合将企业从某地区内孤立的一点变成了区域经济网络中的一个环节，从而使生产要素得以重新优化组合。因此，在市场经济条件下，从互利互惠原则出发，各地方政府应鼓励和支持本地企业和外地企业按市场原则处理相互关系，组建企业集团；废除造成地区封锁、市场分割的各种不合理的政策和规定，从税收、财政、信贷、计划、物资、外贸等方面，对促进横向经济联合的政策进一步加以完善；应制定相应的法律法规，确保合作各方的利益；巩固已有的区域经济协作组织，争取更大范围和更高层次上形成开放型区域市场；较发达地区还应当主动通过产业转移、技术转让和联合、联营、合作等形式，促进和带动不发达地区经济的发展，从而实现资源与市场的互补。

**5. 组建负责区域发展管理的综合性权威机构**

在横向联合中，由于各地区的地位和作用不同，难免会出现区际利益分配的不均。为减少地区间的经济摩擦，促进区域经济的健康发展，必须建立一个有效的区际利益协调机制。对关系到区域经济全局、非一个行政区划所能解决的若干重大经济问题，如能源、交通、新兴工业、江河治理等，应通过各地方政府的相互协商和对话，合理地制定相关政策，统一安排部署，以协调各方利益，从而实现区域经济整体目标。而以谈判机制为基础建立的区域经济合作，客观上需要有一套紧密的制度性组织机构为各成员提供一个经常性的谈判和仲裁场所。因此，在跨省的区域经济合作与协同发展中，为了保障有效的利益形成、增长与分配，必须建立一个在以国家总体发展战略为依据、以产业发展为特征的区域经济政策框架下的法律法规体系，并通过建立相应的协调发展机构，运作促进区域发展的基本要素和市场，以实现区域的长期可持续发展，而不是盲目竞争，滥用资源，浪费一体化发展的机遇。目前，中国经济发展到了区域经济发展的特定阶段，按区域经济发展规律来组织和调控经济发展成为客观要求。中国宏观调控的空间组织模式由以现行行政区划为基础的“中央——省（市、区）”两级调控模式，切换为“中央——经济区”与“中央——省（市、区）”并重调控模式，这是中国在区域经济发展新形势下宏观经济调控格局变革的新任务。需要成立负责区域发展管理的综合性权威机构，管理跨区域的事务。

**6. 加大和改善财政转移支付**

促进区域协调发展，不是单纯要求缩小区域之间、各层次行政区之间经济总量的差距，而是着力完善公共财政制度，使所有人享有基本公共服务的均等化，享有大体相当的生活水平。正如胡锦涛总书记在十七大报告中指出：“推动区域协调发展，优化国土开发格局。缩小区域发展差距，必须注重实现基本公共服务均等化，引导生产要素跨区域合理流动。”“基本公共服务均等化”，包括义务教育、公共医疗卫生、公益文化、基本就业、社会保障等基础性社会公共服务的均衡提供和平等享用。政府通过提供均等化的文化教育、医疗卫生、社会保障等基本公共服务以及能源、交通、通讯等基础设施，使区域间市场主体的竞争公平化，实现区域之间的“竞争效率”。当前，我们具备了逐步解决区域发展差距的条件，中央政府也有能力为促进区域协调发展提供体制、政策、资金等方面的支持。要进一步明确财政转移支付的支出用途，切实保证公共服务的投资。采取有条件转移支付，激励地方政府进行改革，防止滴漏现象，提高财政转移支付提供公共服务的效益。

## 参考文献


郝玉龙、穆岩:《以市场一体化为平台加快区域物流发展》,《中国流通经济》2007 年第 2 期。

傅允生:《资源配置能力与东部沿海地区经济增长》,《经济理论与经济管理》2007 年第 2 期。

魏后凯:《对当前区域经济发展若干理论问题的思考》,《经济学动态》2007 年第 1 期。

杨逢珉、孙定东:《欧盟区域治理的制度安排》,《世界经济研究》2007 年第 5 期。

范恒山:《正视促进区域协调发展面临的新挑战》,发展和改革委员会网站, 2007 年 9 月。

陈宣庆、张可云、孙广宣、周毅仁:《统筹区域发展的战略问题与政策研究》,发展和改革委员会网站, 2007 年 9 月。

# 京津冀都市圈经济发展与政策取向

齐　心*

**摘　要：** 京津冀都市圈是中国经济增长的第三极，是21世纪中国最具发展潜力的都市圈。本文通过对京津冀都市圈的SWOT分析，提出京津冀地区发展的短期和中长期发展战略，并提出建立京津冀都市圈产业转移工业园、京津冀都市圈“三小时”交通经济圈和区域间经济补偿机制。

**关键词：** 京津冀都市圈　SWOT分析　发展战略

京津冀都市圈，是一个不仅具有悠久历史，而且将在新世纪重新焕发生机的中国经济增长的第三极。

## 一　京津冀都市圈发展概况

京津冀都市圈是指以北京市和天津市为中心，囊括河北省的石家庄、保定、秦皇岛、廊坊、沧州、承德、张家口和唐山八座城市的区域，该区拥有中国的政治、文化中心和曾经的近代中国经济中心。①

---

* 齐心，国民经济学博士，北京市经济信息中心，研究员，主要从事宏观经济发展战略研究。

① 中国100多年的工业化过程主要集中在东部沿海，而且曾经存在着两个最高峰：南部的上海和北部的天津。随着洋务运动的兴起，天津曾经成为了中国北方最大的近代工业中心、对外贸易中心、铁路运输枢纽、金融中心。但由于1949年前帝国主义经济、军事掠夺和国民党苛捐杂税以及内战和1949年之后，政策定位和1976年唐山大地震的影响而日益没落。周立群：《创新、整合与协调——京津冀区域经济发展前沿报告》，经济科学出版社，2007，第18～27页。

## （一）京津冀都市圈经济发展现状

京津冀都市圈占地183704平方公里，占全国总面积的1.9%，人口7605.13万人，占全国总人口的比重为5.79%。从2006年的统计数据来看，该区经济总量增长速度普遍高于全国平均水平，其中北京和天津核心地位显著（详细见表1、表2）。

**表1　2006年京津冀都市圈经济发展基本情况**

| 指标地区 | | GDP（亿元） | 全社会固定资产投资（亿元） | 社会消费品零售总额（亿元） | 出口总额（亿美元） | 全部财政收入（亿元） |
|---|---|---|---|---|---|---|
| 北　京 | 绝对值 | 7870.30 | 3371.5 | 3275.2 | 379.8 | 1117.2 |
| | 增长（%） | 12.8 | 19.3 | 12.8 | 23.1 | 21.5 |
| 天　津 | 绝对值 | 4337.73 | 1849.80 | 1356.79 | 335.4 | 925.62 |
| | 增长（%） | 14.4 | 22 | 14 | 22.3 | 27.6 |
| 石家庄 | 绝对值 | 2064.00 | 1096 | 698.8 | 34.02 | 190.1 |
| | 增长（%） | 13.2 | 18 | 15.3 | -8.6 | 14.7 |
| 唐　山 | 绝对值 | 2361.68 | 765.35 | 544.3 | 19.72 | 264.29 |
| | 增长（%） | 14.6 | 20.4 | 16.2 | 64.7 | 16.7 |
| 保　定 | 绝对值 | 1199.96 | 578.5 | 441.1 | 16.28 | 119.2 |
| | 增长（%） | 10.2 | 17.8 | 14.5 | 48.2 | 18.3 |
| 秦皇岛 | 绝对值 | 571.56 | 211.85 | 167.9 | 19.6 | 66.54 |
| | 增长（%） | 12.6 | 36.8 | 14.2 | 6.5 | 19.6 |
| 廊　坊 | 绝对值 | 722.00 | 460.1 | 206.0 | 8.6 | 74.4 |
| | 增长（%） | 15.2 | 47.1 | 15.6 | 46.3 | 27.3 |
| 沧　州 | 绝对值 | 1281.67 | 458.2 | 288.4 | 8.87 | 100.15 |
| | 增长（%） | 15.2 | 49.8 | 15.3 | 40.9 | 21.1 |
| 张家口 | 绝对值 | 475.53 | 223.85 | 165.2 | 2.91 | 83.85 |
| | 增长（%） | 13.6 | 42.5 | 13.1 | 46.9 | 15.6 |
| 承　德 | 绝对值 | 425.90 | 230.5 | 132.9 | 1.46 | 58.6 |
| | 增长（%） | 17.3 | 32.5 | 12.7 | 37.6 | 29.3 |
| 合　计 | 绝对值 | 21310.33 | 9245.65 | 7276.59 | 826.66 | 2999.95 |
| 全　国 | 绝对值 | 210871 | 109870 | 76410 | 9691 | 39373.2 |
| | 增长（%） | 11.1 | 24 | 13.7 | 27.2 | 24.4 |
| 占全国比重 | 绝对值占比重（%） | 10.1 | 8.4 | 9.5 | 8.5 | 7.6 |

资料来源：全国和各城市2006年统计公报。

表 2　2006 年京津冀都市圈各城市的产业指标

| 名　称 | GDP 值（亿元） | 第一产业 | | 第二产业 | | 第三产业 | |
|---|---|---|---|---|---|---|---|
| | | 产值(亿元) | 比重(%) | 产值(亿元) | 比重(%) | 产值(亿元) | 比重(%) |
| 北京市 | 7870.30 | 98.00 | 1.3 | 2191.50 | 27.8 | 5580.80 | 70.9 |
| 天津市 | 4337.73 | 118.97 | 2.7 | 2485.83 | 57.3 | 1732.93 | 40.0 |
| 石家庄 | 2064.00 | 255.00 | 12.3 | 1025.00 | 49.7 | 784.00 | 38.0 |
| 唐　山 | 2361.68 | 255.22 | 10.8 | 1367.41 | 57.9 | 739.05 | 31.3 |
| 保　定 | 1199.96 | 207.87 | 17.3 | 587.44 | 49.0 | 404.65 | 33.7 |
| 秦皇岛 | 571.56 | 71.92 | 12.6 | 218.59 | 38.2 | 281.05 | 49.2 |
| 廊　坊 | 722.00 | 106.80 | 14.8 | 400.70 | 55.5 | 214.50 | 29.7 |
| 沧　州 | 1281.67 | 142.02 | 11.1 | 699.49 | 54.6 | 440.16 | 34.3 |
| 承　德 | 425.90 | 75.10 | 17.6 | 223.40 | 52.5 | 127.40 | 29.9 |
| 张家口 | 475.53 | 78.61 | 16.5 | 207.47 | 43.6 | 189.45 | 39.9 |
| 河北省 | 11613.70 | 1605.40 | 13.8 | 6071.30 | 52.3 | 3937.00 | 33.9 |

资料来源：各城市 2006 年统计公报。

## （二）与长江三角洲、珠江三角洲的对比

中国改革开放 20 多年来，在深圳、上海浦东试点开发的带动下，珠江三角洲和长江三角洲两大区域加速发展，推动了中国经济的两次腾飞式发展。相比之下，在经济总量、对外开放程度、市场化进程和区域合作一体化等方面京津冀都市圈与长三角、珠三角都市圈还存在着一定的差距。

从经济总量上看，京津冀地区明显落后于长江三角洲地区，与珠江三角洲地区相近，人均国内生产总值明显落后于长三角和珠三角；从经济外向度来看，进出口总额、实际利用外资等方面京津冀地区均落后于长江三角洲地区和珠江三角洲地区；从市场化改革进程来看，国有经济比重较高，城市化率低于长三角和珠三角的平均水平；从区域合作一体化来看，受行政体制约束影响，京津冀地区一体化进程缓慢，效果不理想（详细数据参见表 3）。

表 3　2006 年全国与三大区域主要经济指标对比

| 地　区 | | GDP（亿元） | 人均 GDP（元） | 进出口总额（亿美元） | 实际外商直接外资（亿美元） | 城市化率（%） |
|---|---|---|---|---|---|---|
| 长三角 | 上海市 | 10366 | 57695 | 2275 | 71 | 88.7 |
| | 浙江省 | 15743 | 31874 | 1391 | 89 | 56.5 |
| | 江苏省 | 21645 | 28814 | 2840 | 174 | 51.9 |
| | 小计/平均 | 47754 | 33517 | 6506 | 334 | 58.2 |
| 珠三角 | 广州市 | 6074 | 62268 | 638 | 29 | |
| | 深圳市 | 5814 | 67907 | 2374 | 33 | |
| | 广东省 | 26204 | 28332 | 5272 | 145 | 63.0 |
| 京津冀 | 北京市 | 7870 | 50467 | 1582 | 46 | 84.3 |
| | 天津市 | 4359 | 41163 | 646 | 41 | 75.7 |
| | 河北省 | 11660 | 16962 | 185 | 20 | 38.4 |
| | 小计/平均 | 23889 | 25166 | 2413 | 107 | 50.2 |
| 全　国 | | 210871 | 16084 | 17604 | 6919 | 43.9 |

资料来源：根据各城市 2006 年统计公报，《2007 中国统计年鉴》整理得出。

## 二　京津冀都市圈经济发展的 SWOT 分析

### （一）优势（S）分析

#### 1. 独有的政治、信息、科技和人才优势

首都北京作为核心区是京津冀都市圈最显著的优势之一。独有的政治、信息资源，发达的总部经济，不断积聚的科技人才资源为都市圈的发展奠定了良好的基础。

#### 2. 自然资源丰富，区位条件优越

京津冀都市圈云集了发展现代化工业所需的能源、黑色金属、有色金属、化工原料、建筑材料等矿产资源；备有滨海新区 1200 多平方公里的可开发土地资源和河北省 3000 多平方公里的后备土地资源；拥有渤海湾丰富的海洋资源和天津港、曹妃甸港等天然优良港口。现代化的空港海港，衔接南北，贯穿东西的公路网和铁路网让京津冀都市圈成为全国重要的交通枢纽。

### 3. 产业体系完整，初步形成了产业结构梯度

京津冀都市圈具备比较完整的产业体系，拥有信息传媒、科技创新、金融服务、文化体育等高端产业；通信设备、计算机及其他电子设备制造业，汽车制造、医药制造等现代制造业；铁矿、煤矿、石油开采，黑色冶金、石油加工、综合化工以及农业生产等基础产业。

京津冀都市圈内三省市产业优势不同（京津冀都市圈内三省市各产业区位商[①]见表4），已经初步形成了较明显的产业梯度。北京市已经形成了三、二、一的国际化都市型产业格局，处于工业化的高级阶段；天津市形成了二、三、一的工业城市产业格局，处于工业化中级阶段；而河北八市的产业格局差异较大，但整体处于工业化初期阶段。因此，在京津冀都市圈的产业结构梯度转移[②]中，已经形成了京津两地是转移方、河北省是接受方的格局。

**表4　2006年三省市产业区位商比较**

| 地　区 | 产　业 | 区位商 | 地　区 | 产　业 | 区位商 | 地　区 | 产　业 | 区位商 |
|---|---|---|---|---|---|---|---|---|
| 北京市 | 第一产业 | 0.11 | 天津市 | 第一产业 | 0.23 | 河北省 | 第一产业 | 1.18 |
| | 第二产业 | 0.57 | | 第二产业 | 1.17 | | 第二产业 | 1.07 |
| | 第三产业 | 1.80 | | 第三产业 | 1.02 | | 第三产业 | 0.86 |

资料来源：根据《2007中国统计年鉴》整理得出。

## （二）劣势（W）分析

### 1. 京津“空吸[③]”严重，区域二元经济特征明显

2006年，北京市人均GDP达到50467元，天津市达到41163元，而河北省

① 产业区位商的计算公式为HQij＝（Hij/Hi）／（Hj/H），其中，HQij表示i地区j产业的区位商，Hij表示第i个地区、第j个产业的产出，Hi表示i地区的全部产出；Hj表示全国j产业的全部产出，H表示全国所有产业的总产出。一般来讲，当区位商显示超过1时，就说明该产业在该地区拥有一定的比较优势。

② 由于产业梯度的存在以及产业结构升级的需要，产业结构有着在国家、地区间梯度转移的规律。

③ 空吸作用：空吸作用原是物理学中的一个名词，是指由高速气流所造成的低压将产生一种吸取流体的作用。北京“空吸”是指，由于北京地区的集聚效应大于辐射效应从而导致的人才、资源逐渐向北京集中，造成周边地区发展相对迟缓。

只有 16962 元，过大的差距表明二元经济特征明显。京津强烈的“空吸”作用和较差的辐射带动力，可能会导致没有经济腹地①的孤岛型现代化的出现。都市圈内低等级城镇数量过多，中等城市偏少，能够接受核心经济辐射的能力有限，无法分享中心城市的发展成果，也难以很好的承接京津两地的产业梯度转移。

**2. 行政区划与经济区划的差异**

行政区划和经济区划的不重合，是中国都市圈发展的最大障碍，京津都市圈在发展过程中也深受影响。由于区划的不同，没有统一规划，再加上“分灶吃饭”的财税体制，各地市都只根据自身的需求寻找合作，无法形成资源信息共享、优势互补、协调发展的合作模式。与其他两个都市圈不同的是，京津冀都市圈中行政关系还具有多重性：北京与河北之间既是中央与地方的一般关系，而且又是并列的同级关系；天津与河北既是同级关系又是直辖市与地方的关系。重叠、复杂的行政关系，进一步影响到都市圈内经济合作与一体化进程。

**3. 产业同构和产业链断裂并存**

京津冀都市圈内，北京和天津两个核心城市存在着一定程度的产业同构。根据 2005 年北京、天津工业区位商②大于 1 的行业列表（见表 5）可以看出，两市主要同构产业集中在冶金、机械、电子、医药制造等部门。这种现象直接导致了两地在资源、能源、项目等方面的争夺。

区内还没有形成有创新能力的产业链和产业集群，金融、信息服务和现代制造业的产业链延伸方面还比较欠缺。虽然部分产业已经嵌入国际产业供应链，但基本都处于“微笑曲线”③ 低端，至今还没有形成由占据高端并拥有自主创新能力的本土企业建立的区域完整产业链。

---

① 经济腹地与经济中心是一个相对应的概念，其内涵是经济中心的吸收和辐射能力能够达到并能促进其经济发展的地域范围。如果没有经济腹地，经济中心也就失去了赖以生存的物质基础，也就根本谈不上经济中心和中心城市现代化。

② 工业区位商的计算公式为 HQij =（Hij/Hi）/（Hj/H），其中，HQij 表示 i 地区 j 行业的区位商，Hij 表示第 i 个地区、第 j 个工业行业的产品销售收入，Hi 表示 i 地区的全部工业产品销售收入；Hj 表示全国 j 行业的产品销售收入，H 表示全国所有工业行业的产品销售收入。一般来讲，当区位商显示超过 1 时，就说明该工业行业在该地区拥有一定的比较优势。

③ 现代产业价值链研究表明，产业链利润呈现一个“V”字形，即所谓的微笑曲线。在这个曲线中，一头是研发、设计，另一头是销售、服务，中间是加工生产。

表5　2005年北京、天津工业区位商大于1的行业

| 排序 | 北京 行业 | 北京 区位商 | 天津 行业 | 天津 区位商 |
|---|---|---|---|---|
| 1 | **燃气生产和供应业** | 2.803 | 石油和天然气开采业 | 2.507 |
| 2 | **通信设备、计算机及其他电子设备** | 2.297 | **通信设备、计算机及其他电子设备** | 2.179 |
| 3 | 印刷业和记录媒介的复制 | 2.025 | **医药制造业** | 1.656 |
| 4 | 仪器仪表及文化、办公用机械 | 2.014 | 黑色金属冶炼及压延加工业 | 1.483 |
| 5 | **交通运输设备制造业** | 1.806 | 金属制品业 | 1.477 |
| 6 | **石油加工、炼焦及核燃料加工业** | 1.698 | **燃气生产和供应业** | 1.390 |
| 7 | 水的生产和供应业 | 1.644 | **交通运输设备制造业** | 1.352 |
| 8 | 电力、热力的生产和供应业 | 1.619 | 废弃资源和废旧材料回收加工业 | 1.241 |
| 9 | 专用设备制造业 | 1.507 | 有色金属矿采选业 | 1.227 |
| 10 | 食品制造业 | 1.238 | **石油加工、炼焦及核燃料加工业** | 1.110 |
| 11 | 饮料制造业 | 1.168 | 家具制造业 | 1.085 |
| 12 | **医药制造业** | 1.090 | | |

注：按产品销售收入计算，产品销售收入等同于主营业务收入，其中加粗字体行业为两市同构产业。
资料来源：根据《2006北京统计年鉴》、《2006天津统计年鉴》、《2006中国统计年鉴》整理得出。

## （三）机遇（O）分析

### 1. 全球经济一体化

进入21世纪，经济全球化开始进一步向纵深发展，并带来了新的国际分工、生产格局和外部环境，也为位于东北亚区域中心的京津冀都市圈带来了战略发展机遇。京津冀都市圈可以在国际分工的发展和产业转移引导下，优化产业结构并嵌入国际产业链；在全球资本流动加快并大量涌入中国的形势下，充分利用外资；在技术等生产要素流动加快的条件下，扩大国际合作的范围并加强国际合作的力度。

### 2. 国家区域发展战略

国家“十一五”规划中的主体功能区规划将京津冀地区列入优化开发区域，其国家战略定位是提升国家竞争力的重要区域，全国重要的人口和经济密集区，带动全国经济社会发展的龙头。新的规划定位指明了京津冀都市圈的发展模式和

方向，为其注入了新的生机和活力。天津滨海新区和河北曹妃甸的发展被提升到了国家战略高度，也为京津冀都市圈的发展带来了新的增长点。

**3. 2008 年奥运会**

2008 年北京奥运会不仅为北京带来了发展新契机，也为京津冀都市圈带来了新的生机。在与奥运联系较大的高新技术、环保、旅游、金融、商业等产业的带动下，区域内产业升级和梯度转移将会加快；在奥运的带动下，区域内的合作将会增加，一体化进程将会加快；后奥运经济也将持续为区域发展注入动力。

### （四）威胁（T）分析

**1. 资源环境出现危机**

水资源紧缺已经成为制约京津冀都市圈发展的一个瓶颈。区域自产水量正在不断减少，普遍出现了超前超量开采地下水的现象。区域内生态环境也不容乐观，尤其是天津、唐山等工业城市污染较为严重，区域内河流污染程度较重。

**2. 国内区域竞争日趋激烈**

一定的区域竞争可以加速产业升级，但同时也会压缩竞争主体的市场空间，形成对资源、资金、项目的争夺并有可能演化成恶性竞争。区域竞争带来的地方保护主义、政府过多地介入经济领域尤其是市场竞争，会阻碍全国统一市场的形成和市场在资源配置中基础性作用的发挥。

## 三　京津冀都市圈经济发展战略

### （一）短期发展战略

明确城市定位，规划产业布局，启动“双引擎”——滨海新区和唐山曹妃甸。

**1. 明确城市定位，规划产业布局**

全国各省市区的“‘十一五’规划纲要”明确了各省市的战略定位：其中北京市定位是国家首都、国际城市、文化名城、宜居城市；天津市定位是现代化国际港口大都市和中国北方重要的经济中心。对照城市定位，京津冀都市圈发展面临的首要任务是对产业布局进行重新规划，进行区域间合理分工，北京逐步退出“经济中心”，加快第三产业尤其是服务业的发展；天津恢复北方经济中心，加快推进滨海新区开发开放；利用原料优势，依托曹妃甸，大力发展唐山市[①]新型工业。

国家即将出台的《京津冀都市圈区域规划》的有关报告对北京、天津和河北八市的产业结构和布局进行了规划。北京重点发展领域是，以微电子、计算机、通信、汽车制造、光机电一体化、新材料、生物工程等为主的高新技术产业和现代制造业，以科研、文化、教育为主的创意文化产业，以及以金融、保险、商贸、物流、会展、旅游等为代表的现代服务业。而天津在现有加工制造业优势与港口优势基础上，定位为大力发展电子信息、汽车、生物技术与现代医药、装备制造、新能源及环保设备等先进制造业；发展现代物流、现代商贸、金融保险、中介服务等现代服务业，适当发展大运量的临港重化工业。河北 8 市定位在原材料重化工基地、现代化农业基地和重要的旅游休闲度假区域，也是京津高技术产业和先进制造业研发转化及加工配套基地。[②]

**2. 天津滨海新区**

国家“十一五”规划中明确了滨海新区的功能定位：立足天津、依托北京、服务环渤海、辐射“三北”、面向东北亚，努力建设成为高水平的现代制造和研发转化基地、北方国际航运中心和国际物流中心、宜居的生态城区。

滨海新区拥有独特的外向区位优势，地处环渤海地区的中心位置，面向东北亚，中国北方连接亚欧大陆桥最近的东部起点，蒙古、哈萨克斯坦等邻近内陆国家的重要出海口；组合功能优势，滨海新区集港口、经济技术开发区、高新技术园区、出口加工区和保税区于一体；丰富的资源优势，大面积的生态和建设用地，储量可观的石油、天然气；产业优势，电子信息、石油开采及加工、海洋化工、现代冶金、汽车及装备制造、食品加工和生物制药等七大主导产业，具备了比较雄厚的产业基础。

滨海新区的发展将促进天津工业的复兴，加快天津市都市型工业的发展，带动整个京津冀地区的工业发展，引领中国北方工业的重振复兴。

---

① 统计资料显示唐山市是河北省经济第一强市。

② 津报网，http：//www. tianjindaily. com. cn/binhai/content/2007 – 05/17/content_ 205553. htm.

**3. 唐山曹妃甸**

被列入国家"十一五"规划的唐山曹妃甸科学发展示范区是国家发改委批准投资最多的工业区，并已经上升到国家发展战略高度。曹妃甸的战略定位是：中国重型装备制造业生产基地、世界级化工工业生产基地、世界级精品钢材生产交易中心、东北亚航运枢纽中心、新的亚欧大陆桥的东部桥头堡。曹妃甸拥有丰富的优质资源：环渤海地区少有的天然深水良港①——曹妃甸港区；曹妃甸地处的唐山市是中国少有的大型综合能源资源城市，不仅有丰富的煤炭资源，石油和铁矿石储量也名列全国第一和第二；交通区位优势明显，位于环渤海中心地带，后方腹地辽阔，是"三北"地区走向世界的跳板；后备土地充足，岛屿后方滩涂广阔并与大陆相连，实际可开发潜力为300平方公里。曹妃甸还遇到了空前的历史机遇：北京一些重化工业外迁（首钢东迁），为其承接北京产业转移，发展重工业提供了机会；南堡大油田的勘探开发，吸引了中国三大石化集团的投资，形成了产业聚集效应。

曹妃甸的发展腾飞将带动整个唐山市的经济转型，承接京津冀都市圈产业结构调整中的产业梯度转移，与天津滨海新区携手打造中国北方的重化工业"双引擎"和东北亚国际航运中心。

## （二）中长期发展战略

中长期发展战略主要包括一个中心，两个增长极，三层次发展战略。

**1. 一个中心：以京津冀都市圈经济一体化发展为中心**

经济全球化和区域经济一体化②是世界经济普遍的发展趋势。在京津冀都市圈发展过程中，应该坚持以一体化发展为中心：在市场经济条件下，充分发挥京、津、冀三地经济发展方向的同一性、产业结构互补性的特点，促进生产要素的自由流动，加速产业的整合与重组，实行地区经济联合与协作，从而以整体优

① 青岛港深16米，大连港深12～14米。

② 一体化的实质就是打破行政区划界限，按区域经济原则统一规划布局、统一组织专业化生产和分工协作，建立统一的大市场，优势互补、联合协作，联结并形成一个利益命运共同体。它通过一定的组织和协议以及一定的联合方式，实现区域经济的统一规划布局和生产力配置，统一开发区域资源，建立分工协作关系和统一的大市场，统一对外开放政策，联合开发和占领市场，提高竞争力，实现共同的发展目标。

势参与对外竞争。

**2. 两个增长极[①]：将北京市和天津市作为京津冀都市圈发展的双增长极**

北京市：通过发展总部经济、充分发挥后奥运经济的能效、加快发展第三产业，将北京市发展为中国的“硅谷”、世界的“文化产业中心”。

天津市：中国的“马六甲”和“华尔街”。将天津港和河北省几个临近港口进行整合、功能定位、职能分配，共同将天津市打造成中国北方的“马六甲”。借助中央给予天津市的金融改革试点的政策和机会，将天津市发展成为中国资金输往海外和外国资金进入中国的中转站，成为中国的“华尔街”。

**3. 三层次发展战略**

（1）增强核心城市竞争力，充分发挥其扩散效应。都市圈形成过程中的普遍功能特征是：首先由中心城市产生集聚效应，然后由集聚效应发挥扩散效应，积聚带来扩散，而扩散则进一步增强集聚能力。第一层的发展应该是加强核心城市的集聚能效。一方面加强政策、资源、信息、人才的支持力度，促进优势产业的发展；另一方面要避免大都市问题的出现，提倡住宅郊区化，合理控制流动人口，加强节能减排力度。

（2）发挥城市群体能级效应，构建“金字塔”型城镇体系。第二层的发展应该是发挥核心城市的扩散能效。由核心城市优质的资源，带动都市圈内其他城市的发展。都市圈的一个基本特征就是具有层次性的城镇规模分布，合理的城镇规模体系应呈“金字塔”型，由塔尖到基座依次为中心城市、次中心城市、中等城市和小城市。城镇等级体系是实现都市圈内资源配置和城市间功能互补合作的重要条件。京津冀都市圈面临着次中心城市空缺，中等城市过少，小城市过多等问题。

（3）立足京津冀，发展环渤海，放眼东北亚。第三层的发展应该是发挥都市圈的整体扩散效应。提出“泛京津冀都市圈”的概念，将京津冀都市圈的腹地延伸到整个“三北”地区，将京津冀都市圈的产业链延伸到整个东北亚，将京津冀都市圈的发展规划融入全球发展战略。

---

① 增长极理论的主要观点是：区域经济的发展主要依靠条件较好的少数地区和少数产业带动，应把少数区位条件好的地区和少数条件好的产业培育成经济增长极。通过增长极的极化和扩散效应，影响和带动周边地区和其他产业发展。

## 四 京津冀都市圈经济发展展望

### 1. 建立“京津冀都市圈”产业转移工业园①

为加快北京市产业转移，解决北京市和天津市间出现的产业趋同和“京津冀都市圈”内产业链断裂等问题，北京市、天津市和河北省政府应共同出资建立“京津冀都市圈”产业转移工业园。通过中间产品外包、整体搬迁、直接投资、并购等方式，在“京津冀都市圈”内进行转移，进一步优化都市圈已形成的产业梯度，并通过产业转移和聚集，修补并延长区域内断裂的产业链。

### 2. 构建京津冀都市圈“三小时”交通经济圈

基础设施建设的落后现已成为京津冀地区发展的一个阻碍，尤其是北京市、天津市和河北省各市的道路交通建设。构建京津冀都市圈的“三小时”交通经济圈②，将会打破这种格局。以北京、天津为核心，半径500公里的区域以内，共同构成了京津冀都市圈的“三小时”交通经济圈。这就需要两市三地共同统筹规划道路交通建设；共享已有基础设施建设；共同开发新的资源。在建的京津第二高速、京承高速、京包高速等陆路建设，渤海湾枢纽港群海洋运输体系的建立和协调等水路建设，将会促进“三小时”交通经济圈的形成。

### 3. 建立区域间经济补偿机制

京津冀都市圈总体自然生态条件较差，尤其是水资源相对缺乏。改善生态环境的建设工作要从头抓起，从上游、基本措施入手。这就要求上游治理工业污染和限制排放，以涵养水源；风沙源区开展植树造林和退耕还草工程的建设，以防风固沙改善大气环境。上下游区域、风沙源治理和受益区之间的经济利益补偿机制将成为规划方案实施可行性和可持续性的有力保障。申请国家环境补助，与上

---

① 产业转移工业园由政府推动，促进产业转出地与转入地联手，共建产业转移工业园，使产业转移充分考虑到区域产业结构调整升级需求以及区域资源、环境等因素，实现两地的合作双赢，是“看得见的手”和“看不见的手”高度结合的新模式。

② 在城市规划中，通常有半小时、一小时和三小时交通圈的区分，半小时代表了“购物圈”，一小时代表了“通勤圈”，三小时代表了“都市经济圈”。在三小时车程内，城市间经济联系较强，要素流动便捷，符合都市圈核心城市辐射半径。

游地区和风沙源治理区进行协商，为上游地区和风沙源治理区提供技术帮助和资金支持，统筹区域协调发展。

## 参考文献

周立群：《创新、整合与协调——京津冀区域经济发展前沿报告》，经济科学出版社，2007。

景体华：《2006～2007年：中国区域经济发展报告》，社会科学文献出版社，2007。

北京市发展和改革委员会：《北京市各区县国民经济和社会发展“十一五”规划纲要》，中国人口出版社，2006。

国家发展和改革委员会发展规划司：《国家及各地区国民经济和社会发展“十一五”规划纲要》（上册），中国市场出版社，2006。

# 长三角经济圈经济发展走势分析

刘伟良　徐建荣*

**摘　要：**2007年，在宏观调控的稳步推进下，长三角经济继续保持了稳步较快的发展态势，经济运行质量进一步提高。在经济发展过程中，长三角地区呈现出服务业发展提速、三大需求关系趋于协调、一体化获得新突破的新动向，同时又面临着节能减排、物价上涨、出口限制等压力增大的困局。今后应关注物价、节能减排、出口增长等方面的发展，采取得力措施推进经济又好又快发展。

**关键词：**长三角　经济发展　宏观调控

2007年，长三角地区按照国家的总体部署，积极加大宏观调控力度，经济继续保持了稳步快速增长的良好态势，主要经济指标又有新的改善，经济发展也出现一些新的动向。

## 一　长三角经济圈经济发展总体判断

### 1. 经济稳步较快运行的特征进一步增强

2007年以来，长三角地区严格落实中央宏观经济调控的各项政策措施，认真按照“四个着力”的总要求，积极消除经济运行中的不健康、不稳定因素，合理优化产业结构，努力提高经济增长质量，经济继续保持了稳步较快的发展局

* 刘伟良，男，1962年生，江苏金坛人，经济学硕士，江苏省信息中心副总经济师，研究员，主要研究数量经济、区域经济等问题；徐建荣，男，1979年生，山东莱阳人，南京航空航天大学管理科学与工程专业博士研究生，江苏省信息中心经济师。

面。上半年，两省一市经济总量规模扩大明显，增长速度进一步加快，浙江GDP达到8344亿元，同比增长14.7%，增速提高0.6个百分点；上海市GDP实现5561.91亿元，同比增长13%，增幅提高0.4个百分点；江苏GDP规模最大，达11752.1亿元，同比增长15%，增速略有回落，降幅为0.4个百分点，但仍处于增长的高位。与全国平均增长水平相比，长三角经济平稳快速发展的优势更加明显，苏浙沪GDP增速分别比全国高3.5个、3.2个、1.5个百分点。长三角各城市的经济扩张引人注目，上海GDP超过5000亿元，苏州跨过2500亿元达到2746亿元，无锡、杭州、宁波、南京和南通地区生产总值分别达1835亿元、1798亿元、1544亿元、1494亿元、1006亿元。从增速上看，舟山以17.1%继续领跑长三角各城市，苏州和南通并列第二位，达16%，江苏其他城市均在15.5%左右。可以看出，长三角地区经济发展在本轮经济周期延长的大背景下正处于稳步快速扩张的阶段。

**2. 产业发展的协调性和效益更趋优化**

近年来，长三角紧紧抓住新一轮国际产业转移的新机遇，积极承接制造业研发、设计、销售等部分高端环节和跨国公司服务外包的迁移，依托产业带和工业园区，加快先进制造业发展，高度重视现代服务业进展，努力推进产业结构优化和升级，产业发展的协调性有了新的提升，结构效益取得新的扩大。2007年上半年，长三角三大产业结构进一步改善，第三产业比重进一步提高，江苏服务业实现增加值4252.3亿元，占GDP的36.2%，同比提高0.4个百分点，浙江服务业增加值达到3481亿元，占比为41.7%，同比提高0.3个百分点，上海服务业增加值实现2858.35亿元，占GDP的51.4%，同比提高0.4个百分点，长三角服务业提速发展的趋势比较明显。在产业结构趋于优化的同时，结构效益也有明显的改善，上半年浙江、上海规模以上工业企业实现利润总额分别达695.5亿元、685.71亿元，同比增长32.3%、40.7%，比2006年同期分别提高10.3个、35.2个百分点。企业利润快速增长推动了财政收入的稳步扩大，1~8月苏浙沪地方财政一般预算收入分别增长35.4%、28%、28.9%，增幅提高12.7个、8个、21.7个百分点。

**3. 投资需求的理性化得到加强**

在国内外经济需求重振和国内房地产市场不断升温的拉动下，企业投资扩张的内在冲动逐步加剧，部分低效产能盲目进入市场，导致投资增长处于较高位运行，加大整体经济发展走向过热的风险。在央行连续加息、提高存款准备金率、各地加大节能减排实施力度等宏观调控作用下，长三角一部分不符合产业发展政策的投资项目遭到抑制，投资增长的稳定性得到增强，增速有所回落。1～8月，江苏、浙江城镇固定资产投资分别达5497.65亿元、3261.66亿元，同比分别增长22.6%、19.7%，江苏投资增长略有加快，增幅提高0.3个百分点，浙江投资增速降幅较大，增幅回落4.9个百分点。上海实现全社会固定资产投资2692.18亿元，同比增长7.7%，增速下降1.8个百分点。从总体上看，与全国26.7%的平均水平相比，长三角投资增长的速度显然要缓慢一些，这其中包含的更多的是长三角投资理性化发展的成分。

**4. 收入和消费增长步入快车道**

2007年，在经济快速增长的有力推动下，长三角地区加快了富民步伐，各地纷纷增加在岗职工工资收入，提高离退休人员退休金和下岗失业人员补助标准，再加上股市财富创造效应，居民收入呈现较快增长势头。前8个月，江苏城镇居民人均可支配收入实现11077元，增长16.6%，增速提高2.1个百分点。上半年，浙江、上海城镇居民人均可支配收入分别达11235元、12278元，同比分别增长11.8%、14.7%。

居民收入的快速增加为消费增长增添了根本动力，居民消费意愿得到有效增强，消费规模加快扩大。1～8月，苏浙沪社会消费品零售总额分别达到5037.21亿元、3971.91亿元、2528.11亿元，同比分别增长17%、16.2%、14.3%，增幅分别提高1个、1.7个、1.2个百分点。消费增长延续了近年来的快速增长势头，成为拉动长三角经济发展的巨大动力。

## 二　长三角经济发展出现的新动向及面临的新考验

2007年，长三角在本轮经济周期稳步发展并将延长的大背景下，经济发展进入了新的阶段，出现了一些新景象、新变化，同时也面临着一些新问题、新考验。

### （一）长三角经济发展出现的新动向

**1. 服务业发展进入提速期**

近年来，长三角积极顺应国际产业发展的新动向，加快产业结构调整进程，通过发展现代物流、商务服务、信息咨询、社区服务等现代服务业，大力推进产业结构由重变轻、由硬变软。苏浙沪两省一市按照服务业发展的规律和产业发展的真实需求，从政策上对服务业扩张进行各种扶持，2005 年江苏出台《关于加快发展现代服务业的若干政策》，提出了八大类 36 项优惠政策，浙江出台了《关于服务业发展的若干意见》，上海研究制定了《关于上海加速发展现代服务业的若干政策建议》，从服务业发展的各个薄弱环节进行强有力的推进，并在服务业园区建设、金融支持、基础设施配套等方面打造全方位的支撑体系。在政策引导、观念放开、需求强劲的有利条件下，长三角服务业发展进入了由慢转快、由被动为主动的增长新时期，2007 年上半年苏浙沪第三产业增长速度比 2006 年同期分别提高 1.2 个、0.5 个、2.4 个百分点（见表 1），上海服务业增幅自 2001 年以来同期首次超过第二产业，同时服务业增长与第二产业增长之间的差距进一步缩小，上海服务业增速高于第二产业增长 2 个百分点。

**表 1　各地第二、三产业增长情况**

单位：%

| 名　目 | 江　苏 | | | 浙　江 | | | 上　海 | | |
|---|---|---|---|---|---|---|---|---|---|
| | 二产 | 三产 | 增幅差距 | 二产 | 三产 | 增幅差距 | 二产 | 三产 | 增幅差距 |
| 2006. 6 | 17. 3 | 14. 1 | －3. 2 | 14. 8 | 14. 8 | 0 | 13. 7 | 11. 7 | －2 |
| 2007. 6 | 15. 8 | 15. 3 | －0. 5 | 15. 4 | 15. 3 | －1 | 12. 1 | 14. 1 | 2 |
| 三产增幅 | | 1. 2 | | | 0. 5 | | | 2. 4 | |

**2. 投资、消费、出口三大需求关系趋于协调**

2007 年，在富民效应持续强化推动下，长三角居民的快速增收大大增强了消费信心，消费增长出现近年来少有的加快扩大的喜人局面。而在国家抑制投资过快增长的调控作用下，长三角投资增速逐步回落，并向合理区间运行，同时在出口退税政策调整、美国次级贷风险引发需求下降、前期出口高增长影响的共同作用下，苏浙沪出口增长受到的制约比较突出。在消费持续回暖、投资出口逐步调整下，长三角三大需求发展更加趋于合理，1～8 月，苏浙沪社会消费品零售总额分别增长 17%、16. 2%、14. 3%，江苏、浙江城镇固定资产投资和上海全社会固定资产投资分别增长 22. 6%、9. 7%、7. 7%，出口分别增长 28. 3%、29. 9%、25. 5%，增长协调性进一步改善。可以预见，在国内需求逐步复苏的情况下，三大需求将在更加合理的区间内发展。

**3. 长三角一体化发展获得新突破**

长三角的融合发展是区域经济在更高层次上跨越发展的内在要求，但自改革开放以来，一体化取得实质性突破的机会不多，在更多的时间，是苏浙沪两省一市在有限范围内的沟通合作，在空间上则是局限于长三角内部的区域面积，受行政体制的阻隔，长三角一体化在空间延伸上受到根本性的制约，更重要的是未能实现要素自由流动这一一体化的本质目的。这种现状与长三角在全国经济发展中的领头地位极不相称。然而，2007 年长三角区域合作的提升空间开始打开，一系列推动长三角合作走向深入的大动作走向前台，首先是长三角战略率先被提升为国家战略，在战略层次上被放到国家整体发展布局上予以考虑，这有利于打破一体化进程中的地域限制，弱化原有体制格局下的地方利益障碍，为要素自由流动构建宽广的平台。为了实现这一战略，《长江三角洲地区区域规划纲要》、《关于进一步推进长三角地区改革开放和经济社会发展的指导意见》两个配套文件出台，从政策上给予大力扶持。其次，国家在具体支持长三角一体化发展方面也迈出了重要的步伐，以国家发改委为主的 10 多个部委组成的调研组多次对长三角进行实地调研，温家宝总理主持召开长三角地区经济社会发展座谈会，就长三角一体化推进方面的实质问题作了指导，这种高规格的协调行动是前所未有的，充分表明国家对推进长三角领先发展、跨越发展的重视，这为长三角区域合作的层次提升、纵深推广奠定坚实的基础。

## （二）长三角发展面临的新考验

**1. 节能减排面临严峻挑战**

近年来，在投资、消费、出口尤其是快速升温的房地产市场的拉动下，企业产品利润快速扩大，激发了企业内在的投资冲动，一部分高耗能、低产出的工业项目加快扩张，使长三角本已紧张的能源供应、生态环境不堪重负，加剧了节能减排的压力。按照中央“四个着力”的经济发展思路，长三角各地出台了加快淘汰落后产能、严格控制耗能项目、大力推进技术改造等举措，合力做好节能减排各项工作，取得了一些初步成效。但是，在当前产品高盈利的诱导下，企业投资重化工业项目的动力仍然较高，促使高耗能企业生产继续较快扩张，2007 年上半年，江苏钢材、乙烯产量同比分别增长 21.6%、13.6%，增幅提高 2.5 个、

0.1 个百分点；浙江水泥、黑色金属等高耗能行业工业总产值比 2006 年同期增长26.8%，高于规模以上工业增速1.7个百分点，造纸、电力等高污染行业总产值同比增长28.1%，增幅提高4个百分点，产值的过快增长加剧了节能减排的压力。同时，在目前的体制管理下，地方上马重化工项目的热情很高，这进一步推动了高耗能产业规模的扩大。从长三角目前的工业技术水平看，企业可挖潜改造的力度在短期内难有大的突破，即使一些技术先进的生产项目，节能降耗的空间也不大，这使减少耗能和污染排放的技术路径受到阻塞。应当看到，长三角实施节能降耗是一项长期的复杂的系统工程，推进过程中面临的形势十分严峻。

**2. 价格上涨压力明显**

2007年以来，在货币流动性过剩引发资产价格上涨、粮食油料猪肉等居民日常生活用品供需不平衡推动消费价格上升的共同影响下，长三角物价逐月上行的压力日渐明显。苏浙沪居民消费价格出现较大幅度上升，江苏8月份的价格指数达到106的近年高位（见图1），比2006年同期提高4.5个点，1~8月指数累计达103.4，同比提高1.9个点，8月份油脂、肉禽及其制品、蛋处于高位运行，同比分别增长36.6%、40%、21.7%，增幅高于2006年同期39.4个、43.3个、25.4个百分点；浙江居民消费价格同比增长3%，涨幅提高1.9个百分点，食品、猪肉价格过快上涨成为拉动价格上升的主力；上海居民消费价格增长也有所加快，1~8月同比增长2.2%，增幅提高0.9个百分点，食品价格上涨更快，同比增长6.8%，涨幅提高4.3个百分点。同时，工业品成本传导的通道已经打开，价格上涨对居民消费成本增加的压力加重，1~8月，苏浙沪两省一市工业品价格涨幅增大，同比分别增长2.3%、2.6%、1.5%，分别提高1.3个、1.2个、1个百分点，上海工业品出厂价还出现由降转升的势头。此外，当前长三角

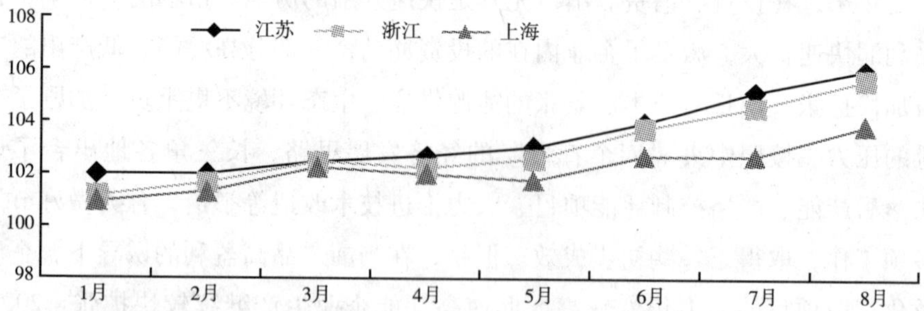


**图1　苏浙沪当月居民消费价格指数**

地区在货币流动性过剩冲击、房地产市场供应不足、开发商屯地屯房扰乱市场秩序、投资投机自住等需求旺盛的合力作用下，房地产价格居高不下，并呈现不断上扬的趋势，进一步加剧了当前物价的运行压力。总体来看，推动长三角物价上行的因素在不断积聚，物价上涨压力比较明显。

**3. 出口快速增长面临的限制因素增多**

2007 年以来，为了减少贸易摩擦、优化出口商品结构，国家加大了对外贸顺差过快增长的调控力度，力图改善长期以来较低的出口增长质量。2006 年 9 月 15 日，国家出台《调整出口退税和加工贸易税收政策》，取消煤炭、木炭等原材料的出口退税，将钢材、纺织、部分有色金属等产品出口退税率下调了 2% ~5%，而对高科技产品则调高退税标准，此次调整对长三角加工贸易和低附加值产品出口较快增长起到了一定的抑制作用，上半年江苏取消出口退税商品出口增长下降 8.4%，同比回落 60.1 个百分点。为了进一步巩固出口退税政策对商品出口的引导作用，2007 年 7 月 1 日按照《财政部国家税务总局关于调低部分商品出口退税率的通知》，国家进一步取消了 553 项“高耗能、高污染、资源性”产品的出口退税，降低了服装、鞋帽等 2268 项容易引起贸易摩擦的商品的出口退税率，受此政策影响，长三角具有出口优势的纺织、服装和出口量较大的钢铁等资源性产品的出口增长得到抑制，增速回落幅度较大。在国家政策调整的同时，人民币连续升值提高了长三角商品出口价格，一定程度上降低了产品竞争力，影响出口增长。从外部需求看，美国次级贷风波对全球金融市场形成一定冲击，对国际经济增长埋下阴影，美国国内消费信心不足引发支出减少，对长三角商品需求扩大带来制约。面对这一系列紧缩因素，长三角出口快速增长的环境并不宽松。

## 三　长三角经济发展趋势

**1. 经济一体化进入实质性推进阶段**

长三角一体化战略上升到国家战略层面进行操作，是长三角发展之福。国家高层对长三角一体化发展的重视，苏浙沪三地高层的频繁互访，可以说在战略思想上已经达成一致，在区域合作推进上取得广泛共识。2007 年“十七大”的召开，将在未来国家经济社会发展的重大领域形成新的理论成果，长三角一体化发展问题也必定会有明确的指导思路。在万众瞩目的目光下，2008 年长三角一体化发展将会在具体战略步骤上迈出相应的步伐，加快各地规划布局的衔接，进一步清除影响要素流动的各种障碍，为长三角地区的融合构筑坚实的基础。

**2. 长三角地区物价上涨的局面仍将延续**

人民银行研究局最近发布的《当前价格走势与未来趋势分析》报告预计，2007 年中国 CPI 为 4.6%，2008 年上半年为 5.0% 左右，推动未来中国物价水平向上的主要因素是国际有色金属和原油价格仍有可能小幅上涨，食品价格存在上涨压力，单位产出的劳动力成本有所上升，通胀预期强烈。从长三角地区的实际情况看，长三角属于资源匮乏的区域，原材料、能源的大进和产品大出的格局明显，受国际市场原材料价格和石油价格上升的影响较大，食品、肉类等日常生活品价格受供需影响短期内下跌空间不大，对消费价格上行的推动不可忽视，制造业和服务业的快速发展增大了劳动力的需求，缺工现象助推劳动力成本上升，苏浙沪三地最低工资标准普遍大幅上调足以表明工资增加对企业产品价格的影响。此外，受物价翘尾因素的惯性推动，长三角 2008 年消费价格仍有上升的空间。

**3. 经济稳步较快增长的趋势不改**

2007 年以来，国家不断加大了宏观调控的力度，人民银行连续多次上调利率、7 次上调存款准备金率，货币收紧政策频出，近期央行货币政策委员会做出继续实行适度稳中从紧货币政策、适当加大政策调控力度的决定，加强信贷管理。在房地产市场，鉴于美国次级债危机的影响，国家通过信贷、土地等手段深入调控，全国住宅会议明确了加大廉租住房和经济适用房等保障住房建设的总体思路，人民银行又将贷款购买第二套住房首付款提至四成，利率调高 10%，以此抑制不合理需求对未来房价成长的透支，为房地产市场进行必要的降温。由于政策本身效应的滞后性，当前国家所进行的调控效果将在 2007 年下半年和 2008 年集中体现出来，相信房地产市场非理性成长的成分将会减少，价格增幅保持温和提高，房地产业的适当降温将会改变与其有密切关联的钢铁、水泥、建筑材料等行业的投资冲动，改善投资较快增长的局面，减轻节能降耗的压力，提高经济增长质量。同时，长三角居民收入进入了增长的快车道，股市财富效应下滑的可能性较小，消费扩大对经济增长拉动力将不断增强。从外部需求看，美联储降低利率将会减轻次级债危机对美国经济的负面作用，经济衰退的可能性不大，而欧盟、日本经济增长的动力比较充沛，全球经济继续向前的格局仍然可以期待。因此，长三角经济在各种有利因素的支撑下，稳步较快增长的总体趋势不改。

## 四　长三角经济稳步较快发展的对策建议

**1. 严格控制推动物价上涨的各种因素**

物价适度上涨是经济繁荣的表现之一，但价格增幅过大将直接侵蚀居民消费能力，导致通胀预期的强烈反应，不利于经济平稳运行。针对未来消费价格的上行压力，长三角应采取得力举措，将各种不利因素控制在合理发展范围内。一是继续严格控制政府提价型项目的价格上涨冲动，尤其是与居民日常消费有关的水、电、气、交通、教育、医疗等领域价格改革推迟出台，减轻服务类价格上升对居民消费带来的压力。二是多渠道增加粮食、肉类等生活用品的供应，缓解供需矛盾。因地制宜，积极加快良猪繁育和饲养基地建设，保持合理养殖规模，多头筹集资金及时发放养殖保险金和补贴资金，鼓励农民扩大养殖规模，尽快保证猪肉市场的供应。举一反三，建立良好的市场信息传导体系，引导农民根据市场需求搞好各种养殖和粮食生产，按照国家总体部署，积极落实粮食、肉类等物资的储备建设，加大食品、蔬菜、禽蛋等生活用品的调入，在运输、销售等环节实行绿色通道，保证市场供应充足。同时，严格查处哄抬物价的各种违法行为，加强食品安全检查，对整个消费市场形成打击不法行为的高压态势，积极维护市场秩序。三是继续从严落实房地产市场的各项调控，稳定商品房价格。认真执行国家关于房地产调控的各项政策，将商品房市场发展的指导思想转变到经济、社会、民生协调发展的思路上来，加大保障性住房的投入力度，通过信贷、土地、行政等手段调节房地产市场的供需关系，从严抑制不合理需求，稳定商品房价格。

**2. 加大节能减排实施力度**

节能减排是长三角地区经济发展的一项长期工程，能源原材料的匮乏、环境承载力的脆弱，都迫使该地区将其作为重点工作抓好、抓实。节能减排是产业发展与环境保护的协同性工作，必须从产业结构优化这一源头做文章。重点是加大淘汰落后产能，要在存量调整与增量改善上下工夫，依托市场竞争体制，加大产权整合和兼并力度，对耗能、污染严重的企业提高运行成本，在用水、用电、税收上加大征收标准，降低其产品利润，推动其主动转产。严格实行行业准入门槛，对落后产能的建设项目一律停止建设，新增产业项目应将用能情况、污染排放作为重要的审核标准，重点核查钢铁、水泥、电力、纺织等高耗能项目。挖掘节能技术潜力，加大技术改造力度。大力发展现代服务业，积极创造条件推进服务业集聚区建设，做大服务业规模，提高产业结构的软化度，以绿色产业、绿色环境减轻节能减排的压力。此外，要加大和完善对地方政府节能减排的考核，从体制上杜绝高耗能项目建设的内在冲动。

**3. 积极应对外贸增长环境的变化**

美国经济增长放缓带动的外需紧缩、人民币继续升值推动的出口商品价格抬升、借口产品安全等进行的贸易摩擦、地区冲突可能引发的区域动荡，都对长三角外贸出口形成潜在的压力。为此，长三角要继续加大出口增长的调节，通过落实出口退税政策，优化出口商品结构，减少钢铁、纺织等资源型、耗能型产品的出口规模，降低贸易摩擦频率。加大技术密集型产品的出口力度，实现出口高增长、高增值。借助长三角经济一体化的深入推进，提高国外市场需求、产品出口增长等信息的沟通能力，建立应对贸易摩擦的互助联盟，共同克服各种贸易纠纷。以服务业快速发展为契机，加快调整产业结构，加大服务项目出口，推进出口贸易结构的优化。

## 参考文献

吴敬琏著《中国增长模式抉择》，上海远东出版社，2006。

江苏省统计信息咨询中心：《上半年长江三角洲地区经济运行情况分析》，《江苏经济动态》［J］2007 年第 7 期。

江苏省统计局：2007 年上半年江苏省国民经济发展情况。

上海市统计局：2007 年上半年上海市国民经济发展情况简介。

浙江省统计局：2007 年上半年浙江经济运行快中见好。

# 2008 年广东经济展望

蒙卫华　覃东海　魏雅丽*

**摘　要：**2007 年广东经济保持平稳较快增长态势，消费和投资成为经济增长的主要动力，进出口增速回落。世界经济的前景变化特别是美国经济的未来走向将对广东经济发展带来冲击。预计 2007 广东将实现 14.2% 的较快增长，2008 年增长速度可能回调到 14.0%。

**关键词：**广东经济　分析　预测

## 一　2007 广东经济运行态势

2007 年以来，广东国民经济继续保持平稳较快增长态势。消费和投资成为拉动经济增长的主要力量，工业、金融业和房地产业对经济增长的贡献加大，进出口增速回落。总体而言，广东经济呈现出下述运行特征。

### （一）工业结构适度重型化进程加强，支柱产业升级加速

前三季度，广东规模以上工业增加值完成 9291.84 亿元，同比增长 18.3%。其中重工业完成增加值 5651.49 亿元，同比增长 19.3%，增速比轻工业快 2.6 个百分点。轻重工业比重由 2004 年的 43.9∶56.1 发展为 39.2∶60.8，工业结构适度重型化进程进一步加强。

九大支柱产业中，电子信息、电气机械及专用设备和石油化学三大新兴产业

* 蒙卫华，广东省发改委信息中心，高级经济师。主要研究领域：宏观经济、数量经济；覃东海，广东省发改委信息中心，经济学博士。主要研究领域：国际金融、宏观经济；魏雅丽，广东省发改委信息中心，金融学硕士。

比重由2004年的67.43%上升到2007年前8个月的74.36%，对全省工业增加值的贡献率接近40%，纺织服装、食品饮料和建筑材料三大传统产业比重同期由22.25%下降至21.8%，森工造纸、医药和汽车及摩托车三大潜力行业比重同期由10.32%提高到11.97%。前三季度，汽车及摩托车、电子信息、电器机械及专用设备的工业增加值增长速度明显高于其他产业的增长速度。九大支柱产业的结构演变体现了广东劳动密集型产业向资金密集型和技术密集型产业的转变步伐加快。

## （二）投资增幅回升，房地产开发投资活跃

2007年广东全社会固定资产投资结构出现了新变化。一是房地产开发投资和制造业投资增速明显加速，直接带动了全社会固定资产投资回升，前三季度全社会固定资产投资6143.56亿元，同比增长19.2%，增幅比2006年同期提高3.6个百分点。其中，房地产开发完成投资额1616.42亿元，同比增长37.5%，和2006年同期相比增速几乎出现翻倍增长。二是交通运输、仓储和邮政业以及信息传输、计算机和软件业投资锐减。

广东房地产开发投资增长较快主要有两方面原因：一是商品房供需矛盾紧张刺激了开发商的投资冲动。前三季度广东商品房竣工面积2213万平方米，同比仅增长1.52%，其中住宅增长0.11%。同期商品房销售面积3990万平方米，同比增长25.10%，其中住宅增长25.51%。销售面积远超过竣工面积，供需紧张局面直接导致商品房和商品住房销售价格同比上涨19.84%和24.32%，进一步刺激了开发商的投资冲动。二是外资涌入加剧了投资活动。前8个月，房地产开发经营业实际利用外商直接投资17.63亿美元，增速达205.6%。同期到位外资63.15亿元，增长98.4%，增幅远高于其他来源的资金。

## （三）社会消费保持高位增长，结构性通货膨胀范围扩大

前三季度，广东社会消费品零售总额7777.02亿元，同比增长16.1%，运行于近年来的最高位。县和县以下消费分别增长17.4%和16.4%，高出市级消费1.4和0.4个百分点，成为新的消费亮点。东西两翼和山区的社会消费品零售总额增长速度也要快于珠三角地区的增长速度。

从消费结构上，广东消费支出实现由衣、食、住等基本消费向娱乐、服务和交通通讯等享受型消费的转变。近三年，城镇消费支出结构基本保持稳定，农村消费支出结构呈现可喜变化：食品支出比重从2005年的48.26%下降到2007年前8个月的46.19%，居住支出比重从2005年的14.3%下降到2007年前8个月的5.41%，交通通讯支出比重从2005年的11.1%提高到2007年前8个月的15.28%，文化教育娱乐用品及服务、衣着等消费支出也有不同程度的提高。农村消费需求层次的提高和消费结构的升级进一步缩小了城乡差别。

前三季度，广东居民消费价格累积上涨3%，原材料、燃料、动力购进价格上涨2.8%，工业品出厂价格上涨1.24%。价格上涨从消费价格向工业价格、从原材料价格向出厂价格传递的趋势逐步显现。消费价格上涨方面，粮食、肉禽蛋及其制品仍然是推动CPI指数不断攀高的主要因素，但是非食品价格、服务类价格都出现了明显上涨，食品涨价带来的比价效应开始显现。不过，广东消费价格上涨幅度显著低于全国平均水平，仅高于北京和上海。

### （四）外部环境趋于严峻，外贸增速回落

2007年以来，广东对外贸易依然保持较快增长，但单月进出口增速均呈现高位回落态势。前三季度，全省出口总额2648.7亿美元，同比增长24.2%，比2006年同期下降4.6个百分点，落后全国平均水平2.9个百分点。进口总额1914.5亿美元，同比增长17.7%，比2006年同期下降2.5个百分点，落后全国1.4个百分点。实现贸易顺差734.2亿元，同比增长45.0%，比2006年同期下降22.2个百分点，对全国贸易顺差贡献度下降至39.5%。

广东外向型经济特征决定了其经济发展不仅受到国家外贸政策调控的影响，同时更易遭受外部经济体的冲击。2007年以来，作为广东主要出口市场的美国和欧盟，经济增长均出现不同程度的回调，特别是美国房地产市场衰退和次级债危机对经济造成较大影响，回调幅度最大。主要出口市场的经济增长放慢直接导致了广东出口的增速放慢，2007年前8个月，广东对美国和欧盟的出口增速分别从2006年的18.72%和42.50%下降到了11.93%和28.76%。

### （五）居民储蓄存款持续分流，信贷投放增长较快

9月末，广东中外资金融机构本外币各项存款余额47747亿元，同比增长13.62%。前三季度新增存款4513亿元，同比多增571亿元。第三季度新增1282亿元，同比仅多增108亿元，9月份更是出现了同比少增情况。9月末，企事业单位本外币存款余额15952亿元，同比增长24.0%，新增存款2528亿元，同比多增1583亿元。居民储蓄存款余额22524亿元，同比增长1.3%，同比少增2114亿元，比年初减少116亿元，呈现出“企业存款大幅增加、储蓄存款持续分流”的格局。同期，全省证券公司和基金公司存放银行存款大幅上升，前三季度证券公司存放银行款项新增2172亿元，同比多增1718亿元，其中客户交易结算资金账户新增1958亿元，同比多增1539亿元。上述现象表明，虽然央行多次加息，但居民更看好未来资本市场的预期回报率，在财富效应驱使下，居民存款意愿继续下降。

2007年以来，广东信贷投放一直保持大幅增加态势，甚至出现了淡季不淡的持续增长势头。9月末，广东金融机构本外币贷款余额30415亿元，同比增长21.0%，新增贷款4509亿元，同比多增2294亿元。前三季度，全省人民币中长期贷款新增2913亿元，同比多增1102亿元，个人住房贷款新增1334亿元，同比多增1133亿元。房地产相关新增贷款占全部人民币新增中长期贷款比重达68.76%，成为拉动广东中长期贷款增长的最重要因素。

## 二　广东经济运行面临的世界经济环境

2007年以来，世界经济增长超过预期，但是未来发展的不确定性增强（见表1）。美国经济蕴含的各种风险不断激发，经济走势明显趋弱。广东是中国外向型经济特征最为突出的省份，而且受美国经济影响最为直接和突出。世界经济的前景变化特别是美国经济的风险爆发将对广东经济的未来发展带来冲击。

### （一）世界经济不确定性增强，广东经济外部风险增大

广东对外贸易占全国对外贸易的比重高达30%左右，外需已经成为广东经济高速增长中非常重要的拉动力量。2007年上半年，净出口对同期GDP的贡献

表1　权威机构对世界经济的增长预测

| 类　别 | | 2002 | 2003 | 2004 | 2005 | 2006 | 2007 | 2008 |
|---|---|---|---|---|---|---|---|---|
| 国际货币基金组织（IMF） | 4月 | 3.1<br>(3.4) | 4.0<br>(3.6) | 5.3<br>(3.6) | 4.9<br>(3.7) | 5.4<br>(3.8) | 4.9<br>(3.5) | 4.9<br>(3.5) |
| | 10月 | 3.1<br>(3.3) | 4.0<br>(3.5) | 5.3<br>(3.6) | 4.8<br>(3.7) | 5.4<br>(3.6) | 5.2<br>(3.9) | 4.8<br>(3.6) |
| 牛津经济预测（OEF） | 4月 | 1.9<br>(1.5) | 2.6<br>(2.0) | 4.1<br>(2.1) | 3.5<br>(3.2) | 4.0<br>(2.8) | 3.5<br>(2.2) | 3.6<br>(2.2) |
| | 10月 | 1.9<br>(1.5) | 2.6<br>(2.0) | 4.1<br>(2.1) | 3.5<br>(3.2) | 4.0<br>(2.9) | 3.7<br>(2.6) | 3.6<br>(2.6) |

注：(1) 括号外为GDP增长率，括号内为消费价格增长率。

资料来源：国际货币基金组织，《世界经济展望》(*World Economic Outlook*)；牛津经济预测，《世界经济前景月评》(*World Economic Prospects Monthly Review*)。

为26%，净出口增长对同期GDP增长的增量贡献甚至超过了60%。广东的对外贸易主要是加工贸易，其出口在广东的对外贸易中具有决定性意义。

广东的出口市场主要包括中国香港、美国、欧盟和东亚其他国家和地区，前三位出口市场的出口占全部出口的比重超过了70%。广东出口到中国香港的大部分商品都是为了转口到美国和欧洲，因而美国和欧洲的经济前景对广东影响最大。2006年主要出口市场的经济快速增长为广东创造了良好的外部环境。2007年美国、欧盟和日本的经济增长放缓将对广东经济带来负面冲击。不过新兴市场国家和发展中国家的经济增长加速具有对冲作用，可在一定程度上缓解美、欧、日经济增长放慢的影响。

## （二）美国经济面临衰退风险，广东出口环境趋于严峻

美国是广东最重要的出口市场，考虑到转口贸易后，广东40%左右的出口产品都是输往美国。广东出口对美国市场的高度依赖使得美国经济波动能够直接影响到广东的宏观经济走向。2006年第二季度以来，美国经济的下调趋势已经非常明显。2007年第二季度虽然明显回升，2007年全年以及2008年继续向下调整的趋势是确定的。

美国经济的衰退风险主要有三：一是房地产市场衰退趋势仍在继续；二是由次级债危机导致的金融市场动荡虽然已经暂时消退，目前还无法确定宏观经济遭

受的真实冲击以及判断危机是否会再次来临；三是目前还不清楚劳动生产率的大幅下降在多大程度上是结构性的，多大程度上是周期性的。

### （三）石油等原材料价格高企，广东面临输入型通胀压力

2007年以来，国际油价在波动中呈现出持续上扬趋势。除了在1月上旬、3月份和8月份明显回调外，国际油价在波动中持续攀升，原油价格已经从年初的每桶50多美元上升到了目前的每桶80多美元。特别地，每一次价格回调紧接着就出现更为迅速和更大幅度的上扬。根据美国能源情报署的预测，2007年WTI原油年平均价格将达到每桶68.84美元，2008年将进一步上升到每桶73.50美元。[①] 事实上，只要世界经济保持稳定较高增长，特别是中国、印度、巴西等新兴市场国家和发展中国家经济前景看好，世界石油需求特别是增量需求就将继续增长。至少在中短期内，主要由需求拉动的石油价格上涨，或者说高位运行的态势不会改变。

另据国际货币基金组织的初级商品价格指数数据库，2007年1~9月国际非燃料初级商品价格也已经上涨了7.4%。其中，粮食价格上涨了18.2%，饮料价格上涨了5.7%，农业原料（包括木材、棉花、羊毛、橡胶和皮革）价格下降了6.4%，金属（包括铜、铝、铁、锡、镍、锌、铅和铀）价格上涨了4.8%。

非燃料初级商品价格上涨虽然没有前几年那么迅猛，但是2007年的价格上涨是在前几年已经达到历史高位上的继续上涨，因而对初级产品进口国的经济冲击更大，特别是在部分亚洲新兴市场经济国家和发展中国家出现了成本推动型的通货膨胀压力。比如，中国8月份的消费者价格指数上升至6.5%，达到十年来的最高值，远高于中央银行3%的预定目标。[②] 2007年7月印度批发价格同比增长了4.5%，产业工人消费价格同比增长了5.6%。

广东是一个严重依赖初级产品进口的省份，谷物、食用植物油、成品油以及钢材等重要的初级产品进口占全国比重甚至高达20%~50%（见表2），而这些

① 根据他们的预测，石油期货价格将从2007年9月开始逐月下降，但是仍将高位运行。事实上，石油期货价格在9月和10月已经分别创造了每桶79.93美元和80.74美元的新高。

② 根据世界银行的研究结果，中国的消费者价格指数上升主要是由于食品价格的上涨，而且很大程度上是因为国际食品价格上涨造成的。剔除食品价格以后的通货膨胀率在7月份仅有0.9%。当然，这与中国政府对一些价格的行政控制，特别是对燃料和一些公共产品的价格控制有关。

重要的初级产品价格在 2007 年继续快速上涨。初级产品价格，特别是食品类初级产品价格上涨给广东带来了输入型的通货膨胀压力。2007 年前三季度消费价格同比增长 3.0%，9 月同比增长 5.4%。虽然和全国相比，广东的通货膨胀仍然处于较低水平，国际初级产品居高不下的现实压力使得我们对未来的价格走向不容乐观。

**表 2　广东对主要初级产品的进口依赖性**

| 进口品种 | 进口数量（万吨） | 占全国比重（%） | 平均进口单价同比增长（%） |
|---|---|---|---|
| 谷物及谷物粉 | 38.72 | 36.18 | 47.5 |
| 大　豆 | 220.58 | 11.13 | 28.5 |
| 食用植物油 | 104.81 | 20.35 | 53.4 |
| 纸　浆 | 57.51 | 10.13 | 10.9 |
| 原　油 | 910.26 | 8.25 | -3.0 |
| 成品油 | 624.53 | 25.72 | 2.8 |
| 钢　材 | 517.28 | 44.79 | 16.4 |

注：原油和成品油进口平均单价出现下降及上涨幅度不高主要是因为 2006 年 1～8 月国际油价处于较高水平。

资料来源：商务部，广东省外经贸厅。

## 三　2008 年广东总体经济走势测算

前三季度，广东经济保持又好又快平稳增长，内在动力明显增强，有望在较长时期内维持较高增长水平。预计全年本地生产总值突破 3 万亿元，增长 14.2%。结合"广东省宏观经济监测预测信息系统"，对 2008 年经济总体走势的测算如下。

### （一）经济景气分析与判断

运用"广东综合经济景气指数"进行分析，2007 年广东总体经济景气运行呈逐步盘升态势，景气保持在绿灯区间运行。从主要监测指标景气走势看，进出口运行有所放缓，景气由偏热趋于正常。工业和港口货物吞吐量运行则有所加快。投资增长由较低转向正常，物价保持温和攀升，用电量、消费增长平稳，景气保持在绿灯区。

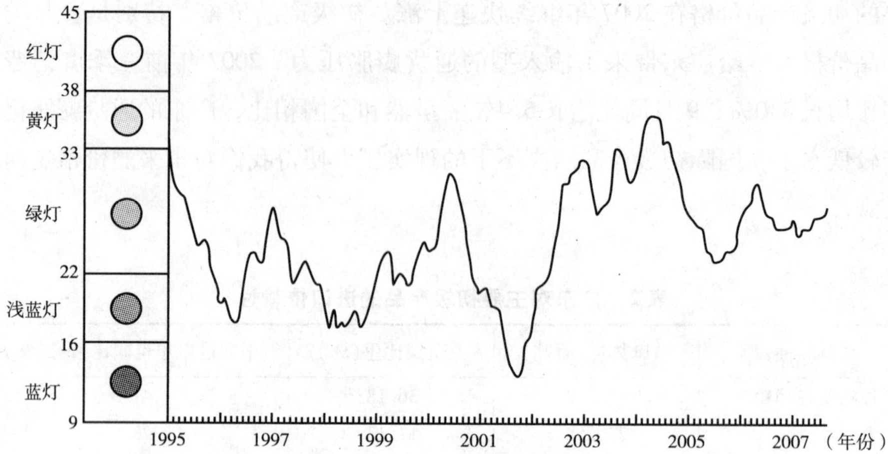


**图1　广东综合景气图**

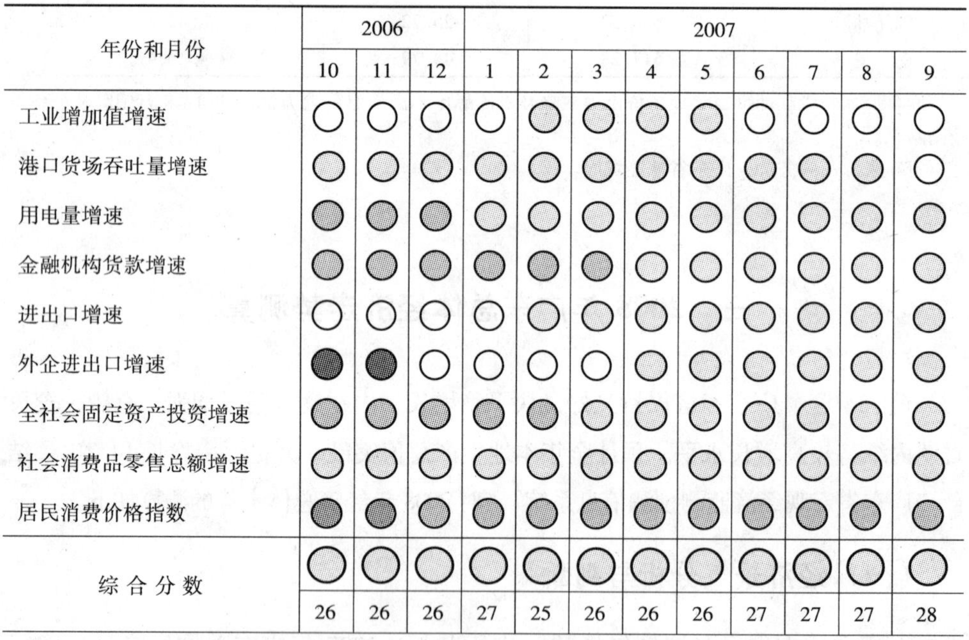


**图2　广东主要监测指数信号灯**

注：◎（蓝灯）：表示运行过冷；◎（浅蓝灯）：表示运行偏冷；◎（绿灯）：表示运行正常；○（黄灯）：表示运行偏热；●（红灯）：表示运行过热。

数据来源：广东省宏观经济预测监测信息系统。

目前广东总体经济运行处于周期中间阶段，先行指标用电量运行保持平稳，依据景气波动周期规律，如果外部环境没有发生较大的变动，2008 年经济运行保持平稳向上的可能性较大。

## （二）2008 年综合预测

虽然美国经济有所放缓，但世界经济前景总体仍然较好，国内宏观经济前景保持良好，广东消费、投资、出口有望保持稳定增长，受金融房地产政策调整影响，广东第三产业增速可能有所放缓，但工业对金融业和房地产业的依赖程度较低，第二产业将可保持平稳较快增长势头。因此，广东经济有望沿其内在惯性延续发展，维持较快的增长速度。结合时序预测模型和有关测算调整，2008 年广东本地生产总值将突破 3.7 万亿元，增长 14.0% 左右。主要指标测算结果见表 3。

**表 3　2008 年主要指标预测表**

| 指　　标 | 单位 | 2006 年 | | 2007 年前三季 | | 2007 年 | | 2008 年 | |
|---|---|---|---|---|---|---|---|---|---|
| | | 实际值 | 增长（%） | 实际值 | 增长（%） | 预测值 | 增长（%） | 预测值 | 增长（%） |
| 生产总值 | 亿元 | 26204.47 | 14.6 | 21489.58 | 14.7 | 31114 | 14.2 | 37276 | 14.0 |
| 第一产业 | 亿元 | 1577.12 | 4.2 | 1074.81 | 3.4 | 1971 | 3.3 | 2131 | 3.0 |
| 第二产业 | 亿元 | 13431.82 | 16.9 | 11424.74 | 17.0 | 16146 | 17.0 | 19888 | 17.3 |
| 第三产业 | 亿元 | 11195.53 | 13.4 | 8990.03 | 13.3 | 12997 | 12.0 | 15257 | 11.8 |
| 社会消费品零售总额 | 亿元 | 9118.08 | 15.7 | 7777.02 | 16.1 | 10580 | 16.0 | 12357 | 16.8 |
| 全社会固定资产投资 | 亿元 | 8132.37 | 13.5 | 6143.56 | 19.2 | 9696 | 19.2 | 11247 | 16.0 |
| 出口总额 | 亿美元 | 3019.48 | 26.8 | 2648.7 | 24.2 | 3623 | 22.0 | 4275 | 18.0 |
| 进口总额 | 亿美元 | 2252.59 | 18.7 | 1914.5 | 17.7 | 2653 | 17.8 | 3077 | 16.0 |
| 物价指数（上年为 100） | % | 101.8 | 1.8 | 103.0 | 3.0 | 103.3 | 3.3 | 104 | 4.0 |

注：生产总值绝对数为现价，增长率为可比价。

消费方面，稳定的宏观经济环境、持续增加的城乡居民收入和城镇化水平的提高为消费需求持续快速增长提供了坚实的基础。预计 2008 年广东消费将保持平稳发展势头，社会消费品零售总额将突破 1.2 万亿元，年增长 16.8% 左右。物价保持温和攀升，涨幅在 4% 左右。

投资方面，一系列宏观调控措施将对房地产投资产生一定的抑制效应，其他投资需求仍将保持较为旺盛，预计 2008 年全社会固定资产投资增速将有所放缓，增长在16.0%左右。

出口方面，人民币升值和出口退税政策的调整效应对广东出口的影响将在2008年逐步显现。预计2008年广东出口将突破4200亿美元，增速回落到18%左右。广东以加工贸易为主，决定了进口在很大程度上受出口的影响。预计2008年广东的进口增速也将有所放缓，进口总额接近3100亿元，增长16%左右。

## 参考文献

IMF, *World Economic Outlook: Globlization and Inequality*, October 2007.

Oxford Economics, *World Economic Prospects*, October 2007.

Oxford Economics, Would a Slump in US House Prices Derail the Global Economy, Autumn 2006.

世界银行，2007年9月《中国经济季报》。

# 2007～2008 年中部地区经济形势分析与展望

柯常松　阮华彪*

**摘　要**：2007 年，中部地区经济实现又好又快增长，优势原材料产业、装备制造业和高技术产业加快发展，投资逐步向优势行业集中，产业结构明显优化。行业效益大幅度改善带动财政收入和城乡居民收入持续较快增长。初步预计，2007 年，中部地区经济增长 14% 左右，比 2006 年同期提高 1 个百分点左右。展望 2008 年，中部地区面临外部需求回落、能源原材料产能过剩压力进一步显现等因素影响，增长可能会有所回落，但整体经济仍处于新一轮增长期的上升阶段。

**关键词**：中部　经济形势展望

## 一　2007 年中部地区经济运行态势

### 1. 经济增长逐步加快

2007 年，中部各省经济发展明显加快。上半年，中部六省 GDP 平均增速达到 13.8%，较 2006 年提高了 1 个百分点，高于全国增速 2.3 个百分点（见图 1）。六省经济增长均超过了 13%。其中，河南增速达到了 14.7%，居中部各省首位；湖南经济增长 14.2%，是改革开放以来历年同期的新高；安徽增长 13.2%，是 1996 年以来的次高增速。

工业是拉动经济增长的主要力量。相比 2006 年，2007 年各省工业增长明显

---

* 柯常松，（1972～），男，安徽无为人，安徽省经济信息中心预测处副处长，助理研究员；阮华彪，（1976～），男，江西广丰人，安徽省经济信息中心预测处经济师。

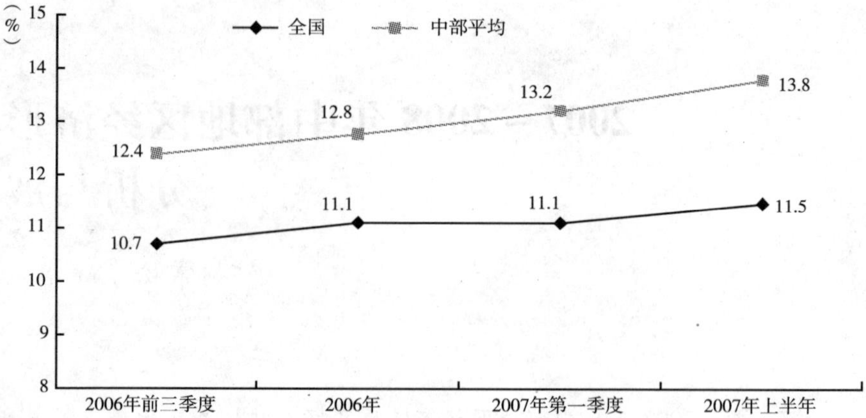


**图 1　中部与全国 GDP 增长比较**

加快。1～8 月份，六省规模以上工业平均增速达到 22.4%，高于上年 1.6 个百分点，各省增速均超过 20%，其中，河南和江西的规模以上工业增长达到了 23.9%。各省主要优势产业支柱性地位更加突出。湖南十大优势产业增长 22.6%，高于工业平均增速 0.4 个百分点；占全省规模以上工业的 75.8%，同比提高 0.5 个百分点。江西的七大重点行业对全省工业增长的贡献都超过了 5%，七大行业对工业增长的贡献率为 58.6%，拉动工业增长 13.9 个百分点。湖北的汽车、食品、饮料和纺织服装等支柱产业增长均超过工业增速。安徽的家电、钢铁和汽车三大行业对工业增长的贡献分别达到 12.9%、10.9% 和 10.1%。

**2. 经济运行质量明显提高**

财政收入较快增长。2007 年以来，在工业效益大幅提升的带动下，中部各省的地方财政收入增长逐月加快。1～8 月份，六省地方财政平均增速达到 28.5%，分别较 2006 年、2007 年第一季度和上半年提高 4.8、3.8 和 2 个百分点。

工业效益大幅提升。1～8 月份，六省规模以上工业利润增长均超过 40%。其中湖南规模以上工业利润增速达到 87.1%，居各省首位。重点原材料、装备制造业是带动工业利润增长的主要力量。1～8 月份，湖南装备制造业利润增长 145.9%，拉动全省利润增长 29.9 个百分点；钢铁和有色行业实现利润 41.09 亿元，增长 42.5%。湖北钢铁、电力、汽车、食品 4 个行业利润总额占全省的 63.8%，新增利润 102 亿元，占全省新增利润的 62.7%，是带动全省效益增长的主要力量。安徽的家电、钢铁、汽车、水泥和烟草等五大行业实现利润 88.2 亿元，同比增长 48.5%，占全部利润的 46.3%。

居民收入增长持续加快。上半年，中部各省城乡居民收入继续保持快速增长。城镇居民人均可支配收入增长均超过 15%，其中江西的城镇居民人均可支配收入增长 19.3%，居中部各省首位。同期农民人均现金收入也大幅增长，除江西和湖南外，其余 4 省的农民人均现金收入增长均超过 18%，其中山西的农民人均现金收入增长达到 22.7%，居中部各省首位。

**3. 三大需求稳步增长**

固定资产投资保持快速增长。2007 年，中部各省继续保持较快的投资增速。1～8 月份，六省城镇固定资产投资平均增速达到 35%，高于全国平均水平 5.9 个百分点，较 2006 年高出 4.5 个百分点。与 2006 年相比，除河南外，其余各省投资均明显加快，其中湖南高出 12.2 个百分点，江西高出 8.3 个百分点。中部六省投资占全国的比重明显提高，由 2006 年 1～8 月份的 18.8% 提高到 2007 年的 20.2%，提高 1.4 个百分点。外商直接投资增长迅速。1～8 月份，六省实际利用外资达到 106 亿美元，较上年同期增长 51%，其中安徽增长最快，增速达到 180%，预计到年底除山西外，其余各省实际利用外资都将超过 20 亿美元。

投资行业结构明显优化。1～8 月份，江西通信设备、计算机及其他电子制造业增长 73.0%，电气机械及其器材制造业增长 63.3%，通用设备制造业增长 57.7%，交通运输设备制造业增长 56.8%。河南的食品、机械和建材等优势行业投资增速超过 70%。安徽的废气资源和废旧材料回收加工业、专业设备制造业投资分别达到 160% 和 110%，机械制造业投资超过 70%。1～9 月份，湖北的机械制造业投资增长 40.8%，电子工业增长 143.1%。

消费需求持续旺盛。随着居民收入的大幅增长和消费升级的进一步加快，中部六省的社会消费品零售总额持续高速增长。1～8 月份，六省社会消费品零售总额平均增速超过 17%，达到 17.1%，高出全国平均水平 1.4 个百分点，分别较上半年、第一季度和 2006 年高出 0.4、1 和 1.8 个百分点。除安徽外，其余 5 省都超过了 17%。在消费增长创新高的同时，消费结构提升明显加快。1～8 月份，湖南汽车类商品消费增长 36.7%，通讯器材类和娱乐用品类增长超过 40%，金银珠宝类消费增长 74.7%。江西汽车类增长 23.6%，建筑及装潢材料类增长

53.9%，金银珠宝类增长35.4%。安徽汽车类增长91.3%，建筑及装潢材料类增长1.2倍，金银珠宝类增长75.1%。

出口保持快速增长。2006年，中部六省出口达到327.2亿美元，增长34%；占全国出口总额的3.38%，较上年提高0.18个百分点。2007年以来，中部各省的出口依然保持较快增长速度，1~8月份，六省出口总额达到277.32亿美元，较上年同期增长37.3%，增速较2006年加快3.3个百分点。出口结构调整明显加快，高新技术产品和机电产品出口大幅增长。1~8月份，湖南机电产品出口增长78.7%，高新技术产品出口增长58.6%，二者占到全省出口总额的28.1%。江西高新技术产品出口增长2.6倍。安徽1~9月份机电产品出口增长54.4%，其中汽车及底盘出口增长2倍，高新技术产品出口增长37.6%。

2007年以来中部地区三大需求平均增长情况见图2。

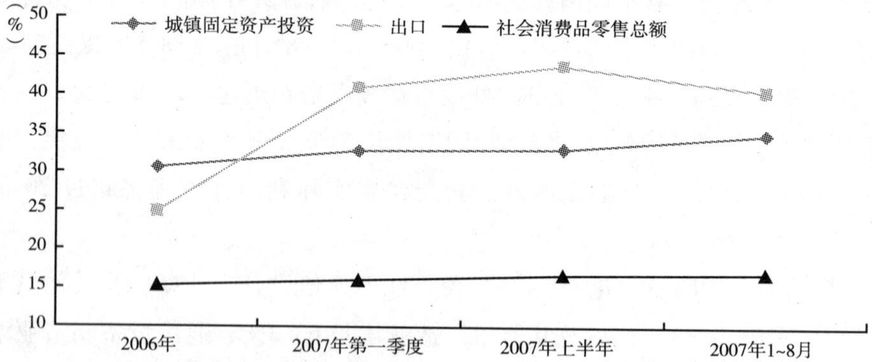


**图2　2007年以来中部地区三大需求平均增长情况**

## 二　2007年中部经济运行中存在的主要问题

### 1. 物价涨幅偏高

与全国物价走势相同，2007年以来，中部地区物价一路走高，并且涨幅明显高于全国平均水平。1~8月份，除山西和湖北外，其余四省物价涨幅均超过3.9%的全国平均水平，并都超过了4%。其中湖南的居民消费物价指数达到了105.7，在中部各省居首位。食品类商品价格大幅上涨是消费物价指数大幅上涨的主要原因。湖南1~8月份食品价格指数为113.2，拉动整个物价指数上涨

4.6个百分点。安徽食品类价格上涨10.4%，影响CPI上涨约3.8个百分点，影响程度超过82%。尽管从9月份开始物价涨幅有所趋缓，但仍将保持在较高水平。

**2. 节能减排形势较为严峻**

2007年以来，中部各省工业增长持续加快，但带动工业增长的主要力量还是钢铁、有色、水泥、煤炭和电力等高能耗行业。2007年1～8月份，江西的有色、化工、电力、建材和钢铁5大高能耗行业对工业增长的贡献达到47.1%，拉动工业增长11.3个百分点。安徽的六大高能耗行业前三季度增长18.4%，较上半年加快1.8个百分点。湖北前三季度钢铁、有色冶金和非金属矿物制品业等高耗能行业占全省工业比重同比上升1.8个百分点，对全省工业的贡献率为18.4%；1～8月份实现利润占全省工业的24.1%，对全省工业的贡献率为27.8%。湖南的高能耗行业是拉动工业利润增长的主要力量。1～8月份，煤炭、建材、钢铁等九大高耗能行业实现利润112.6亿元，占全省利润总额的40.9%，增长91.2%，增幅比全省平均水平高4.1个百分点。

在这些行业产品价格持续走高和高额行业利润的驱使下，行业投资也持续大幅增长。1～8月份，河南钢铁行业中炼铁投资增长110.4%，铁合金冶炼投资增长85.0%；铝业中铝冶炼投资增长42.3%；水泥行业投资增长37.1%。湖北化工工业投资增长53.7%，高于全省工业投资平均增长水平17.8个百分点；钢铁工业投资增长55.6%，高于全省工业投资平均增长水平19.7个百分点。安徽的六大高耗能行业投资增长68.1%，高出全省平均水平18.7个百分点，其中有色、建材、化工、电力和钢铁投资分别增长86.7%、81.1%、78%、74.4%和55.1%，仅石油加工业投资略有下降。高耗能、高污染行业投资的较快增长，将加大中部地区下一阶段节能减排任务完成的难度。

**3. 两项资金占用增长快**

2007年以来，中部地区的工业企业普遍出现应收账款和产成品资金占用的大幅增长。一方面是由于国家宏观调控政策逐步趋紧，资金链明显趋紧，企业资金运转难度明显加大，特别是面广量大的中小企业贷款难、担保难，资金矛盾突出，加大了应收账款的清收难度。另一方面，宏观调控政策使部分行业发展放缓，引起相关产业的连锁反应，市场需求下降，企业产成品明显增加。截止到8月底，湖南规模以上工业企业应收账款净额541.16亿元，同比增长

26%，增幅同比上升 10.4 个百分点。产成品资金 339.62 亿元，同比增长 26.6%，增幅同比上升 7.1 个百分点。湖北两项资金同比增长 17%，其中应收账款增长 16.8%，产成品增长 17.3%。此外，山西和江西的产成品资金增长分别达到 21.3%、20.6%。安徽 2007 年以来企业两项资金占用大幅上升，前 8 个月增长了 27%，较上年同期提高 8.1 个百分点，比同期规模以上工业增速高 4.3 个百分点。

**4. 出口受政策影响明显**

中部地区的主要优势资源类产品受国家出口政策调控影响明显，随着国家出口调控政策效果的逐步显现，中部各省的出口增长明显回落，尤其是从下半年开始表现得更加明显。与上半年相比，1～8 月份，中部六省除河南外，其余五省的出口增幅均出现不同程度的回落。其中湖南出口回落最为明显，回落幅度达到 8 个百分点，安徽、湖北、江西和山西分别回落 5.2、4.4、2.7 和 0.8 个百分点。

## 三　2008 年中部地区经济发展环境分析

### （一）面临的新机遇

**1. 国际国内经济继续处于扩张阶段**

从国际看，全球经济继续处于扩张期。据国际货币基金组织（IMF）最新预测，全球经济 2007～2008 年增长预计将分别达到 5.2%、4.8% 左右，世界经济将连续 6 年增速超过 4%。从国内看，宏观经济仍处于新一轮增长期的上升阶段，从经济周期看，支撑这一轮经济增长的中长期因素没有发生变化，尤其是消费结构和产业结构快速升级，将继续成为推动经济增长的主动力。国际国内的经济持续快速增长，为中部地区加快发展、提高利用外资和开放水平、促进能源原材料产业加速扩张，提供了良好的外部环境和巨大的市场需求。

**2. 宏观政策总体有利于中部地区加快发展**

2008 年，在保持国民经济较快增长的同时，中央将更加重视民生问题，进一步加大对“三农”、教育、医疗、卫生等薄弱领域的支持力度，促进经济社会协调发展。中部地区作为中国重要的粮食主产区，农业人口比重大，社会事业发展欠账多，将会争取到国家更多的资金和政策支持，不仅可以促进社会事业跨越式发展，也为经济加快发展提供了强大的支撑。同时，中部崛起政策将进入全面实施阶段，有利于进一步提升中部地区“3 个基地、1 个枢纽”在全国的地位。宏观调控政策继续以促进经济又好又快发展为主调，继续实行区别对待的调控策略。不管是有保有压的宏观调控，还是推进主体功能区建设，中部地区都将成为国家鼓励和支持发展的区域，而且这种趋势将更加明显，这也是今后中部地区加快发展的最大机遇。

**3. 产业资本继续加速向中部地区转移**

从国际看，随着中国的进一步开放，国际产业加速向中国转移这一趋势短期内不会改变，且产业的结构层次将明显提高，今后将主要集中在加工业、新兴工业、高附加值工业和服务业。同时，国际产业组团式、产业链整体转移正成为国际产业转移的新趋势。从国内看，随着东部沿海生产要素成本和综合商务成本的逐渐走高，国内东部沿海地区向中西部地区的产业转移进程明显加快。当前转移产业主要集中在劳动密集型等传统产业，今后转移产业的层次将进一步提高，汽车及零部件、家电、高新技术、现代服务业等产业将逐步成为转移的重点。中部地区凭借要素供给充裕、综合成本相对较低、产业配套能力强、区位条件优越等诸多有利条件，将继续成为发达地区产业和资本转移的首选地区和重要基地。而且，在外资外贸政策方面，国家将逐步引导和促进加工贸易向中部地区转移，引导国际资本流向中部地区和重点产业，着力提高中部地区对外开放水平，增强经济发展活力。

**4. 社会资源配置效率将进一步提升**

与发达地区相比，中部地区工业化和市场化水平明显偏低，过多的社会资源集中在农业和国有部门，社会资源配置效率比较低，影响了经济发展的速度和质量。今后一个时期，中部地区将处于工业化加速发展阶段，随着农业比重的不断下降，工业的比重逐步提高，资金、土地、人力、技术等生产要素资源将加快流向现代工业部门，单位投入的产出率将会显著提高。同时，中部地区的市场化进程也在加快，民营经济加速发展，越来越多的民营企业参股、控股国有企业，生产要素资源逐步向私营部门流动，社会资源配置效率将会进一步提高。此外，中部地区的经济国际化水平也在不断提高，很多企业在全球范围内配置资源，真正做到利用两种资源、两个市场。社会资源配置效率的提高，不仅增强中部地区经济持续增长的内在动力，也有利于降低经济增长对物质投入的过度依赖。

## （二）面临的挑战

### 1. 发展模式面临变革

随着国民经济持续增长和重化工业快速扩张，中国资源消耗量大幅增长，污染物排放也在急剧增加。在科学发展观的时代背景下，环境保护、节能降耗已不再是软约束，靠牺牲环境、过度消耗物质资源来实现高增长的发展模式已经走到尽头。中部地区要实现加快发展，必须尽快转变经济增长模式，坚持走新型工业化道路，从过度依赖资金、资源和环境投入来实现经济增长，转向更多依靠提高劳动者素质和技术进步来实现经济持续增长。这种转变对中部地区来说，短期内是个巨大的挑战。

### 2. 传统资源优势正在弱化

目前，局部地区出现的普通劳动力短缺，“民工荒”、“技工荒”正由发达地区波及中部地区，带动了工资水平明显上涨。同时，能源、原材料这些中部地区的优势产业，都面临产能过剩，进一步加快发展受到制约。土地资源丰富、劳动力供给充裕、要素成本低，一直是中部地区经济发展和招商引资的优势所在，但随着这些传统要素供求关系发生变化、成本不断上升，中部地区的传统要素优势正不断弱化，很容易陷入“富饶的贫困”的陷阱，加快发展面临较大的挑战。

### 3. 节能减排成为发展的硬约束

与东部地区相比，节能减排对中部地区加快发展的约束性要大一些。一是中部地区资源型产业比重偏高，钢铁、煤炭、电力、水泥、有色等资源行业一直是中部地区的主导产业，而这些产业恰恰也是资源消耗多、环境污染大的行业。二是中部地区工业水平较低，当前正处于加快发展阶段，工业的比重还将进一步提高，加之产业结构调整仍需要一个过程，今后一个时期，高能耗行业投资增长偏快短期内不会改变，加大了中部地区节能减排的工作难度。而且，国家将继续加大对节能减排工作的推进力度，调整出口退税政策、加大差别电价实施力度、加快淘汰落后产能，甚至可能进一步扩大限批行业和区域的范围，这些都给中部地区加快发展带来很大的不确定因素。

**4. 区域竞争日益激烈**

在经济一体化和全球化不断推进的背景下，中国的市场经济体制日益成熟，加剧了经济割据的形成和市场竞争。从全国几大板块的经济发展看，区域间的竞争态势正愈演愈烈，长江三角洲、珠江三角洲、环渤海三大经济圈不断扩大“势力范围”，以实现新的跨域。天津滨海新区已上升到国家区域战略层面，加上2008年北京召开奥运会，环渤海经济圈加快发展的势头势不可挡。长三角地区16市一体化进程正在不断加快，城际交通和高速公路网不断完善，不仅长三角内部要素流动更加快速和便捷，而且凭借区域、研发、技术、营销、人才等方面优势将会聚集更多的外部资源。同时，在政策的推动下，东北地区、西部地区加快发展的势头也将继续保持。在有限的要素资源和市场空间条件下，各区域围绕资源、技术、市场、人才的竞争将更加激烈。

总体看，2008年中部地区加快发展的外部环境是有利的，经济继续处于新一轮增长期的上升阶段。但受发展方式粗放、外部需求面临回落、能源原材料产能过剩压力进一步增大等因素影响，2008年中部地区增长速度可能会有所放缓，初步预计增速为12%左右。

## 四 促进中部地区加快发展的政策建议

**1. 实施中部崛起具体政策**

中部崛起战略的实施，对提升中部地区的经济地位、促进经济快速发展起到了重要推动作用。但是，与西部大开发、东北振兴等一揽子扶持政策相比，中部崛起战略的具体促进政策和配套政策少，许多宏观方面的政策还处于悬空之中，需要进一步明确和落实。要继续加大对中部地区农业的投入，现有农业固定资产投资、农业综合开发资金、土地复垦基金等要相对集中使用，向中部粮食主产区倾斜。要尽快建立粮食主产区与主销区之间的利益协调机制，逐步提高粮食直补、良种补贴和农机具补贴标准，并对重要农资实行最高限价。要建立生态补偿基金和补偿协调机制，加大对中部地区重要的跨区域河流污染治理力度。加快推进中部地区金融试点政策，鼓励发展各种所有制的金融主体。出台具体促进措施，提高中部承接东部和国外产业转移的能力，对于东部和国际产业转移的集中地区，国家在信贷、土地等方面要给予政策支持。

**2. 加快转变经济发展方式**

与发达地区相比，中部地区产业结构层次比较低，资源型产业比重明显偏高，不仅造成整体产业竞争力不强，也给节能减排工作带来很大压力。今后一个时期，中部地区要以产业结构调整为重点，加快转变经济发展方式。要把科技含量高、资源消耗少、环境污染小、人力资源得到充分利用的产业，作为中部地区的主导产业来加以发展和培育，优先发展；对现有的资源型产业，要在进一步提高工艺和技术装备水平的同时，鼓励区域内大型企业跨区域并购重组。按照"传统产业新型化、新兴产业规模化"的要求，依靠科技进步，顺应市场需求的变化和升级，更新换代发展新产业。要坚持"开发节约并重、节约优先"的原则，大力推进节能、节水、节地、节材，加强资源综合利用，完善再生资源回收利用体系，全面推行清洁生产，形成低投入、低消耗、低排放和高效率的节约型增长方式。

**3. 确立和强化新的竞争优势**

在传统资源优势逐步弱化的新形势下，中部地区要进一步强化新的竞争优势。一是提升区位优势。在区域经济加速一体化的现阶段，中部各省不仅要对内抱成团、加强产业分工与协作外，更要加强与长三角、珠三角、环渤海等周边经济圈的经济联系。二是发挥人才技术优势。中部地区科技人才优势明显，武汉、郑州、长沙、合肥等都集中了很多高校及科研院所，中部地区很多高新技术在全国都处于领先水平。但是，要把科技人才优势转化为产业优势、竞争优势，还必须要进一步加大资金、政策扶持力度，创新科技成果转化机制。三是大力开拓市场资源。与发达地区相比，中部地区最缺的资源是市场资源，最薄弱的环节是把握与占有市场资源的能力不足。今后一个时期，中部地区要加快建立市场服务体系，不断开拓市场空间，大力培育品牌、专利、营销、管理创新等现代市场资源。

**4. 建立中部地区产业合作与协调机制**

对于科技研发、现代物流和旅游业的发展，以及流域的综合治理、生态环境保护等方面，可以建立统筹协调机制，采取各种方式，率先实现不同程度的一体化。对于优势支柱产业，中部地区主要集中在煤炭、电力、交通运输、金属冶炼及食品加工业等领域，这与东部的支柱产业有明显的差异性，在一定程度上能够实现错位发展。在招商引资中，中部地区应建立统一的招商平台，共同确立符合中部地区加快发展需要的招商领域，避免相互恶性竞争。国家对中部地区的能源、原材料、基础设施等方面的重大项目，要加强统一规划和引导，促进基础产业合理布局。

## 参考文献

《2007 年中国与世界经济发展报告》，社会科学文献出版社，2007。

《2007 中国统计年鉴》，中国统计出版社，2007。

《2007 安徽统计年鉴》，中国统计出版社，2007。

# 东北地区经济形势分析及展望

赵晓敏　谭慧敏　金春姬　韩宝春*

**摘　要：** 在深入分析东北地区2007年经济运行情况特点及存在问题的基础上，根据东北地区下一步的发展战略和政策取向，并结合宏观经济计量模型测算，对2008年东北地区的经济形势进行了分析与展望。

**关键词：** 东北地区　经济　展望

2003年，中央正式启动东北老工业基地振兴计划，使东北地区成为继珠三角、长三角后又一个重点经济增长区。2007年8月，国务院又正式批复了《东北地区振兴规划》，该规划的出台标志着东北老工业基地振兴进入了一个新阶段。随着振兴东北地区老工业基地战略的深入实施，东北地区经济发展明显加快。预计2007年东北地区生产总值可达到23210亿元，其中，辽、吉、黑GDP增速分别为14.5%、17.8%和12.4%左右。

## 一　2007年东北地区经济运行的主要特点

2007年以来，东北地区经济社会发展总体态势良好，经济运行朝着国家宏观调控的预期方向发展，呈现出速度加快、动力增强、质量提高、发展协调的特点，几项主要经济指标达到近年来最好水平，民生福祉继续改善，为实现“十一五”规划发展目标奠定了坚实的基础。

---

* 赵晓敏，（1956~），女，研究员，吉林省经济信息中心经济预测部主任；谭慧敏，（1967~），女，副研究员，吉林省经济信息中心经济预测部副主任；金春姬，（1968~），女，高级经济师，吉林省经济信息中心经济预测部工作人员；韩宝春，（1964~），男，经济师，吉林省经济信息中心网络资源部主任。

**1. 地区经济实现快速增长，创历史同期最好水平**

上半年，辽、吉、黑三省地区生产总值分别增长 14.8%、17.3%和 11.9%，辽宁和吉林均创历史同期最好水平。其中辽宁已连续 14 个季度增长速度保持在 12%以上，吉林 GDP 也连续 7 个季度增幅在两位数以上，均为中华人民共和国成立以来经济保持快速增长时间最长的一个时期。

**2. 最终需求旺盛，三大需求实现快速增长**

投资持续快速增长。1 ~8 月份，东北地区完成城镇固定资产投资 6278.15 亿元，同比增长 36.3%，高于全国平均水平 9.6 个百分点。其中，辽、吉、黑分别增长 36.9%、41.8%和 26.2%（见图 1），尤其是吉林投资在全国列第 4 位。

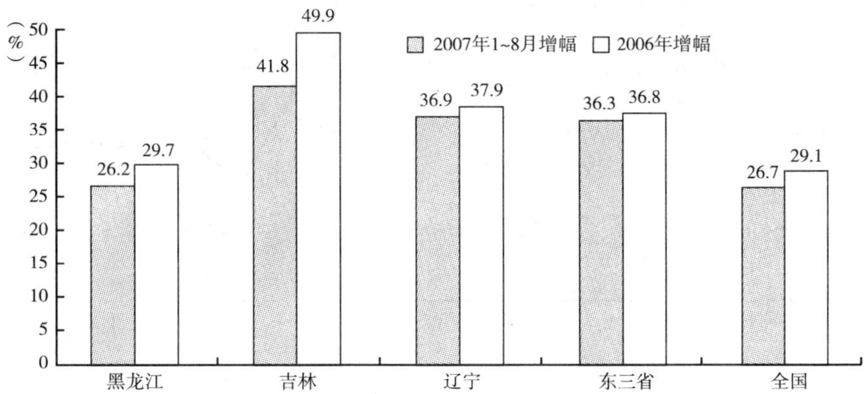


**图 1　东北三省及全国固定资产投资增幅**

消费需求增长速度加快。1 ~8 月份，东北地区社会消费品零售总额达到 5257.3 亿元，同比增长 16.8%（见图 2），高于全国平均水平 1.1 个百分点，是近年来同期较好水平，消费需求拉动经济增长的作用进一步增强。

进出口保持适度增长。1 ~8 月份，东北地区进出口总额达到 558.47 亿美元，增长 28.4%，增幅同比提高 12.4 个百分点。其中，出口 329.25 亿美元，增长 35.8%；进口 229.22 亿美元，增长 21.1%（见图 3）。

**3. 工业生产增势强劲，效益大幅度提高**

1 ~8 月份，东北地区规模以上工业增加值完成 6162.34 亿元，辽、吉、黑分别增长 21.2%、24.3%和 16.1%（见图 4），其中，辽宁、吉林分别超过全国

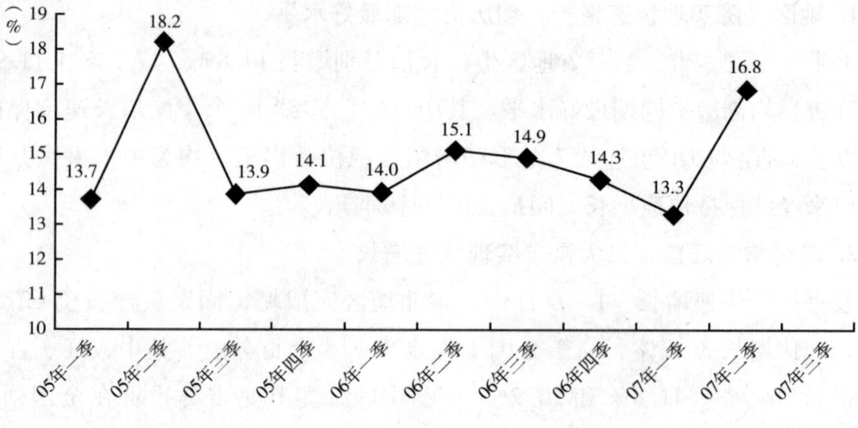


**图 2　2005 年以来东北地区社会消费品零售总额增幅变化**

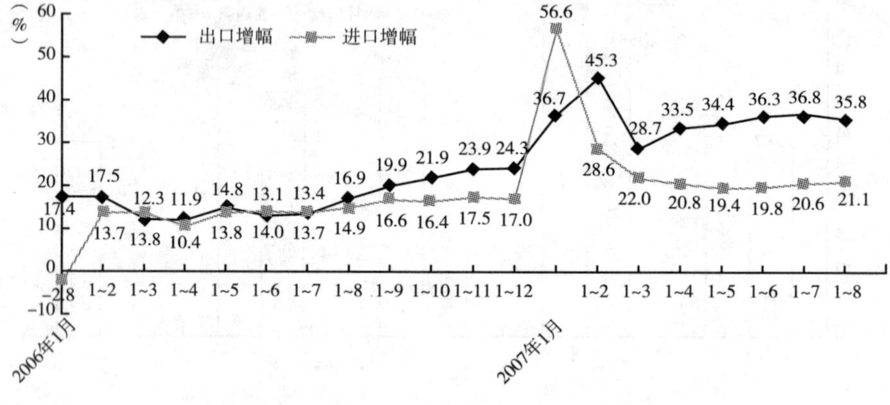


**图 3　2006 年以来东北三省出口及进口总额增长情况**

平均水平 2.8 个和 5.9 个百分点，黑龙江也达到了同期最好水平。

在规模不断扩大的同时，工业企业利润实现了大幅增长。1～8 月份，东北地区规模以上工业企业实现利润总额 1506.41 亿元，比 2006 年同期增长 22.3%，其中，辽宁和吉林分别增长 104.1% 和 64%（见图 5）。

**4. 财政、居民收入增长势头迅猛**

财政收入高速增长。1～8 月份，东北地区实现地方级财政收入 1229.1 亿元，同比增长 30.9%，高于上年同期 6.5 个百分点（见图 6），增幅创近年以来同期最好水平。

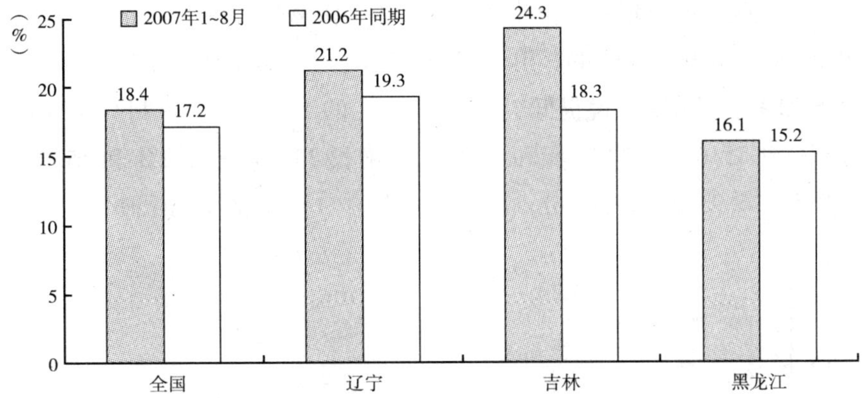


**图 4　东北三省及全国工业增加值增幅**

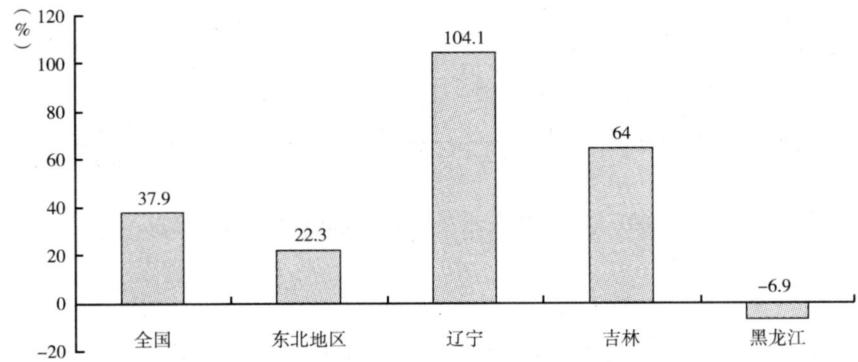


**图 5　规模以上工业实现利润增幅**

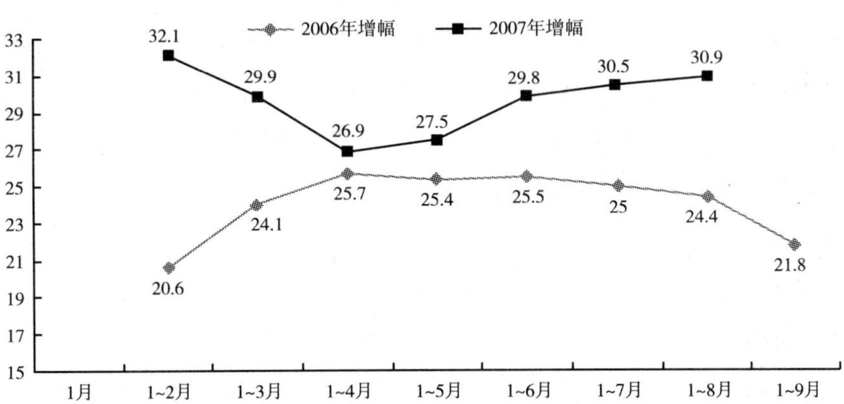


**图 6　2006 年以来东北地区同期地方级财政收入情况**

城乡居民收入明显增加。上半年，辽、吉、黑城镇居民人均可支配收入分别达到5910 元、5619 元和5092 元，增长17.6%、21.4%和15.7%，同比提高7.3、9.8 和3 个百分点，但仍低于全国7052 元的平均水平；农村居民人均现金收入分别达到3586 元、3193 元和3110 元，增长23.9%、33.1%和15.6%，同比提高9.5、26.9 和7.5 个百分点，均高于全国2111 元的平均水平（见图7）。

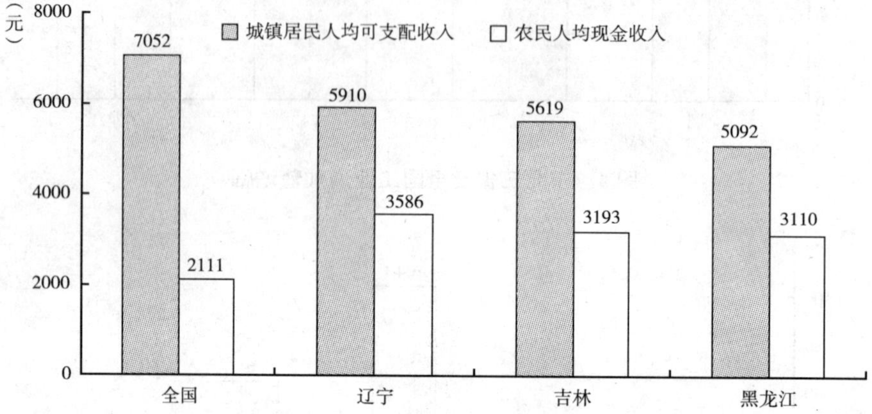


**图7　2007 年上半年东北三省及全国城乡居民收入情况**

## 二　经济运行中存在的主要问题

**1. 第三产业增长缓慢，产业结构优化升级任务艰巨**

2007 年上半年，东北地区三次产业结构比例为6.8∶57.1∶36.1，与全国8.9∶51.9∶39.2的三次产业结构相比，第三产业的比重低于全国平均水平3.1 个百分点，经济增长过于依赖第二产业，产业结构优化升级任务艰巨。

**2. 居民消费价格指数超过全年控制目标**

1~7 月份东北三省辽、吉、黑居民消费价格指数分别为104.1、103.9 和104.5，均超过全国103.5 的平均水平并超过全年控制目标。其中，食品、医疗和居住类价格上涨幅度较大，特别是猪肉价格持续上涨，带动肉、禽、蛋及制品和水产品价格上升。物价上涨不但给城市居民特别是低收入家庭生活带来较大影响，也增加了实现全年控制目标的难度。

### 3. 节能降耗压力较大

2006年东北三省辽、吉、黑单位GDP能耗下降分别为3.2%、3.32%和3.04%，均未能完成节能降耗控制目标。由于东北地区以重化工为主体的工业结构和以原煤为主体的能源消费结构在短期内难以从根本上改变，一些高速增长的制造业、冶金、建材等高耗能行业用电量相对较大，导致结构性降耗的难度进一步增大。另外，一些地区还存在着节能减排相关法规滞后，已有的一些法规和政策不能落实到位等问题。

根据经济发展趋势分析并结合宏观经济计量模型测算结果，初步预计，2007年东北地区生产总值将达到23210亿元，其中，辽、吉、黑GDP增速分别为14.5%、17.8%和12.4%左右（详见表1）。

**表1　2007年东北地区主要经济指标预测表**

| 指　　标 | 单位 | 东北地区 | | 辽　　宁 | | 吉　　林 | | 黑龙江 | |
|---|---|---|---|---|---|---|---|---|---|
| | | 绝对值 | 增速 | 绝对值 | 增速 | 绝对值 | 增速 | 绝对值 | 增速 |
| 地区生产总值 | 亿元 | 232101 | | 11000 | 14.5 | 5090 | 17.8 | 7120 | 12.4 |
| 第一产业 | 亿元 | 2650 | | 1100 | 5.3 | 730 | 5.2 | 820 | 8.0 |
| 第二产业 | 亿元 | 12010 | | 5800 | 18.9 | 2330 | 20.1 | 3880 | 13.0 |
| 第三产业 | 亿元 | 8550 | | 4100 | 10.1 | 2030 | 17.0 | 2420 | 12.8 |
| 规模以上工业增加值 | 亿元 | 9654 | | 4730 | 20.1 | 1864 | 21.6 | 3060 | 16.0 |
| 全社会固定资产投资 | 亿元 | 14600 | 20.4 | 7700 | 35.4 | 4000 | 42.6 | 2900 | 30.0 |
| 社会消费品零售总额 | 亿元 | 8286 | 16.6 | 4000 | 16.5 | 1976 | 18.0 | 2310 | 15.8 |
| 进出口总额 | 亿美元 | 913 | 32.0 | 620 | 28.1 | 118 | 49.3 | 175 | 36.0 |
| 出口 | 亿美元 | 533 | 34.1 | 370 | 30.6 | 40 | 33.3 | 123 | 45.0 |
| 地方财政收入 | 亿元 | 1986 | 28.8 | 1100 | 30 | 308 | 25.7 | 578 | 20.5 |
| 财政支出 | 亿元 | 3930 | 22.6 | 1700 | 19.8 | 900 | 25.3 | 1330 | 25 |
| 居民消费价格总指数 | % | | | 104 | 4 | 104.1 | 4.1 | 105 | 5.0 |
| 城镇人均可支配收 | 元 | | | 12185 | 14 | 11147.2 | 14.0 | 10420 | 13.5 |
| 农民人均纯收入 | 元 | | | 4900 | 15 | 4005 | 10.0 | 3910 | 10.0 |

## 三　东北地区政策取向

### 1. 新形势下的发展战略

东北三省紧紧抓住国家实施东北地区振兴规划的历史机遇，确定了新形势下的发展战略。

辽宁将从八方面取得新突破：一是以深化国有企业改革和发展壮大非公有制经济为重点，加快推进体制机制创新。推动钢铁、石化、装备制造等重点行业进行跨所有制、跨区域的战略重组，培育具有国际竞争力的企业集团。二是以“五点一线”沿海经济带开发建设为重点，加快推进全省对外开放。三是以产业结构优化升级为重点，加快推进新型产业基地建设。建设具有国际竞争力的先进装备制造业基地、精品钢材基地、新型石化工业基地、芳烃及化纤原料基地、高技术产业基地以及农产品生产和加工基地。四是以阜新、盘锦试点为重点，加快推进资源枯竭型城市经济转型。五是以发展循环经济为重点，加快推进节能减排。六是以工业化、城镇化和农业现代化为重点，加快推进以县域经济为重要载体的社会主义新农村建设。七是以实施十大民生工程为重点，加快推进“和谐辽宁”建设。八是以优化生产要素配置为重点，加快推进区域经济合作。

吉林振兴工作从五个方面切入：一是装备制造业基地方面，以长客为龙头，研制开发一批新的装备制造产品。二是新型原材料和能源保障基地方面，依靠生物化工、精品钢和精细化工等，带动新型原材料发展。积极发展百万级风力发电、秸秆发电等新能源开发及燃料乙醇等替代产品。三是商品粮和农牧业生产基地方面，组织实施增产百亿斤商品粮工程。四是技术研发与创新基地方面，着力发展长春生物和光电子两个国家级产业基地。五是生态安全保障区方面，加大长白山保护开发工作。

黑龙江着力打造四大经济板块：一是哈大齐工业走廊。按照走新型工业化道路的要求，以高新技术产业为引领，增强自主创新能力，大力发展循环经济，重点发展装备、石化、食品、医药和现代物流等产业集群，提高国际国内竞争力。二是现代农业产业带。发挥农垦系统发展现代农业的龙头作用，实施场县共建，努力提升农业整体素质和可持续发展能力，巩固国家重要商品粮基地地位。积极发展外向型农业和生态农业，搞好农副产品精深加工，提升绿色食品、有机食品的产量和质量，不断增加农民收入。三是对俄经贸科技产业带。充分利用国家编制实施中俄地区合作规划的重大机遇，深入挖掘对俄合作优势，以滨绥线大中城市为依托，建设哈牡绥东对俄产业带，以边境口岸城市为节点，加快建设延边开放带，全力推进海陆联运、江海联运以及内贸货物公路铁路跨境运输等大通道建设，大力发展现代物流业，全方位打造拉动全省经济增长的对俄经贸科技产业带。四是资源型城市可持续发展经济带。用好用足国家促进资源型城市可持续发展的各项政策，加快建立“两个机制”。四个煤城要加快建设煤电化产业基地；同时加快发展绿色食品、冶金、新型建材、林木加工、医药、旅游、现代物流等非煤产业。两个林城要坚持保护优先、适度开发，深入推进林权改革试点，创造性实施天保工程，以先进适用技术发展资源精深加工，因地制宜地发展生态特色产业，形成新的经济增长带。

**2. 东北三省的政策调整**

辽宁：大力发展壮大非公有制经济，扶持1000户非公有制重点企业做大做强。进一步推进“五点一线”沿海经济带开发建设，形成开放与发展的新格局。加快推进新型产业基地建设，打造沈西工业走廊和大连“两区一带”装备制造业集聚区；依托鞍本钢集团、五矿营口中板、东北特钢、凌钢、抚顺新钢等企业，把鞍山、本溪、营口和朝阳等地建成精品钢材基地；把大连、抚顺和辽西沿海城市建成新型石化工业基地，把辽阳建成重要的芳烃及化纤原料基地；把沈阳、大连、鞍山建成高技术产业基地；把辽宁建成全国重要的优质特色农产品生产和加工基地。加快推进资源枯竭型城市经济转型，阜新以发展农产品精深加工为主，盘锦大力发展精细化工、塑料加工和新型建材业，做大做强中小型船舶修造、石油钻采设备制造业等装备制造业，发展绿色食品加工业、生态旅游业。全面推进国家循环经济试点省建设，强化辽河流域污染防治和近海海域水污染防治工程。进一步加强社会主义新农村建设。基本解决体制转轨遗留的国企职工安置问题，抓好城市5万平方米以下、1万平方米以上集中连片棚户区改造工作。加强区域经济合作，加快建设哈大客运专线、阜新至西乌珠穆沁旗铁路。建设鹤岗至大连、丹东至锡林浩特、通辽至沈阳等高速公路重要路段。建设沈阳、大连集装箱枢纽。强化大连等港口的原油接卸和中转功能。推动建设呼伦贝尔至辽宁中部等输电通道和哈尔滨－长春－沈阳－唐山等天然气管网工程。参与开发内蒙古东部煤田。

吉林：按照科学发展观要求，推进结构优化升级，增强自主创新能力，实现老工业基地向新型工业基地的基本转变。加快构建和谐社会，加大对新农村建设、基础产业、基础设施的支持力度，加快社会保障体系建设，发展医疗卫生事业和基础教育等各项社会公共事业。加快发展服务业，加强以现代物流及交通运输业、地方金融业、科技教育服务业等十大重点服务业发展力度，提高服务业发展的整体水平。进一步加强招商引资项目、平台、环境等方面建设，为招商引资、加大投入提供优越条件。

黑龙江：紧紧围绕东北经济振兴战略部署，进一步调整优化经济结构、增强自主创新能力、扩大对外开放、培养大批高素质人才队伍。加快建设林业强省。根据国家《林业产业政策要点》中相关的鼓励扶持政策，充分利用林业大省丰富的森林资源，以林权制度改革为突破口，以市场为导向，发展比较优势，创造竞争优势，坚持生态优先和产业优化，走以生态建设为主的可持续发展道路，以国家林业重点工程为牵动，建设功能完备的国土生态安全体系和比较发达的林业产业体系，构筑林区经济发展新格局。对重点国有林区，加大天然林资源保护工程实施力度，充分发挥森林生态系统的整体功能。对松嫩和三江平原地区、界江（河）地段、江河源头、湿地、黑土流失区实施工程治理，维护国土安全。调整产业布局，选择重点企业进行技术改造，实现工艺、装备和产品的更新换代。要做大做强优势产业，大力发展林下产业、木材精深加工业和森林旅游业，突出发展绿色食品和北药产业，延长产业链，加快产业化进程，把林区建设成为规模较大的商品林基地、木材精深加工基地、苗木花卉生产基地、森林生态旅游休闲基地、北药种植加工基地、山特产品和绿色食品生产基地。构筑东部煤电化基地。进一步发挥资源优势，以市场为导向，走煤电化一体化发展的路子，以延长煤炭产业链作为主攻方向，发挥优势产业集群的辐射带动作用。加快煤炭资源综合开发利用，适度建设坑口电站，大力发展煤化工，最大限度地推进煤炭转化。巩固提高煤炭生产能力，加快建设煤炭高产高效矿井项目和煤矿安全改造，搞好资源勘探，增加后备资源储备。大力发展非煤产业，加快发展绿色食品、冶金、新型建材、林木加工、医药、旅游、现代物流等产业。

## 四　东北地区 2008 年经济展望

2008 年东北地区经济所面临的发展环境较好，经济继续保持较快发展的有利条件较多，经济发展的内在动力较强，投资、消费、工业等经济发展的主要支撑因素均呈良好发展态势，东北地区经济将继续保持平稳快速增长。

**1. 2008 年东北地区经济发展环境**

从国际环境看，世界经济增长前景依然看好，增长速度虽有所放缓，据国际货币基金组织（IMF）发表的《世界经济展望》报告预测，2007年和2008年全球经济将分别增长5.2%和4.8%，均低于2006年的5.4%，但仍处于较快区间。

从国内环境看，近几年中国经济保持了长期稳定可持续发展。在多种中长期基本增长动力的支撑下，中国经济在较长时期内仍将处于长周期的上升阶段。据中国社会科学院发布的《中国经济形势分析与预测2007年秋季报告》预测，2007年和2008年中国GDP增速将分别保持在11.6%和11%左右的水平。

从政策取向看，2008年中央可能实行稳健的财政政策和适度从紧的货币政策，把抑制物价上涨作为宏观调控的一个非常重要的任务，遏制固定资产投资的过快增长，支持相关农产品发展，同时把坚持和提高节能减排标准作为宏观调控的重要闸门。

国家宏观政策总体上对东北地区经济发展有利。在整体上加大宏观政策调控力度的同时，将继续强化振兴东北老工业基地的各项政策实施力度。随着政策效应的显现，全国资源消耗开始减少，产业布局、投资流向都会出现新的变化，这为东北地区加快发展，缩小与发达地区差距带来新的发展机遇。

**2. 工业发展预期良好**

目前，东北地区仍处于工业化中期发展阶段，工业是拉动经济发展的主要力量。2008年东北地区工业发展总体向好，主要有以下几点有利因素。

支柱产业高速发展的势头不减。装备制造业、原材料工业等产业是东北地区经济发展的重要动力。2007年以来，这些产业高速发展，总体效益明显提高。当前乃至未来一段时期，国内外市场对装备制造业的产品需求依然旺盛、对原材料工业的产品需求也没有减弱，这将进一步提高东北地区重点产业的经济效益，发挥拉动经济增长的重要作用。

工业集中区集聚和辐射效应进一步显现。吉林产业园区建设取得新进展。2007年50个重点特色工业园入园企业达400多户。长春汽车产业园落实重点项目100个，一汽光洋转向器等55个项目开工建设。长春玉米产业园项目建设全面展开，完成基础设施投入4亿元。黑龙江哈大齐工业走廊建设取得阶段性成果，成为新的经济增长点，其土地丰富、人才、政策、交通便利等优势得到充分体现，产业集聚和辐射效应开始显现。

国企改革成果逐步释放。随着国企改革的逐步深入，东北地区企业竞争能力及适应市场能力不断提高，国企改革的成果逐步释放，将吸引众多战略投资者，有助于企业做大做强，形成新的经济增长因素。

考虑到2008年国家进一步加强宏观调控以抑制部分行业投资过热、国内外需求可能略有降温、能源供应可能继续偏紧等不利因素，综合判断，预计2008年东北地区规模以上工业增加值达到11469亿元，辽、吉、黑工业增速分别为22%、21%和16%左右。

**3. 投资需求仍具有旺盛的增长空间**

随着国家振兴老工业基地政策效应的显现，东北地区凭借自身发展潜力、丰富的人力资源和自然资源优势，必然吸引更多的国内外投资。辽宁随着“五点一线”沿海经济带的开发建设，大量引入外资，承接国际产业转移的进程加快，外向型经济将得到更快的发展。吉林全力推进重大项目建设，严格按照国家宏观调控要求，着力优化投资结构，滚动推进政府主导推动的五大板块、300个重大项目。黑龙江将开发利用重度盐碱地等未利用地和少部分农用地，为国内外战略投资者参与老工业基地振兴、发展民营经济、建立产业协作配套体系、实现产业集聚提供优良的投资平台。在强烈的政府和民间投资热情的带动下，东北地区投资需求将继续保持旺盛的增长空间。

综合考虑，预计2008年东北地区固定资产投资增长28.9%左右，其中，辽、吉、黑投资增速分别为29.9%、30%和25%左右。

**4. 消费需求稳步增长为经济增长提供内需支持**

在消费结构升级带动下，尤其是住房、汽车、旅游、文教娱乐等需求迅速扩大，消费需求快速增长，对经济增长的拉动作用进一步增强。2007年东北地区住宿和餐饮业继续领涨消费品市场，汽车类商品销售大幅增长，这种态势表明东北地区消费结构升级步入“加速跑”阶段。年初以来，各级政府把解决人民群众最关心、最直接、最现实的利益问题作为工作重点，下大力气推进民生工程，城乡居民收入稳定增长，人民群众的生产生活条件进一步改善，消费环境不断优化。随着社会保障体系的逐步完善，东北地区居民的消费能力和消费预期有所增强，这些都给消费需求增长创造了一定的空间。预计2008年东北地区社会消费品零售总额增长16.7%以上。

从整体看，东北地区经济2007年又好又快的发展为2008年经济发展奠定了坚实、雄厚的基础。根据国际、国内和东北地区经济发展趋势分析并结合宏观经济计量模型测算，初步预计，2008 年东北地区生产总值将达到 26790 亿元，其中，辽、吉、黑 GDP 增速分别为 14%、17.5% 和 12% 左右（见表2）。

**表 2　2008 年东北地区主要经济指标预测表**

| 指　　标 | 单位 | 东北地区 | | 辽　　宁 | | 吉　　林 | | 黑龙江 | |
|---|---|---|---|---|---|---|---|---|---|
| | | 绝对值 | 增速 | 绝对值 | 增速 | 绝对值 | 增速 | 绝对值 | 增速 |
| 地区生产总值 | 亿元 | 26790 | | 12600 | 14.0 | 6100 | 17.5 | 8090 | 12.0 |
| 第一产业 | 亿元 | 2834 | | 1134 | 6.5 | 800 | 7.0 | 900 | 8.0 |
| 第二产业 | 亿元 | 14204 | | 6804 | 20.1 | 2900 | 20.0 | 4500 | 12.5 |
| 第三产业 | 亿元 | 9852 | | 4662 | 11.0 | 2400 | 17.2 | 2790 | 12.5 |
| 规模以上工业增加值 | 亿元 | 11469 | | 5549 | 22.0 | 2320 | 21.0 | 3600 | 16.0 |
| 全社会固定资产投资 | 亿元 | 18825 | 28.9 | 10000 | 29.9 | 5200 | 30 | 3625 | 25.0 |
| 社会消费品零售总额 | 亿元 | 9670 | 16.7 | 4720 | 18.0 | 2280 | 16.5 | 2670 | 15.5 |
| 进出口总额 | 亿美元 | 1207 | 32.2 | 800 | 29.0 | 171 | 44.9 | 236 | 35.0 |
| 出口 | 亿美元 | 707 | 32.6 | 480 | 29.7 | 53 | 32.5 | 174 | 40.0 |
| 地方财政收入 | 亿元 | 2491 | 25.4 | 1420 | 29.1 | 366 | 19.0 | 705 | 22.0 |
| 财政支出 | 亿元 | 4710 | 19.8 | 2010 | 18.2 | 1080 | 20.0 | 1620 | 22.0 |
| 居民消费价格总指数 | % | 103.7 | 3.7 | 103 | 3.0 | 104 | 4.0 | | |
| 城镇人均可支配收 | 元 | 14000 | 12.8 | 12863 | 15.4 | 11775 | 13.0 | | |
| 农民人均纯收入 | 元 | 5500 | 12.2 | 4400 | 9.8 | 4260 | 9.0 | | |

## 参考文献

《东北地区振兴规划》

国务院振兴东北办主任张国宝在实施东北地区振兴规划工作会议上的讲话：《认真组织实施东北地区振兴规划　促进东北老工业基地振兴工作》。

辽宁省常务副省长许卫国在实施《东北地区振兴规划》工作会议上的讲话：《辽宁将从八方面贯彻落实东北地区振兴规划》。

吉林省省长助理王祖继在实施《东北地区振兴规划》工作会议上的讲话：《贯彻实施东北地区振兴规划　吉林省大有作为》。

黑龙江省副省长刘海生在实施《东北地区振兴规划》工作会议上的讲话：《黑龙江落实东北振兴规划　打造四大经济板块》。

《中国经济形势分析与预测 2007 年秋季报告》。

# 西部开发进展、面临的困难和下一步开发重点

唐明龙[*]

**摘　要：** 2007 年，国家发布了西部开发"十一五"规划，全面部署了今后五年西部开发的任务，确定新开工 10 项重点工程，完善了退耕还林政策，制定了关于进一步加强西部地区人才队伍建设的意见，明确了人才建设的重点任务和保障措施，开展了新型农村金融机构试点，改善农村金融服务，不断推动东西互动，促进东西协调发展。随着国家投资力度的加大，西部地区保持了良好的发展势头，西部地区与全国发展速度的差距缩小，西部开发基础设施建设、农村发展、生态环境保护与建设、社会事业发展、对外开放等重点任务进展顺利。但是，西部地区仍然面临着体制障碍、基础设施薄弱、产业结构不合理、资源环境约束、社会事业落后、人才不足和流失严重等困难。下一步西部开发应当深入贯彻落实科学发展观，以改革创新精神，加大三农开发力度，大力发展特色优势产业，继续推进基础设施建设和生态环境保护，积极提高公共服务水平，加强人才开发力度，加快改革开放，不断开创西部开发新局面。

**关键词：** 西部开发　进展　困难　开发重点

---

* 唐明龙，经济学硕士和法律硕士，1988 年中国社会科学院研究生院经济学硕士，2001 年北京大学法律硕士，国务院西部开发办，高级经济师，主要研究市场价格、区域经济理论和宏观经济管理方面的问题。

2007 年，各部门、各地区按照党中央、国务院的要求，认真贯彻落实科学发展观，坚定不移地推进西部大开发，促进区域经济协调发展。国务院批准发布了《西部大开发十一五规划》，明确了今后的奋斗目标和重点任务，国家在财政、税收、项目政策等方面，继续支持西部地区基础设施建设、生态建设、特色优势产业发展和社会事业进步，使西部地区继续保持较快发展，人民生活的质量不断提高。

## 一　西部开发新举措

**1. 发布了西部大开发“十一五”规划**

2007 年 2 月，经国务院批准，国家发改委和国务院西部开发办印发了《西部大开发十一五规划》，对“十一五”期间的西部开发工作作出了全面部署。规划提出了“坚持实现又好又快发展，突出提高经济增长的质量和效益；坚持夯实长远发展基础，突出基础设施、生态环境建设和科技教育发展；坚持增强自我发展能力，突出重点地区优先开发和特色优势产业加快发展；坚持统筹城乡发展，突出社会主义新农村建设；坚持推进基本公共服务均等化，突出解决好关系人民群众切身利益的实际问题；坚持深化改革和扩大开放，突出体制机制创新”的指导思想和原则。确定了经济又好又快发展和人民生活水平持续稳定提高、基础设施和生态环境建设取得新突破、重点地区和重点产业的发展达到新水平、实现基本公共服务均等化取得新成效的奋斗目标。规划了主要依靠政府资源支持发展的社会主义新农村建设、基础设施建设、生态保护与建设、环境保护和资源节约、改善基本公共服务等重点任务，也规划了加强政府引导发展的特色优势产业、重点区域发展、加强人才队伍建设等重点任务。规划还明确了规划实施的各项保障措施。

**2. 新开工西部开发 10 项重点工程**

2007 年，为进一步改善西部地区基础设施条件，加快特色优势产业发展，改善民生，促进社会事业发展，国家确定在西部新开工 10 项重点工程，投资总规模为 1516 亿元。主要包括：大理至瑞丽、奎屯至北屯铁路新建，包头至西安、西宁至格尔木铁路扩能改造，天水至定西、都匀至新寨公路建设，昆明机场迁建，西部支线机场建设，大岗山和积石峡水电站建设，重庆蓬威石化 60 万吨

PTA 项目，广西、四川千万吨级炼油项目，内蒙古黄玉川煤矿和酸刺沟煤矿千万吨级重点煤矿工程，西部地区教育、卫生等社会事业项目。截止到 2007 年，国家累计安排西部地区新开工重大建设工程 92 项，投资总规模约 1.3 万亿元。

**3. 进一步完善了退耕还林政策**

为巩固退耕还林的生态建设成果，解决退耕农户的长远生计和困难，2007 年 8 月，国务院发出《关于完善退耕还林政策的通知》（国发［2007］25 号）。明确在现行退耕还林粮食和生活费补助期满后，中央财政安排资金继续对退耕农户给予适当现金补助，延长一个补助周期，并建立巩固退耕还林成果专项资金。中央财政按照退耕地面积核定各省（区、市）巩固退耕还林成果专项资金总量，从 2008 年起分 8 年逐年下达，主要用于西部地区、京津风沙源治理区和享受西部地区政策的中部地区退耕农户的基本口粮田建设、农村能源建设、生态移民以及补植补造。为此，国家将增加对西部地区的投资 2000 多亿元。这项重大决策，将对西部地区农村发展、生态建设产生巨大的影响。

**4. 出台了关于进一步加强西部地区人才队伍建设的意见**

为了深入贯彻落实《中共中央、国务院关于进一步加强人才工作的决定》和《西部地区人才开发十年规划》，2007 年 5 月，中共中央办公厅、国务院办公厅印发了《关于进一步加强西部地区人才队伍建设的意见》。文件强调了加强西部地区人才队伍建设是人才强国战略的重要组成部分，并从解决西部地区人才队伍建设中的突出问题出发，全面部署了西部地区人才开发工作。文件提出西部地区人才开发的任务：一是要加大教育投入力度，落实经费保障机制，多渠道筹集资金发展西部地区教育事业，促进各类人才健康成长；二是提高各级党政干部、科研技术人才和企业经营管理人才的素质和能力；三是通过营造拴心留人的政策环境、打造事业平台、创造优秀人才脱颖而出的制度环境、改善人才的工作和生活条件等措施，用好现有人才；要突出抓好农村实用人才、医疗卫生人才和应用开发型人才、高技能人才队伍建设；要采取多种形式，切实为西部地区提供人才和智力支持。

**5. 针对不同地区的实际情况提出相应的发展措施**

2007 年 3 月，国务院常务会议原则通过了《西藏自治区十一五规划项目方案》。国家将投资上千亿资金，支持改善西藏广大牧民生产生活条件和推进基础设施建设、生态环境保护、社会事业发展的 180 多个项目，促进西藏经济社会可持续发展。6 月，国务院批准同意重庆市、成都市设立全国统筹城乡综合配套改革试验区，鼓励这两个城市从实际出发，大胆创新，根据统筹城乡综合配套改革试验的要求，全面推进各个领域的体制改革，并在重点领域和关键环节率先突破，尽快形成统筹城乡发展的体制机制，促进城乡经济社会协调发展。9 月，国务院常务会议研究了新疆维吾尔自治区的发展问题，提出了新疆经济社会发展的原则和支持新疆发展的政策措施。提出要重点加快建设石油、天然气、煤炭及煤层气等矿产资源开发利用基地和优势农副产品生产加工基地，加强农业和水利基础设施建设，发展特色农业，合理开发利用水资源，建设节水型社会，统筹规划交通建设，构筑综合交通运输体系，保护绿洲，加强城市环境整治，加强基本公共服务体系建设，大力发展社会事业，重点扶持南疆喀什、和田、克拉玛依发展，优化发展天山北坡经济带，推动天山南麓经济发展，大力发展面向中亚的外向型产业，加快口岸基础设施建设，完善边境贸易政策，推进双边或区域贸易自由化的进程。根据广西的实际情况，鼓励广西积极发展北部湾经济区，国家正在组织编制泛北部湾经济区规划，提出发展思路和政策措施。

**6. 出台了改善农村金融服务的措施**

2006 年年底，银监会发布了《关于调整放宽农村地区银行业金融机构准入政策更好支持社会主义新农村建设的若干意见》（银监发〔2006〕90 号），允许各类资本到农村地区投资设立村镇银行、贷款公司和农村资金互助社等新型农村金融机构。首先在中西部地区进行试点，首批试点的 6 个省份中有四川、青海、甘肃、内蒙古等 4 个西部地区省份。2007 年 10 月，经国务院批准，试点工作将在西部地区的 12 个省（区、市）以及全国其他省份全面推开。[①] 试点期间，六个试点省（区）共核准 23 家新型农村金融机构开业。另有八家机构已提出申请。据银监会统计，三类新型机构共筹集各类资本 12726.65 万元，资产总额 32446.16 万元，存款余额 19344.87 万元，贷款余额 11953.48 万元，累计发放贷款 22008.43 万元。这项试点将实质性地填补农村金融服务的空白，提高对“三农”的金融服务能力，增强农村金融市场的竞争力，进一步增加和拓宽引导各类资金流向农村的渠道。

---

① 此处资料来源，中国证监会网站，http：//www.cbrc.gov.cn/chinese/home/jsp/index.jsp，2007 年 10 月 12 日。

**7. 东西互动不断创新**

加强东西互动是十一届五中全会提出的促进区域经济协调发展的战略决策。东西互动是通过东部资金、技术、人才和管理优势与西部资源、劳动力和市场优势结合，达到东西部之间取长补短、优势互补、共同发展的目的。东西互动有利于西部地区创新体制和机制，调整产业结构，缓解资金短缺，加快发展；有利于东部突破资源短缺“瓶颈”，逐步实现产业转移和产业结构升级，提高市场竞争力。近年来，国务院西部开发办不断加大推动东西互动的工作力度，研究制定东西互动的指导意见，按照互利共赢、企业为主体、发挥市场作用、政府积极引导的原则，推动建立东西互动的机制。在国家的支持和指导下，除了原有的对口支援形式外，东西部省份依据各自优势，不断创造东西互动的新机制、新形式。如加强西部劳务输出示范县建设，推动东西部劳务对接，实现互利共赢。浙江省引导成立在西部投资的浙江企业协会，沟通信息，协调解决企业在西部投资中遇到的问题，为企业投资西部做好服务。上海不断加强对西部的智力和人才支持，资助、引导社会培训机构为西部地区培训人才。广东积极倡导泛珠三角区域合作，在西部地区开办异地产业园区。浙江大学组建西部发展研究院，创出了东部地区高校参与西部地区人才开发的新形式。

## 二　西部地区经济继续保持良好发展势头

西部地区经济继续保持平稳较快增长。2007 年 1～6 月份，西部地区 GDP 同比增长 14.3%，是西部大开发以来最快的时期，增长速度首次超过东部地区，高于东部地区 0.1 个百分点。预计下半年，西部地区经济将继续保持高速增长。

西部地区投资虽有回落，但仍保持较高增长。1～6 月份，城镇固定资产投资累计完成 10094 亿元，增长 30.2%，增速比 2006 年同期回落 4.2 个百分点。虽低于东北和中部的 37.65%、35.28%，但高于东部地区的 20.97%。西部地区一些地方像广西、重庆、四川、陕西成了新一轮的热点投资地区，广西、四川城镇固定资产投资增长分别达到 44.2% 和 39.6%，增速居全国第四、五位。

财政实力进一步增强。1～6 月份，西部地区地方财政收入累计完成 1941 亿元，增长 30.5%，增速比 2006 年同期提高 4 个百分点。高于东部地区 28.2%、中部地区 25.6% 的增速。其中，四川、甘肃、青海同比增长达到了 38%、

37.2%、37.2%，增速居全国第一和并列第二位。

居民消费进一步增加。1~6月，西部地区社会消费品零售总额比2006年同期增长16.05%，与东部地区16.12%相比只差0.7个百分点，是近几年来增幅差距最小的时期。

对外贸易持续增长。1~6月西部地区商品进出口贸易总额完成340亿美元，增长32.5%，增速比2006年同期提高7.2个百分点。其中，出口完成199亿美元，同比增长37.1%，进口完成141亿美元，同比增长26.6%。广西、云南、西藏、新疆出口增长较多，分别达到39.1%、48%、75%和41.1%，说明西部地区沿边、沿海的对外交流有所加强。

西部地区发展的质量也有所提高。一是特色优势产业加快发展。青海着力打造盐化工、油气化工、特色农产品开发等特色产业链，前5个月纯碱、甲醇和乳制品产量分别增长1.1倍、2.3倍和3.1倍。宁夏积极发展高技术产业，上半年数控机床和金属切削机床产值增长均超过40%。二是节能减排和环境保护工作受到高度重视。陕西专门成立省节能减排工作领导小组，由省委书记任组长，办公室设在省委组织部，将主要污染物减排指标作为考核各级政府的刚性指标落实到各单位。西部各省积极淘汰高耗能的小火电。甘肃、宁夏等地清理整顿了焦炭、电石铁合金、小水泥等高耗能行业。

## 三　西部开发各项任务进展顺利

实施西部大开发以来，中央财政性建设资金累计安排西部地区6230多亿元，其中，长期建设国债资金3000多亿元，超过总规模的43%。金融机构对西部地区各项贷款余额超过10000亿元。公路、铁路、三峡、民航和水利五种国家专项建设基金投入西部地区1900多亿元。中央财政的支持，有力地推进了西部开发重点任务的落实。

**1. 经济发展速度的差距缩小**

2000~2006年，西部地区生产总值由2000年的1.66万亿元增加到2006年的3.93万亿元，年均增长11.1%，与同期全国同口径的增速差由1999年的1.5个百分点缩小到0.5个百分点，差距明显缩小。城镇居民人均可支配收入、农民人均纯收入比2000年分别增加4145元、886元。

**2. 基础设施建设和生态环境保护与建设显著加强**

“五纵七横”国道主干线和西部开发8条省际公路建设进展顺利，农村公路发展迅速。西部铁路通道建设加快。① 西部开发以来，西部地区新增公路里程72.8万公里。其中，高速公路增加9188公里，新增铁路营运里程近7715公里。“十一五”新增民航运输机场10个，新增电力装机4552万千瓦。青藏铁路、西气东输、西电东送、大型水利枢纽等重大工程相继建成并逐步发挥效益。塔里木河综合治理、黑河流域治理等工程效果明显。在生态建设和环境保护方面，除前几年启动实施的退耕还林、退牧还草、天然林保护、风沙源治理等一批重点生态建设工程外，近期，又开展了云南、贵州岩溶地区草地治理试点。启动了珠江上游石漠化地区水土流失综合治理工程和云贵鄂渝水土保持世行贷款项目。截至目前，西部地区累计治理水土流失1600万公顷，实施生态自然修复面积2800万公顷，累计完成退耕还林582万公顷，荒山荒地造林900万公顷，退牧还草治理草原3400万公顷，生态易地搬迁140多万人。此外，实施了三峡库区、滇池等西部大江大河流域和湖泊的水污染防治等工程。

**3. 农村生产生活条件加快改善**

围绕农村水、电、路、气等农民群众最基本的生产生活条件，过去几年国家加大投入力度，安排建设了油路到县、送电到乡、广播电视到村、农村人畜饮水、县际公路、农村能源等一系列工程，有效地改善了人民群众吃水、行路、用能的基础条件。近年来，又陆续启动实施农村人口饮水安全工程、无电地区电力建设工程、以水平梯田为主的基本农田建设工程、塘坝等小型蓄水工程。继续实施了农村电网改造完善工程、灌区续建配套与节水改造项目和病险水库除险加固工程。新安排西部地区通乡公路和农村公路通达工程。继续推进了电话“村村通”工程，信息化建设取得积极进展。

**4. 社会事业加快发展，人才开发工作力度加大**

国家围绕西部开发重大任务和重大项目，持续支持了西部地区科技开发项目和科技攻关西部专项。西部地区“两基”攻坚计划取得重要阶段性成果，已有317个县全面实现攻坚目标，累计建设寄宿制学校5000多所，“两基”人口覆盖

---

① 《中国统计年鉴1999》，中国统计出版社，1999，第533页；《中国统计年鉴2007》，中国统计出版社，2007，第621页。

率提高到96%。实施农村中小学现代远程教育工程，覆盖西部80%农村中小学，中等职业教育也得到较快发展。全面落实农村义务教育经费保障机制，5200多万名中西部地区农村中小学生免除学杂费、书本费，减轻了负担。建成西部地区疾病预防控制体系和突发公共卫生事件医疗救治体系项目3000多个，支持农村乡镇卫生院及县级医疗机构建设，开展农村新型合作医疗试点，覆盖人口已经超过1亿人，陕西已经完成新型农村合作医疗覆盖全省，成为全国第3个覆盖全省的地区。实施了“三下乡”工程、农村电影流动放映工程。已基本解决西部地区50户以上已通电自然村农民收听收看广播电视问题。社会保障工作得到加强，城乡社会保障覆盖面进一步扩大，参保人数继续增加，农村“五保户”供养制度和最低生活保障制度更加完善。中央国家机关、东部地区每年培训西部地区干部上万人次，中央国家机关、东部地区干部到西部挂职与西部地区、少数民族地区到中央国家机关和东部省市挂职的干部人数逐年增加。实施了西部地区管理人才创新培训工程、“西部干部MPA教育计划”和中小企业经营培训活动。组织了“西部之光”、“博士服务团”、高级专家和海外留学人员西部行服务活动。

**5. 特色优势产业发展步伐明显加快，对外开放和东西互动深入推进**

近年来，西部地区依托特色资源，发挥比较优势，在加强政府引导和政策支持的同时，充分利用市场机制，促进资源优势向产业优势和经济优势转化，特色优势产业发展呈现良好势头。新疆、青海、陕甘宁、川渝等石油天然气生产，黄河上游、长江上游水电开发，陕北、蒙西、宁夏和云贵等煤电生产已经初具规模。甘肃、云南的铅锌，四川的钒钛，内蒙古的稀土等开发利用规模扩大、效益增加，青海、新疆已经成为中国重要的钾肥生产基地，贵州和云南成为全国重要的磷肥生产基地；新疆的优质棉和果蔬、内蒙古的乳业和羊绒制品、云南的烟草、广西的制糖等已逐步成为优势产业；西安、成都、重庆等地的航空航天、装备制造、高新技术产业等也渐成气候，朝着规模化、集群化发展。此外，独具特色的旅游文化产业走上规范、有序发展的轨道。

**6. 西部地区对内对外开放不断扩大**

内蒙古、四川、新疆、云南吸引东部地区资金大幅度增长，世界500强企业和国内知名大企业进入步伐明显加快。2006年，四川和陕西实际利用外资增长幅度比全国平均水平分别高出约37和20个百分点。沿边境省份与周边国家和地区经济贸易呈现许多新的亮点。云南、广西劳务输出、工程承包、设备出口等加快发展。新疆中哈霍尔果斯国际边境合作中心建设及与中亚国家经贸合作取得新进展。中印乃堆拉山口边境贸易顺利开通，为今后西藏恢复开放亚东口岸奠定基础。内蒙古与俄、蒙在能源、矿产等方面的合作规模不断扩大，边境贸易和口岸经济加快发展。西部地区投资环境进一步改善，东部企业到西部投资增加。据不完全统计，东部地区已有3万多家规模以上的企业在西部地区投资创业，投资总规模超过7000亿元。

## 四　西部地区科学发展面临的困难

**1. 体制、机制尚不健全，资源开发利用的合理利益分配机制尚未形成**

中国实行的是矿产资源国家所有制，开采权主要许可给国有大企业开发利用，资源分布地区获得的税金、利润较少，对当地就业的带动不大，西部地区很难分享资源开发的利益。缺乏改善西部资金状况的融资机制。以国有全国性银行为主体的银行体系，使资金能够在全国调度。但由于西部地区资金收益率低，西部地区的储蓄资金通过全国银行系统流向发达地区，亟须改变融资体制，改善西部开发资金供应。财政分配机制不利于西部地区公共服务水平的提高。目前，中国还没有建立起完善的公共财政体系，公共服务水平较低、经济实力差的西部地区得不到充足的资金发展西部地区的公共服务。没有建立有效阻止人才流失机制。人才的流失不但是西部地区生产人力资源的流失，也是教育经费的流失，同时，也是西部财富的失血。应当建立对西部人才流失的补偿和减少西部人才流失的机制。尚未建立有效的生态补偿机制。西部地区由于资源未过度开发，往往保留着森林、水等较好的生态，成了保持整个国家生态稳定的保留地。建立生态补偿机制，将会推进西部地区的长远发展。西部开发长期稳定的资金渠道还没有建立。

**2. 基础设施还比较薄弱**

交通、水利、能源、通信等基础设施薄弱问题将在相当长时期内制约西部地区的发展步伐。目前，西部地区铁路路网密度仅相当于中部地区的1/4、东部地区的1/5，公路路网密度相当于中部地区的1/3、东部地区的1/5，与东中部贯通的骨干交通网络尚待完善，特别是省际“断头路”现象严重。农村道路总体水平低，相当数量的村镇没有解决生产生活所需的基本交通问题。全国还有8%左右的行政村不通公路，多数位于西部，一些边远地区和贫困地区，碎石路、等外路还占相当大的比重。通讯业尽管发展很快，但电话普及率还不到东部地区的一半。有的农村还不通电、不通邮。西南地区工程型缺水、西北地区水资源严重缺乏的状况没有根本改变，病险水库治理、牧区水利、农村饮水安全、大型灌区续建配套等建设任务依然繁重。市政公用基础设施建设滞后，难以满足城镇化发展的需要。

**3. 产业结构不合理问题比较突出**

实施西部大开发战略以来，西部地区依托能源、矿产、旅游、农业等资源优势，在相继开工建设西气东输、西电东送等标志性工程的同时，新建和发展了一批特色优势产业。但同时也要看到，西部地区的产业结构仍不尽合理，突出表现在：产业配套能力弱，资源综合开发利用水平低；原料型产品和初级产品比重较大，技术含量和经济效益不高；粗放型经济特征明显，比较优势没有在国内外市场得到充分发挥。

**4. 资源环境约束日益加剧**

中国水资源严重短缺，西北地区尤为严重，难以满足人民生活和生产以及自然生态修复等方面的要求。加上经济增长方式粗放和管理工作薄弱，许多地区又普遍存在水资源利用效率低下、浪费和污染严重的现象，进一步加剧了本来已经十分严重的水资源短缺矛盾。西部地区农田灌溉水的利用系数平均仅为 0.3 ~ 0.4，低于全国 0.4 ~ 0.5 的平均水平；水资源粮食生产效率仅为 0.58 公斤/立方米，也低于全国 1 公斤/立方米的平均水平。水资源对西部开发要建设稳固的粮食基地、发展特色优势产业、营造山川秀美新西部的约束将伴随西部开发整个过程。

虽然西部地区能源资源比较丰富，但全国都处于能源资源约束中，加上西部地区增长方式粗放，导致利用效率不高，能源对西部地区发展的制约也在不断加大。西部大多数省区市的单位能耗均高于全国平均水平。全国万元 GDP 能耗为 1.22 吨标煤，超过 3 吨标煤的省区都集中在西部，如贵州为 3.25，青海为 3.07，宁夏高达 4.14。

西部地区生态脆弱。全国 25 度以上陡坡耕地面积的 70% 以上在西部地区，水土流失面积的 80% 在西部地区，每年新增荒漠化面积的 90% 以上也在西部地区。西部地区平均森林覆盖率不到 11%（西北地区仅仅为 6% 左右），比全国低

6个多百分点。西南地区石漠化面积超过1亿亩，给当地居民生产生活都带来严重隐患。西部地区许多城市以及三峡库区等河流和湖泊的水环境污染、大气污染等问题十分严重。虽然经过西部大开发以来大规模的生态环境保护和建设，局部地区的生态环境有了一定改善，但从总体上看，生态环境恶化的势头尚未得到根本性的遏制。

**5. 科技、教育等社会事业发展缓慢**

西部地区经济社会发展中“一条腿长、一条腿短”的问题相当突出。科技能力比较薄弱，科技基础设施比较落后，科技投入总量不足、渠道狭窄，科技人才浪费和流失问题非常严重。全国尚未实现“普九”任务的县，西部地区占到84%，义务教育阶段辍学率高达30%；西部地区县级综合医院拥有的专业设备原值只相当于全国平均水平的60%左右，中西部地区农村乡镇卫生院危房率达33%，80%的乡镇卫生院需要更新X光机等常规设备，79%的农村人口没有医疗保障，每年因病返贫人口比率较高，地方病和重大传染病等防治工作远远不能满足最基本的需求。到2006年底，西部农村还有绝对贫困人口1200多万人，占全国的60%以上，贫困人口发生率是全国平均水平的1倍多，是东部地区的6倍多。西部地区参加农村社会养老保险人数不到全国的20%，农业人口覆盖率不到5%，只有全国平均水平的一半、东部地区的1/10。西部地区社会救助覆盖面远低于东、中部地区，享受社会保障的对象仍然只有“五保户”、遭受重大自然灾害的灾民、特困群体及优抚安置人员，西部地区绝对贫困人数超过全国的一半，而享受低保救助的人数仅占全国的1/6，只有东部地区的1/4。

**6. 人才不足和人才流失现象严重**

农村和基层地区合格师资、医务、农业科技人才严重缺乏，高层次人才流失依然相当严重，科研基础设施条件与沿海地区差距越来越大，工资收入与沿海地区也有一定差距。人才开发的资金投入严重不足。

## 五　下一步西部开发的重点

下一步，西部开发要按照党的十七大精神，全面贯彻落实科学发展观，坚持以人为本，努力建设社会主义和谐社会，以改革创新精神，统筹谋划西部大开发长远发展问题，力争在重大问题上取得突破。主要任务是深入实施《西部大开发“十一五”规划》，继续加强社会事业发展、基础设施建设、生态环境保护与建设和人才开发等薄弱环节，促进特色优势产业发展。把着力点放在提高基本公共服务水平、经济结构调整、推动发展方式转变、增强自我发展能力上。继续打好长远发展基础，进一步解放思想，深化改革，完善促进西部地区长远发展的资源开发管理体制、融资体制、公共财政体制、人才流动机制和生态补偿机制。继续加强东西互动，着力推动重点区域加快发展；注重节能减排和资源节约、环境保护，保持西部地区又好又快的发展势头。

**1. 扎实推进社会主义新农村建设，加大力度促进农村基础设施建设**

继续加强农村饮水、乡村公路、农村电网、农村沼气、小水电等基础设施建设，加快推进基本口粮田建设，推广和做好节水示范工作，改善农村人居环境。协调和推进川、滇、藏交界地区农村电网建设。加快推进农业产业化经营，抓好现代农业示范项目建设，建设西部地区棉花、特色蔬菜、特色水果、花卉、中药材、区域性商品粮、畜牧业等基地，扶植优势农产品生产和加工龙头企业。深入推进农民创业工程，培养有文化、懂技术、会经营的新型农民，促进农村剩余劳动力转移就业，促进农民增加收入。

**2. 加快特色优势产业发展**

进一步推进产业结构调整，抓紧研究西部地区矿产资源富集区产业布局。加大旅游基础设施建设，整合旅游资源，打造旅游品牌，开发旅游产品，做强旅游文化产业。加强西部地区跨区域旅游资源开发利用规划研究，提出促进西部地区旅游业发展的新思路。做好青海柴达木资源综合开发利用工作。支持发展西部有优势的航空、航天、电子等产业的发展，推进其规模化、集团化。要把节能减排和资源节约、环境保护与特色优势产业发展和产业结构调整结合起来，促进特色优势产业科学发展。

**3. 继续加强基础设施和生态环境保护与建设**

推进在建重点工程加快建设进度，继续新开工建设一批西部开发重点工程。加快跨区域铁路大通道建设和路网配套设施建设，加快解决公路“断头路”和区域通道建设，加强西部地区支线机场建设，加大西部地区中型水库建设的支持力度。深入贯彻落实完善退耕还林的各项政策措施，巩固和发展退耕还林成果，解决好退耕农户的长远生计。加快推进退牧还草工程，完善退牧还草政策措施。继续推进天然林保护、防护林体系建设、石漠化荒漠化治理等重点生态工程，启动实施甘肃省甘南黄河重要水源补给区生态功能区生态保护与建设。

**4. 坚持重点突破，加大力度引导重点区域加快发展**

积极推进成渝、关中－天水、环北部湾（广西）等重点经济区发展，使其成为带动西部发展的增长极。抓住重庆和成都统筹城乡综合改革试点机遇，积极探索，勇于创新，建设一套有效的城乡管理体制，提高发展活力。推动关中－天水经济区发展研究，明确发展思路，确定发展重点，促进关中－天水产业结构优化升级和提高城市综合承载能力。积极推动泛北部湾合作，协调落实环北部湾（广西）发展的政策措施，编制好发展规划，带动广西及邻近地区发展。突出抓好特殊困难地区、民族地区发展，研究制定推动重点边境口岸城镇跨越发展的政策措施。

**5. 继续提高基本公共服务水平，加大力度解决关系人民群众切身利益的民生问题**

巩固“两基”攻坚成果，推进农村初中校舍改造，落实好西部地区特殊教育建设规划，优化高等教育资源配置的研究，支持西部地区农村职业教育发展，突出对民族教育发展的支持；继续推进县医院和乡镇卫生院建设，健全和完善新型农村合作医疗制度，扩大新型合作医疗覆盖面，使西部地区人民群众有地方看病、看得起病；推进西部地区公共文化建设，丰富农村文化生活；做好促进就业和社会保障工作，努力提高基本公共服务水平，促进和谐社会建设。

**6. 加强人才队伍建设，加大力度做好人才法制工作**

不断创新人才开发方式，全面落实加强西部地区人才队伍建设的政策措施。总结推广“全球海外留学人员归国创业融资平台”的经验做法，力争全面覆盖西部省会城市。组织完成中国西部开发远程学习网二期项目建设，促进“中国西部人才开发基金会”发展壮大。全面推动东西互动人才培训工程，实施好“西部地区管理人才创新培训工程”等一系列人才培养重点工程，抓紧启动“高层次人才援西工程”。继续推进《西部开发促进法》立法进程。

**7. 进一步深化改革、扩大开放，加大力度推进东西互动**

继续探索建立西部大开发稳定的资金渠道，研究建立有利于西部地区长期发展的资源开发管理体制、公共财政分配体制、融资体制、生态补偿机制。推进西部水务基金等直接融资项目的落实。建立和完善东西协调互动机制，促进东西部地区在特色优势产业、基础设施、经贸往来、人才开发等领域的合作，促进区域间产业合理有序转移，推动东西部地区优势互补、相互促进、共同发展。开展东西部地区共建异地产业园区试点。加快西部地区与周边国家和地区国际运输大通道建设，广泛参与对外贸易、资源开发、产业合作、工程承包等国际经济技术合作，鼓励西部地区企业“走出去”。

**参考文献**

马凯主编《2006 国家西部开发报告》，中国水利出版社，2007。

马凯主编《2005 国家西部开发报告》，中国水利出版社，2006。

马凯主编《2007 中国国民经济和社会发展报告》，中国计划出版社，2007。

# 专题篇

## 中国经济内外不平衡问题分析

王远鸿 *

**摘　要：**当前中国经济的内部不平衡主要体现在储蓄和投资出现失衡，投资和消费关系不协调。贸易顺差持续扩大是中国经济内外不平衡的突出特征。国际经济失衡加剧是中国经济外部不平衡的重要原因，国内经济失衡加剧是中国经济外部不平衡加剧的根本原因。引起中国经济内外不平衡的原因是多方面的、复杂的。通过宏观政策调整，可以将内外不平衡控制在一定的限度内，但短期内很难从根本上解决问题，内外不平衡将在一定时期内存在。因此，为了促进中国经济内外部不平衡问题必须多管齐下。

**关键词：**内外不平衡　贸易顺差　国际经济失衡

### 一　贸易顺差持续扩大：中国经济内外不平衡的突出特征

当前中国经济的内部不平衡主要体现在储蓄和投资出现失衡，投资和消费关

* 王远鸿，经济学硕士，国家信息中心经济预测部财金研究室主任，副研究员。主要研究领域为宏观经济、财政金融、证券市场等。

系不协调。中国经济的外部不平衡集中体现于经常项目和资本项目持续双顺差，外汇储备不断累积。从国民收入恒等式看，国内储蓄大于国内投资必然会出现贸易顺差，过剩的生产能力必然要寻求外部需求平衡。所以，当投资受到抑制的时候，国内的庞大储蓄就转化成了更大规模的贸易顺差。即在高储蓄率既定的情况下，投资和贸易顺差是一对跷跷板。内部失衡和外部失衡中的贸易顺差是一个硬币的两面。因此，当前持续大幅增加的贸易顺差是中国经济内外不平衡的一个最为突出的特征。

中国对外贸易迅速发展，贸易顺差持续扩大，有利于获得外汇资源，提高我国对外支付和抵御金融危机的能力，推动了资本积累、技术进步和国内产业升级。同时有利于增加出口部门的就业，促进国内经济增长。但贸易顺差持续扩大也带来诸多问题和风险。首先，为一些西方国家遏制中国发展提供了借口。其次，加剧了我国对外贸易摩擦。第三，不利于对外经济和国内经济的协调发展。长期以来，中国通过税收、汇率等政策大力鼓励出口，各地热衷于发展出口加工业，资源过分向对外经济部门集中，忽视了国内其他部门的发展，服务业等非贸易部门发展相对滞后，不利于对外经济和国内经济的协调发展。同时，作为一个发展中大国，将经济增长过多的系于国外需求，面临很大的风险。第四，在外贸顺差增长过快的情况下，导致国内流动性过大。流动性过大，一方面导致国内资金供应充裕，固定资产投资高增长难以抑制。另一方面，大量资金进入房市和股市，使国内房价和股价出现非理性上涨，积聚了越来越大的金融风险。为了收紧经济中的过剩的流动性，中央银行主要通过发行央行票据和提高存款准备金率来对冲外汇占款的增加。同时，大量央行票据发行还推高了货币市场利率，增加了央行对冲操作的成本。此外，外汇储备大量增加，在国际外汇、资本市场剧烈动荡，尤其是人民币兑美元不断升值的情况下，加大了储备资产管理的难度。最后，持续贸易顺差强化了投机者对人民币的升值预期，强化了企业扩大出口和降低进口的冲动，并不断推高贸易顺差，进而进一步加大人民币升值压力，形成贸易不平衡与汇率变动的恶性循环。在这种背景下，也加大中央银行综合运用利率、汇率等杠杆调控经济的难度。

从以上的分析可见，决不可小视当前我国宏观经济运行中内外不平衡并存的危害性，尤其是经济对外不平衡的加剧，会进一步加剧经济内部的不平衡。

## 二　国际经济失衡加剧：中国经济外部不平衡的重要原因

当前国际经济失衡的基本表现是，美国贸易赤字庞大、债务增长迅速，而日本、中国、亚洲其他主要新兴市场国家等对美国持有大量贸易盈余。国际经济失衡不断加剧，是中国经济外部失衡的重要原因。

**1. 国际生产要素转移和产业分工格局的变化，是导致中国贸易顺差持续扩大特别是对美国贸易持续顺差的重要原因**

国际分工格局的变化，使世界各国对其比较优势进行了重组。以美国为首的发达国家不断加快产业结构调整的步伐，将传统的制造业、高新技术产业中的生产制造环节，甚至部分研发活动和服务业大规模地向外转移，特别是向有成本优势、市场潜力和产业配套能力强的新兴市场地区转移。越来越多的发展中国家在经济全球化浪潮中被不断地纳入由发达国家跨国公司所主导的全球分工体系和生产链条，包括中国在内的亚洲地区日益成为全球生产制造基地和各类制成品的出口基地，在全球贸易中的比重持续上升，出口竞争力明显增强，贸易顺差不断扩大；美国等发达国家的经济结构不断转型升级，传统制造业在经济中的比重不断缩小，而金融、保险、电信、医疗、教育、房地产以及各类专业服务等服务业比重进一步增大。大量消费品和制成品依赖进口，贸易逆差扩大，结果形成美国等发达国家与新兴市场和发展中国家之间的贸易不平衡，特别是美国与亚洲贸易的严重失衡。

中国贸易顺差的形成在很大程度上反映了国际分工和贸易格局的变化：一是加工贸易成为中国贸易顺差的主要来源；二是外国直接投资在跨国外包和改变贸易平衡中发挥了很大作用。中国形成了以外资企业为主的加工贸易基地，且供应链不断延长，附加值不断提高。外国直接投资企业在中国的生产和销售大幅增加，其产品部分替代了中国的进口。还应该看到，中国在对美国有较大贸易顺差的同时，对亚洲一些国家和地区有较大逆差，主要是自 20 世纪 80 年代中期以来，中国周边国家和地区把劳动密集型产业和对欧美出口摩擦较大的商品的加工组装工序转移到中国，由此形成了中国从这些国家和地区进口原辅材料及零配件等，在国内进行加工组装，然后出口到美国和欧洲的加工贸易格局，同时也把这些国家和地区对美国的贸易顺差转嫁到中国头上。因此，中美贸易不平衡实际上是亚洲与美国贸易不平衡的集中体现或结果。

**2. 美国储蓄率不断下降，形成储蓄与投资的缺口，需要吸收国外储蓄以维持本国经济增长**

从储蓄视角看，根据“储蓄缺口 = 贸易缺口”的宏观经济恒等式，全球失衡问题可以用储蓄缺口联系起来，即：美国贸易逆差 = 美国储蓄负缺口 = 其他地区储蓄缺口 = 其他地区贸易顺差。其中，储蓄缺口指储蓄与投资之差，贸易缺口指出口与进口之差。

中国及亚洲一些国家选择了出口导向的经济发展战略，配套的经济政策也以鼓励储蓄和抑制消费为主，导致亚洲地区的储蓄率持续高于投资率，庞大的生产制造能力主要服务于出口，特别是向发达国家市场的出口。这一战略在促进经济增长的同时也抑制了国内的消费需求，形成了过高储蓄和巨额经常项目顺差。而且，受亚洲金融危机影响，不少亚洲国家和地区一方面采取了谨慎的国际资本管理战略，从国际资本市场的净借款者转为净放贷者；另一方面努力降低国内投资支出，并通过高利率吸引国内储蓄，从而使其储蓄大大超过投资。

而美国等发达国家在二战后则长期奉行凯恩斯主义刺激需求来维持经济增长和就业的宏观经济政策，并利用其发达的金融体系鼓励增加消费甚至是超前消费，国民储蓄率持续下降，而进口需求不断扩大。这两种不同的经济发展战略和宏观经济政策取向，在造成各自不同特征的经济内外不均衡的同时，也加大了二者之间在贸易方面的不平衡。

作为全球失衡的核心，美国巨额贸易赤字则对应着其总体储蓄的空前萎缩。不仅个人储蓄率降至零以下，政府财政赤字也不断膨胀。美国经济是以消费为主的经济，过去几年这一倾向在扩张性的货币政策刺激下进一步加强。20 世纪 80 年代，美国消费占 GDP 的比重为 67%，2005 年达到 72%。与此相对应，美国储蓄率急剧下降。由于过度消费、储蓄不足，美国必须吸收国外储蓄以维持本国经济增长，从而形成巨大的经常项目赤字。

**3. 以美元为核心的现行国际货币金融体制、金融全球化的深入发展及其带来的国际资本流动的便捷，使得美国等发达国家能够吸引国际资本大量流入来支撑其不断扩大的贸易逆差，并造成国际资本流动格局的失衡**

随着金融全球化的深入发展，越来越多的新兴市场国家和地区加快了金融改革和开放的步伐，国际资本流动变得更加便捷，客观上为中国等拥有大量贸易盈余和外汇储备的新兴市场国家和地区进行国际金融市场投资创造了条件，而美国等发达国家则凭借其金融市场在规模、流动性、获利性、深度和广度等方面的综合优势，以及美元和其他主要国际货币在国际贸易定价结算、金融资产定值、交易和投资，以及作为储备货币等方面的优势地位，通过货币、汇率和金融政策主导着国际金融市场的运行和国际资本的流动，能够吸引大量的国际资本流入来弥补其不断扩大的经常项目逆差，特别是将包括中国在内的亚洲地区大量贸易盈余及其所形成的庞大外汇储备再以资本流出的方式回流到美国，通过这种循环又造成国际资本流动格局的失衡。

## 三　国内经济失衡加剧：中国经济外部不平衡加剧的根本原因

中国经济外部不平衡的形成和积累除了上述国际经济背景外，还有广泛的国内经济背景，不断加剧的国内经济不平衡是经济外部不平衡加剧的根本原因。

**1. 进口、资本输出的国内政策制约和国外政策限制**

首先，与世界许多发展中国家一样，长期以来，我国涉外经济政策的基本点是扩大出口、限制进口、鼓励外资流入、限制资本流出，给外资有许多超国民待遇的政策。一是内外资企业所得税相差大，前者是33%，后者是15%，甚至在地方引资竞争中的两免三减政策下是所得税为0，增值税也返还；二是给外资企业低地价、零地价；三是出口产品实行退税政策，以至于在国外买中国制造的商品比在国内价格还便宜。尽管近年来涉外经济管理政策进行了较大的调整，但对进口和资本输出的控制依然比较严格。其次，一些发达国家对中国的技术出口实施多重管制政策，进一步扩大了中国贸易顺差。按照建立在比较优势基础上的自由贸易原则，中国主要对海外原材料产品和技术密集型产品进口需求较大，但一些发达国家以国家安全等为借口，对本国企业向中国出口高新技术设备施加种种限制，这自然会加大双边贸易不平衡。

**2. 人民币的汇率和利率因素**

从2004年9月份开始，由于美元贬值和中国较低的国内价格水平，人民币对主要贸易伙伴货币的实际汇率出现大幅贬值，造成内需相对于外需的疲软，从而推动了出口并抑制了进口，加大了贸易顺差。随后的人民币汇率升值压力和人民币升值预期又对贸易顺差起到了火上浇油的作用。国际资本预期人民币对美元名义汇率会进一步升值，在中国仍对资本流入实施较为严格的管制的情况下，不惜冒险通过贸易渠道流入。根据分析，在2005年出现1020亿美元巨额贸易顺差时发现，真实贸易顺差大约为400亿美元，其余600亿美元是国际资本通过贸易渠道混入。另外，由于本外币正向利差（贷款利率高于美元）和人民币升值预期，导致境内机构和个人持汇动机减弱，结汇意愿增强，过去滞留境外的资金大量回流。

**3. 国内低成本的因素**

我国商品之所以出口增长过快，除了与当前国际资本通过贸易渠道流入外，最主要的原因是我国商品的成本低，具有相对甚至绝对成本优势，而当前的绝对成本优势在很大程度上是不正常和扭曲的，造成低成本的主要因素有：一是低工资。在外向型经济中，特别是加工贸易中，大量使用农民工，但他们的工资非常低，劳动保护严重缺乏，并且绝大多数农民工不享受“三险一金”，低廉的工资水平是产品低价竞争力的基础，同时也是内需不足的根据，所以中国产品内需比重日益下降，出口日益增长，外贸依存度增加；二是土地成本几乎为零。多数地方政府为引进外资（也包括引进国内其他地方的资金），土地往往是白送，缺少了地租，出口产品的成本自然降低；三是企业对污染排放不治理，或政府少收、不收排污费。

**4. 国内经济失衡不断加剧是中国经济对外失衡的根本原因**

当前中国经济不仅存在严重的外部失衡，而且存在严重的内部失衡。其突出表现是储蓄和投资出现失衡，投资和消费关系不协调，在GDP构成中，投资高、消费低。投资和消费关系的不平衡使得国民收入分配持续向投资倾斜，消费增长受到严重制约，进而迫使市场容量趋于相对萎缩。市场容量的萎缩，既是投资挤压消费的必然结果，又是产能严重过剩的表现。投资消费关系的不平衡不仅直接导致中国经济持续增长的“后劲”不足，而且造成大量的生产能力闲置和商品积压，进而不得不“畸形”地依赖“扩张投资”和“增加出口”来维持经济增长。然而，扩张投资必然继续恶化“产能过剩”，过剩产能的释放在国内消费需求不足的条件下必然要依赖扩大出口，扩大出口又必然导致对外经济不平衡。

从中国的宏观经济运行看，储蓄－投资缺口已成为导致中国宏观经济内外不平衡的最关键因素。尽管我国的投资率较高，但1994年以来，我国的储蓄率一直高于投资率，储蓄－投资缺口始终存在，且近两年来的储蓄－投资缺口出现扩大趋势，进而形成了我国贸易顺差不断扩大。此外，中国经济的持续快速增长，投资环境的不断完善，对外商投资优惠政策的竞相推出，自然会引致外国直接投资资本大规模流入，资本项目持续顺差也就顺理成章了。

这或许是当下以收缩流动性和限制流动性运用为目标的宏观调控政策为何难以持续的根本性因素之一。目前更为直接的效果是通过行政措施（如信贷控制），加息和提升准备金率起作用，或许短期内能将过快的投资增长调控下来，但消费需求在短期内显然是无法形成内需替代的，而目前中国的进口基本上取决于国内的投资需求，因为90%的进口商品是投资品，如原料和能源包括技术等，消费品进口比例已下降到很低（这是当下国际产业分工以及产业链不断向中国转移的必然结果之一）。所以，一旦投资需求受到抑制，这必然会导致进口需求减速。在外部需求依然强劲的情形下，顺差增加只可能加速。此时，投资与消费之间的内部不平衡就会转化为国际收支的外部不平衡。

事实上，自2004年以来宏观调控的情形便是如此。在2004年，以抑制投资过热为核心的宏观调控的直接效果之一是，贸易顺差从2004年的300多亿美元一下子激增至2005年的1000多亿美元。这种宏观调控效应在2006年后显现得更加明显。2006年7月以后，随着固定资产投资逐步减速，贸易顺差开始逐月扩大，其中不乏由于人民币升值预期强化和贸易政策调整所导致的贸易部门企业行为的相应改变。这样的结果必然会增加贸易顺差，并形成基础货币供给扩大，从而进一步加剧流动性过剩。自我实现的人民币升值预期使得热钱涌入更快，整个金融体系流动性泛滥，货币市场利率低企，房地产、股票等资产价格泡沫开始急剧膨胀。

## 四　内外不平衡将在一定时期内存在

从前面的分析可以看出，引起中国经济内外不平衡的原因是多方面的、复杂的。通过宏观政策调整，可以将内外不平衡控制在一定的限度内，但很难从根本上解决问题，内外不平衡将在一定时期内存在。

**1. 国际经济失衡短时间难以消除**

首先，国际生产要素转移和产业分工以及国际资本流动格局短期内难以发生明显变化。其次，国民储蓄率的调整是一个长期的过程。从表面上看，可以通过利率政策调整一国的储蓄率，但实际上，无论是美国提高储蓄率还是亚洲国家和地区降低储蓄率，都需要一个较长的过程。因为储蓄率不仅与利率水平有关，还涉及一国经济和文化传统，以及人口的年龄结构和劳动生产率水平等。再次，利用汇率调整短时间也难以奏效。尽管美元贬值（其他货币相对美元升值）有可能减少美国经常项目赤字，但美元相对于欧元、日元等主要货币贬值相对容易，相对于亚洲国家和地区货币贬值则是一件困难的事情，它远远超过了宏观经济政策操作所能达到的范围。即使亚洲国家和地区货币汇率能够自由浮动，其作用也是有限的。第一，单个亚洲国家或地区的货币升值只会改变美国进口商对进口地的选择，不会改变整个亚洲在新的国际分工格局中的地位。第二，亚洲国家和地区的货币升值不可能在短期内改变亚洲的高储蓄传统和消费习惯。第三，亚洲国家和地区需要贸易顺差。对于那些实行出口导向型经济增长模式的国家和地区来说，较快的出口增长意味着较高的经济增长；对于那些饱受亚洲金融危机之苦的国家和地区来说，较高的出口增长率意味着较大的外汇储备规模。从某种意义上讲，亚洲国家和地区的这种“顺差饥渴”和“外汇储备偏好”，可能会伴随其整个赶超过程的始终。

**2. 中国存在可能长期发生贸易顺差或“双顺差”的特殊原因**

从中国过去二十几年的历史来看，即使在人民币面临贬值压力的时候，我们也存在贸易顺差（不一定是经常项顺差），同时存在资本项下的顺差，也就是“双顺差”的情况。一个发展中国家长期存在双顺差，在历史上是罕见的，但对于中国来说，却可能在今后仍然持续下去。首先，中国从起飞之初就大量引入外资，大量外资的进入，带进了大量的技术、管理、市场渠道以及可以称为“配置资源能力”的各种生产要素，与中国的成本较低的劳动力相结合，在较短的时间内迅速提高了中国的竞争力，从而使得中国较早地实现了一些国家要到发展的较高阶段才拥有的贸易竞争力。其次，作为一个人口大国，一方面劳动力成本在相当长的时间较低，另一方面拥有巨大的市场潜力，这些都构成对外资的长期吸引力，得以使出口能力持续提高。再次，由于国际政治等方面的原因，我们作为发展中国家进口高科技产品的供给受到限制，制约了进口的增长。最后，由于国内体制方面存在缺陷，担心资本外逃，所以长期实行资本控制，这是长期存在资本账户顺差的原因。

**3. 高投资、低消费的格局短期内难以改变**

首先，中国工业化、城市化的过程远没有结束，经济增长方式的改变和产业结构的升级也是一个渐进的过程，中国的高投资率将维持一段时间。其次，据有关预测，2013 年以前，由于适龄劳动力持续增长，养老负担相对较轻，有利于居民储蓄保持较高水平，国内较高的储蓄率将得以保持。再次，短期内，国民收入分配格局难以出现大的改变，居民收入增长相对缓慢、城乡居民收入差距持续扩大的局面难以改善，居民平均消费倾向难以明显提升。

## 五　促进中国经济内外平衡的若干思考

在开放经济条件下，实现内外部经济均衡是中国宏观经济调控的基本目标，也是统筹国内发展和对外开放的重要内容。

**1. 应继续将内部平衡目标放在宏观调控的优先位置，同时避免外部不平衡的过度积累**

作为一个大国经济，内需对国内发展的影响大于外需。就业压力和发展不平衡等诸多矛盾长期存在；国内市场化改革，尤其是金融改革和企业改革尚未完成；经济结构还处在快速调整和升级阶段等，都要求一个增长率较高、相对稳定的宏观经济环境。未来我国宏观调控要继续以内部平衡为首要目标。

要避免外部不均衡过度累积就要求对我国国际收支结构进行调整，在资本账户没有完全开放的情况下，经常账户状态是决定整个国际收支是否保持平衡的基础。从中长期看，要解决我国经济转型发展中面临的一些根本性问题，如城乡、地区均衡发展，产业结构调整，企业改革，资源约束等，我国仍可能面临着储蓄不足的困难。同时，作为处在工业化阶段的发展中国家，我国中长期的实际经济增长率和利率水平都将高于发达国家。在这种情况下，我国一方面可以继续吸引较多的外资流入而使资本账户保持顺差，另一方面又可以通过增加进口保持经常账户的小幅度顺差或逆差。要实现国际收支这种结构的转变，就必须对汇率、进出口、外资等影响收支结构的变量进行调整。

**2. 推进汇率市场化促进内外平衡**

汇率政策作为最重要的宏观指标与调节工具之一，对平衡国内外经济能起很重要的作用。汇率的进一步市场化，能够化解一部分中国的经常账户与资本账户双顺差的问题。中国是全球经济的一个重要部分，中国应该积极参与全球经济失衡的调整，同时又要掌握主动、量力而行，逐步发挥包括汇率在内的各种价格信号对国际收支的杠杆调整作用。同时，在汇率调整过程中，应该根据中国自身改革发展的需要进行，不仅是追求更多弹性和市场决定的汇率制度，更应该让价格、让市场在引导资源流动方面发挥作用。宏观调节工具也不仅是汇率，其他的工具如利率、价格、货币供应量、财政预算平衡等等都对宏观经济起着重要作用，都需要有灵活的调节机制。在利率放不开、部分价格扭曲的环境下，把所有的调节希望都放在汇率上，就会使汇率大起大落，造成新的扭曲。同样，如果企业特别是金融机构对利率、汇率等反应不敏感，也会使这些宏观调控大打折扣。因此，汇率的改革要有其他改革的大力配合。在理顺汇率的同时，要把整体经济大体理顺。

**3. 理性对待高储蓄，高度重视储蓄－投资缺口**

缩小或弥合储蓄－投资缺口，一靠提高消费率、降低储蓄率，二靠进一步扩大净出口，三靠提高投资率。在内外失衡日益严重的情况下，通过降低储蓄率扩大消费是一个较好的选项。可以考虑通过加大国有企业对财产所有者利润分红的方式来减少企业储蓄，通过减少政府储蓄，把这一部分收入用于社会发展领域的政府支出。通过扩大公共投资、降低公共产品价格，才能建立起启动城乡消费的长效机制，并可通过公共投资的扩大来消化加工制造业的产能过剩，促进各行业的协调发展。从扩大公共投资角度来看，有三个切入点。一是从投资力度来看，必须加快完善公共财政体制建设，调整财政支出结构，削减（或退出竞争性领域的）经济建设费和压缩行政管理费支出，保持各级财政，尤其是中央财政在公共支出方面的比重和速度，加大财政对于基本医疗、基础教育、交通、科技文化、社会保障等公共投入，实现公共投资带动社会消费的目标。二是从投资的方向来看，要改变偏重开发区经济类基础设施建设，忽视环境、卫生、基础教育、防灾减灾等人文类基础设施建设的投资倾向，通过经济与社会基础设施供给的增加，提高居民的消费能力，完善城乡消费条件，降低储蓄意愿。三是从投资地区来看，应重点加大对中西部地区和农村地区的公共投资力度，重点是农村基本医疗、乡村道路、人畜清洁饮用水工程、防灾减灾设施建设和电力电信基础设施建设，弥补这些地区消费条件的不足，刺激中西部和农村地区可消费开支能力的提高和消费环境的改善。这样，不但可以减少储蓄，从而达到减少双顺差的目的，还可以减少老百姓的后顾之忧，达到增加消费、促进社会和谐可持续发展的作用。

**4. 扩大住宅投资，满足被延迟的住房需求，消化过剩产能**

从行业规模和对中间产品产能的消化能力看，除公共产品外，住宅行业对于钢铁、水泥等产能过剩的消化能力无疑是最强的，增加住宅投资也不会产生进一步的产能过剩。在住宅建设领域，投资过程本身就是居住消费品的生产过程，不会产生进一步的生产能力过剩问题。

扩大住宅投资、增加住宅供给量，可以有效抑制住宅价格的上涨。尽管经过近年的宏观调控，商品住宅价格的涨幅得到一定的控制，但商品住宅价格的高企，正在大量侵蚀居民的消费能力，大量购房者正在以自身和父母两代人的多年储蓄为代价购买作为必需品的住房，把当前可支配收入中的很大一部分甚至是未来的收入用于购买高价格的住宅产品，不仅使用于其他消费品的当前消费能力大大下降，而且使未来的消费能力也被提前透支。通过扩大住宅投资、增加住宅供给量，可以有效抑制住宅价格的上涨，甚至降低住宅价格，满足因价格高企而延迟了的购房需求。

**5. 合理搭配货币政策与财政政策工具**

货币政策和财政政策的政策组合是依据汇率制度选择而确定的。在名义汇率保持基本稳定的前提下，货币政策效果不显著，财政政策效果显著；在汇率能够较自由浮动的前提下，财政政策效果不显著，货币政策效果显著。

为实现经济内外平衡，财政政策应该继续调整。在支出政策上，尽快实现财政开支的结构调整，将重点从政府投资转向政府对消费的支持，主要增加医疗、教育、社保、公务员工资等的支出。税收政策应该向消费倾斜，可以考虑降低个人所得税和增值税，为提高资源使用效率，增收燃油税、不动产税和房地产短期交易个人所得税。国有企业向政府分红，将增加的政府收入纳入国家财政统筹安排。

我国货币政策的操作工具必须由直接干预转向间接调控，从行政向以市场为基础的经济手段转变。央行通过公开市场操作、再贴现政策、准备金率等手段，对利率和汇率施加影响。在贸易政策更加开放的情况下，央行利用市场机制来调节内外均衡的政策工具要多元化，更要注重政策工具的有机组合。

**6. 市场主导，逐步发挥价格的杠杆作用**

在市场经济中，资源配置是通过市场机制和价格信号来进行的，而在中国的经济转型中，市场的力量并没有得到充分的发挥，市场机制尤其是价格信号并没有真正引导资源配置的方向。中国非贸易品部门的价格必须进一步市场化。只有放松价格管制，放松行业准入并允许经营主体多元化，建立公平的市场竞争秩序改革才能取得成功。

中国劳动力市场的价格被扭曲，劳动力价格的形成机制不健全，劳动力等要素价格严重不合理。一方面，企业很容易将政府经济政策调整的不利影响转嫁到劳动者身上。另外，劳动力市场没有价格形成机制，自 20 世纪 90 年代末以来，工人名义工资没有大的变化，而实际工资却在下降，影响了劳动者的消费和生活水平。政府在培育劳动力市场的同时，应该加强对劳动者权益的保护力度。

## 参考文献

保罗·克鲁格曼、茅瑞斯·奥伯斯法尔德著《国际经济学》（中译本），中国人民大学出版社，1998。

莫瑞斯·奥博斯特弗尔德、肯尼斯·若戈夫著《高级国际金融学教程》（中译本），中国金融出版社，2002。

张燕生、姚淑梅、刘旭主编《增强国内发展与对外开放的协调性》，中国计划出版社，2005。

陈洪波：《缩小储蓄投资缺口　纾缓三大发展压力》，《宏观经济研究》2006 年第 6 期。

毕吉耀：《如何看待和应对全球经济失衡》，《宏观经济研究》2006 年第 9 期。

刘煜辉：《透过分配镜像走出宏观调控迷思》，2007 年 3 月 26 日《上海证券报》。

# 建立和完善支持节能减排技术开发的有效机制

高辉清　朱　敏*

**摘　要**：我国正处于重化工业中期，在经济较快增长的同时实现节能环保的目标，主要解决之道就是推进节能减排技术开发。从国际成功经验看，节能减排技术开发具有较强的外部经济性，需要贯彻"以企业为主体，以政府为主导"的原则，政府引导必须先行。从我国实际情况看，政府的当务之急是建立以下三大支持系统，为企业节能减排技术开发营造有利的外部环境：一是推进节能减排产业化进程，为企业创造必要的市场空间；二是通过完善政府采购制度和知识产权保护制度，构建有效的激励机制；三是确立扶持重点，专注于竞争前的基础研究和共性技术开发。

**关键词**：建立和完善　节能减排技术开发　有效机制

环境保护与经济增长，如何做到鱼和熊掌兼得，实现人与自然和谐发展？从理论上讲，可能的解决之道有两条：一是推进产业结构高级化，即迅速提升高附加值、节约能源的高新技术产业和服务业比重，降低高耗能的重化工业比重；二是推进节能减排技术开发，提高能源利用效率。

国际经验表明，实现产业结构升级，减少经济对资源的依赖，是减少排放和保护环境的最佳途径。然而，目前我国正处于经济起飞期，重化工业是一个不可

* 高辉清，博士，副研究员。现任国家信息中心经济预测部发展战略处处长，主要研究领域为宏观经济、可持续发展；朱敏，经济学硕士，经济师。主要研究领域为中长期发展战略、产业政策、节能减排等。

逾越的发展阶段。在这种情况下，建立有效机制，大力推进节能减排技术开发，就成为摆在我们面前的“华山一条道”！

## 一　工作的核心：大力开发节能减排技术

我国工业能耗约占总能耗的70%，工业污染排放也占绝大部分。目前，我们面临的最大挑战是因工艺技术落后导致能源利用效率低。据有关专家测算，我国能源利用效率只有33%，比国际先进水平低10个百分点左右，电力、钢铁、有色金属、石化等8个主要耗能工业的单位产品能耗比世界先进水平高40%以上；单位建筑面积采暖能耗是气候相近国家的2～3倍；载货汽车百吨公里油耗比国际先进水平高出1倍以上；现有各类电动机总功率约4.2亿千瓦，运行效率比国际先进水平低10个百分点以上，相当于每年多消耗电能约1500亿千瓦时。

这些数据表明，我国能源利用效率与世界先进水平相比，存在很大的差距，通过引进、开发、推广运用先进技术，节能的潜力很大。有关研究表明，为了实现2010年我国单位能耗减少20%的发展目标，节能技术的贡献度必须达到55%以上。据测算，目前我国的节能潜力约为3亿吨标准煤，相当于2005年能源消费总量的13.5%。例如我国现有中小锅炉实际运行效率只有65%左右，比国际先进水平低15～20个百分点，每年消耗煤炭4亿吨左右，通过技术改造和完善管理等措施，仅燃煤锅炉一项的节煤潜力就有7000万吨。如果把我国现有的普通白炽灯全部更换成节能灯，全国一年可节电600多亿度。因此，政府应集中有限的财力物力，支持节能减排的技术、工艺、设备开发，引导企业采用有利于节能环保的新设备、新工艺、新产品。

## 二　开发的原则：“以企业为主体，以政府为主导”

无论是从我国国情出发，还是从企业自身发展需要以及技术开发的特性来看，企业都应当成为技术创新的主体。从国情来说，原先我国粗放型增长模式面临越来越严峻的挑战，资源紧张、环境污染、技术落后、劳动力成本上升都要求转变增长模式，加强自主创新能力建设；从企业自身发展需要来看，我国企业普遍缺乏核心技术、居于产业链的末端，只能赚取微薄的加工费，而一些跨国企业已在研发10年以后的产品，没有研发、没有创新的企业永远只能跟着别人的屁股跑；从技术开发的特性来看，任何技术开发，如果不经过企业运作，是无法形成规模产业、取得经济效益和社会效益的，不可能完成从投入转变成新的知识和技术、再从知识转变为更大的物质财富这一价值循环。

事实上，国内企业技术创新活动开展较好的区域，比如深圳、青岛等地，都有一批创新型企业的形成，支撑了本区域内的整个技术创新活动，这些创新型企业基于产业分工形成天然的竞争与合作关系，通过企业自主创新能力的提高逐渐形成一批有国际竞争力的企业群，其中既包括规模上百亿元的大企业，也有大量的科技型中小企业，这有力地带动了技术密集、知识密集等高增值行业的发展，使区域经济增长方式和产业结构发生了深刻变化。

但是，节能减排技术开发有其特殊性，即其社会效益远远大于为企业带来的经济效益，在社会主义市场经济条件下，企业作为一个自负盈亏的经营实体，其所有的投资、经营决策必然建立在对“投入－产出”的充分衡量上，考虑到以下三点原因，从事节能减排技术开发对企业而言也许是一桩“费力不讨好”的买卖。

（1）投资的经济效益低。根据美国的经验，对技术开发投资是政府各项投资中回报率最高的，但企业对技术开发的投资收益远远小于社会获得的收益，企业回报率在20%～30%之间，而社会回报率高达50%。节能减排对社会的“溢出”效应是非常明显的，但对企业而言，在目前我国低能源使用成本、排污不收费的现实条件下，投入巨资开发节能减排技术似乎没有多大必要，至少从经济效益的角度看是如此，何况设备运行成本也是一笔不小的开销，这就不难理解一方面国家、地方政府和企业耗费巨额资金用于各类污染治理工程设施的建设，另一方面相当部分的设施没有得到充分利用，或时开时停，或明开暗停，或干脆闲置不用。

（2）失败的风险大。技术开发是一种探索性的实践，具有很大的不确定性，换言之就是风险很高、失败可能性非常大，而且可能有多次失败，这是技术开发的普遍规律，爱迪生发明白炽灯泡是在几千次失败之后；诺贝尔研制炸药，不但屡遭失败，还为此失去亲人。因此，企业投资从事节能减排技术开发，很有可能血本无归，“出师未捷身先死”，这是企业不能不考虑的一点。

（3）政策支持体系不完善。目前国家支持节能减排技术开发的政策很不完善、力度也不够，这主要表现在三个方面：一是从供给角度，国家对企业从事技术开发的支持力度，与发达国家相比还远远不够，包括资金补助、税收优惠、风险分担机制等；二是从需求角度，消费政策在推广使用节能产品中的作用还没有充分发挥，目前消费者对市场上的节能产品是“看的多，买的少”，企业对安装节能设备态度也并不积极，原因在于节能产品要比不节能产品价格高，在国外，消费者为此多付出的部分，政府会出钱补给消费者，我国却没有这样的政策；三是技术开发的激励机制不到位。

有鉴于此，节能减排技术开发中，在明确企业主体地位的同时，政府应建立完善有利于企业技术开发的体制机制，有效引导企业的技术开发活动，概括为一句话就是：“以企业为主体，以政府为主导”。

## 三　政府的作用：构建三大支持系统

根据上述开发原则，在节能减排技术开发过程中，企业的主体作用是建立在政府主导作用基础上的。换句话说，政府的主导作用必须先行！在我国，政府的作用应该是完善市场体系与激励机制，弥补市场缺陷与不足，营造有利于企业开展技术创新的土壤和环境，引导好、保护好企业技术创新的积极性。

基于对国外经验的提炼，并结合我国目前的实际情况，我们认为，政府的当务之急是建立以下三大支持系统。

**1. 创造市场空间：推进节能减排产业化**

从企业的角度来说，只有节能减排技术开发具有很大的市场空间和较高的经济效益，企业的积极性和主动性才能被充分调动起来，这就需要政府发挥“有形之手”的功能，通过明确的产业政策导向，为企业从事节能减排技术开发创造必要的市场空间。

（1）制定必要的能耗标准、排放标准和准入标准，为企业节能减排“加压力”。在市场经济条件下，政府应主要依靠经济手段、法律手段调控企业行为，尽量减少行政手段的运用，通过制定标准来引导企业节能减排需求就是一种有效的手段。对高耗能、高污染新建项目，要从能源、水资源消耗以及土地、环保方面实行更为严格的产业准入标准；完善重点行业能耗和排放标准、重点耗能产品及新建建筑能效标准；建立和完善企业生态恢复、破坏修复责任制度，依法加大执法和监督检查力度，提高对违法、违规企业的处罚力度，使节能减排成为企业的自觉行为。

(2) 强化“节能型”消费政策的引导，为企业节能减排“添动力”。国家应通过制定实施“节能型”消费政策，大力倡导节能消费、绿色消费。扩大实施强制性能效标识管理范围，加强节能产品认证，引导用户和消费者购买节能型产品，促进企业加快高效节能产品的研发；严格实行建筑节能设计标准，大力发展节能省地型建筑；加快淘汰老旧汽车、船舶，优先发展公共交通；在农村大力发展户用沼气，推广省柴节煤灶。严禁生产、销售和使用国家明令淘汰的高耗能产品。研究制定《节能产品目录》，对生产和使用目录产品实施政策补贴或税收优惠。调整《节能产品政府采购清单》，研究试行强制采购节能产品的办法。

(3) 发挥价格、税收杠杆作用，提高企业用能成本。目前企业能耗和排放居高不下，与现行资源价格偏低、税收机制扭曲有很大关系，政府管制下土地价格低、能源价格低、水价低、资源开采收费低、污染环境不收费等等，这样的政策安排不是鼓励转变经济增长方式，而是鼓励大家粗放扩张。与强制性的行政手段相比，价格、税收手段通过改变价格信号调节市场供需，造成的扭曲比较小，也减少了寻租的机会，产生的税收收入还能补贴环保和新能源开发等，优越性是显而易见的。因此，应加快推进资源性产品价格的市场化改革进程，建立能够反映能源资源稀缺程度、市场供求关系和环境成本等完全成本的价格形成机制，将低成本使用能源的鼓励政策改为高成本使用能源的约束政策，对排污坚决收费，加大差别电价、水价政策实施力度，增加实行差别电价、水价的产品。将现行消费税征收范围扩大到煤炭、石油等不可再生能源，逐步调高税率，尽快开征燃油税，并逐步完善资源税制，最终达到提高企业用能成本，促进市场主体自觉节能。

**2. 构建激励机制：政府采购和知识产权保护**

从影响企业技术创新的各个因素看，缺乏有效的激励机制是最主要因素，这需要从完善政府采购制度和加强知识产权保护两方面入手。

政府采购制度是一种非关税贸易壁垒，一直是世界各国保护本国幼稚产业、促进技术创新的有效手段。政府采购包括政府的投资行为和消费行为，规模巨大，目前在发达国家占年度GDP的比重为15%左右，作为国际贸易领域中为数不多甚至是唯一的保护本国经济安全的合理合法手段，正在为大多数国家所采用，其中以国家安全、保护国内产业、保护环境等为正当理由，禁止或限制外国供应商进入本国政府采购市场，并对国内产品采取优先购买的政策，已是国际上通行的惯例。如美国《联邦采购法》明确规定联邦政府采购必须优先购买本国产品，只有当产品的国内最低报价比海外厂商高出一定比例时（大型企业高出6%，小型企业高出12%，国防类产品高出50%）才被视为可以豁免。即使参加了GPA等国际规则的国家，在政府采购中采购外国产品的数量也是极为有限的。即使在对政府采购已做出国民待遇承诺的国家，仍然通过各种保护措施大量采购本国产品。当前，政府采购在我国国民经济和社会发展中也正扮演着越来越重要的角色，其中很重要的一个作用就是可以有效激励企业的技术创新活动，我国自主创新产品的研发、应用和推广迫切需要政府采购市场的大力扶持，甚至可以毫不夸张地说，其初期生存的机会近乎完全依赖于政府的首购和订购。但时至今日，我国仍有一些垄断市场的部门或集团对国产设备特别是创新产品缺乏信心和热情，自觉或不自觉地把自己掌握的市场资源向国外产品倾斜。

对国产创新产品进行大规模政府采购，从本质上讲是打破市场自然竞争的周期和规律，用经济手段对落后技术、落后产品、落后企业进行强制性和快速淘汰，让高科技产品在最短的时间里提高市场占有率，从根本上建立起创新带动型的发展模式。因此，要建立财政性资金采购自主创新产品制度、认定标准和评价体系，确定政府采购自主创新产品目录。用财政性资金进行采购的，必须优先购买列入目录的产品，并根据科技含量和市场竞争程度等因素，对自主创新产品给予一定幅度的价格折扣。建立激励自主创新的政府首购和订购制度，国内企业或科研机构生产或开发的试制品和首次投向市场的产品，只要符合国民经济的发展要求和先进技术的发展方向，具有较大市场潜力并需要重点扶持，经认定，由政府进行首购。

影响企业创新积极性的另一个原因是知识产权保护不到位。企业可以通过仿冒产品进入市场，大量仿冒产品的存在不仅导致市场过度竞争，而且还使真正的技术创新者利益得不到保障，直接影响企业创新的积极性。我国企业普遍不重视技术开发和拥有自主知识产权，改革开放以来，中国大量引进国外先进技术和管理经验，促进了经济发展，但缺少自主知识产权的问题却日益突出，目前中国企业中拥有自主知识产权的仅有2000多家，仅占企业总数的万分之三，99%的企业没有申请专利。在制造技术领域，中国的专利发明数只有美国、日本的三十分之一，只有韩国的四十分之一。中国制造业经济总量占全球的6%，但研发投入只占全球的0.3%。加强知识产权保护，一是需要制定完善适合我国国情的知识产权政策和法律体系，通过完整的法律体系来保障创新者的利益，通过良好的法律环境来倡导人们树立尊重和保护知识产权的公德心。二是要把获得自主知识产权作为科技评价体系的基础性要求，融入科技评价体系，建立起有利于促进技术创新与发展的激励机制。三是要把自主知识产权作为发展所必需的国家战略来推行，主动建立知识产权体系，包括重视研究开发，重视知识产权积累，重视知识产权转化，重视知识产权保护。

**3. 确立扶持重点：竞争前的基础研究和共性技术开发**

政府能够动员的资源也是有限的，对技术开发的支持也应该有所侧重，“有所为，有所不为”。政府重点扶持的研究项目应当是公共性强、“溢出”效应大、边际社会效益高的研究项目，节能减排技术正是这样的项目。节能减排技术开发过程大致可以分为三个阶段：基础性研究、应用研究、产品和工艺技术开发，这三个不同阶段研究开发成果的公共性和外部性不同，政府的支持重点也应该有所不同。前两个阶段的研究开发具有风险大、应用面广、共用性强的特点，企业往往没有实力进行这样的研究开发，即使有企业愿意开发，也很容易造成技术、市场垄断，很明显，从政府职能和公共财政的性质出发，基础性研究和共用性强的产业技术研究开发应当成为政府支持的重点。第三个阶段是与某一特定市场需求紧密相关，以盈利为目的的产品和工艺技术研究开发，应当以企业为主，政府主要依靠政府采购、税收优惠、专利保护等政策鼓励企业增加投入。这方面，美国的经验值得我们借鉴，美国社会各界广泛认同并信守的原则是：“自由市场是最有效的商业和服务配置器，如果让它自由发挥作用的话，不受约束的市场将会导致最优的科学生产率、技术变化与经济增长；政府应该从事研发活动，以服务于私人研发活动不易承担的特定国家利益使命，或者是弥补严重的市场失败”，基于以上认识，20世纪80年代以前，联邦政府原则上不支持有明确市场应用前景和经济利益的创新活动，这些活动由企业自愿承担，风险自负，政府不加干预。

对政府确定重点支持的领域和环节，政府应该发挥更大的作用，通过低息贷款、税收减免、财政补助等方式，加大对企业技术开发活动的扶持力度，打消他们的后顾之忧，这方面国外有许多成功的经验。日本政府规定，民间企业研究开发高技术可获得低息贷款，如果研究开发成功，则按照优惠条件还本付息；一旦失败，则按无息贷款还本。韩国规定对于直接关系国家利益的项目，全部由政府资助，并由公立研究机构承担；对于具有商业价值的项目，由企业提供部分资金，合作进行研究；私营企业研究机构承担或参与核心技术开发、基础技术开发、产业技术开发、替代能源开发的国家研究开发项目任务的，韩国政府给予研究开发经费50%的补贴，对于个人或小企业从事新技术商业化的，韩国政府提供总经费80% ~90%的资助。

# 提高外汇储备投资收益能力的途径分析

程伟力*

**摘　要：** 本文通过对新加坡在利用外汇储备对外投资方面经验的分析，对我国利用外汇储备的方式提出五条建议：积极扶持中国投资公司，充分发挥现有金融机构对外投资的作用，对企业"走出去"给予必要的金融支持，设立海外产业投资基金，扩大先进技术进口。同时指出利用外汇储备需要注意的五个问题：首先要测算出适度外汇储备规模，保证其基本功能；二是对外投资应当参与公司的经营管理，不做纯粹的"资本家"；三是谨防对外投资"出口转内销"，严禁二次结汇；四是坚持循序渐进的原则，先参股后并购；五是加强研究，提高把握投资机会的能力。

**关键词：** 外汇储备　经营管理　二次结汇

截至2007年6月末，我国外汇储备余额已达13326亿美元，再次创出历史新高，而且还呈继续增加的趋势，这使得持有外汇储备资产的直接成本和机会成本变得更为高昂，因而探索和拓展外汇储备使用渠道和方式显得尤为迫切。外汇储备在满足防范金融风险、稳定汇率所需要的流动性后，应该追求增值和投资收益，着眼于提升本国企业国际竞争力、优化产业结构，实现国家的战略意图。新加坡在外汇储备管理方面具有成功的经验，本文首先对新加坡利用外汇储备的模式做一简要分析，然后探讨我国外汇储备的利用模式，最后指出利用外汇储备对外投资应注意的问题。

---

* 程伟力，经济学博士，国家信息中心经济预测部助理研究员，主要研究方向为宏观经济模型和世界经济。

## 一　新加坡利用外汇储备的模式分析

### （一）新加坡政府投资公司是法定的外汇储备管理机构

根据1970年颁布的《金融管理局法》，新加坡金融管理局（简称MAS，1971年依法成立）的一项重要职能就是管理官方外汇储备。1981年之前，MAS主要围绕汇率政策来管理外汇储备。其后，随着外汇储备日渐充裕，新加坡政府决定将外汇储备进行分档管理：一部分继续由金融管理局直接管理，目的在于满足汇率管理流动性的需要；另一部分则投资于长期外汇资产，目标是追求更高的收益。

为了实现两者的分离，根据《公司法》，新加坡在1981年5月设立了专门管理外汇储备投资的新加坡政府投资公司（简称GIC）。其目标，一是提高新加坡政府外汇储备的收益；二是提高外汇储备投资和运用的透明度及可监督性；三是参与国际金融市场活动，获取重要的国际金融资讯；四是培养训练金融专业人才，提升新加坡金融产业的国际竞争能力。

GIC下设三家子公司。一是新加坡政府投资有限责任公司，是GIC最大的业务部门，投资领域包括股票、固定收益证券和货币市场工具。二是新加坡政府房地产投资有限责任公司，主要职责是投资于新加坡之外的房地产以及房地产相关资产。三是新加坡政府特殊投资有限责任公司，目前管理着一个包括风险资本、私人证券基金在内的分散化全球投资组合。此外，该公司也有选择的对私人公司进行直接投资。第一家公司的经营目标主要满足盈利性目标，同时满足流动性要求，后两家公司的经营目标都是追求长期的投资回报。目前，GIC所管理的资产超过1000亿美元，大约占新加坡外汇储备总额的80%。

### （二）部分外汇储备委托淡马锡海外投资

需要特别指出的是，国内一直存在一种较为流行的看法，即建立淡马锡控股公司的目的是管理新加坡的外汇储备。但实际情况并非如此。淡马锡控股公司的成立早于GIC，它是1974年由新加坡财政部全资组建，接受政府的财政盈余（但不是外汇储备）进行投资的公司，它是工商业公司，而GIC是资产管理公司。淡马锡从3.54亿新元的初始资产，发展到1640亿新元的规模，新加坡政府并无任何追加投资。为了实现外汇储备满足国家发展目标和战略意图，20世纪90年代新加坡政府将部分外汇委托给淡马锡投资，淡马锡利用这些外汇储备和自有外汇在海外投资。

## 二 我国利用外汇储备方式的探讨

通过上文分析可以看出，除了中央银行直接管理外汇储备以满足流动性需求之外，还有如下三种模式：一是成立专业资产管理机构实现外汇储备的投资收益，同时在一定程度上满足流动性；二是委托给具有丰富经验的专业投资公司管理；三是扶持企业对外直接投资、在发展壮大企业的同时减轻外汇储备压力。结合我国的具体情况，借鉴新加坡以及其他国家的经验，可以考虑综合利用如下模式。

### （一）积极扶持外汇投资公司

尽管外汇投资公司入股黑石初战失利，但我们不可因噎废食，而应认真总结经验教训，以便今后健康发展。今后应积极培养国际化金融人才，借鉴国外的成功经验，不断提高企业管理水平，加强制度建设，明确公司的法律地位。

### （二）充分发挥现有金融机构对外投资的作用

我国一些金融机构在长期的对外合作交流过程中积累了丰富经验，并具有健全的组织机构和经营网络，我们应充分发挥这一优势，加强它们“走出去”的金融业务。这些金融机构应当积极参股国外金融机构，给我国企业对外投资提供中长期贷款，从而实现国家战略意图。这种运作模式客观上需要雄厚的资本金，因而有关部门应支持其增资扩股，可以参考汇金公司注资商业银行的模式，但笔者认为在新的结汇模式下，新股东应以拥有外汇的企业和个人为主。

一些具备实力和条件的国内银行应该积极向国际大银行的方向前进。跨国并购自然是一条改变国内银行业务构成和收入来源过于单一的现状、从而进入国际金融市场的更加快捷便利的途径。但考虑到我国银行业的资金实力以及跨国经营经验不足等问题，近期比较稳妥的方案是对外资金融机构进行少量参股，以获得一个董事席位，从而学习外资金融机构的具体运作。这一做法有两个好处：一是降低了金融机构文化整合上的难度，二是可以向国外金融机构学习运作经验，并且得到股价上升的好处。

### （三）对企业“走出去”给予必要的金融支持

淡马锡是作为企业“走出去”的，其运作模式可供我国企业参考。外汇投资公司以及国内金融机构应对具有实力的企业给予必要的外汇支持，对企业“走出去”发挥促进作用。事实上，发达市场经济国家在“走出去”方面都有专门的金融支持机构，美国海外私人投资公司、德国投资与开发公司和日本国际协力银行都扮演了这种角色。借鉴发达国家的经验，我们今后也可以考虑成立支持“走出去”的专门金融机构。

### （四）设立海外产业投资基金

产业投资基金是国际资本市场上的重要投资模式，为了充分利用国际市场和海外资源，我们应当考虑成立海外产业投资基金。资金可以来自于外汇投资公司、金融机构、社保机构，以及经常项目外汇收入较多的企业以及个人。由于我们缺乏海外产业投资基金运作经验，起初可以考虑以合资的方式进行。产业基金的投资方向应该体现国家发展的战略意图，满足国内产业升级的需要。

### （五）扩大国外先进技术进口，近期治标、远期治本

长期以来我国执行“市场换技术”的外资政策，但二十多年的经验表明这一政策在不同行业有得有失，有些领域我们失去了市场但没有换得关键和核心技术，而且直接导致了我国贸易顺差快速增长。一方面它增加了我国的出口，如果按“属民”原则计算的话外商直接投资企业的出口不应计入我国出口；另一方面，它减少了我国的进口，外商直接投资企业对我国企业的销售按“属民”原则应算我国的进口，但按“属地”原则就算国内贸易，二者相结合导致我国贸易顺差急剧上升，外汇储备水涨船高。因而有必要通过扩大进口国外先进技术，缓解高额外汇储备压力；如果能像日本和韩国一样积极消化和吸收新技术，长期

则可实现产业升级，促进经济增长方式的转变，减轻经济增长对外资的依赖程度，从而实现标本兼治。

## 三　利用外汇储备对外投资应注意的问题

### （一）首先要测算出适度外汇储备规模，保证其基本功能

韩国在亚洲金融危机的教训之一是，当时并不是由于支付能力出现问题，而是出现了流动性危机。因而一定要测算出适度储备规模，只有超过这个规模的部分才可以用于中长期投资。为此，我们需要满足进口、偿债、外商直接投资企业收益汇回、企业海外投资和 QDII、外汇市场干预等用汇规模。在考虑外汇储备增值的时候，千万不能忽略了它的基本功能，而且要警惕世界经济形势逆转的可能。美国次级抵押贷款危机事件告诉我们这样一个事实，全球流动性过剩几乎可以在瞬间转化为流动性不足，危机发生后，欧美日等国的央行无不投入巨资以解决流动性不足问题。外汇储备管理同样面临类似问题。

### （二）应当参与国外公司的经营管理，不做纯粹的“资本家”

外汇投资公司入股黑石被套本身无可厚非，问题在于外汇投资公司购买的是没有表决权的股份，这成了纯粹的“资本家”。我们参与国际金融市场的目的之一是学习先进金融知识、了解市场最新动态、提升国家金融竞争能力，在没有表决权的情况下我们很难实现这一目的。因而，今后我们参股国外公司至少要谋求一个董事的席位，直接参与公司的重大决策，从而了解公司的经营状况，同时更为直接地学习发达国家的先进企业管理经验。

### （三）谨防对外投资“出口转内销”，严禁二次结汇

外汇投资公司以美元入股黑石，如果黑石再用这笔美元换成人民币收购或参股国内企业的话，这就构成了二次结汇，二次结汇的后果是不言而喻的。据报道，2007 年 9 月 10 日黑石和中国化工集团共同宣布，黑石将向中国化工的全资子公司蓝星集团进行战略投资，计划注资 6 亿美元认购蓝星集团 20% 的股份。如果认购成功，二次结汇必然发生。事实上，只要我们对外投资的企业对我国直

接投资，这一现象是无法避免的，只是影响程度的不同。这样的外汇投资显然不仅不能减轻央行压力，反而使其操作更加被动，流动性过剩也将愈演愈烈。针对这一新情况，有关决策部门应尽快出台相关管理办法。

### （四）坚持循序渐进的原则，先参股后并购

国际投资理论和经验表明，由于对东道国市场、法律以及人文环境不熟悉，同时考虑到当地民众的抵触情绪，跨国投资首先采取购买部分股份、合资或合作经营的模式，时机成熟之后再采取控股或独资模式。目前我们跨国投资应以参股为主，不宜大规模并购。跨国并购的“七七定律”指出，70%的跨国并购没有实现预期的商业目的，其中70%的并购失败于并购后的文化整合，文化差异越大失败的可能性越大。据麦肯锡的研究，在过去20年全球大型的企业兼并案中，取得预期效果的比例低于50%，具体到中国，有67%的海外收购不成功。因而，目前我们应该采取循序渐进的方式，而不应操之过急。

### （五）加强研究，提高把握投资机会的能力

目前全球石油、大宗商品以及股票处于高价位，因而我们在时机的选择上也需三思而行。目前应当加强对世界经济与金融周期的研究，以便把握好投资机会。以淡马锡为例，公司在1993～2003年间的投资回报率只有3%，基于对世界经济发展趋势的研究，淡马锡2002年调整了发展策略，该公司把自己的发展与亚洲其他高速发展地区的经济捆绑起来，从而实现了新的飞跃。由此可见，优秀的研究是投资成功的关键。

### 参考文献

中国社科院金融所课题组：《新加坡和韩国政府投资公司：运行模式及其启示》，《中国经贸导刊》2007年第5期。

程伟力：《当前跨国公司在华发展战略及其对我国的影响分析》，《中国机电经贸信息》2007年第3期。

程伟力：《当前流动性过剩分析》，《科学决策》2007年第9期。

# 建立农民工社会保障制度的模式探讨

董月鲜[*]

**摘　要：**农民工是我国工业化和城市化发展过程中出现的特殊劳动力群体，他们为城市繁荣和农村发展作出了重大的贡献，但是却没有享受到相应的社会保障。为了促进农村剩余劳动力向城市转移、实现社会稳定和谐，针对农民工的过渡性、流动性大和收入低等特征，应该根据具体情况区别对待，以就业方式为标准对农民工群体进行划分，对稳定就业和不稳定就业的农民工实行分层分类保障的模式。同时，要推动相关的制度改革和政策落实，共同配合农民工社会保障制度的建立。

**关键词：**农民工　社会保障　模式　建议

农民工是当代中国城市的特殊群体，特指具有农村户口，却在城镇务工的劳动者。农民工已成为我国产业工人的主体。根据第五次人口普查资料，农民工在第二产业从业人员中占58%，在第三产业从业人员中占52%，在加工制造业从业人员中占68%，在建筑业从业人员中占80%。他们为城市繁荣和国家建设作出了重大贡献。

然而，作为城市的"边缘人"，农民工享受的社会保障程度很低。2006年8月，国家统计局对全国范围内农民工（包括固定岗位就业的农民工和灵活就业的农民工）的调查显示，农民工购买保险比重较低，没有购买养老保险、医疗保险、失业保险、工伤保险的农民工分别占被调查农民工总数的73.37%、73.77%、84.65%、67.46%。另外，已参保农民工的退保问题

* 董月鲜，产业经济学硕士，国家信息中心经济预测部经济师，主要研究方向有消费经济、产业经济等。

严重，部分地区农民工的养老保险的退保率甚至高达95%以上。参加医疗保险的农民工尽管可以享受医疗费用报销，但由于只报销超出起付线部分的一定比例，农民工仍然要自负一部分，对于难以承受自负部分的农民工来讲，实际上也享受不到相应的待遇。从社会救助方面来看，现行城镇社会救助体系只是覆盖城镇户籍人口，农民工享受不到最低生活保障或其他方面的任何救助，在因失业、疾病、意外伤害导致生活陷入困境时，往往孤立无助。

## 一　农民工社会保障权益缺失的原因

农民工参保率低，社会保障权益缺失，究其原因，主要有以下几个方面。

### （一）城乡二元社会结构是农民工社会保障缺失的根源

1998年以来，我国全面推进社会保障制度改革，但迄今为止的各种社会保障制度改革的思路基本上还是以户籍为基础，且重心明显倾向于城镇。而自从原有的集体保障和合作医疗制度随着集体经济的瓦解而丧失后，农村基本上陷入了依靠单一的传统家庭保障的境地。农民工虽然进入城镇从事非农产业，但由于他们还是农村户口，身份依然是农民，所以仍被屏蔽在城市的社会保障体系之外。虽然有些地方制定了有关农民工社会保险的暂行办法，但由于种种原因，绝大多数农民工仍然游离于社会保障的“安全网”之外。

### （二）现行社会保险制度不适应农民工的特点

#### 1. 城镇社会保险门槛高，操作缺乏灵活性

现行社会保险制度是从传统计划体制下国有企业职工保险转化而来的，保险费率的设计上包括了转制成本。由于承担了国有企业历史债务负担，现行各地城镇社会保险的费率普遍很高。企业缴纳的基本养老、医疗和失业三项保险费平均为工资总额的28%，个人缴费为11%，企业和农民工普遍感到负担太重，降低了参保积极性。另外，有的地方规定退休前5年必须到该地参保，更加大了农民工的参保难度。

**2. 社会保险关系无法转移，农民工参保后的权益得不到保障**

由于地区发展差距大，以及社会保险设计缺陷，养老和医疗等社会保险制度被分割在2000多个统筹单位（多为县市级统筹）内运行，各统筹单位之间政策不统一，费率不统一，导致了地区间的转移接续困难，不适应农民工流动性大、工作转换频繁的特点。按照现行规定，职工跨地区流动时只转移养老保险个人账户，不转移社会统筹资金，因此，农民工社保关系的转移实际是不可能的。

**3. 允许退保实际上损害了农民工权益**

现行养老保险政策允许农民工退保，结果导致农民工流动时反复参保、退保，由于农民工退保只退个人上交的，企业上交部分大多被留给政府，用以填补城市社保基金的缺口，直接损害了农民工享受社会保障的权益，也影响了用人单位的参保积极性。

### （三）社保立法不健全，缺乏对农民工社会保障的法律保护

自1998年以来，我国相继建立了城镇职工养老、医疗保险等相关法律，但关于农民工社保问题没有相应立法。由于缺乏全国性的法律规定，在促使企事业单位履行缴纳农民工保险金义务时，很难获得法律的保护，也无法通过司法途径来强制保障企事业单位如约履行。目前，虽然有一些零散的地方性法规和一些规范性文件对农民工的社会保障权益加以规定，但因为各地法规不统一，做法也各不相同，彼此之间常存在许多不协调甚至矛盾之处，从而使现有的关于农民工社会保障的地方性法规和规范性文件无法发挥出应有的作用。

### （四）农民工、用人单位和地方政府均存在短视行为，参保不积极

从农民工自身来看，一方面对参保不够重视，另一方面也对现行社会保险制度缺乏信任，对自己以后能否享受养老待遇心存疑虑。由于现行养老保险制度规定按月享受基本养老金的最低缴费年限为15年，而农民工流动频繁，如果不能实现转移接续，多数很难达到该年限标准。所以农民工在离开参保地时一般都选择退保。从用人单位来看，农民工所在单位多为民营企业、外资企业、乡镇企业以及个体工商户，主要集中在建筑、餐饮、服装等技术含量较低的劳动密集型行

业。这些用人单位为追求利润，千方百计减少人工成本，不重视人力资本投资，主观上也不愿为农民工投保社会保险。从地方政府的角度看，由于担心推进农民工参保会提高本地企业的经营成本，影响当地的投资环境和地方的经济发展，因而也缺乏推动农民工参保的积极性。

## 二　农民工社会保障的定位和制度选择

农民工是介于农民与工人之间的一个特殊社会阶层，过渡性是农民工群体最基本的特征。在城镇化过程中，现有的农民工会不断分化，大部分可能成为城镇居民，也有一部分可能因种种原因不得不返回农村。而农村剩余劳动力的大量存在会源源不断地补充农民工群体。无论农民工的定位是农民还是工人，最后只能是绝大部分成为工人，少部分回到农村。

农民工的过渡性特征决定了针对这个群体的社会保障制度安排也是过渡性的，社会保障的基本制度安排所提供的是一种“过渡”的途径和机制。土地是农民工因其身份而获得的最后的保障，割断农民工与土地的联系，就必须提供对等甚至更优越的保障替代安排。农民工社会保障制度的安排并非重新构建新的社会保障体系，而是在衔接现有社会保障体系的前提下，通过制度创新，发挥社会保障的吸引、分化功能，推动农民工向市民的转化，同时将无法适应城市发展的农民工淘汰回农村。

针对农民工群体自身构成的复杂性及其对社会保障需求的差别，应该根据具体情况区别对待，以就业方式为标准对农民工群体进行划分，实行分层分类保障。将稳定就业（从事正规就业，建立劳动关系，以及事实劳动关系 5 年以上）的农民工纳入现行制度，参加城镇养老、医疗、失业、工伤等社会保险，同时改革和完善现行的养老和医疗保险制度，使稳定就业的农民工能够享受其待遇。对不稳定就业（签订短期合同，频繁流动以及从事各种灵活就业的）的农民工引入过渡性的办法，除工伤、失业保险按现行规定执行外，养老保险先建个人账户、不建社会统筹，实行过渡性的个人账户制度，将本人的社会保障权益直接记入个人账户；医疗保险先建社会统筹、不建个人账户，实行低门槛、保大病、管当期。随着我国社会保障制度的改革完善，在基础养老金实行全国统筹之后，再将农民工逐步纳入统一的城镇社会保障体系。

## 三　农民工社会保障制度的模式设计

### （一）按《工伤保险条例》为农民工参加工伤保险

所有用人单位都要按《工伤保险条例》规定为农民工参加工伤保险，使得农民工和城市企业职工在工伤保险面前不再有差别。首先保证采掘业、建筑业等高风险行业的农民工尽快参保。目前没有参加工伤保险的企业，也要按照有关规定，让农民共享受到工伤及职业病的补偿。要强化工伤预防工作，探索适合我国国情的工伤预防工作模式和工作机制，从源头上遏制工伤事故和职业病的发生。

### （二）加快建立农民工大病医疗保险

在城镇职工医疗保障制度框架内，有针对性地开展农民工大病医疗保险，提供当期住院医疗保障。乡镇企业的本地农民工既可参加当地的新型农村合作医疗，也可参加农民工大病医疗保险。大病医疗保险实行社会统筹，不搞个人账户，基金单独管理，单独使用。根据农民工大病发病率实行低费率，费率一般控制在2%，由单位负担，农民工个人不承担缴费责任。同时，要根据农民工的实际情况，适当调整医疗保险的起付线、个人自负比例、等待期、住院押金等方面的政策，降低门槛，使农民工更容易享受到有关待遇。

已参加城镇职工大病医疗保险的农民工，原则上不再同时参加新型农村合作医疗。农民工患大病时不愿或无能力在城市治疗的，可制定相应的措施，将大病医疗保险关系和资金转入农村合作医疗，或一次性提供住院医疗费用补贴。

### （三）建立适合不稳定就业农民工特点的过渡性养老保险制度

对于不稳定就业农民工的养老保险宜实行个人账户积累模式，实行低费率、低保障待遇。缴费由用人单位和个人共同负担，以单位缴费为主，缴费额一般不低于职工工资总额的10%，个人缴费一般不高于工资收入的5%，全部缴费计入个人账户。按农民工身份证号码在银行建立个人账户，在全国范围内实行一人一户，农民工因工作单位变动时无论流动到哪里，均向此唯一的账户缴费，不需转移养老保险关系和基金。个人账户储存额用于支付养老金，不能提前支取，也不能退保。为农民工发放个人账户卡，供其查询缴费记录和账户积累情况。

农民工不分男女，最低领养老金年龄均为60岁。不设置最低缴费年限门槛，农民工达到该规定年龄时，即可参照城镇职工基本养老保险个人养老金计发办法按月领取本人的养老金。由国家财政拨专款为农民工养老保险建立调剂基金，参保农民工的个人账户积累领完后，由调剂基金账户支付。参保农民工死亡后，其个人账户余额可由其配偶等法定继承人继承。

对转入城镇企业职工基本养老保险的农民工，可按照缴费比例和个人账户规模折算为城镇职工基本养老保险缴费年限，调整个人账户规模，划分个人账户和社会统筹基金；对回乡务农的农民工，可将农民工养老保险个人账户积累额转入本人所在原籍的农保制度，并改按农村社会养老保险制度执行待遇计发；农民工转换工作地点，在不同统筹地区参保缴费的，其个人账户和保险权益，既可以只接不转，建立权益结算系统，退休时根据全国统一的规定由有关地区分别支付养老金；也可以转到新的工作地区，按当地缴费标准折算接续，但不允许退保。

### （四）推动稳定就业农民工参加城镇职工社会保险

对稳定就业的农民工，应按现行城镇职工社会保险制度参加养老、医疗、失业、工伤等社会保险。还应结合完善现行城镇职工社会保险制度，进一步推进稳定就业农民工的参保，保障其合法权益：第一，通过强化征缴扩大覆盖面，努力实现应保尽保。第二，完善社会保险关系转移接续办法。目前，由于养老、医疗保险统筹层次低，接近退休年龄的人在工作变动之后，转入地不愿接受其社会保险关系，需要对此做出全国统一的规定。第三，提高统筹层次，逐步实现基本养老金的全国统筹。

### （五）建立农民工应急救助机制

农民工在城镇缺乏生活基础，是城市中最困难的群体之一。为保障其基本生活和权益，应由地方政府出资建立农民工应急救助机制。当农民工遭遇意外伤害、重大疾病或失业等风险而使生活陷入困境时，由当地民政部门给予临时性、一次性的应急救助。

## 四　妥善解决农民工社会保障问题的建议

农民工社会保障工作涉及面大，政策性强，要破解这一复杂难题，必须从多方面着手，推动与此相关的制度改革和政策落实，共同配合农民工社会保障制度的建立，促进社会协调发展。

### （一）深化户籍制度改革，逐步取消户籍制度及附着其上的各种歧视性制度

农民工之所以成为迁徙的候鸟往返奔波于城市与农村之间，带来一系列社会问题，其根源是因为户籍制度及附着其上的各种歧视性制度。只有取消户籍制度，逐步实现公民迁徙自由，才能使一部分工作稳定和有能力的农民工逐步在城镇落户，推进城镇化，减少农民数量，最终解决中国的“三农”问题，消除社会保障领域存在的二元现象。改革户籍制度，彻底拆除分割地区和城乡的围墙，形成人人平等、公平竞争、尊重个人选择的市场迁移机制，使一些有能力的农民工进入劳动力市场，获得城市社会保障，而不是作为一个群体被排斥在城市社会保障体系之外。

### （二）加强监督，规范用工，切实保护农民工权益

**1. 要求凡用工者必须签订正式合法有效的劳动合同**

劳动合同是规范用人单位和农民工双方权利与义务的法律文件，可以有效地保护农民工利益。但现实中，签订劳动合同的农民工仅占40%，且其中不乏有损农民工利益的条款，全面推行劳动合同制度已成为当务之急。政府需加大监督力度，推动各类企业同农民工签订劳动合同，重点抓好农民工比较集中的建筑、采掘、餐饮、加工等行业的劳动合同管理工作，对不签订合同、有损农民工利益者加以严惩。同时，制定适合于农民工的劳动合同示范文本，告知工资发放、社会保险、劳动安全、工作时间和休假制度等方面的规定，引导农民工为了自身利益，行使自己的权利，上岗前与用工单位签订劳动合同。

**2. 依法强制用人单位为农民工参保**

为农民工建立各种社会保险，不仅是用人单位的义务，同时也是农民工的权利。要进一步加强社会保险立法，规定严厉的法律责任，通过加大违法成本，促

进企业依法参保缴费；加强劳动保障监察执法力量，强化执法力度，督促用人单位依法登记、申报和缴费，对拒不履行法定社会保险责任的，要依法处罚。

### （三）建立工会组织，健全利益表达机制，保持顺畅的农民工利益诉求渠道

资强劳弱是市场经济中一种普遍的现象，由于掌握的资源很少，农民工尽管人数众多，但在公共决策中缺乏话语权。为了让农民工的利益诉求能够通过合法的、制度性的渠道加以表达，充分维护农民工的合法利益，建议在城市中按照街道设立农民工工会，该工会主要负责本街道辖区内农民工的管理和服务工作：首先，对本辖区的农民工实行登记，对登记数据实行网络化管理，便于对农民工进行跟踪管理。其次，在农民工工会中安排专门人员，负责处理农民工的劳动纠纷、子女教育和社会保障等事宜，充分发挥工会对农民工社会保障的监督作用，为陷入劳务纠纷的农民工联系法律服务机构，提供法律援助，帮助农民工运用法律手段保护其社会保障权益。第三，当农民工失业时，工会组织应该根据该农民工自身条件为其提供或介绍更多的劳动机会。

### （四）改革土地制度，实行土地换保障

近年来，随着我国经济的快速发展，越来越多的农民离开土地进城打工，使农村大量土地被抛荒。而日本在对待土地经营权方面，对征用土地的农民采取土地换保障的做法。参照日本农民年金制度，可以在我国建立农村土地承包权制度，允许土地经营权的转让。对进城达到一定年限、在城镇有了较为稳定的职业与收入的农民工，在其自愿的前提下，政府可以收回其土地使用权，同时辅之以城镇最低生活保障制度，实行土地换保障。这样做一方面可以扩大农村人均占有土地面积，甚至可以实行一定程度的集中经营；另一方面可以促进一部分进城农民工放弃回乡念头，提高城市化水平，推动我国城市化进程。

**参考文献**

熊启泉：《“民工荒”的成因及现实意义》，《改革》2005 年第 5 期。

中国农民工问题研究总报告起草组：《中国农民工问题研究总报告》，《改革》2006 年第 5 期。

劳动和社会保障部：《农民工社会保障的基本思路与政策建议》，《体制改革》2005 年 11 月。

叶琴美：《试析农民工社会保障状况和存在问题的主要原因》，《体制改革》2006 年 5 月。

傅京燕：《我国非正规就业的发展现状与政策措施研究》，《人口与经济》2005 年第 2 期。

齐源：《民工短缺及对我国社会经济发展的警示》，《人口与经济》2005 年第 3 期。

王国辉：《民工荒、技工短缺与农民工社会保障制度建立的临界点》，《人口与经济》2005 年第 4 期。

赵立航：《社会和谐与农民工社会保障问题》，《人口与经济》2006 年第 1 期。

林晓洁：《建立外来农民工最低生活保障制度的可行性分析》，《人口与经济》2006 年第 1 期。

公维才：《“第三条道路”——城市农民工的社会养老保险模式》，《人口与经济》2006 年第 2 期。

崔传义：《农民工社会保障制度的选择》，《调查研究报告》，国务院发展研究中心 2006 年第 40 号。

程蹊：《“民工荒”与农民工维权组织的建立》，《农村经济》2005 年第 2 期。

王涛等：《对城市农民工社会保障问题的理性思考》，《农村经济》2005 年第 3 期。

杨守宝：《农民工社会保障的制度安排》，《农村经济》2006 年第 3 期。

# 次级抵押贷款危机不会终结全球经济繁荣

张　鹏*

**摘　要：**美国次级抵押贷款危机席卷了债市、信贷市场、股市和汇市，引发全球金融动荡。虽然这场危机对金融市场的短期冲击非常强烈，但从中长期看影响不会很大，更不会像2001年网络股泡沫破灭一样引发世界性萧条。全球总供给与总需求目前大体相当，并且世界经济增长更加均衡，这都保证了实体经济受到的影响不会很大。由于全球金融体系较之以往更具弹性和风险承受能力，所以流动性不会因这场危机而长期匮乏。在流动性充裕的背景下，金融市场的恐慌情绪将逐步消失，世界经济仍将保持增长。

**关键词：**次级抵押贷款危机　金融市场稳定　全球经济增长

## 一　次级抵押贷款危机在短期内冲击国际金融市场

美国次级抵押贷款是面向信用较差的借款人提供的抵押贷款。在美国房地产市场异常红火的时候，银行等信贷提供商大量提供次级抵押贷款，以满足借款人投资房地产的需求。从2006年开始，随着房价下跌和利率水平不断提高，美国次级抵押贷款市场的问题逐渐暴露出来，到2007年第一季度，逾期还款的比例和借款人丧失抵押品赎回权的比例双双升至历史最高点。不过直到此时，这些问题的影响还仅限于美国国内，甚至对美国的债市和股市也未造成很大影响。但在8月初，当数家全球知名金融机构宣布因投资次级抵押贷款市场而蒙受巨额损失后，美国次级抵押贷款危机迅速升级，演变为全球金融动荡，在极短时间内席卷

* 张鹏，经济学硕士，国家信息中心经济预测部世界经济研究室副主任，经济师，主要研究世界经济、宏观经济和数量经济。

了全球债市、信贷市场、股市和汇市。

首先，由于担心与次级抵押贷款扯上关系，投资者纷纷抛售手中持有的非政府债券，造成公司债等信用型债券价格大跌。与此同时，政府公债价格却节节上升，与公司债的利差拉大。

其次，为了规避风险，作为信贷资金主要来源的商业银行和投资银行采取了避险措施，金融市场出现浓重“惜贷”气氛，由流动资金泛滥迅速转变成流动资金不足。

第三，除了已经曝光的几家基金公司，投资者担心还会有其他对冲基金出事，造成基金公司承受巨大的赎回压力，被迫在全球股市抛售股票套现，导致各大股市普跌。7 月 19 日，美国道琼斯指数首次收于1 万4 千点以上，创出了历史性高点，但受次级按揭贷款危机的拖累，8 月 15 日，道琼斯指数就已经回落到 1 万3 千点以下，在不到一月的时间里下降了一千多点。

第四，由于日元套利交易是全球流动资金的重要来源，在欧美股市和债市大跌后，日元套利者纷纷平仓，导致日元汇率上升，造成汇市波动。

## 二　次级抵押贷款危机不会像网络股泡沫破灭那样拖累世界经济进入萧条

次级抵押贷款危机爆发后，很多人对未来的世界经济走势较为悲观，甚至认为像 21 世纪初的网络股泡沫破灭那样会随之出现世界范围的经济衰退。但我们则认为，虽然次级抵押贷款危机对金融市场的冲击较为猛烈，却不大可能引发世界经济衰退。

不可否认，次级抵押贷款危机和 2001 年美国网络股泡沫破灭有很大的相似之处。两者都是当时美国经济的支柱产业出了问题，进而对金融市场产生冲击。90 年代信息通讯技术产业迅猛发展，成为拉动“新经济”的火车头，特别是“千年虫”问题造成全球计算机软硬件集中更新，使得纳斯达克股市和美国经济都达到繁荣的顶点。但是在“千年虫”需求热点消失后，高科技产业产能严重过剩，网络股泡沫破灭，美国股市也随之崩盘。近年来，在低利率的刺激下，美国房地产市场不断升温，据美国房地产协会估算，从 2002 年开始，美国房价以每年高于 10% 的速度上升。随着房价提高，美国家庭财富也随之大幅增长，促进了居民消费，从而拉动了美国经济增长。但是房地产泡沫导致大量不良贷款，最终造成金融业亏损，影响了经济的稳定性。

尽管有相似之处，但次级抵押贷款危机和网络股泡沫破灭也存在根本的不同之处，从而决定了它对世界经济的影响程度要小得多。

第一，2001 年网络股泡沫破灭引起的经济萧条，实质上是因为过度投资造成产能过剩引起的，是典型的供给大于需求的经济萧条模式。而次级抵押贷款危机以及相关的房地产泡沫破灭，主要影响的是消费领域，虽然客观上会抑制需求，但是从美国当前劳动力需求的旺盛情况来看，并没有出现总供给过剩的情况。从全球角度来看，同样也很难找到总供给和总需求失衡的证据。

第二，2001 年后美国经济进入萧条阶段是基于技术经济周期，是关键技术应用从快速推广阶段向相对停滞阶段转化带来的必然后果。而美国房地产市场降温是基于货币政策从宽松向紧缩转化带来的政策冲击，属于资产市场的波动周期。网络股泡沫破灭后全球信息通讯技术产业进入了收缩期，各国在这方面的投资增速都明显下降；而房地产市场是地域性极强的市场，美国房地产市场降温并不必然带动其他国家的房地产市场也出现相似的情况，事实上，次级债冲击出现后，许多国家的房地产价格仍在继续上升。房地产市场的波动在世界范围内不同步，就可以舒缓其对经济的影响。

第三，2001 年网络股泡沫破灭时，美国经济在全球一枝独秀，但现在不仅三大经济体中的日本和欧洲迸发了少有的经济活力，新兴市场国家的崛起更使世界经济的发展比过去均衡的多。据 IMF 测算，中国、印度和俄罗斯三国贡献了当前全球经济增长率的一半，其中仅中国一个经济体的贡献率就高达 25%。经济增长引擎的多极化无疑将在很大程度上抵消美国经济放缓对全球经济的负面影响。

## 三　次级抵押贷款危机不会造成全球流动性紧缩

总的看来，次级抵押贷款危机对实体经济的影响不大。不仅如此，它对虚拟经济的影响同样也不会很大。次级抵押贷款危机对金融市场最明显的影响就是造成市场上的流动性由过剩变为不足，但这种情况不会持续很久。

次级抵押贷款危机发生后，投资者纷纷抛售股票和债券，套现后从市场上抽走资金，加之银行等金融机构“惜贷”，造成流动资金泛滥在一夜间变成了流动资金不足。对于流动性的这种变化，目前较流行的看法是由于对风险的再认识导致风险再定价和资产价值重估，投资者情绪也会从前期的过于乐观走向悲观，从而市场上将出现流动性紧缩。但在我们看来，虽然未来投资者对风险的厌恶程度会比几个月前上升，但许多因素仍能够保证市场上的流动性充裕。

首先，次级抵押贷款危机并未动摇全球金融系统的根基。美国次级抵押贷款市场规模不到3万亿美元（根据彭博新闻社的数据），而美国债券市场协会的统计显示，截至2005年底美国债券市场规模已经达到25万亿美元，可见次级抵押贷款市场在美国金融市场中只占到一个不大的份额。而且全球金融体系已经相对成熟，存在各种对冲工具和渠道，具有很强的风险分散能力。美国次级抵押贷款市场危机向其他金融市场的扩散过程，固然是投资者总体损失加大的过程，但同时也是抵押贷款市场投资者的损失和风险在全球投资者之间分摊的过程，应当认识到这一过程的合理性。花旗集团估计，次级抵押贷款危机造成的各类投资损失累计在550亿~1000亿美元之间，全球金融市场完全有能力消化这些损失。

其次，中央银行的注资行动会增加市场内的流动性沉淀。2001年美国网络股泡沫破灭后，在经济衰退和通货紧缩两大压力下，各国央行实行了宽松的货币政策，全球进入流动性过剩时期。这次为了应对危机，美日欧的中央银行紧急向金融市场注入资金，据统计，自8月9日起的48小时，注资总额已经超过3262亿美元。此次各国央行的举动，和2001年“9·11”事件、2001年安然公司倒闭、2003年伊拉克战争等事件时央行的行动有很大的相似性，目的都是为了防止发生支付困难和流动资金匮乏，但结果都是因为短期的金融市场恐慌和动荡增加了长期的流动性沉淀。

第三，次级抵押贷款危机干扰了各国央行的货币政策紧缩进程。由于世界经济持续快速增长、能源和原材料价格大幅攀升以及劳动力需求旺盛等原因，全球通货膨胀压力不断增大。为了抑制通货膨胀，各国大都已经进入加息周期，逐步收紧货币政策。但是，次级抵押贷款危机爆发后，各国央行为了维持市场信心不得不停止了加息步伐。8月份，美联储的调控重心迅速转向金融市场，在连续注入流动性的同时，将联邦基准利率和贴现率都下调了半个百分点以支持市场的稳定。危机前，普遍预计欧洲央行将于9月份把基准利率提高到4.25%，但目前看来2007年内加息的可能性大大减小。

第四，流动性过剩问题和全球化进程有着密不可分的联系。全球化实质上起到了将生产由发达国家向发展中国家转移的效果，从而大大节约了社会的资本耗费。例如，在中国建一条生产线比在美国建一条相同的生产线，不仅能够节约在土地、厂房和机器设备上的固定资本，还可以节约在原材料和劳动力上的流动资本。这就导致全球的投资的相对不足和储蓄的相对过剩。这些富余下来的资本为了增值不可避免地要进入金融市场。所以，在全球化的大背景下，进入金融市场的资金比历史上任何时候都更充裕，虽然在短期内会因为市场风险增大而暂时抽离，但不可能长期匮乏。

第五，全球贸易格局是流动性充裕的支持条件。东亚经济与美国经济具有高度互补性，美国经济的特长在于高技术领域，而东亚经济在劳动密集型的制造业有自己的优势。基于这种互补关系，客观上存在着东亚对于美国的贸易盈余，以及由此产生的东亚国家的巨额外汇储备。东亚和美国的贸易不平衡之所以可以长期维持，是因为两者之间存在着相对于贸易盈余的逆向资金流，即东亚国家的外汇储备通过投资美元证券又流回了美国，实际上是对美国消费者的融资行为。虽然目前包括中国在内的一些东亚国家有减持美元资产的迹象，但不存在大规模减持的可能性，因为东亚外汇储备美元化是维持对美国贸易盈余的一个必要条件。目前无论是中国还是东盟，乃至于日、韩都不可能不保持对美贸易顺差，否则国内产能将严重过剩。只有经过长期的结构性调整，东亚经济才可能摆脱对美国出口市场的依赖，而在此之前东亚国家的外汇储备会继续源源不断地流向美国的金融市场，成为全球资本市场流动性的一个重要来源。

## 四　世界经济将继续增长

总的看来，次级抵押贷款危机对全球金融市场和实体经济的影响不大，世界经济将继续增长。

即使在次级抵押贷款危机的影响下美国经济增速放缓，欧盟、日本和中国的经济增长将会继续成为世界经济的引擎。预计 2007 年第三、四季度美国 GDP 增速将在 2% 左右，全年的经济增长率也将大致在这水平，低于潜在经济增长能力。2007 年欧元区经济增长率有望在 2.5% 左右，日本经济增速则大约为 2%，与其潜在经济增长能力相当。不同于以往几次金融动荡，新兴市场经济体在次级抵押贷款危机中没有受到明显波及，印度和俄罗斯经济 2007 年仍将快速增长，为世界经济增长继续提供动力。

# 美国次级抵押贷款问题发展前景和影响

徐平生*

**摘　要**：2006 年以来，随着利率大幅提高和房价开始持续走低，美国放贷机构向次级客户发放的次级住房抵押贷款拖欠率快速上升，次级抵押贷款的风险迅速暴露出来。但整体而言，次级抵押贷款问题所形成的基本损失仍在一定限度，问题在于基于次级住房抵押贷款的一系列金融创新可能导致基本损失数倍的派生损失，并使损失的承受者扩展到几乎所有的金融机构。由于金融衍生产品的不透明性，市场难以确定特定机构所承受的具体风险或损失，机构间资金融通将异常谨慎，整个市场因而可能陷入信用危机。尽管此次美国次级抵押贷款危机最终很可能能够在全球金融市场成功化解，但仍将在 2007 年以后的两年内不断给金融市场制造麻烦，对世界经济造成一定的不利影响。

**关键词**：次级抵押贷款　ALT-A　次级债　CDO　损失

2007 年以来，美国次级抵押贷款问题已经对金融市场发生过两次冲击，第二次冲击范围波及全球，对全球金融市场造成了重大震荡。但是，这仅仅是麻烦的开始，随着次级抵押贷款拖欠率的持续上升，次级抵押贷款问题将是今后两年内始终困扰全球金融市场的严重问题。

## 一　问题的根源：激进的贷款行为

在美国，根据个人客户信用评级等标准，按揭贷款市场大致可以分为三个层

---

* 徐平生，金融学硕士，国家信息中心经济预测部财金处经济师，主要研究金融市场、经济景气监测预警。

次：优质贷款市场、“ALT-A”贷款市场和次级贷款市场。优质贷款市场面向信用等级高（信用分数在660分以上）、收入稳定可靠、债务负担合理的优良客户，其主要选择传统的30年或15年固定利率按揭贷款。次级市场主要面向信用分数低于620分、收入证明缺失、负债较重的客户。“ALT-A”贷款市场则是介于二者之间的庞大灰色地带，既包括信用分数在620～660分之间的阶层，又包括高于660分的高信用度客户中的相当一部分人（一般不能提供收入证明）。

一般而言，“ALT-A”贷款市场和次级贷款市场客户获得住房抵押贷款的难度较大，且利率较优质客户要高1～3个百分点。历史上，“ALT-A”贷款和次级贷款占住房抵押贷款市场的份额相当小。

但是，2001年以来，美联储持续降息至近50年来最低利率，低利率环境刺激的美国房地产景气从根本上改变了这种状况。持续上涨的房价使房地产市场内的投机气氛被强烈激发，而风险意识则大大减弱。

在房价将持续上涨的乐观预期下，为了追求盈利，美国房贷机构不断放宽放贷标准，并进行了一系列贷款品种创新（如无本金贷款、可调整利率贷款等），用以开始几年尽量少偿付本息为主的优惠方法（有的甚至是零首付）吸引不具有持续稳定的第一还款来源的美国人进入按揭市场购买房产。

同时，这些创新信贷产品深受“ALT-A”贷款市场和次级市场客户追捧：首先，他们认为房地产会永远上涨，至少在他们认为的“合理”的时间段内会如此，只要他们能及时将房子出手，风险是“可控”的；其次，想当然地认为房地产上涨的速度会快于利息负担的增加，特别适合于短炒——在利率没有提高前出手。

出于对房地产价格将持续快速上涨的美好憧憬，供需两方共同推动了美国“ALT-A”贷款市场和次级抵押贷款市场规模的飞速膨胀。据统计，2006年，美国房地产按揭贷款总额中，40%以上的贷款属于“ALT-A”和次级贷款产品，总额超过4000亿美元，2005年比例甚至更高。从2003年起，“ALT-A”和次级贷款这类高风险按揭贷款总额超过2万亿美元。

如果低利率持续存在，或者房地产价格持续较高增长，次级贷款市场还能持续运转下去。但是，2006年第二季度以来，美国住房市场开始大幅降温，单户住宅中间价格连续四个季度下跌，购房者难以将房屋出售或者通过再抵押获得融资；美联储截至2006年6月的两年时间内连续17次提息使利率大幅攀升，随着接受创新贷款品种的客户陆续由固定利率期转入浮动利率期，大幅提升的利率立即使贷款者不堪重负，无法按期偿还贷款。

因此，随着时间的推移，次级抵押贷款的拖欠率快速上升。目前，次级贷款超过60天的拖欠率已逾15%；“ALT-A”的拖欠率在3.7%左右，但其幅度在过去的14个月里翻了一番。在当前的利率水平和房价走势下，可以预期，次级贷款和“ALT-A”贷款的拖欠率仍将会持续上升。

对次级贷款自身可能的损失有不同的估算，美联储主席伯南克曾估计在500亿~1000亿美元；雷曼报告认为今后两年美国抵押贷款坏账总额将达到2250亿美元，如果房价继续下跌，这一数字将增加到3000亿美元；另外有一些市场人士则估计得更为严重，认为次级按揭引发的直接损失可能高达3000亿~5000亿美元；IMF最新版《金融稳定报告》估计，美国次级贷款规模1.3万亿美元，次级贷和ALT-A贷款合计2.3万亿美元，非优质住房抵押贷款潜在直接损失1700亿美元。

我们认为，考虑到抵押物的存在，此次次级按揭贷款危机所造成的直接损失可能在1500亿美元左右，最终损失规模须视美联储利率政策及其影响下的房地产价格走势而定。但不管事态如何发展，次级贷款问题所造成的原始经济损失将是有限的。

## 二　冲击的倍增器：金融创新

在传统金融模式下，次级贷款问题的不利影响将是有限的：损失的规模是可控的，也可以接受；损失的承受者——放贷机构是明确的，损失的承受范围十分清晰，便于政府进行救援，不至于对整个金融市场形成冲击。

但是，此次次级按揭贷款市场运作过程中，大量复杂的金融创新介入进来，极大地放大了危机的影响规模和范围：首先，倍增了最终损失承受者的总损失规模；其次，金融工具的复杂性使市场参与者难以准备评估损失；第三，大量金融机构介入进来，使得损失的承受边界不再可控，一旦某些机构突然出现了预料不及的损失，将可能形成多米诺骨牌效应冲击整个金融体系。

### 1. 金融创新的路径

在美国次级抵押贷款运作链条上，发生了由次级抵押贷款－次级抵押贷款支持债券（MBS）－债务抵押债券（CDO）－基于 CDO 的各类信用衍生产品的渐趋复杂的系列金融创新。

首先，抵押贷款公司将次级住房抵押贷款打包成 MBS。由于次级贷款直接形成的 MBS 难以获得评级公司的较高评级，其投资者十分有限。因此，抵押贷款公司将 MBS 出售给商业银行或投资银行。通过此运作，抵押贷款公司可以获得源源不断的现金流，持续发放次级抵押贷款。这就是在新《巴塞尔协议》严格的资本充足率监管要求下次级住房抵押贷款市场能够快速膨胀的重要原因。

其次，投资银行根据偿付的优先秩序将 MBS 及其他债券组合带来的现金流进行分割，发行不同级别的债务抵押凭证（CDO）。其中，风险最低的叫“高级 CDO”，大约占 80%；风险中等的叫“中级 CDO”，大约占 10%；风险最高的叫“普通 CDO”，大约占 10%。当次级抵押贷款出现一定比率违约时，正常还款带来的现金流将先偿付高级 CDO，剩余部分再偿付中级 CDO，最后则偿付普通 CDO。由于历史的低拖欠率和其余两级 CDO 的屏蔽作用等因素，高级 CDO 得到评级公司 AAA 的最高评级，被商业银行、大型投资基金和外国投资机构，包括很多退休基金、保险基金、教育基金和政府托管的各种基金，竞相购买。中级 CDO 和普通 CDO 则基本为对冲基金所购买，其中大部分又作为抵押品被对冲基金用于向商业银行融资，进行杠杆操作。

国际清算银行统计显示，2004、2005、2006 年和 2007 年第一季度，各期 CDO 发行规模分别为 1570 亿、2490 亿、4890 亿美元和 2500 亿美元。

第三，华尔街的投资银行还基于 CDO 进行了名目繁多、复杂的金融创新。据统计，2003～2006 年，信用衍生类市场规模膨胀了 15 倍，已达 50 万亿美元的惊人规模。在这个复杂、规模庞大的信用衍生类市场，对冲基金是其中的主力。但令人惊讶的是，被 2006 年以前低拖欠率所形成的高收益所诱惑，一大批包括养老保险基金在内的“保守型基金”竟然也在其中占据了相当大的份额。

**2. 派生损失将成倍扩大**

在次级贷款问题发生前，几乎所有的次级贷款运作链条上参与者都获取了利益，根据风险收益相匹配原则，承担高风险的参与者在风险没有出现时获取了令人瞩目的高收益。

次级贷款的利率要比优质贷款利率高 2～3 个百分点，以此来覆盖次级贷款较高的拖欠率带来的损失。如果次级贷款的拖欠率和优质贷款一样，那么对持续长期（如30年）的每年高2~3个百分点的利息收益按照一定贴现率计算现值，这些次级贷款的市场价值可以得到大幅提升，而资产证券化及其衍生产品恰恰可以在市场上立即实现这个价值。在次级贷款运作链条上，这些收益将由中级CDO、普通CDO和基于其上的创新产品来分享。

2002年以来，美联储营造的超低利率的金融生态环境刺激了美国房地产市场景气持续高涨，房地产价格5年就翻了一番，次级贷款人可以轻松得到资金来保持月供的支付，次级贷款拖欠的比率远低于原来的估计。以此比预期远远低得多的拖欠率为前提，对冲基金等机构利用内部数学模型对持有的次级抵押贷款衍生产品进行价格评估，立即显示获得了数倍的收益。因此，根据对冲基金等机构自己的“计算”，2005、2006年一大批以次级抵押贷款衍生产品为投资对象的对冲基金收益率惊人，其中相当部分收益率高达100%以上；而据此计算的总收益水平在千亿美元级别。

如此，一大批对冲基金投资者面对令人瞠目结舌的高收益获利了结，更多的投资者则蜂拥而入。但是，房地产景气背景下极低的次级贷款拖欠率是不真实的，据此计算的收益就是虚假的，先行者获得利润就成为后来者的损失。

IMF 2007年最新版《金融稳定报告》估计，2007年2月以来，非优质住房抵押贷款相关的ABS（资产证券化）及其中的CDO（债务抵押债券）市值损失达2000亿美元（见表1）。

**表1　2007年2月以来次级抵押贷款及相关ABS的损失估计**

单位：10亿美元

| 类　别 | 未偿付额 | 假定拖欠率 | 假设损失率 | 净损失估计 | 市值估计损失 |
|---|---|---|---|---|---|
| 全部次级抵押债款 | 1300 | 25 | 45 | 145 | |
| ALT-A贷款 | 1000 | 7 | 35 | 25 | |
| 合　计 | 2300 | | | 170 | |
| 相关ABS | | | | | 65~70 |
| ABS支持的CDO | | | | | 120~130 |
| 合　计 | | | | | 200 |

数据来源：IMF。

### 3. 可能发生损失的机构范围极大扩展

从次级抵押贷款金融创新的路径延伸上可以看出，全球几乎所有的金融机构，包括商业银行、投资银行、退休基金、保险基金、教育基金、政府托管的各种基金和对冲基金等保守型机构和激进型机构，都参与进来，成为利益的获得方，也成为损失的承担者。

## 三 次级抵押贷款问题影响需长期观察

### 1. 次级抵押贷款问题的发展前景

9 月下旬以来，多家国际金融机构发出警告，称其盈利可能受到次贷危机严重冲击。如，瑞银 10 月 1 日三季报预告显示，受投资美国 MBS（次级债）影响产生了 40 亿瑞士法郎（约 34.2 亿美元）的损失，2007 年第三季度将出现6 亿~8 亿瑞士法郎的税前亏损，是瑞银 9 年来首度出现季度亏损；摩根士坦利三季度财报显示，由于次级贷款市场恶化造成坏账攀升，加之其旗下对冲基金出现大幅亏损，当季盈利同比下降 17%；雷曼三季度财报显示，固定收益资本市场部经历重大减值，公司收入减少 7 亿美元；美林公司 24 日发布三季报宣布，由于在次贷相关领域计提了高达 79 亿美元的投资损失，公司第三季度净亏损达 22.4 亿美元，为 6 年来首次出现季度亏损。

但是，从已披露的损失看，实际损失还是有限的，并在机构间得到有效分散。我们假设，次级抵押贷款问题的基本损失为 1500 亿美元，衍生产品造成的派生损失为 4500 亿美元，那么总损失将在 6000 亿美元左右，相对于全球金融市场 165 万亿美元的总规模和美国近 50 万亿美元（IMF）的规模，如果这些风险和损失被有效分担，那么这样的损失规模是市场完全可以承受的，将不至于引起大的市场动荡。

问题的关键在于，一些欧洲的银行和基金竟然出现了出乎市场意料的损失，濒临破产，这让市场不得不充分警醒：究竟是谁持有这些次级贷款坏账或其衍生产品？可能的损失将有多大？

几乎所有的市场参与者都有发生损失的可能，且是巨大损失的可能，这迫使市场对风险进行广泛重估，减持股票、债券等资产，提高现金比率，并对机构之间的资金融通保持足够的谨慎，从而使得机构间资金融通几乎陷于停顿。这就是此次次级抵押贷款危机中典型的市场表现。

从根本上说，这是一次信用危机。在主要央行大规模持续向市场注入流动性后，市场波动渐趋平息，但次级抵押贷款问题的影响可能远没有结束，而只是刚刚开始，最终结果可能需待两年的时间方能完全揭晓。

此次次级抵押贷款危机可能有如下几种发展前景。

（1）全球主要金融机构除抵押贷款公司和对冲基金外，介入次级抵押贷款及其衍生品的程度都在合理范围内，损失能够充分消化。如此，次级抵押贷款问题的基本损失和派生损失将在全球众多金融机构间有效分散。这是最为理想的结果。

（2）部分中小机构，包括银行、养老基金等，出现较大损失，濒临倒闭破产，在当局的及时救助下，影响范围得到有效控制。这是最可能的情况。

（3）个别大型机构，如国际知名商业银行、顶级投资银行、保险基金等，出现巨额损失，可能使整个金融体系发生连锁反应，从而爆发金融危机。目前看来，在各国和地区央行及政府的密切关注下，这种前景发生的可能性极低。

**2. 次级抵押贷款问题对美国和世界经济的影响**

无可置疑，次级抵押贷款危机将减缓美国经济增长，并很可能拖累全球经济增长。

国际货币基金组织（IMF）2007 年 9 月 24 日发布的最新版本《全球金融稳定性报告》称，美国次级住房抵押贷款市场危机引发的全球金融动荡影响“显著且深远”，并将明显减缓全球经济增长速度。该报告对未来全球经济走势做了三个不乐观的预期：其一，全球市场面临一个困难时期；其二，信用困难将产生更为深远的经济消极后果；其三，全球市场结构急需调整和加固。报告指出，尽管一些国家央行采取行动试图稳定市场并阻止危机扩散，但国际金融市场前景仍不容乐观，市场动荡会再度发生，整个市场调整将需要更长的时间。报告认为，全球经济滑坡的风险正显著加速，现阶段市场动荡将会深刻影响全球经济，而且已经开始减缓经济增长。报告称，如果国际金融环境进一步恶化，全球金融体制和全球经济将面临更严重的冲击。10 月 17 日，IMF 发表《世界经济展望》预测，2008 年全球经济将增长 4.8%，比 7 月份的预测低 0.4 个百分点；2008 年美国经济增长率为 1.9%，比 7 月份的预测调低达 0.9 个百分点。

法国经济及预算部 10 月 2 日提交给议会的一份报告指出，受美国次贷危机及其引发的全球金融市场动荡影响，美国 2008 年的经济增长率将会从 2.2% 降至 1.6%。由于美欧经贸关系密切，美国经济增长率每减少 1 个百分点，欧元区的经济增长率就会相应减少0.3个百分点。而法国2008年的经济增长率将减少0.5个百分点，由原先预计的2%～2.5%降到1.5%～2%。

高盛公司也下调了对2008年全球经济增长的预期，主要原因是该公司认为美国房地产市场低迷和次贷危机将拖累经济增长。高盛预计：2008年全球经济增长率为4.2%，低于该公司此前预计的4.6%；2008年美国经济增长率为1.8%，远低于其此前预计的2.6%；对2007年美国经济增长率的预期也从此前的2.1%下调至2%。高盛同时下调了对日本和欧元区2008年经济增长率的预期，预计日本和欧元区经济增长率将分别为2.1%和2%，低于该公司之前预计的2.5%和2.4%。

**3. 次级抵押贷款问题对中国的影响**

（1）次级抵押贷款问题将对我国实体经济产生一定影响，但影响很可能较为有限。次贷危机无疑会影响美国及全球经济增速，中国经济难以独善其身，这种影响可能将主要通过影响我国出口来实现。美国经济前景看淡导致的美国需求下降很可能使以美国市场为主要目标的中国外贸企业订单不断缩水，而经济复苏走软不断强化的美国"需求内部化"诉求将进一步带来中美两国贸易润滑度持续下降的风险。

（2）美国次级债危机会对我国银行产生一定不利影响，但影响有限。由于我国部分银行在全球金融市场进行资产配置，并有一定的次级债投资头寸，在次级债危机中经受一定的损失是难以避免的。上市公司半年报显示，2007年6月末，中国银行美国MBS（次级债）规模为89.65亿美元，AAA级、AA级、A级占比分别为75.38%、21.7%、2.92%；CDO（债务抵押凭证）规模为6.82亿美元，AAA级、AA级占比分别为81.8%、18.2%。同时，中国银行对美国MBS（次级债）、CDO（债务抵押凭证）分别计提了未实现减值准备人民币3.88亿元、7.58亿元，累计计提11.46亿元。同期，工商银行、建设银行、中信银行美国MBS（次级债）投资规模分别为12.29亿美元、10.6亿美元和300多万美元，评级都在AA级以上。根据6月底到9月不同信用评级的美国MBS（次级债）市场价格下跌幅度和我国商业银行持有美国MBS（次级债）结构进行测算，中国银行、工商银行、建设银行持有的美国MBS（次级债）在此期间因次级债券市场价格下跌形成的市值损失合计约100亿元。此损失仍在可控之中。

## 相关链接

更多信息请查询：www.ssap.com.cn

### 解读中国经济没有现成模式

林毅夫　著
2007 年 4 月出版　45.00 元
ISBN 978-7-80230-466-6/F·120

不盲从国外现有理论，坚持实事求是、具体问题具体分析是了解乃至研究中国当代经济的必由之路。由于对中国经济的解读没有现成模式，所以需要构建新的理论。而对中国社会经济有着深刻理解、能够准确把握其制度安排和现象特性的中国经济学家无疑是最合适的构建者。本书旨在通过解读中国经济对经济学的理论进行创新，对经济学的发展做出贡献。

### 迈向新增长方式的中国

王梦奎　主 编
2007 年 10 月出版　68.00 元
ISBN 978-7-80230-841-1/F·193

中国的旧发展模式已不再有效适用，其中产生的不稳定、不平衡、不协调和不可持续，凸现了向新模式过渡的重要性和必要性。中央政府对国家经济状况的忧虑，发出了非常明确的信息，中国即将向新增长模式转变。本书汇集了高层政府官员、国内外学者以及实务领域的管理者的观点和意见，对中国迈向新增长方式提出了具有理论性和实践性的理解。

# 相关链接

更多信息请查询：www.ssap.com.cn

## 中国经济持续增长展望：机遇与挑战

陈佳贵　主编
2007 年 10 月出版　45.00 元
ISBN 978-7-80230-826-8/F·187

在中国经济高速增长的同时也产生了许多方面的矛盾和冲突：收入差距、城乡差距、地区差距不断扩大，环境和资源对经济发展的制约日益严重，不断增长的劳动力就业需求与单位资本所提供的劳动就业量日趋减少的矛盾日益突出，腐败行为也在一定程度上对经济增长形成了阻碍。为此，有不少经济学家对中国“经济奇迹”的持久性表示怀疑。

## 经济系统分析：理论与应用

何伦志　曾力生　蒋金荷　主编
2006 年 8 月出版　29.00 元
ISBN 7-80230-244-7/F·047

科学发展观为当前我国的经济社会发展提出了一种新的发展理念。针对我国区域经济发展面临的环境污染、资源供需矛盾以及发展差距等问题，本书从系统分析的角度，探讨了经济系统分析的理论、方法，科学发展观指导下的区域发展模式、经济增长与环境保护、资源的开发利用等问题，并结合区域发展过程中的案例进行了实证分析。本书对科研人员以及对区域发展感兴趣的读者具有一定的参考价值。

盘点年度资讯　预测时代前程

# 社会科学文献出版社皮书系列

皮书是非常珍贵实用的资讯，对社会各个阶层、各种职业的人士都能提供有益的帮助。适宜各级党政部门决策人员，科研机构研究人员，企事业单位领导，媒体记者，国外驻华商社和使领事馆工作人员，以及关注中国和世界经济、社会形势的各界人士阅读。

"皮书"是社会科学文献出版社近几年推出的大型系列图书，它们由一系列权威研究报告组成，在每年的岁末年初对每一年度有关中国与世界的经济、社会等各个领域的现状和发展态势进行分析和预测。

该系列图书的作者以中国社会科学院的专家为主，均为国内一流研究机构的一流专家，他们的看法和观点体现和反映了对中国与世界的现实和未来最高水平的理解和认识，具有不容置疑的权威性。

**权威　前沿　原创**

咨询/邮购电话：010-65285539

邮箱：duzhe@ssap.cn

邮购地址：北京市东城区先晓胡同10号
社科文献出版社市场部(100005)

银行户名：社会科学文献出版社发行部

开户银行：工商银行北京东四南支行

账号：0200001009066109151

经济信息绿皮书
中国与世界经济发展报告（2008）

主　　编／王长胜
副 主 编／范剑平　阎娟荣　张宇贤　祝宝良

出 版 人／谢寿光
总 编 辑／邹东涛
出 版 者／社会科学文献出版社
地　　址／北京市东城区先晓胡同 10 号
邮政编码／100005
网　　址／http：//www. ssap. com. cn
网站支持／（010） 65269967
责任部门／皮书出版中心（010） 85117872
电子信箱／pishubu@ ssap. cn
项目负责／范广伟
责任编辑／任文武
责任校对／王凤兰
责任印制／盖永东
品牌推广／蔡继辉

总 经 销／社会科学文献出版社发行部
（010） 65139961　65139963
经　　销／各地书店
读者服务／市场部（010） 65285539
排　　版／北京中文天地文化艺术有限公司
印　　刷／北京季蜂印刷有限公司

开　　本／787 × 1092 毫米　1/16
印　　张／30
字　　数／496 千字
版　　次／2008 年 1 月第 1 版
印　　次／2008 年 1 月第 1 次印刷

书　　号／ISBN 978 – 7 – 80230 – 926 – 5/F · 226
定　　价／65. 00 元（含光盘）

本书如有破损、缺页、装订错误，
请与本社市场部联系更换

版权所有　翻印必究